이 책의 서평

슬로베니아라는 작은 나라의 알피니스트들이 거둔
뛰어난 성취에 대한 흥미로운 기록!
일단 읽기 시작하자 나는 끝날 때까지 책을 덮을 수 없었다.

크리스 보닝턴CHRIS BONINGTON 경, 알피니스트, 『나는 등반을 선택했다 I Chose to Climb』 저자

산악문학에서 가장 대단한 작품이라고 할 수 있는『산의 전사들』은
중요한 책이다. 버나데트 맥도널드는 이 책의 내용을 지적이고 민첩하게
그리고 시적으로 풀어냈다.
이 책은 산악문학(산악문화)을 한 차원 높게 끌어올렸다.

제프 롱JEFF LONG, 『벽 The Wall』 저자

버나데트 맥도널드는 이 책에서 산악인들을 공허라는 공간과
빛의 유혹적인 영역으로 끌어들이는 신비스러운 욕심을 드러낸다.
나는 이 책을 읽고 내가 산악인이라는 부족에 속해 있다는 자부심이 들었다.

보이테크 쿠르티카VOYTEK KURTYKA, 알피니스트,
『치인스키 마하라자Chiński Maharadża』 저자

이 책을 쓰기 위해 벌인 철저한 조사는 집요한 등산 기술을 생각나게 한다.
인간의 동기에 대해 서술하고 능수능란하게 설명한 것이
알파인 스타일처럼 우아하다.
버나데트 맥도널드는 거인의 어깨 위에 있는 산의 길을 우리에게 알려준다.

카를로스 카르솔리오CARLOS CARSOLIO, 알피니스트

산의 전사들

지은이 **버나데트 맥도널드**Bernadette McDonald

버나데트 맥도널드는 『Freedom Climbers』(2011)를 비롯한 10권의 산악서적을 저술한 작가다. 그녀는 밴프 그랑프리(캐나다), 보드먼-태스커 상(영국), 미국산악회 산악문화상(미국) 등 6개의 국제적인 상을 받았다. 그녀가 쓴 다른 책들로는 『토마주 휴마르Tomaž Humar』(2008), 『로프로 묶인 형제애―찰스 휴스턴 전기Brotherhood of the Rope: The Biography of Charles Houston』(2007), 『엘리자베스 홀리―히말라야의 영원한 등반 기록가』(2012) 등이 있다. 그녀의 책은 한국어를 비롯한 12개국 언어로 번역되었다. 1988년부터 2006년까지 캐나다 '밴프 센터'에서 산악문화 부문 부위원장으로 '밴프국제산악영화제'를 이끌어온 버나데트는 폴란드등산연합회, 히말라얀 클럽, 한국산서회 명예회원이기도 하다. 그녀의 뛰어난 작품 중 '하루재클럽'을 통해 한국 독자들을 만날 다음 책으로는 『Voytek Kurtika』가 있다.

옮긴이 **김동수**

한국외국어대학교 산악회원(76학번)
1982년 요세미티 하프돔 RNWF 및 엘캡 살라테윌 등반
하루재클럽 프로젝트 매니저
(사) 울주세계산악영화제 이사 및 세계산악문화상 선정위원회 실무위원
인도 히말라얀클럽 회원 및 한국 명예비서
한국산서회 국제교류 이사
『마운틴저널』 편집자문위원

* 이 도서의 국립중앙도서관 출판예정도서목록(CIP)은 서지정보유통지원시스템 홈페이지
(http://seoji.nl.go.kr)와 국가자료종합목록 구축시스템(http://kolis-net.nl.go.kr)에서
이용하실 수 있습니다. (CIP제어번호 : CIP2020003426)

산의 전사들

버나데트 맥도널드 지음

김동수 옮김

∩ 하루재클럽

차 례

한국 독자들에게

히말라야 등반역사에는 두드러진 시기들이 있습니다. 그 시기에는 기준을 밀어붙이고 가능성의 영역을 확장시킨 일단의 산악인들이 히말라야를 지배했습니다. 이탈리아와 오스트리아 그리고 남부 발칸 국가들 사이에 낀 작은 나라 출신의 산악인들이 바로 그들 중 일부입니다. 슬로베니아는 인구가 고작 2백만 명에 불과하며 산도 그렇게 높지 않습니다. 그러나 그 산악인들이 지구의 거대한 산군에서 이룬 성취는 등반역사에서 대단하다고 할 수 있습니다. 나는 아주 유명하고 이채로운 캐릭터를 가진 산악인 토마주 휴마르Tomaž Humar를 통해 그 산악계를 알게 되었고, 그의 전기를 쓰면서 슬로베니아 등반의 인상 깊은 이야기에 빠져들었습니다. 그전에 폴란드에서 경험한 것과 똑같이, 슬로베니아 사람들과 그들의 등반, 슬로베니아 알피니즘의 강력한 전통과 등반문화의 깊이, 그리고 많은 비극들에 나는 강렬한 인상을 받았습니다. 그리고 내가 폴란드에서 경험한 것과 똑같이, 그들의 역사는 외부에 거의 알려지지 않았습니다. 그래서 나는 그 이야기를 쓸 필요성을 마음 깊이 새기게 되었습니다. 『산의 전사들』이 슬로베니아 산악인들의 히말라야 등반에 대한 공헌 중 사람들이 잘 모르는 부분을 채워주었으면 좋겠습니다. 이 책은 영웅과 고통, 결심, 비극, 기쁨에 대한 이야기입니다.

그렇다고 해서 산악인들에 대한 이야기만은 아닙니다. 이 책은 제2차 세계대전의 참화 속에서 일어서는 한 나라에 대한 이야기이기도 합니다. 또한 이 책은 히말라야 등반에 불을 붙인 한 세대 산악인들의 부인과 딸과 아들, 형제자매들에 대한 이야기입니다. 그 산악인들 중 많은 사람이 산에서 죽었습니다. 그들이 거둔 승리의 부차적인 피해를 인정하고 존중하는 것은 중요합니다. 반복적으로 역사를 만든 슬로베니아 산악인들, 그 가족들, 친구들과 슬프게도 그 미망인들을 만나 그들의 역사를 생생하게 듣게 된 것은 나에게 드문 영광이었습니다.

이 역사를 한국 독자들과 함께 나누게 되어 기쁩니다. 슬로베니아와 마찬가지로 한국도 특유의 등반문화를 가지고 있습니다. 한국 역시 산이 높지 않은 비교적 작은 나라입니다. 그리고 영웅주의, 인내, 야망과 비극의 등반기록도 잘 알려져 있습니다. 『산의 전사들』에 등장하는 인물들이 한국 독자들에게 공명을 일으켰으면 좋겠습니다. 그리고 출신이야 어디든 알피니스트들이 가지고 있는 동기를 쉽게 파악할 수 있기를 희망합니다. 마지막으로, 지구의 반대편에 있는 이 작은 나라의 산악인들이 한국의 독자들과 산악인들에게 꿈을 실현할 수 있는 영감을 불러일으켰으면 좋겠습니다. 고맙습니다.

2019년 10월 7일 캐나다 밴프에서
버나데트 맥도널드 Bernadette McDonald

To Korean Readers,

What an honour for me to present this work for you.

Bernadette McDonald

목표를 추구하는 사람은
그것을 달성하는 순간 마음이 허전하다.
그러나 길을 찾는 사람은
마음속에 항상 목표가 있다.

네이츠 자플로트니크Nejc Zaplotnik, 『길Pot』

서문

슬로베니아 최고봉인 트리글라브Triglav(2,864m) 정상으로 이어지는 좁은 능선의 철제 케이블을 따라, 늦여름의 폭풍설이 남긴 질척한 눈 위를 기다시피 하면서 나는 그곳에 있는 조그만 철제 구조물 알랴주 타워Aljaž Tower를 향해 조심스럽게 발을 내디뎠다. 단출한 구조물인 그 타워는 모든 슬로베니아인들에게 영토주권의 상징이다. 1895년 성직자 야코브 알랴주Jakob Aljaž는 외세의 침탈에 대항해, 마치 "우리가 이 땅의 주인이야."라고 선언이라도 하듯, 단돈 1플로린florin을 주고 트리글라브 정상을 사들였다. 그곳에서 나는 뜻밖의 광경에 놀랐다. 수많은 사람들이 타워 주변에 몰려들어 웃고 떠들고 점심을 먹으며 등정을 자축하고 있었고, 어린 학생들은 눈싸움을 하며 카메라 앞에서 익살을 부리고 있었기 때문이다. 그런 와중에, 나이가 좀 들어 보이는 여인은 두 명의 가이드 사이에 서서 조용히 눈물을 흘리고 있었고, 팔다리가 없는 남자는 밝은 미소를 짓고 있었다.

나는 옹기종기 모여 있는 젊은 산악인들에게 다가가 물었다. "혹시 국경일인가요?"

"아뇨." 체격이 마치 운동선수 같은 한 여성이 대답했다. "그냥 주말입니다."

"그럼 여기에 왜 이렇게 사람들이 많죠?"

"주말이라 시간이 나서 그렇습니다." 그녀는 부드러운 미소를 지으며 이렇게 말을 이었다. "우린 슬로베니아인이고, 여긴 트리글라브입니다. 이곳에 올라오는 건 우리의 의무죠. 모든 슬로베니아인들은 적어도 한 번 이곳에 올라와야 합니다."

나는 눈물을 흘리고 있는 여인을 쳐다보았다. 그녀는 정상에 올라와서 안도하고 있거나, 아니면 내려갈 일을 걱정하고 있는 것 같았다. 그리고 팔다리가 없는 남자로 시선을 다시 돌렸다. 상황이 좋지 않은데도 2,000미터나 데리고 올라올 정도로 그의 친구들은 그를 좋아하는 것 같았다. 슬로베니아의 국가적 상징인 이곳 트리글라브에서 그들이 느끼는 감정은 어떤 것일까? 그러자 진정한 슬로베니아인이 되려면 최고봉을 올라야만 하는 국민을 가진 이 나라의 특성에 관심이 갔다.

그 후 몇 년 동안 나는 풍부하고 복잡하며 모순적이고, 때로는 알력을 일으키는 슬로베니아 알피니스트들의 세계에 푹 빠져들었다. 그들은 세계 최강이었다. 우리는 그 지역의 훌륭한 와인을 앞에 놓고 대화를 나누기도 했고, 때로는 함께 등반에 나서기도 했다. 그들은 마칼루 남벽, 로체 남벽, 에베레스트 서릉 다이렉트, 다울라기리 남벽 등과 같이 대단히 인상적인 등반을 해낸 사람들이었다. 에드먼드 힐러리를 모르는 사람은 거의 없다. 그러나, 비록 일부는 인접한 크로아티아와 보스니아 출신이기는 하지만, 슬로베니아 산악인들을 아는 사람은 많지 않다. 그들의 놀라운 성취가 25년 동안 히말라야 등반의 중추를 이루었는데도 말이다. 그 후 1970년대 중반부터 히말라야에서 알피니즘의 황금기가 펼쳐진 사실을 우리는 어떻게 받아들여야 하나? 대담한 등정이 이루어진 그 폭발적이고 흥미진진한 시기는 우연히 찾아온 것이 아니었다. 그 시대의 산악인들은 전설적인 리더십으로 축복받았고, 확고한 결단력으로 달아올랐으며, 국가적 훈련 프로그램으로 지원받았고, 역사상 가장 상징적인 등반으로 그들을 내몬 단결이라는 감정으로 영감을 받았다.

나는 그들의 언어도 모르는 데다 13,000킬로미터나 떨어진 곳에서 살고 있었지만, 그들의 역사와 산악인들의 영웅주의에 끌렸다. 제2차 세계대전 후, 그리고 최근까지 이어진 슬로베니아 알피니스트들의 등반에 대해 더 많이 알게 되자, 나는 개성이 사뭇 다른 그들 사이를 연결하는 공통의 끈이 있다는 사실을 발견했다.

그 첫 번째가 끊임없이 계속된 정치적 위협과 전쟁에 깊이 상처받은 한 나라의 역사에 의해 단련된 자급자족과 추진력이었다. 슬로베니아 산악인들은, 이웃의 크로아티아와 세르비아 사람들처럼, 양차 세계대전의 혼란과 외세의 침탈, 독재, 종교적 무관용 그리고 궁극적으로는 전쟁에 의해 단련됐다.

두 번째 공통의 끈은 나라와 언어, 문화 그리고 알피니스트들로서 그들 사이에서조차도 명성을 지키려 한 거친 능력이었다. 제2차 세계대전이 끝난 후 삶의 질이 떨어지자, 스포츠와 예술 분야는 개인의 우수성을 발휘할 기회를 거의 얻지 못했다. 슬로베니아 산악인들은 유고슬라비아 원정대에 들어가기 위해 치열하게 경쟁했는데, 때로 그들의 능력은 유럽의 경쟁자들보다도 훨씬 더 뛰어났다.

세 번째로, 내가 만난 슬로베니아 산악인들은 너 나 할 것 없이 그 나라의 자연, 즉 숲이 울창한 깊은 계곡들과 불가사의할 정도로 깨끗한 강들, 연청색의 호수들, 끝없이 이어지는 산들과 사방으로 가파르게 치솟은 희미한 석회암 봉우리들로부터 지울 수 없는 영감을 받은 것 같았다. 많은 산악인들은 자신들의 영혼이 고국의 사랑하는 산으로부터 길들여졌다는 점을 기꺼이 인정했는데, 그 산들은 슬로베니아에서 상징적으로, 아니 거의 미신적으로 항상 중요한 위치를 차지해왔다.

마지막으로, 슬로베니아인들을 연결하는 끈이 하나 더 있었다. 그것은 아주 독특했다. 한 사람과 그의 책이었기 때문이다. 비록 내가 그 사람과 그의 글의 중요성을 온전히 인식하는 데는 시간이 좀 걸렸지만, 그의 존재를 처음 알아차린 것은 논란을 불러일으킨 슬로베니아 산악인 토마주 휴마르Tomaž Humar의 전기 집필을 위해 자료를 조사하던 2006년이었다.

그날의 기억은 아직까지도 선명하다. 토마주가 책을 한 권 손에 들고 거실의 창가에 서 있었는데, 낡은 표지가 늦은 오후의 햇살에 황금빛으로 빛나고 있었다. 그는 큼지막한 손으로 책을 이리저리 조심스럽게 넘기더니, 나에게 건네주었다. 얇은 종이는 색이 바래 있었다. 그리고 얼룩진 곳들도 있었다. 나는 와인 자국이라고 생각했다.

그는 "나의 소중한 보물 중 하나입니다."라고 말하더니, 슬로베니아 알피니스트 네이츠 자플로트니크가 쓴 그 얇은 책이 자신에게 준 깨달음에 대해 설명하기 시작했다. 영감을 받았고, 산악인으로서의 삶에 대한 지침도 얻었다는 것이다. 그는 자신이 태어난 지 정확히 13년이 지난 1981년에 쓰인 그 책의 제목이 『길Pot』이라고 말했다. 토마주와 네이츠는 서로 만난 적이 없었다. 그러나 그 작가의 언어와 감정과 가치관은 토마주에게 심오한 반향을 일으켰다.

"무슨 의미죠?"

"제목이요? 그건 방법 또는 길이라는 뜻입니다."

"조금 더 설명해줄래요?" 내가 다시 물었다.

"삶의 방법, 즉 철학 같은 겁니다. 네이츠는 산과 사람, 사랑에 대한 자신의 감정을 얘기했습니다. 그리고 자신의 인생에 대해서도…. 믿을 수 없을 정도로. 그는 시인이고 예술가며 산악인이었는데, 이 모든 게 하나로 어우러졌습니다. 여기, 한 번 읽어볼 테니 들어볼래요? '그러나 지금 바로 이 순간, 우리가 거의 잊고 지낸 조화가 이루어졌다. 다시 말하면 자연과 육체와 영혼이 하나가 된 것이다. 그것들은 서로 상호작용을 일으키며 하나가 된다.'"

토마주는 자신의 감정을 살짝 누르고 있는 것 같았다. 그는 아주 특이한 사람으로, 자신의 정신적 성향을 다양한 형태로 실험했다. 그는 가톨릭 신앙과 불교 그리고 제3의 시각을 똑같이 받아들였다. 그리고 그는 산과도 직접적인 대화가 가능하다고 주장했다. 그렇다면 그 책은 일종의 종교적 자립에 대한 안내서가 아닐까? 아직도, 그 책은 그에게 소중한 것처럼 보였다. 그래서 나는 그 책에 대해 기록하고, 후에 직접 조사하기로 했다.

1년 후, 나는 또 다른 슬로베니아 산악인 실보 카로Silvo Caro*와 크로아티아의 등반 천국 파크레니차Paklenica[1]에 있는 아니차 쿠크Anića Kuk[2]의 정상에 앉아 있었다. 우리가 등반한 350미터의 루트가 실보에게는 식은 죽 먹기나 다름없었겠지만, 나에게는 꿈에도 생각지 못할 곳이었다. 팔은 쥐가 났고, 암벽화에 꽉 조인 발은 비명을 질렀으며, 머리는 탈수증으로 어질어질했다. 그러나 안개가 걷히자 조용히 로프를 사리며 계곡을 내려다보던 실보 역시 어떤 책에 대해 말하고 있었다. 그것은 『길』이었다. 또 다시 『길』이라니! 나는 그의 어조와 그 책을 언급할 때 그가 사용한 '가치'와 '실제'와 '현명' 같은 단어들로부터 그 책이 그에게 얼마나 중요한지 알 수 있었다.

흥미로웠다. 왜냐하면 슬로베니아 산악인인 그 두 사람, 즉 실보 카로와 토마주 휴마르는 사뭇 다른 개성을 가진 인물이었기 때문이다. 실보가 과묵한 실용주의자라면, 토마주는 낭만적인 이상주의자였다. 그럼에도 그들은 그 책과 그 작가를 경외하고 있었다.

나는 『길』의 영어판을 찾았다. 그러나 번역판은 존재하지 않았다.

5년 후, 나는 이 책에 발칸의 역사, 유고슬라비아의 붕괴 그리고 그 지역의 산악인들과 그들이 세계의 무대에 등장하는 모습 등 보다 광범위한 이야기를 쓸 작정으로 슬로베니아로 돌아갔다.

나는 슬로베니아 알피니스트들의 집을 방문했다. 그중에서도 히말라야 산악인 비키 그로셸Viki Grošelj의 서재는 무척 인상적이었는데, 모두가 그곳에 있었다. 에르조그, 메스너, 보닝턴, 보나티 그리고 내가 비로소 알게 된 슬로베니아의 산악 작가들인 스타네 벨라크Stane Belak, 프란체크 크네즈Franček Knez와 크로아티아인 스티페 보지치Stipe Božić까지도.

그곳에도 『길』이 있었다. 오! 두 번째 판형과 또 다른 판형.

"얼마나 많은 종류를 갖고 있습니까?"

<hr>

실보 카로는 울주세계산악영화제 심사위원으로 2016년 우리나라를 방문했다. 그의 책 『알피니스트Alpinist』도 하루재클럽에서 소개할 예정이다. [역주]

"아마 전부일 거예요. 그리고 여기엔 내가 후기를 썼습니다." 그는 그중 한 권의 책등을 톡톡 쳤다.

"네이츠 자플로트니크를 잘 알았나요?"

"물론이죠. 나는 그와 함께 몇 번 원정등반을 했습니다. 그는 친구였죠. 아주 가까운. 그가 죽었을 때 나는 그곳에 있었습니다. 어떤 일이 일어났는지 알죠?"

처음 듣는 이야기였다. 비키와 네이츠는 1983년의 크로아티아 마나슬루 원정대에 초청받았다. 세락들이 무너지면서 엄청난 양의 눈과 얼음이 네이츠와 두 명의 대원들을 덮쳤을 때 비키는 그 위쪽에 있었다. 비키가 굉음을 듣고 아래를 내려다보자, 그들은 동작을 멈추고 달아나고 있었다. 그러나 그들에게는 가망이 없었다. 비키와 그의 동료는 허겁지겁 달려 내려가 40분 만에 현장에 도착했다. 살아 있는 사람은 한 명뿐이었다. 다른 한 명은 보이지 않았고, 네이츠는 죽어 있었다.

비키가 고통스러운 기억과 싸우는 동안 나는 조금 기다렸다가 이렇게 물었다. "후기에 뭐라고 썼나요?"

그는 그 책을 책장에서 꺼내 끝부분을 펼쳤다. "많은 말을 했습니다." 그는 잠깐 동안 그곳을 읽더니 미소를 지었다. "우린 멋진 시간을 함께 보냈죠. 나는 이렇게 시작했습니다."

네이츠 자플로트니크는 의심할 여지 없이 슬로베니아 산악계에서 카리스마가 가장 넘치는 인물이다. 슬로베니아와 외국의 산에서 이루어진 그의 **훌륭한** 등반들 때문만이 아니다. 8천 미터급 고봉에서 이루어진 대담한 초등 셋 역시 마찬가지다. 1979년 그는 유명한 메스너와 동급이었다. 그러나 가장 중요한 사실은, 네이츠가 자신의 책 『길』에서 묘사한 것처럼, 그가 인생을 진지하게 받아들였다는 것이다. 따라서 이 명문名文은 더 하거나 **뺄** 것이 하나도 없다.

비키는 그 책을 읽게 된 계기를 들려주었다. 1981년 그는 네이츠와 함께 로체 남벽에 갔다가 심한 부상을 당해 돌아왔다. 다시 걸을 수 있을지조차 장담할 수 없었다. 스물아홉 살의 그는 절망에 빠졌다. 비키를 방문한 네이츠는 갑자기 말을 끊기도 하고 웃기도 하고 흥분하기도 했다. 반짝이는 얼굴과 빛나는 두 눈동자. 줄무늬 반다나bandana 밑으로 단정치 못하게 삐져나온 곱슬머리의 그는 격자무늬 셔츠를 입고 있었다. 그가 허리를 굽히더니 비키에게 책을 하나 내밀었다. 방금 전에 인쇄가 끝난 것이라며. 그곳에 쓰인 말에 비키는 그만 눈물을 글썽였다. "비키에게. 비록 우리는 서로 다른 하늘에서 왔지만, 그리고 서로 다른 지평선을 바라봤지만, 우리는 많은 길을 함께 걸으며 같은 배낭에서 빵부스러기를 꺼내 함께 우적우적 깨물어 먹었지."

그다음 몇 주간 비키는 그 책에 푹 빠졌다. 그는 일단 빠른 속도로 훑어 읽고 나서, 천천히 그리고 정교하게 몇 번을 더 읽었다. "난 문장을 하나하나 읽고 그 행간의 의미를 파악하고자 노력했습니다."라고 그는 나를 쳐다보며 말했다. "그는 자신을 위해, 나를 위해 그리고 인생을 똑같이 느끼고 경험하는 모든 사람들을 위해 이 책을 썼습니다."

비키는 그 책을 덮고 여러 권의 『길』이 꽂혀 있는 책장에 다시 꽂아 넣었다.

며칠 후, 나는 살아 있는 히말라야 산악인들 중 가장 많은 업적을 이룬 안드레이 슈트렘펠Andrej Štremfelj을 방문했다. 우리는 김이 모락모락 나는 진한 터키 커피를 앞에 놓고 주방 테이블에 마주앉았다. 그가 알피니스트로서 자신의 비할 데 없는 경력을 즐겁게 회상하는 동안 나는 그에게 어느 등반이 가장 중요했는지 물었다. 그는 턱을 손으로 문지르며 머뭇거리더니 테이블 건너편을 쳐다보았다. 그가 40년도 넘게 해온 수많은 등반을 정신적으로 분석하는 사이에 그의 강렬한 청록색 눈동자는 방 안을 이리저리 헤맸다.

잠시 후 안드레이는 이렇게 말을 꺼냈다. "그 질문에 대답하려면 내 경력을 둘로 나눠야 할 것 같습니다."

"좋아요. 그렇다면?" 하고 내가 말했다.

"네이츠의 사망까지가 첫 번째고, 그 후가 두 번째입니다. 그는 내게 믿을 수 없을 정도로 중요했으니까요. 그는 엔진 같은 사람이었습니다."

안드레이는 네이츠와 추억이 많았다. 산속에서, 폭풍 속에서, 베이스캠프로 걸어 들어가면서 함께한 수많은 나날들. 그리고 정상에서의 추억들까지. 내가 『길』에 대해 묻자, 그는 산악인들뿐만 아니라 많은 사람들에게 그만큼 크게 영향을 끼친 책이 없다고 말했다. 그 얇은 두께의 책이 많은 슬로베니아인들에게는 물론이고 다른 발칸국가에 사는 사람들에게까지 감명을 주면서, 그 나라에서 가장 사랑받는 책이 되었다는 것이다.

나는 그 책을 읽을 필요가 있었다. 그 지역 출신의 산악인들에 대해 이해하고자 한다면, 그들의 등반철학에 다른 누구보다도 더 많은 영향을 끼친 이 사람이 누군지는 알아야 하니까. 나는 그의 문장을 통해 그의 목소리를 듣고, 그가 바라본 인생이 어떤 것인지 알고, 그가 표출한 감정을 느낄 필요가 있었다. 왜냐하면 내가 쓰려는 이야기에 등장하는 많은 산악인들에게 그와 그의 글이 절대적인 영향을 끼쳤기 때문이다. 그렇다면 나는 우선 『길』을 알아야 했다.

그해 늦여름, 나는 류블랴나 출신의 젊은 번역가 미미 마린셰크Mimi Marinšek와 함께 작업에 들어갔다. 우리는 일주일에 두세 번 스카이프Skype라는 화상전화를 통해 만났고, 그녀는 그 책을 나에게 읽어주었다. 그러는 몇 개월 동안 미미는 슬로베니아어와 세르보크로아티아어[3]로 된 많은 책들을 번역해주었다. 그러나 나에게 깊은 반향을 일으킨 것은 『길』이었다. 그 첫 페이지가 끝나기도 전에, 나는 그 책이야말로 수직의 세계에 선 슬로베니아 개척자들의 신비를 풀 수 있는 열쇠라는 사실을 깨달았다.

『길』에는 이렇게 쓰여 있다.

이것이 내 인생이다. 하나의 길은 다른 곳이 아니라 또 다른 길로 이어진다. 그리고 그 길은 다음 교차로로 이어진다. 끝없이. 언어의 가장 순수한 의미에서 보면 이것이 바로 자유다. 나는 자유를 선고받았다. 그래서 나는 나를 사랑하는 사람들이나, 나에게 무관심한 사람들 사이에서도 자유를 느낀다. 나는 계속 혼자이고 싶다. 내 희망과 꿈과 욕망과 함께. 나는 나의 끝없는 길을 혼자서 갈 것이다. 이것은 안락한 집의 따뜻한 난로 앞에 앉아 상상력이 만들어낸 이야기가 아니다. 오히려, 이런 말들은 이마에 땀방울을 흘리며 인간의 의지와 능력의 한계를 시험하는 나 자신 속에서 잉태된 것들이다. 나는 이것들을 철저히 시험했다. 너무나 철저해서 멀지도 않은 그곳에 도달하지 못하리라고 생각하기도 했다. 이제 곧 다른 사람들이 나를 추월할 것이다. 그 속에 인생의 위대함이 있으니까.

네이츠에 대한 토마주의 말이 떠올랐다. 시인이고 예술가며 산악인이었는데, 그 모든 게 하나로 어우러졌다는…. 그것은 사실이었다. 나는 미미가 스카이프에서 새로운 장章을 읽어줄 날을 손꼽아 기다리게 되었다. 나는 그의 이야기와 그가 그것을 풀어내는 방법에 사로잡혔다. 네이츠의 말은 산과 알피니즘에 대한 시나 마찬가지였다. 그는 인간의 질문에 대한 답을 찾고자 했는데, 그 단순한 지혜에는 힘이 넘쳤다. 그의 문장은 끝날 줄 모르는 시였고, 어떤 때는 그 어조가 분명하고 순수하고 자신감에 넘치는가 하면, 또 어떤 때는 마치 의구심과 두려움에 휩싸여 쓰인 것처럼 불확실하기도 했다. 그것은 깊이 생각하는 산악인, 등반을 하는 심오한 사상가의 이야기였다.

　나는 제2차 세계대전의 폐허 속에서 떠오른 이 세대 산악인들의 진실을 추적하기로 결심했다. 유고슬라비아의 탄생부터 결국은 비극과 폭력으로 파괴되는 시기까지. 역경과 가난을 이겨낸 일단의 사람들은 그로 인해 매도당한 비열한 전쟁과 싸웠고, 자신들을 둘러싼 이데올로기적 발언의 변화를 이해하려 애썼다. 그럼에도 그들은 등반에 대한 열정을 포기하지 않았다.

　나는 네이츠 자플로트니크를 만난 적이 없지만, 그는 이 여행에서 나의 파트너가 되었고, 그의 이야기는 이 책에서 내 글의 파트너가 되었다.

1

대담한 꿈

적도의 이글거리는 태양 아래로 한 척의 배가 잔잔한 바다 위를 미끄러지듯 나아갔다. 그때 산들바람이 불어와, 씩씩거리며 로프를 오르고, 갑판 주위를 오리걸음으로 돌고, 여기저기 매달려 훈련하던 산악인들의 땀방울을 씻어주었다. 원숭이 같은 이런 무리에 놀란 선원들은 입을 벌리고 구경했다. 사실 이들은 카라치로 향하는 유고슬라비아 산악인들이었는데, 유고슬라비아 사회주의 연방공화국에서 히말라야로 가는 유일한 방법은 국가 차원의 원정대 대원이 되는 것뿐이어서, 컨디션이 떨어질지도 모르는 5주 동안의 항해를 그냥 흘려보내지 않고 열심히 훈련하고 있었던 것이다.

유고슬라비아 산악인들이 카라치로 향하는 배의 갑판에서 훈련하고 있다. (알레시 쿠나베르 컬렉션)

유고슬라비아인들이 히말라야라는 무대에 처음으로 도전장을 내민 것은 1956년의 마나슬루(8,162m)였다. 그러나 그들의 원정 계획은 정부의 지원이 줄어드는 바람에 오래가지 못했다. 그로부터 4년 후인 1960년, 그들은 인도 제2의 고봉으로 아름답기 짝이 없는 7,816미터의 난다데비Nanda Devi에 시선을 고정했다. 하지만 '행운의 여신'에 발을 들여놓는 것 역시 불가능했다. 주로 슬로베니아 산악인들로 구성된 그 팀의 배가 인도양을 가로질러 가는 동안, 인도 정부에서 등반허가를 취소한다는 무전을 보냈기 때문이다. 대신 그들은 인근에 있는 트리술Trisul을 제안했다. 대원들은 실망감을 감추지 못했지만, 그 것도 오래가지 않았다. 히말라야로 가는 유고슬라비아의 첫 원정대원들은 자신들의 가치를 증명하리라 다짐했다. 이제 트리술은 그들의 시험무대가 될 터였다.

트리술의 세 정상은 난다데비 성역을 둥글게 둘러싸고 있는 여러 봉우리들 중 남서쪽 구석에 있다. 그중 영국의 톰 롱스태프Tom Longstaff[4]가 1907년 북쪽으로 초등한 제1봉이 7,120미터로 가장 높다. 그리고 53년이 지난 후인 이제 유고슬라비아인들이 그곳에 도착했다. 비록 그들은 7명의 히말라야 초보자들로 이루어진 단출한 팀에 불과했지만, 롱스태프의 발자취를 따라갈 생각은 전혀 없었다. 그들은 더 어려운 남쪽을 탐험하면서 신루트로 도전할 작정이었다.

여전히 바다의 한가운데에서 그들은 훈련을 계속했다. 그들 중에는 유고 슬라비아 북쪽 끝에 있는 슬로베니아의 수도 류블랴나Ljubljana 출신의 젊은 산악인이 하나 있었다. 알레시 쿠나베르Aleš Kunaver는 1935년 6월 23일 교육자 집안에서 태어났다. 비엔나 출신인 그의 어머니는 재능 있는 피아니스트였고, 지리 교사이자 천문학자였던 아버지 파벨Pavel은 그 당시 슬로베니아에서 최고의 카르스트 지형 연구자로 이름을 떨쳤다. 그러나 그의 머릿속이 학문으로만 꽉 찬 것은 아니었다. 그는 바위에 피톤 — 비록 훗날 그것이 철제가 아니라 빨래집게처럼 생긴 나무로 드러나기는 했지만 — 을 박은 최초의 슬로베

알레시 쿠나베르. 리더십과 비전과 팀워크에 대한 그의 유산은 슬로베니아 등반역사에서 타의 추종을 불허한다. (알레시 쿠나베르 컬렉션)

니아 알파니스트로 알려진 사람이었다.

자유분방하지 않았다면 알레시는 훌륭한 학생이었을 것이다. 그는 프랑스어 숙제를 제때에 제출한 적이 없었다. 그럼에도 그는 프랑스어를 유창하게 구사했다. 또한 그는 손재주도 뛰어났다. 도구가 필요하면 그는 직접 만들었다. 윈드재킷이 필요하면 그는 직접 바느질했고, 피톤이 필요하면 담금질해서 만들었다. 다른 것들도 그랬지만, 그 당시 슬로베니아의 가게에서 스포츠용품을 찾기란 하늘의 별 따기였다. 왜냐하면 아주 제한된 식량조차 배급표로 할당되고 있었기 때문이다.

알레시는 여름마다 가족을 따라 트리글라브 북벽 밑에 있는 브라타 계곡 Vrata Valley의 오두막집에 갔다. 어떤 점에서, 그가 장차 그곳을 오르리라는 것은 예견된 결론이었다. 그가 처음 벽으로 나들이를 간 것은 열세 살 소년이었을 때였다. 그가 친구들과 함께 가파른 벽을 기어오르자 그의 아버지 파벨은 밑에서 쌍안경으로 일거수일투족을 관찰했다.

네이츠 자플로트니크는 수직의 세계에 심취한 알레시를 이해했다. 그는 『길』에 이렇게 썼다. "내 알피니즘의 시작은 매우 낭만적이었다. 산은 내가 안전하다고 느끼는 집이었다. 따라서 나는 그곳에서야말로 내가 주인공이라고 느꼈다. 계곡에서는… 사람들이 나에게 요구하고 기대하는 것들이 너무 많았다. 그러나 산은 내 꿈과 마찬가지로 무한한 무대였다. 내가 한계를 느낀 것은 오직 내 육체뿐이었다."

등반에 대한 흥미가 높아지자 알레시는 슬로베니아산악회의 류블랴나 지부에 가입했다. 그곳에는 류블랴나 출신의 열아홉 살 여학생 두시차 즐로베츠Dušica Zlobec도 있었다. 그녀의 깊은 갈색 눈에는 뛰어난 지성이 배어 있었다. 그들이 처음 만났을 때 뚜렷한 윤곽의 얼굴에 젊고 잘 생긴 알레시는 이미 강사였고, 산악회의 지도자였다. 1954년 12월 마지막 날 그들은 타마르Tamar 산장에 있었다. 그 산악회에는 얄로베츠Jalovec 정상에 올라 새해를 맞이하는 전통이 있었다. 그들은 밤 9시에 산장을 출발해 정상에서 예닐곱 시간을 머물 작정이었다.

두시차는 이 새해맞이 행사에서 몇 번의 '처음'을 경험했다. 처음으로 산에서 밤을 보냈고, 처음으로 겨울 산을 올랐으며, 처음으로 사랑에 빠졌다. 정상은 쿨르와르를 통해 기어 올라가야 했는데, 그녀는 두려움에 떨었다. "알레시가 와서 마음이 놓였습니다. 그가 날 보호해줄 수 있다고 느낀 거죠. 그는 내가 안심할 수 있도록 말없이 내 뒤를 따라 올라왔습니다." 훗날 그녀는 그때 처음으로 사랑을 느꼈다고 고백했다. 결국 그들은 결혼에 성공해 슬하에 세 명의 자녀를 두었다.

제2차 세계대전이 끝난 후 슬로베니아에서 등산 활동을 하는 사람은 많지 않았다. 대부분은 나치 저항운동(해방전선이나 그 무장 부대인 파르티잔)에 합류했고, 그렇지 않으면 투옥되거나 죽임을 당했다. 국제산악연맹(UIAA)의 난이도 체계에 따르면 그 당시 가장 어려운 것이 VI급이었다. 따라서 그 정도 수준으로 등반하는 슬로베니아인은 유명했다. 그런데 그중 하나가 알레시였다. 슬로베니아인들의 산에 대한 사랑 역시 그의 명성에 일조했다. "전 세계에서 우리만큼 산을 사랑한 나라가 있을까요?"라고 두시차는 그때를 회상했다.

전후의 그 시기 동안 외국의 산으로 여행하려는 유고슬라비아의 산악인들 앞에는 많은 장애물이 놓여 있었다. 유고슬라비아와 소련연방의 냉각 관계는 코카서스와 파미르에서의 등반이 불가능하다는 것을 의미했다. 따라서 그들의 관심은 돌로미테와 알프스로 향했다. 그러나 산악인들이 유럽으로 가려면 비자가 필요했고, 그들이 비자를 받으려면 유고슬라비아의 수도 베오그라드Beograd까지 먼 거리를 직접 가야만 했다. 두 번째 문제는 자금이었다. 외국 화폐에 접근할 수 없는 유고슬라비아 산악인들은 알프스로 나가던 초기에 허기를 견뎌야 했다. 알레시 역시 그들 중 하나였다. 그러나 네이츠와 마찬가지로 산에 대한 그의 도전은 완벽했다.

『길』에는 이렇게 쓰여 있다.

산은 나에게 도시인들이 오래전에 잃은 것들을 주었다. … 수천 년 동안 사람들은 자연에 적응하면서 힘과 생명을 이끌어냈다. 그런데 이제 그들은 조용히 앉아서 평범한 존재로 살아가고 싶어 한다. 기계와 빌딩이 범람하는 속에서, 우리는 여전히 자연의 일부라는 사실을 잊고 지낸다. 내 안에는 천 년의 생명과 죽음이 존재한다. 그렇다고 짓눌리지는 않는다. 그것들은 다 소진할 수도 없는 힘을 나에게 주었다. 내 안에 타오르는 불꽃의 출구는 오직 두 개다. 나는 그 불꽃을 계속 피우거나, 아니면 내가 그 불꽃에 타버리도록 내버려 둬야 한다.

알레시의 꿈은 율리안 알프스Julian Alps[5] 너머로 펼쳐졌다. 그리고 프랑스 알프스 너머로까지. 그는 히말라야로 진출하고 싶어 했는데, 1960년 마침내 그 기회를 잡았다.

∧

트리술 원정대원들에게는 모든 것이 새로웠다. 그들은 장비를 스스로 조달해야 했고, 물자를 수소문하고, 텐트와 옷을 디자인하고, 공장에 제품과 전문적인 기술을 구걸해야 했다. 이런 일들은 유고슬라비아에서 처음이었다. 원정등반의 세계에서 그들은 유럽의 동료들보다도 몇십 년이 뒤져 있었다.

3월 말 그들이 탄 배가 아시아에 모습을 드러냈다. 이미 리더십의 자질을 보인 알레시는 선장이 자신에게 얼마간 배를 맡기리라 확신했다. 조타 장치를 잡은 그는 망망대해에서 자신이 8천 톤의 배를 통제하고 있다는 사실에 사뭇 흥분했다. 태양이 수평선 아래로 모습을 감추자 바다는 황금빛 물결로 일렁였다. 알레시는 자신의 팀에 대한 기대로 한껏 부풀어 올랐다. 10,000킬로미터의 항해와 2,000킬로미터의 육지 여행을 하는 동안, 그는 히말라야에 대한 꿈에 젖었다. 그리고 트리술 남쪽에 있는 미등의 루트에서 성공해야 한다는 부담까지도.

한 달간 등반도 하고 수많은 식량과 장비를 산 위로 올린 그들은 1960년 5월 7일 4,700미터에 2캠프를 설치했다. 아이스폴을 통해 두 봉우리 사이의 높은 콜까지 올라가는 동안 사방에서 눈사태가 굉음을 일으켰다. 결국 그들은 기온이 떨어져 더 안전한 밤에 등반하기로 했다. 알레시는 보고서에 이렇게 썼다. "산은 사계절의 게임이 아니라, 빛과 어둠 그리고 가끔 산을 휘감아 독특한 캐릭터를 만들어내는 구름의 게임이다. … 그러나 또한 기분이 변하면서 때로는 불안해하고 때로는 환호하는 개인의 게임이기도 하다. 우리는 우리의 의무를 믿어야 한다. 우리는 대가를 받아들였고, 혼신의 힘을 다했다. 우리가 산과 사랑에 빠지자 산은 서서히 우리의 친구가 되었다."

알레시가 자신을 둘러싼 히말라야의 빛나는 봉우리들이 뿜어내는 마법을 받아들이자, 그는 주변의 자연과 더 깊은 관계를 형성하기 시작했다. 그는 그런 경험의 가치를 결정짓는 것이 꼭 성공만이 아니라는 사실을 깨달았다. "산이라 불리는 이 거대한 바위와 얼음의 탑들은 사랑을 사랑으로 돌려준다." 하나의 팀으로 개인이 위험에 직면했을 때 친밀감이 형성된다는 사실을 그는 느꼈다.

그들은 트리술1봉에서 폭풍으로 쫓겨 내려왔지만, 2봉과 3봉을 초등했다. 트리술3봉의 뾰족한 정상에 섰을 때 그들은 특별한 보상을 받았다. 하늘에는 구름 한 점 없었고, 바람 한 줄기 불지 않았다. "이 얼마나 멋진 자연의 선물인가!"라고 알레시는 보고서에 기록했다.

그들은 의기양양하게 류블랴나로 돌아왔다. 알레시는 거리에 모인 수많은 환영인파를 보고 깜짝 놀랐다. 너무나 많아서 그들이 탄 버스는 엉금엉금 기어가야 할 정도로 속도를 늦추었다. 그는 자신들이 히말라야에서 성공할 수 있도록 도와준 많은 사람들에게 감사하는 마음을 가졌다. 작은 해결책 하나, 작은 물자 하나, 작은 재정적 지원 하나까지, 너무나 많은 사람들이 도움의 손길을 주었기 때문이다. 이런 모든 선물들이 파라미드처럼 쌓여 그 위에, 다시 말하면 정상에 몇 사람만이 설 수 있었다. 환영인파를 바라보던 알레시는 기반의 중요성을 깊이 깨달았다.

승리를 거두고 류블랴나로 돌아온 트리술 원정대 (알레시 쿠나베르 컬렉션)

유고슬라비아의 첫 히말라야 원정대가 6,000미터가 넘는 봉우리 두 개를 오른 것은 좋은 결과였다. 사실 유럽 산악계는 이 미지의 유고슬라비아 팀에 깜짝 놀랐다. 전혀 낌새를 눈치 채지 못했기 때문이다. 아무리 좋은 상상력을 동원한다 해도 발칸국가들은 집시와 춤추는 탁발승들이 넘쳐나는 낙후된 지역에 불과했다. 그렇다면 다음은? 유고슬라비아의 산악인들은 조용히 미소 지으며 히말라야의 지평선에 자신들의 발자취를 남길 준비에 박차를 가했다.

$\wedge$

1962년 알레시는 등반이 아니라, 산악지역을 돌아다니며 가능성을 탐색하기 위해 네팔로 돌아왔다. '유고슬라비아 히말라야 원정등반의 개척자'가 되기 위해 필요했던 정력과 추진력은 물론이고, 그의 미래지향적인 면모가 드러난 것이 바로 이때였다. 그리고 그가 로체 남벽을 처음 보고 그곳을 등반하고자 하는 꿈을 키우기 시작한 것도 바로 이때의 여행을 통해서였다. 히말라야의 거벽들로 말할 것 같으면 무려 8년이나 앞선 시점이었다. 영국 팀이 안나푸르나 남벽을 등반한 것이 1970년이었다. 영국인들은 세기가 바뀌기 전부터 히말라야를 탐험해오지 않았던가? 1962년에 로체 남벽을 오른다는 생각은 화성에 가겠다는 꿈같은 소리나 다름없었다. 그러나 알레시는 진지했고, 이제 그 산은 그의 인생을 사로잡았다.

그해 그의 상상력을 사로잡은 것은 로체만이 아니었다. 그의 시선은 히말라야 고봉의 더 어려운 지형들, 즉 거대한 벽들과 이리저리 비틀린 능선들로 향했다. 그들은 거대한 산군에서 펼쳐질 등반의 최전선으로 나아갈 준비를 했고, 그런 곳들은 미래의 유고슬라비아 원정대가 쏟아 부을 노력의 터전이 되었다.

2

동계 트리글라브

유고슬라비아는 민족과 언어, 종교가 모자이크처럼 얽힌 공동체여서 알피니스트들에게는 희망이 없는 국가였다. 남슬라브족이라는 의미의 유고슬라비아는 세르비아인, 크로아티아인, 슬로베니아인으로 이루어진 왕국에서 1918년 유고슬라비아 왕국이라는 이름으로 국가가 되었다. 처음에 오스트리아와 헝가리, 투르크의 침략자들에 대항하기 위해 하나의 연합체로 시작된 이 나라의 운명은 불행히도 짧게 끝나고 만다. 1941년 독일이 쳐들어와 국토를 분할한 다음, 요충지는 자신들이 차지하고 나머지는 이탈리아와 헝가리에 넘겨주었기 때문이다. 유고슬라비아인들이 파시스트 침략자들에 맞서 싸운 4년 동안, 그 나라는 혼란의 도가니에 빠졌다. 그리고 다시 내전이 일어나 이웃과 이웃, 형제와 형제 사이에 싸움이 붙었다.

　　공산주의자들의 지원을 받은 파르티잔들은 자신들이 숲과 산속으로 숨어들어 파시스트들과 의심스러운 부역자들을 죽이면 유고슬라비아 정부를 지킬 수 있다고 생각했다. 공산당과 파르티잔 동맹의 지도자인 요시프 브로즈 티토Josip Broz Tito는 전쟁이 끝날 무렵 승리자로 떠올랐고, 유고슬라비아는 한 번 더 원상복귀가 되었다. 이제 '유고슬라비아 연방 인민공화국'이라고 불리는 새로운 체제는 유고슬라비아와 소련연방의 관계가 냉각되는 1948년까지 스탈린이 통제했다. 그리고 소련의 장악력이 떨어졌다는 것을 반영이라도 하듯,

1945년부터 1980년까지 유고슬라비아를 통치한 요시프 브로즈 티토 (위키미디어 커먼스)

그 나라의 이름은 1963년 '유고슬라비아 사회주의 연방공화국'으로 한 번 더 바뀌었다.

그러나 여섯 개의 공화국(슬로베니아, 크로아티아, 세르비아, 보스니아 헤르체고비나, 몬테네그로, 마케도니아)과 두 개의 자치구(코소보와 보이보디나)로 구성된 유고슬라비아의 현실은 복잡했다. 그 나라의 국민들은 세 개의 주요 종교(가톨릭, 정교회, 이슬람)를 믿었으며, 여섯 개의 서로 다른 언어를 사용했다. 그리고 지리적으로는 사막에서부터 뾰족뾰족하게 튀어나온 해안선까지, 고원지대에서부터 깊은 숲과 높이 치솟은 봉우리들까지 매우 다양했다. 대부분의 산악지역은 북쪽 끝을 차지하고 있는 공화국, 즉 슬로베니아에 있었다. 따라서 유고슬라비아 최고의 산악인들이 슬로베니아 출신이라는 것은 놀라운 일이 아니다. 지형학, 독실한 신앙, 근면성실 그리고 독일과 오스트리아의 지배를 받으며 다져진 슬로베니아인들의 기질은 그들을 완벽한 등반 기계로 만들었다.

유고슬라비아가 히말라야라는 무대에 등장하면서, 제2차 세계대전에서 살아남았다는 자긍심과 원정등반이라는 영역에서 성공하겠다는 열망은 베오그라드로 하여금 북쪽에서 재능을 가진 자들을 찾게 만들었다. 그들은 다름 아닌 율리안 알프스에서 훈련하는 슬로베니아 산악인들이었다. 훗날 드러난 바와 같이 베오그라드의 직관은 정확했다.

슬로베니아를 상징하는 세 개의 봉우리로 이루어진 트리글라브는 장엄하지 만 취약한 산의 특성과 인간의 죽음이라는 메시지를 전달하는 신비와 신화에 둘러싸여 있다. 전설에 따르면, 그곳에서는 마음씨 착한 여자 거인이 안개 속 에 헤매는 사냥꾼들에게 길을 알려주고 있었지만 저주를 받아 바위가 되었 다고 한다. 또 다른 전설은 즈라토로그Zlatorog라 불리는 위엄 있는 흰 샤모아 chamois가 산의 위쪽 지역을 지배하고 있었는데, 그의 황금빛 뿔은 저녁햇살 에 번쩍였다고 전한다. 무서운 경고에도 불구하고, 트렌타 계곡Trenta Valley 출 신의 젊은 사냥꾼이 번민 끝에 사랑하는 여성을 위해 즈라토로그를 죽인 다음 악마에게 그의 영혼을 팔았다. 그러나 마법처럼 부활한 즈라토로그가 번쩍이 는 자신의 뿔을 이용해 그 사냥꾼의 눈을 멀게 했고, 그는 떨어져 죽었다. 결 국 그는 소챠강Soča River의 청록색 물에 계곡 아래로 떠내려가고 말았다.

트리글라브는 슬로베니아인들의 영혼의 일부다. 꼭 신화뿐만 아니라 그 거대한 규모를 봐도 그렇다. 이 책의 서문에 언급한 것처럼, 모든 슬로베니아 인들은 그곳에 오르는 것을 의무로 여긴다. 그곳의 초등은 1778년 세 명의 일 행에 의해 이루어졌는데, 몽블랑 초등보다도 8년이나 이른 시점이었다. 그리 고 1895년 슬로베니아인들의 신성한 의무를 돕기 위해 좁고 아찔한 정상 부 근의 능선이 넓혀지고 철제 케이블이 설치됐다.

2,864미터의 그곳은 율리안 알프스의 최고봉으로 논쟁의 여지없이 트리 글라브국립공원 한가운데에 있다. 또한 트리글라브는 오스트리아 국경과 상 당히 맞닿아 있다. 그리하여 오스트리아와 독일 산악인들이 브라타 계곡으로 부터 1,000미터나 솟아 있고 높이가 4,000미터나 되는 그 환상적인 북벽에 멋진 신루트를 개척했다고 주장하는 곳이기도 하다. 그들은 등반만 하는 것이 아니라 루트에 제멋대로 이름을 붙이기도 했다. 독일 루트, 바바리안 루트…. 따라서 이런 이름들은 슬로베니아 산악인들을 자극하기에 충분했다. 제1차

세계대전이 끝난 후 외국 산악인들이 몰려들자 슬로베니아 알피니스트들은 그들보다 한 발 앞서 그 산에 올라감으로써 방어적인 입장을 취했다. 초창기라 할 수 있는 1908년 그곳의 지역 산악인들이 '드렌협회Dren Society'를 결성했는데, 주목적은 독일인들보다도 먼저 슬로베니아의 산들을 올라가는 것이었다.

트리글라브 북벽을 처음 올라간 사람은 다행스럽게도 소챠 계곡Soča Valley 출신의 벌목꾼이자 사냥꾼이며 가이드인 슬로베니아인 이반 베르긴츠Ivan Berginc였다. 그는 1890년 그 북벽을 몰래 올라갔다. 그때까지만 해도 율리안 알프스에 사는 샤모아는 비엔나의 황제 재산이었기 때문에 밀렵을 의심받으면 이반은 감옥에 갈 수도 있었다. 그의 과감한 등반 이야기는 트렌타 계곡 내에서만 은밀하게 퍼졌다. 즈라토로그를 죽이려다 결국은 소챠강으로 떠내려간 신화 속 사냥꾼처럼, 이반 역시 훗날 같은 강에서 시신으로 발견됐는데, 사실 그는 제1차 세계대전 중 슬로베니아와 이탈리아 국경에서 벌어진 치열한 전투의 수많은 희생자 중 하나였다.

트리글라브 북벽에 있는 가장 인상적인 루트는 초포브 스테베르Čopov Steber(초프 필라Čop's Pillar)로, 초등은 1945년에 요자 초프Joža Čop와 그 당시 유럽 최고의 여성 산악인이었던 파블라 예시흐Pavla Jesih에 의해 이루어졌다. 길고 어려운 신루트 개척으로 이름을 떨친 그녀는 1933년에 등반도 좋아하고 뜨개질도 좋아한 남성 산악인 요자 리포베츠Joža Lipovec와 등반하던 중 목숨을 잃을 뻔하기도 했다. 요자는 바늘과 실을 가지고 다니며 등반 도중 쉴 때마다 뜨개질을 하는 것으로 널리 알려졌다. 아마 뜨개질이 그에게 정신적 위안을 주었는지도 모른다. 그 사고 후 파블라는 진지한 등반을 그만 두고 극장 사업에 손을 댔지만, 12년이 지난 후 산으로 다시 돌아와 유명한 초프 필라를 시도했다.

등반 3일째, 파블라가 너무 지쳐서 등반을 계속할 수 없게 되자, 요자 초프는 그녀를 도와 루트를 끝내기 위해 벽으로 돌아왔다. 그러나 짙은 안개로

왼쪽: 요자 초프의 슬라카산악회Club Slaka 회원증. 그 산악회는 전통에서 벗어나 등반 스타일의 순수주의에 집중했다. (알레시 쿠나베르 컬렉션)

오른쪽: 1930년대 유럽 최고의 여성 산악인 중 하나였던 파블라 예시흐. 1945년 그녀는 요자 초프와 함께 초프 필라를 초등했다. (위키미디어 커먼스)

구조대가 그녀에게 닿은 것은 5일이 지난 후였다. 그녀는 요자 초프와 함께 그 루트를 초등했다는 명성을 얻기 위해 스스로의 힘으로 등반을 끝내겠다고 고집을 부렸다. 그러나 그 루트를 장식한 이름은 요자 초프였다. 초프는 지역 철강공장에서 일하는 노동자였다. 그는 등반에 심취해서, 여성과 함께 간다 하더라도 자신의 등반을 막으면 안 된다고 결혼 전에 부인과 암묵적으로 합의한 것 같았다. 파블라는 도시의 유복한 소녀라서 당연히 전후 유고슬라비아에서 소외당했다. 그녀는 유복했기 때문에 사회주의자들의 눈에는 문제로 보였고, 따라서 그들은 그 기념비적인 루트에 그녀의 이름을 붙여 경의를 표할 의도가 전혀 없었다. (몇 명 안 되는 여성 알피니스트들도 돈이 많다는 것이 문제였다)

그러나 초프 필라의 동계등반은 미완의 과제로 남아 있었다. 따라서 슬로베니아 산악인들은 동부 알프스에 남아 있는 대상大賞을 외국 산악인들에게 빼앗기지 않기 위해 눈 덮인 루트에 몸을 던졌다. 독일의 동부지역 산악인들이 트리글라브에서 신루트를 개척했다고 주장하고, 체코의 산악인들이 초프 필라에 대한 등반 태세를 갖춘 1966년 겨울은 특별히 귀찮은 시즌이 되었다.

트리글라브의 초프 필라 동계등반 팀. 알레시 쿠나베르와 스타네 벨라크(슈라우프), 토네 사조노브 (알레시 쿠나베르 컬렉션)

그리하여 슬로베니아 팀과 체코 팀이 동시에 북벽에 달라붙으면서 경쟁이 펼쳐졌다. 그러나 악천후를 만난 그 두 팀은 모두 패퇴하고 말았다.

　2년이 지났지만 그 필라는 여전히 동계초등을 기다리고 있었다. 1968년 1월 20일 날씨 예보가 좋게 나왔다. 더구나 며칠 동안 북풍이 시속 180킬로미터로 불어와 벽에 붙은 눈을 거의 다 날려버렸다. 조건은 사뭇 이상적이었다. 1월 23일 슬로베니아 최고의 산악인들인 토네 사조노브Tone Sazonov, 알레시 쿠나베르Aleš Kunaver 그리고 많은 사람들에게 '슈라우프Šrauf'로 알려진 스타네 벨라크Stane Belak가 브라타 계곡을 출발했다.

∧

1940년 11월 13일 류블랴나에서 태어난 슈라우프는 어린 시절의 몇 년 동안을 제2차 세계대전이 유고슬라비아에 가져온 직접적 결과인 철조망 뒤편에서 보냈다. 1941년 4월 6일 독일군이 베오그라드를 폭격하자, 유고슬라비아 시민들은 그들의 삶이 송두리째 흔들리고 있다는 사실을 깨달았다. 800여 대의 비행기들이 수도의 상공을 낮게 날아다니며 궁궐과 대학, 교회, 학교, 병원들을 무자비하게 파괴했다. 그리하여 4일 동안 사망자만 24,000명에 달했다. 이탈리아의 지원을 받은 독일 군대가 유고슬라비아를 침공하자, 독일에 대한 슬라브족의 케케묵은 증오심이 나라 전체로 퍼져나갔다. 크로아티아에서 독일군은 죽음의 수용소와 고문이라는 나치 모델을 재빨리 모방해 영주領主부터 시민들까지 범죄자를 분류하는 작업에 착수했다. 세르비아의 어른들과 소년들은 루마니아에 있는 집단수용소로 보내지거나 이유 없이 처형당했다. 그리고 마케도니아-세르비아인들은 재산을 빼앗기고 정처 없이 떠돌아다니는 신세가 되었다.

슬로베니아는 최초로 함락당한 유고슬라비아 국가가 되어 얼마 후 유럽의 지도에서 사라졌다. 독일은 과거의 슬로베니아인들이 나치당에 가입하리라 기대하면서 그들을 선별하는 작업에 착수했다. 독일 혈통은 정당원으로, 의심스러운 시민들은 수습당원으로 받아들인 반면, 많은 사람들을 노골적으로 탈락시키고 나서 주로 세르비아로 추방했다. 그러나 슬로베니아인들은 끈기가 있었다. 과거에 외세의 침탈을 여러 번 견뎌낸 그들은 노골적인 저항보다는 협력하는 척하면서 나라를 지켜내는 전략에 익숙해져 있었다.

1941년 독일이 슬로베니아를 세 지역으로 분할하자, 이탈리아가 북쪽 지역을 차지했는데, 그곳은 수도 류블랴나가 있는 곳이었다. 이탈리아는 처음에 온건한 태도를 보이면서 파르티잔의 저항을 대수롭지 않게 여겼다. 그러나 주목을 받을 때쯤에는 그 저항이 걷잡을 수 없는 규모로 커졌고, 연합군의 지원은 그들의 추진력에 힘을 더했다. 이탈리아는 류블랴나 주위에 참호를 파고 철책을 세우는 것으로 대응했다. 따라서 그곳은 유럽에서 가장 큰 집단수용소가 되었다. 그 전략은 도시 내 파르티잔의 본거지를 약화시키는 데는 성공했지만, 도시를 둘러싼 숲은 파르티잔이 이탈리아에 계속 압박을 가할 수 있는 터전을 마련해주었다. 수도 안에 있는 시민들은 이탈리아를 돕는 척만 했고, 류블랴나에 있는 슬로베니아 등산연합Alpine Association of Slovenia의 본부는 불법적인 해방전선의 지지자들이 모이는 장소가 되었다.

크로아티아 여인들이 슬로베니아 파르티잔 전사들에게 줄 소금을 나르고 있다. (위키미디어 커먼스)

　　철조망 안에서의 생활은 만만치 않았다. 식량과 돈이 떨어지고 자유로운 이동도 먼 추억이 되었다. 시민들은 살아남기 위해 가진 것을 모두 내다 팔았다. 그들은 마룻바닥을 떼어내 땔감으로 썼다. 채소를 키울 수 있는 조그만 텃밭을 가진 슈라우프 가족은 그나마 운이 좋은 편이었다. 슈라우프는 아버지가 자전거를 타고 가다 버스에 치여 사망하자, 여덟 살의 어린 나이로 소년가장이 되었다. 본래 총명한 그는 훌륭한 학생이었지만, 그의 유일한 열정은 스포츠였다. 그는 열여덟 살에 등반을 시작했다.

　　그들이 트리글라브에서 동계등반을 하기 4년 전에 슈라우프는 친구들을 사귀기 위해 불쑥 지역 등산학교에 뛰어들었다. 그곳의 문에서 그를 맞이해준 사람은 열일곱 살의 요지차 트르체크Jožica Trček였다. 단단한 몸매, 검은 머리에 현혹적인 미소를 지닌 아름다운 그녀 역시 등산 강사였다. 슈라우프는 그녀의 매력에 빠질 수밖에 없었다. 그 당시 여성 산악인은 흔치 않는데, 요지차는 대단했다. 그녀는 이미 트리글라브 북벽에 있는 고전 루트들을 수없이 단독등반했고, 여름의 초프 루트를 열다섯 살에 오르기도 했다. 그녀는 슈라

에델바이스를 입에 문 스타네 벨라크(슈라우프). 그는 이 꽃으로 미래의 아내에게 사랑을 고백했다. (스타네 벨라크 컬렉션)

우프의 거친 입담과 가끔은 그가 소녀 팬들로 둘러싸인다는 사실을 즐거워했다. 운동선수같이 힘이 넘치는 신체와 사색에 잠긴 듯 착한 외모는 매혹적이었다.

서로에게 끌린 그들 사이에 로맨스가 피어올랐다. 요지차는 슈라우프의 장비를 수선했고, 슈라우프는 요지차를 위해 고산의 야생화를 꺾어 가지고 왔다. "우린 데이트 겸 함께 등반했는데, 그걸로 충분했습니다."라고 그녀는 회상했다. 서로를 알게 된 지 1년이 지난 후인 1965년 그들은 결혼에 성공했다. 요지차는 단지 확보자가 필요해서 그와 결혼했을 뿐이라고 농담을 했다. 가정을 꾸린 그들은 1968년 슈라우프가 트리글라브 북벽으로 향하기 3주 전에 둘째 딸을 낳았다.

∧

알레시와 토네, 슈라우프는 트리글라브에 쌓인 깊은 눈을 4시간 동안 헤쳐나간 끝에 알랴주 레지에 도착해, 그날 밤을 그곳에서 보냈다. 그리고 다음 날 오후 늦게까지 자신들 위로 어렴풋이 드러나 불길하지만 감질나는 벽 밑으로 식량과 장비들을 끌어올렸다. 그들은 그다음 날 새벽 5시에 등반을 시작했다. 그러나 날씨가 예기치 않게 변했다. 하늘이 우중충하게 변해 짙은 회색이 되더니 세찬 돌풍이 몸을 날릴 듯 불어닥쳤다. 그리고 폭풍설이 계곡 안으로 밀려들면서 벽이 하얀 눈으로 뒤덮였다. 그들은 장비를 가장 높은 곳에 숨겨놓고 탈출했다.

1월 말에 하늘이 맑아지면서 기온이 올라가자 희망을 품은 그들 세 산악인들은 브라타 계곡으로 돌아왔다. 슈라우프는 자신들의 결심을 다음과 같이 표현했다. "조건이 너무 좋아 그냥 올라갈 수밖에 없었다. 우리를 방해하는 것은 아무것도 없었다." 그들은 4~5일이 걸릴 것으로 예상하고, 거의 70킬로그램이나 나가는 짐을 셋으로 나눈 다음, 등반용으로 80미터짜리 로프를 하나 챙겼다. 그들은 모험을 시작했다. 얼음이 덮인 걸리를 따라 올라가고, 램프를 가로지르고, 눈사태의 위험이 있는 쿨르와르를 올라갔다. 그리고 가파른 오버행 구간을 넘었다. 그곳은 이전의 시도에서 처음으로 비박한 지점 바로 전의 마지막 장애물이었다.

거기까지는 좋았다. 그들은 자신감이 넘쳤다. 그들은 전진이 빨라 비박지점에서 멈출 생각이 없었다. 따라서 그들은 벽의 수직 구간에 달라붙었다. 슈라우프는 크램폰을 벗고 직접 만든 피톤을 장비걸이에 건 다음, 절망스럽게도 눈에 보이는 홀드가 거의 없는 수직의 침니를 오를 준비를 했다. 그는 추위로 감각이 없는 맨손으로 눈을 긁어내며 위로 기어 올라갔다. 그는 비교적 괜찮은 스탠스에 올라서서 앵커를 설치하고 다른 사람들을 끌어올리려 했다. 그러나 그는 바위에 단 한 개의 피톤도 박을 수 없었다. 벽에 확보물을 설치하지 못해 불안해진 그가 아래쪽으로 소리쳤다.

"알레시, 올라와요. 하지만 조심하세요. 확보가 불안합니다."

"알았어, 조심할게." 알레시가 대답했다.

그다음은 경사가 더 셌다. 시간이 한없이 흘러갔다. 길어진 그림자가 벽을 타고 위로 올라왔지만, 산봉우리들의 꼭대기는 석양의 황금빛으로 물들었다. 그들 셋 모두가 비박지점에 도착했을 때 슈라우프는 탈진으로 몸을 부들부들 떨었다.

2일째 새벽이 청명하게 밝아왔다. 토네가 중간 중간 오버행이 튀어나온 다음 구간의 선등을 넘겨받았다. 그들은 이전 시도에서의 최고점을 별생각 없이 그냥 지나쳤다. 트리글라브는 그들에게 미소를 보내는 것 같았다. 얼음이

긴 램프에는 부드러운 눈이 덮여 있어 까다로운 걸리로 이어졌다. 확보를 보기도 어렵고 건너가기도 불안정한 곳이었다. 전진이 느려졌다. 방금 전에 출발한 것 같았지만 시간은 어느덧 늦은 오후였다. 아래쪽 계곡에서 소리가 들려왔다. 스카우트 학생들이 그들을 지켜보고 있었던 것이다. 그 산악인들은 요들로 응답했다. 모든 것이 잘 진행되고 있다는 사전 약속의 신호였다.

그러나 사실은 그렇지 않았다. 이제 예정보다 늦어진 그들은 필름처럼 얇게 덮여 반짝거리는 얼음을 까내고 자리를 만들었다. 오버행 밑에 처박힌 그들은 벽에 완전히 가려 밑에서는 보이지 않았다. 교활한 바람이 서쪽에서 불어오더니 산악인들의 악몽인 새털구름이 나타났다. 보통 그것은 날씨가 나빠진다는 전조였다. 아직도 올라가야 할 벽이 많이 남아 있었다. 50미터씩 두 피치를 더 올라가자, 그들 셋 앞에 최후의 장애물이 나타났다. 초프 필라. 토네는 그전 여름의 등반에서 콩이 든 캔 몇 개와 가스통 하나를 숨겨놓았다.

트리글라브 북벽에 있는 초프 필라의 가파른 지형. 알레시 쿠나베르와 스타네 벨라크(슈라우프), 토네 사조노브의 동계등반 장면 (알레시 쿠나베르 컬렉션)

그래서 그들은 잠시 멈추어 허기를 채우고 휴식을 취하며 위쪽을 관찰했다. 그리고 아래쪽도. 불길한 안개가 계곡에서 천천히 밀려올라오고 있었다. 그렇다면 이제 좋은 날씨는 곧 끝날 터였다. 기껏해야 하루 정도.

슈라우프가 필라를 반쯤 갈라놓은 침니를 선등으로 오르며, 그의 파트너들을 피치마다 확보해주었다. 그는 폭풍이 몰려오는 것을 볼 수 있었다. 그렇다면 그들이 곧 눈에 휩싸이게 될 것은 너무나 뻔했다. 그러나 그는 분명하게 닥칠 눈사태로부터 보호해줄 수 있는 커다란 동굴이 필라의 꼭대기에 있다는 것을 알고 있었다. 불행하게도, 그들과 그 동굴 사이에 커다란 바위가 어렴풋이 드러났다. 밤이 되었을 때 그들은 필라의 꼭대기 근처에 감질이 날 정도로 가까이 있었다. 얼음이 덮인 아찔한 바위 턱에서 옴짝달싹못한 그들은 비박을 하기 위해 20미터를 하강해야 했다. 다시 한번 계곡에서 외치는 소리가 들려왔다. 그리고 희미하고 외로운 불빛이 잠깐 보였다. 어둠 속에서 그들은 요들로 응답했다.

그날 밤, 그들은 저녁을 먹으며 상황을 의논했다. 계곡에서 안개가 올라와 그들의 시야를 가리자, 처음의 자신감이 빠르게 소멸되면서 그들은 침울한 집단이 되고 말았다. 이제 동굴이 눈앞에 닥친 목표였다. 그곳은 폭풍이 물러가기를 기다릴 수 있는 안전한 피난처를 제공해줄 터였다.

4일째 되는 날 아침은 몹시 두려운 현상이 현실로 나타났다. 브라타 계곡 위의 모든 산봉우리들이 안개와 구름으로 장식된 것이다. 트리글라브 벽의 최상단부조차 베일에 싸여 있었다. 팽팽한 긴장으로 공기가 가볍게 떨렸다. 그것은 무지막지한 폭풍이 닥쳐오기 전에 느끼는 일종의 압박이었다. 필라는 얼음이 덮여 있어 극도로 조심해야 했지만, 그들은 뛰다시피 올라가고 싶은 유혹을 느꼈다. 어느새 브라타 계곡으로부터 900미터 위에 있었지만, 동굴은 여전히 멀리 떨어져 있었다.

고도의 집중력과 기술을 요구하는 수직의 벽을 마주한 슈라우프는 크램폰을 벗었다. 작은 홀드들은 눈이나, 더 나쁜 경우에는 얇은 얼음이 덮여 있었다. 얼음은 크램폰에는 너무 얇고, 부츠에는 너무 두꺼웠다. 그는 몸부림과 두려움에 떨며 필사적으로 달라붙었다. 눈이 많이 와서 트리글라브 북벽에는 완벽한 고요의 장막이 드리워졌다.

알레시와 토네는 짐을 끌어올리며 슈라우프를 뒤따랐다. 이제 동굴이 사정권 내로 들어왔다. 슈라우프는 딱딱한 눈을 킥스텝으로 오르며 피켈로 홀드를 까냈다. 그는 하얗게 변한 손가락으로 부스러지는 바위에 피톤 3개를 해머로 때려 박았다. 그런 다음 동료들에게 올라오라고 소리쳤다. 동굴 안에서 그가 마음을 놓자마자 표면에 달라붙은 눈덩어리들이 산 아래로 떨어져 내리기 시작했다. 그들이 겨우 60미터를 올라가는 데 6시간이나 걸렸지만, 이제 더 이상 문제가 되지 않았다. 그들은 안전했다.

밤새 눈이 내렸다. 그리고 다음날까지도. 마지막 날이 될 것이라고 희망했던 등반 5일째, 그들은 동굴 속에서 눈에 갇혔다.

6일째의 날이 밝아왔지만 눈이 계속 내렸다. 그들의 안전한 피난처가 감옥으로 변하면서, 식량마저 바닥나고 있었다. 그리고 눈사태의 규모와 강도는 하루가 다르게 커져갔다. 언젠가는 동굴을 떠나야 할 터인데, 다시 밖으로 나가 등반을 한다는 것은 생각만 해도 끔찍했다. 구조는 선택이 아니어서, 온전히 스스로 해결해야 한다는 것을 그들은 잘 알고 있었다. 그날 오전 9시쯤 슈라우프는 동굴을 떠났지만, 그는 카오스의 세계로 나가는 것이나 다름없었다. 까다로운 바위구간을 올라서려는 그의 위에서 눈덩어리들이 쏟아져 내렸다. 피톤이나 카라비너 같은 통상적인 장비는 두 번째로 중요했다. 이제 그에게 가장 중요한 도구는 홀드의 눈을 쓸어내리는 작은 빗자루일 터였다. 한 번에 1미터씩, 그는 오버행을 기어 올라갔다. 안개가 걷히기 시작했다. 그가 아래쪽을 내려다보자 계곡까지 1,000미터가 한눈에 들어왔다. 그는 떡 벌어진 심연 속으로 굉음을 내며 쏟아져 내리는 눈사태를 지켜보았다. 그는 다시 오버행 위쪽으로 기어 올라가, 좁은 바위 턱에서 쉬면서 동료들이 올라오기를 기다렸다. 등반의 매순간은 미래의 알피니스트가 되기 위한 훈련이었다.

계곡에서 고함소리가 들렸고, 요들이 아래로 울려 퍼졌다. 여전히 아무 문제가 없었다.

알레시가 바위 턱으로 올라오자 슈라우프는 홀드가 너무 작아 장갑을 벗고 맨손으로 위로 올라갔다. 그는 정교하면서도 빠르게 등반했다. 이제는 일분일초가 중요했다. 그는 벽에서 그들을 쓸어내릴지도 모르는 눈사태의 위험을 피할 수 있는 안전한 피난처를 찾는 데 집중했다. 그는 마침내 동굴에 도착해 알레시와 토네에게 소리쳤다. 하지만 폭풍이 거세지면서 그의 외침은 안개와 눈의 소용돌이 속으로 사라졌다. 결국은 로프와 다른 신호를 통해 의사소통이 되었지만, 그 둘이 동굴에 도착하는 데는 1시간이 더 걸렸다. 무거운 짐에 짓눌린 그들은 그대로 쓰러지면서 마음을 놓았다. 그러나 놀랍게도 여전히 의기양양했다.

등반은 이제 잠시 기다렸다가 재빨리 올라가는 게임이 되었다. 눈이 주르르 미끄러져 내리기를 기다린 다음, 뛰듯이 위로 올라가 어느 정도의 전진을 확보하는 것이다. 마지막 피톤 15미터 위에서, 슈라우프는 눈이 부서지는 바람에 거의 추락할 뻔했다. 동료들과 완전히 떨어진 그는 눈을 뒤집어쓴 채 바위에 바둥바둥 달라붙어 피톤을 하나 박았다. 그는 계속 위로 올라갔다. 그때 로프가 크랙에 끼었다. 그는 로프를 잡아당기고 흔들어 빼낸 후 가슴 깊이까지 눈이 쌓인 걸리를 걸어 올라갔다. 커다란 눈덩어리가 자신을 끌고 떨어질 것으로 확신한 그는 가까스로 피톤을 하나 박은 다음, 동료들에게 올라오라고 외쳤다. 하지만 아무 일도 일어나지 않았다. 20분 후 그들은 마침내 어떤 소리를 듣고 앞으로의 일을 예감했다. 어스름이 몰려올 무렵 그들 셋은 다시 함께 모였다. 그들은 벽에서의 탈출 방법에 대한 전략을 짜며 마지막 식사를 준비했다. 수프 재료 세 개, 초콜릿 세 덩어리와 작은 봉지에 담긴 설탕이 전부였다.

7일째 새벽이 밝아왔다. 눈이 더 내렸다. 눈사태의 둔탁한 소리가 그들을 에워쌌다. 알레시는 23년 전 초등 때의 유물인 낡고 녹슨 피톤을 찾아 눈을 파내며 조금씩 위로 올라갔고, 요자 초프가 벽을 벗어나기 위해 사선으로 횡단한 지점에 마침내 도달했다. 훗날 알레시는 그 순간을 이렇게 회상했다. "우리는 그 백색의 지옥 속에서 위로 올라갔다. 서로에게 할 수 있는 말이 전혀 없었다. 우리들의 얼굴은 온통 일그러져 있었다. 우리는 정신을 차리려 애썼다."

차갑게 얼어붙은 얼굴이 일그러진 것은 당연한 일이었다. 왜냐하면 그 다음에 이어질 등반이 극도로 위험했기 때문이다. 그들은 아주 조그만 바위 턱 위에 있었는데, 그곳은 의심할 여지없이 슬로베니아 알프스에서 가장 아찔한 곳으로, 발아래는 곧장 1,100미터의 낭떠러지였다. 고맙게도 눈과 안개가 그들의 시야를 가려, 그들은 그 심연을 볼 수 없었다. 그러나 그들은 그런 상황을 알고 있었다. 슈라우프는 한 번에 벽을 벗어나려는 것과 같은 큰 문제 대신 아주 작은 것들에 집중했다. 비교적 안전한 곳에서 로프 세 동 길이만 올라가면 그들은 등반의 끝을 맛볼 수 있을 터였다.

그들 앞에 수직으로 뻗은 크랙은 여름에도 어려운 곳이어서, 겨울에는 거의 불가능했다. 그 꼭대기까지 12미터를 앞두고 슈라우프는 힘이 빠졌다.

"알레시! 떨어질지 몰라요."

"어리석은 짓 하지 마, 슈라우프. 넌 안 떨어져." 이보다 더한 위로의 말이 있을까.

슈라우프는 마음을 가다듬고, 홀드를 찾아 동작을 이어갔다. 그는 벽의 틈바구니에 무릎을 끼우고 녹슨 피톤을 찾았다. 그는 다시 한번 살아났다.

그들은 여름이라면 그냥 로프를 사려 벽의 꼭대기까지 달리듯 올라갔을 바위 턱에 도착했다. 그러나 지금은 여름이 아니었다. 더구나 상황이 녹록지 않았다. 바람이 휘몰아치는 가운데 알레시와 토네가 무거운 배낭을 메고 허리까지 빠지는 눈을 헤치며 올라오자 커다란 눈덩어리들이 떨어져 나갔다. 그들이 벽의 작은 능선마루에 도착했을 때는 어느덧 밤이었다. 겨울 비박으로는 지독하게 비현실적인 곳이었다. 슈라우프는 눈이 쌓인 걸리로 로프를 타고 내려갔다. 그러자 그는 가슴까지 눈에 빠졌다. 자신들의 몸무게라면 거대한 눈덩어리를 떨어뜨리는 방아쇠가 되리라는 사실을 분명하게 인지했음에도, 그들은 비박을 하기 위해 눈을 평편하게 다졌다. 그때 갑자기 진동이 일어나며 사면이 흔들리더니 그들 옆에서 큼지막한 눈덩어리가 떨어져 심연으로 사라졌다. 그것은 기적적으로 그들을 비껴갔다. 그들은 안으로 기어들 동굴을 만들기 위해 서둘러 눈을 파냈다. 그들이 동굴 안으로 몸을 숨기자 밤이 길게 이어졌다. 그 안은 묘지처럼 적막했다. 밤을 이겨낼 수 있을까? 내일은 정말 마지막일까?

알레시의 집은 팽팽한 긴장감이 흘렀다. 아빠가 왜 집에 없는지, 심술궂은 폭풍설이 아빠를 어떻게 붙잡고 있는지, 그것이 곧 끝나 아빠가 어떻게 가족의 품으로 돌아올지 설명하면서 두시차는 두 딸을 위로했다. 그러나 그들은 그 말을 믿지 않았다. 그들은 두시차가 머리맡에서 들려주는 이야기에 싫증이 났다. 그들은 아빠를 끌어안고, 아빠의 이야기를 듣고 싶어 했다. 블레드Bled에 호수를 만든 요정들, 미국을 발견한 바이킹, 고래의 위 속에 있는 피노키오. 두시차는 자신의 두려움은 물론, 딸들이 눈물을 흘리는 것도 어찌할 수 없었다. 트리글라브 북벽에서 그토록 긴 겨울을 뚫고 살아난 사람은 아무도 없었다.

벨라크의 집은 스트레스가 더 심했다. 요지차는 홀로 두 딸을 데리고 있었는데, 막내딸은 태어난 지 3주밖에 되지 않았다. 그 산에서 폭풍이 날뛰고 있다는 사실을 모르는 사람은 아무도 없었다. 그때는 휴대전화가 나오기도 훨씬 전이었다. 따라서 그들과 교신할 수 있는 방법이 없었다. 그런데 그들은 심각할 정도로 늦어지고 있었다.

벽에서 8일째 되는 날 아침, 그들은 피켈로 터널을 뚫어 동굴 밖으로 나왔다. 날씨가 훨씬 더 나빠져 등반이 거의 불가능해 보였다. 눈발이 하늘을 가득 채우고, 바람이 폭주기관차처럼 으르렁거렸다. 그리고 위쪽의 쿠기 레지Kugy Ledge에서 눈사태가 일어나 그들 옆으로 떨어졌다. 그럼에도 벽의 꼭대

기에 도착한 그들은 기뻐서 어쩔 줄 몰랐다. 그들은 소리를 지르고 서로를 두
드렸다. 그러자 이성이 찾아왔다. 그들에게는 여전히 내려갈 일이 남아 있었
다. 심한 눈보라 속에 무거운 짐을 지고 내려가는 것이 불가능해 보여 그들은
불필요한 짐을 버렸다. 그들은 앞으로 나아가려 했으나 다리가 따라오지 못했
다. 빠르게 움직이는 모래사장이 깊숙이 빨아들이는 것처럼, 그들은 가슴까지
눈에 파묻혔다. 그들은 튀어나온 바위에서 다음 바위까지 수영하듯 허우적거
렸다.

　엉금엉금 기고 굴러서 사면을 내려간 알레시가 환호성을 내질렀다. "발자
국이 보인다!"

　"환각 증세야." 토네가 소리쳤다. 그러나 그의 눈에도 발자국이 보였다.
그들 셋이 제멋대로 비틀거리고 있을 때 갑자기 많은 사람들이 안도의 한숨을 내쉬며 그들을 향해 외쳤다. 브라타 계곡에서 올라온 대원들이었다. 등반을 지켜보던 사람들뿐만 아니라 다른 사람들까지도 아주 많이 있었다. 슈라우프는 그 장면을 이렇게 회상했다. "우리를 걱정하는 사람들이 아래쪽에 있었다는 것을 안 그 순간은 영원히 잊을 수 없었다. 따뜻한 곳에서 잘 수 있고, 다시 빵을 먹을 수 있다고 상상하니…."

대모험의 끝이었다. 초프 필라는 동계등반까지도 슬로베니아인들의 것이 되었다.

그들의 놀라운 등반은 나라 전체의 관심을 끌었는데, 슬로베니아에서는 등산이 인기 있는 스포츠이기 때문이기도 했다. 그러나 가장 많은 공감을 일으킨 이야기는 구조에 대한 것이었다. 구조에 나서자는 공식적인 요청이 없었음에도, 70여 명의 사람들이 따뜻한 집과 가족을 뒤로 하고 휘몰아치는 눈보라 속으로 모험을 떠나, 그들을 돕기 위해 위험과 불편 속으로 스스로를 던졌기 때문이다.

며칠 후 그들 셋은 요자 초프를 방문했다. 그의 소중한 필라가 동계등반까지도 슬로베니아인들의 손에 들어오자, 주름이 깊게 파인 그의 얼굴에 만족스러운 미소가 퍼졌다. "그래, 잘했어!"

∧

산악인들의 성취에 대한 슬로베니아인들의 자긍심은 — 적어도 일부분은 — 전근대의 전쟁에 대한 반작용이었다. 그것은 모순으로 가득 찬 역사의 가슴 아픈 기간을 통해 잉태된 복잡하고 상충된 자긍심이었다. 비극과 승리, 슬픔과 부정. 초프 필라의 동계등반은 국가적으로 고통스러웠던 시기에 위엄과 영광이라는 작은 봉화를 피워 올렸다.

제2차 세계대전이 끝나갈 무렵, 파르티잔은 오스트리아로 재빨리 달아나 추축국樞軸國, Axis Powers[6]의 군대에 들어갔다. 국경 건너편에 포진하고 있던 영국군은 밀려들어오는 수만 명의 군인들을 어떻게 처리해야 할지 몰랐다. 군인들뿐만이 아니었다. 그들 중에는 슬로베니아 시민들도 있었는데, 독일과 이탈리아에 협조한 사람들도 있었고, 이제는 생명의 위협을 느낀 파시스트들도 있었다. 많은 사람들은 1943년까지 파르티잔과 함께 싸웠지만, 실제적으로는 공산주의를 위해 싸웠다는 사실을 뒤늦게 깨달았다. 그러나 그들의 가족은 공산주의를 지지하지 않았다. 그들은 자식과 형제들을 집으로 불러들였다. 이제 이 불운한 남자들은 파르티잔과 티토 양쪽의 적으로 간주됐다. 아주 가까운 미래에 파르티잔이 승리할 것이라는 사실이 명확해지자, 당연히 파스시트들과 부역자들은 두려움에 떨었다. 오스트리아에 주둔한 영국군이 슬로베니아인들을 기차에 실어 그들의 고국으로 돌려보내자, 그들은 용서를 모르는 티토의 군인들에게 넘어갔다.

크로아티아와 슬로베니아 국경에 있는 마을 쿰로베츠Kumrovec에서 요시프 브로즈라는 이름으로 태어난 티토는 '티토'라는 가명을 사용해 소련에서 훈련받은 군인으로, 유고슬라비아를 통치하겠다는 큰 야망을 가진 인물이었다. 허영심이 강하고 욕심이 많았던 그는 하루에도 몇 번씩 옷을 갈아입었고, 터무니없을 정도로 많은 것들을 축적했다. 사냥용 오두막과 섬과 궁궐을 비롯한 개인 거주지 32개, 바다용 요트 2개, 하천용 요트 2개, 개인 기차 등. 유고슬라비아를 위한 그의 비전은 국가주의도 종교적 다양성을 위한 관용도 용납하지 않는 것이었다. 사람들은 오직 티토와 함께 하느냐, 아니면 반대하느냐로 양분됐다. 그는 독일인들과 이탈리아인들, 크로아티아 파시스트들(우스타세 Ustaše), 슬로베니아의 부역자들과 세르비아의 군주제주의자들(체트니크Četnik)을 자신의 적으로 간주했다. 그는 끝내 스탈린도 이 범주에 집어넣었다.

그러나 티토가 유고슬라비아를 침략자들로부터 효과적으로 해방시킨 용감한 남녀들인 파르티잔의 강력한 후원자였다는 사실은 그를 전후의 영웅으로 만들었다. 전쟁이 끝나고 그가 파르티잔들에게 오스트리아에서 되돌아온 군인이나 부역자들을 학살하도록 명령하자, 그들은 그대로 따라 했다.

총칼을 앞세운 티토의 통치는 전쟁이 끝난 후 수년 동안 계속됐다. 그리하여 유고슬라비아 전역에 공포와 전율의 분위기가 넘쳐흘렀다. '형제애와 통일'은 그의 공식적인 독트린이었다. 하지만 그가 '권력과 통제'라는 슬로건으로 통치했다는 것이 더 정확할지 모른다. 그에게는 화해보다 권력이 훨씬 더 중요했다. 그의 나라는 일당독재 국가였다. 그는 분리주의의 기미를 보이는 세르비아인들과 크로아티아인들, 슬로베니아인들, 마케도니아인들 그리고 알바니아인들을 교묘하고도 잔인하게 숙청했다. 만 명이 넘는 그의 가상의 적들이 골리 오토크Goli Otok 섬에 있는 집단수용소에서 고문과 기아에 시달렸으며, 4천여 명이 학살당했다. 그 수용소는 1988년 폐쇄되어 1989년 완전히 파괴됐다.

티토의 철권통치가 느슨해져감에 따라 — 때맞춰 스탈린과의 관계도 냉각됐는데 — 산악인들을 포함한 유고슬라비아인들은 해외로 나가 여행도 하고 일도 할 수 있는 여권을 발급받을 수 있었다. 그러자 많은 사람이 자신의 적이었던 독일과 오스트리아에서 일을 하고 싶어 했다. 남쪽 나라, 특히 무슬림 사회에서는 인간 엑소더스가 주로 터키로 이루어졌다. 유고슬라비아 내에서도 이동이 있었다. 사람들은 코소보나 마케도니아 같은 가난한 지역을 버리고, 개발과 번영을 이룬 슬로베니아와 크로아티아로 향했다. 한편 무슬림들이 탈출해 틈새가 생긴 코소보나 보스니아로 향하는 사람들도 있었다.

이 음울한 역사의 아이러니는 유고슬라비아인들을 대신해 파시스트 점령군과 부역자들과 싸운 파르티잔이 결국에는 전혀 다른 사람, 즉 티토의 군인으로 변했다는 것이다. 그의 강력한 지도 아래 그들은 동료 시민들에게 등을 돌리고, 형제애와 통일이라는 이름으로 그들을 뒤쫓고, 그들을 살해하고, 그들을 그 나라에서 추방했다. 전쟁과 내전과 전후의 혼란으로 인해 사망에 이른 사람은 거의 백만 명에 이르렀는데, 그중 90퍼센트가 유고슬라비아인들에 의해 죽임을 당한 같은 유고슬라비아인들이었다.

극심한 혼란이 끝나자 장막이 드리워지면서 침묵이 흘렀다. 수정주의자들은 유고슬라비아가 '전쟁의 참화로부터 치유되고 있다'고 선전하며 사회주의를 노예로, 티토를 자비로운 지도자로 묘사했다. 겉으로는 삶이 개선되었지만, 대다수 시민들은 전시의 잔학행위와 관련해 자아비판이라는 고통스러운 과정을 마지못해 따라야 했는데, 화해의 과정에서 이것은 결정적 실수로 드러났다. 그리하여 치유가 피상에 그치면서 상처는 그대로 남게 되었고, 곧 피바람이 다시 불었다.

인내의 교훈

슬로베니아 등산연합은 그저 그런 단체가 아니다. 그들은 9천 킬로미터의 트레일과 176개의 산장, 25개의 전문 등산과 안전훈련 프로그램, 284개의 산악회와 6만여 명에 달하는 회원을 관장한다. 그런데 이 모든 것이 인구가 고작 2백만 명인 나라에서 이루어지고 있다. 유럽에서 가장 오래된 등산연합 중하나인 이 단체는 독일산악회의 공격적인 산장 건설이 이루어지자 산악지역에서 슬로베니아의 국가적 독창성을 유지하고 증진하기 위해 1893년 2월 말일에 창립됐다. 그러나 곧 슬로베니아 특유의 강력하고 독특한 등산운동이 펼쳐지면서 이 등산연합은 유고슬라비아 내에서 가장 활발한 단체가 되었다.

연합회는 전도유망한 알피니스트들을 위해 일련의 코스로 구성된 훈련프로그램을 만들었다. 그리고 자격을 획득한 알피니스트들을 지역과 국내, 국제라는 3등급으로 구분했다. 그들은 또한 관심 있는 회원들에게 등반 계획을 알리며, 국제적인 원정대를 조직했다. 보통 팀의 주축은 아주 어려운 루트를시도해본 경험이 있는 대여섯 명의 산악인들로 구성했다. 그리고 남은 후보자들의 등반 경험을 적절하게 평가할 수 있는 차트를 준비했다. 난이도, 동계와 하계, 도달한 고도 등. 후보자가 60명이라면, 그중 상위 30명에게 최종 선발을 위한 일련의 신체적 테스트를 하는 식이었다. 그러나 이런 과정이 체계적이라 하더라도 적합한 산악인을 선발하는 것은 쉽지 않았다. 등산은 승자와 패자가 분명하게 갈릴 만큼 경쟁적이지 않기 때문인데, 그들은 여러 산악회 출신의 개인들 사이에서 팀의 역동성을 예측해 남겨진 힘을 조종하고, 산악회와 산악인들의 관심을 끌기 위해 경쟁을 유도했다.

　　다른 유럽 국가들에 비해 풍부하지는 못해도, 슬로베니아는 이런 시스템을 통해 1970년대와 1980년대에 기술이 뛰어나고 체력이 강한 알피니스트들을 배출했다. 1960년의 트리술 등반에 이어 2개의 원정대가 히말라야 동쪽으로 향했고, 1965년에는 7명으로 이루어진 팀이 7,903미터의 캉바첸Kangbachen*으로 갔으며, 1969년에는 알레시 쿠나베르가 안나푸르나2봉과 4봉의 원정을 성공적으로 이끌었다. 그러나 진정한 등반 활동은 아직 시작도 되지 않았다.

에베레스트에서 남동쪽으로 겨우 19킬로미터밖에 떨어져 있지 않은 세계 제5위의 고봉 마칼루(8,485m)는 인상적인 피라미드 형태. 그 산은 1954년 미국과 뉴질랜드 팀이 두 번 시도를 했는데, 1955년 프랑스 산악인 리오넬 테레이와 장 쿠지가 초등했다. 그들의 루트는 북벽과 동쪽 능선이었다. 그로부터 15년 후 일본팀이 남동릉을 등반했고,† 다시 1년 후인 1971년 프랑스인들이 서쪽 필라를 등반하기 위해 그 산으로 돌아왔다. 그러나 무시무시하게 가파른 남벽에 관심을 가진 사람은 아무도 없었다.

　　1970년대는 변화의 시대였다. 야망이 넘치는 히말라야의 산악인들은 보다 분명한 ― 그리고 더 쉬운 ― 등반선(능선과 버트레스)에서 낙석과 낙빙이 끊임없이 이어지는 거대한 벽으로 시선을 돌렸다. 그리하여 크리스 보닝턴의 지

───

* 7,535미터까지 올랐다. [역주]

† 1970년 일본산악회 동해지부의 다나카 겐田中元과 오자키 유이치尾崎祐一가 남동릉을 초등해 제2등을 달성했다. [역주]

도 아래 영국 산악인들이 주도권을 잡았다. 1970년 안나푸르나 남벽을 오른 팀을 이끈 그는 그로부터 2년 후 에베레스트 남서벽에 시선을 고정했다.

그 당시 자신들이 가야 하는 길을 잘 알고 있었던 슬로베니아의 풋내기들은 대규모 등반도 생각하고 있었다. 그리고 이것은 대부분 알레시 쿠나베르 덕분이었다. 그는 과거에 연연해 미래에 대한 자신의 꿈을 제한하는 사람이 아니었다. 그는 여름과 겨울에 율리안 알프스의 가파른 벽에서 연마한 슬로베니아 산악인들의 기술을 믿었다. 알레시는 등반 대상지를 물색하러 네팔의 계곡을 돌아다니면서도, 쉬운 등반선이나 이미 등반된 루트를 기웃거리지 않았다. 대신 그는 미등의 거대한 벽을 주시했다. 그는 그곳이야말로 히말라야 등반에 대한 슬로베니아의 미래가 달려 있다고 생각했다. 알레시와 네이츠의 열정은 닮은꼴이었다.

『길』에는 이렇게 쓰어 있다.

산보다 시선을 더 멀리 둘 수 있는 곳은 없다. 장엄한 바위 피너클과 빙하와 얼음으로 뒤덮인, 세계에서 가장 높은 산들의 사면. 발밑에서 바스러지는 얼음, 폭풍설과 차가운 북극의 밤, 차가운 기온으로 인해 천천히 얼음으로 바뀌는 빙하물의 가냘픈 신음 소리, 그리고 사람을 심연 속으로 날려버리려는 바람. 친구의 기운 빠진 얼굴, 번득이는 눈동자, 얼어붙은 수염, 감각을 잃은 손가락, 조용히 타오르는 불꽃, 부드러운 콧노래, 길을 알려주는 바위의 작은 표시, 무중력의 감각, 길, 트레일, 공항, 아이들, 집, 일, 잠 못 이루는 밤, 무릎까지 차오르는 진흙, 비, 거머리, 공포, 용기, 날마다 반복되는 고된 훈련, 파티, 미친 시합, 느림의 미학, 외로운 여행자의 조용한 발걸음, 성공, 행복, 슬픔, 실망, 죽음, 휴식이 없는 고역, 나태, 따뜻한 집, 사랑, 위험, 모험… 이 모든 것이 나의 삶이다.

1972년 9월, 슬로베니아 최고의 산악인 14명으로 이루어진 팀과 함께 알레

알피니스트이자 예술가인 다닐로 체딜니크의 그림 (다닐로 체딜니크 컬렉션)

시는 마칼루 남벽에 있었다. 그들 중에는 스타네 벨라크(슈라우프)와 눈매가 날카로운 젊은 산악인 다닐로 체딜니크Danilo Cedilnik도 있었다. 가이드이면서 구조대원인 다닐로는 예술가의 관점에서 진행상항을 관찰하고 기록함으로써 팀에 감수성을 불러일으키는 화가이며 작가이기도 했다.

스물두 살의 마리얀 만프레다Marjan Manfreda는 율리안 알프스 심장부 출신이었다. 단단하면서도 날씬한 몸매, 검은 머리, 강렬한 눈빛과 가무잡잡한 피부를 가진 마리얀은 1950년 보힌스카 벨라Bohinjska Bela라는 작은 산간마을에서 삼남매 중 둘째로 태어났다. 그의 아버지는 집 앞을 덜거덕덜거덕 지나는 기차를 타고 다니며, 사바강Sava River이 흐르는 계곡 아래쪽에 있는 철강공장에서 일했다. 원래는 이탈리아 바로 안쪽 국경지역에 있었던 오피치나Opicina 태생인 그의 아버지는 사실 제2차 세계대전이 발발하자 이탈리아군에 징집됐고, 1941년 사르디니아Sardinia에서 미군에 붙잡혀 포로수용소의 취사를 담당했다.

마리얀은 방과 후 가끔 마을 인근의 바위에서 볼더링을 했을 정도로 타고난 클라이머였다. 그러나 그의 첫 번째 등반경험은 좋은 징조가 되지 못했다. 집 위쪽의 바위 높은 곳에 남겨진 카라비너 몇 개를 발견한 그는 그곳으로 기어 올라가 카라비너를 회수하려다 바닥까지 곧장 떨어지고 말았다. 그는 그날 밤 의식을 되찾았지만, 쇄골 골절과 충격으로 고생했다. 훗날 그는 짓궂은 농담조로 자신의 등반 경력 중 그때가 가장 중요한 날이었다고 말했다. "만약 내가 죽었다면, 나는 더 이상 등반을 할 수 없었을 것이다."

열여섯 살이 되자, 마리얀은 파크레니차에 있는 일단의 친구들과 합류했다. 벨리카 파크레니차Velika Paklenica 협곡에서 면도날처럼 날카로운 석회암이 세로 홈통으로 솟아오른 그곳은 크로아티아 해안의 등반 메카였다. 그곳에서 그는 아니차 쿠크 벽의 어려운 '크린Klin' 루트를 시도했지만 실패했다. 그와 그의 파트너는 더 쉬운 곳으로 갔고, 파트너가 선등을 하다 운 나쁘게 추락을 하는 바람에, 결국 마리얀이 그 루트를 끝냈다. 그 등반은 그에게 전환점이 되었다. 선등으로 홀드를 찾아가며 오른 열여섯 살의 그는 아드레날린의 분출을 느끼며 자신이 장차 클라이머가 되리라는 것을 예감했다.

1년 후 그는 슬로바키아와 폴란드 국경에 펼쳐진 타트라Tatras산맥에서 자신의 능력을 시험했다. 그리고 1968년 코카서스로 가는 공식 원정대에 초청받았다. 그다음 해 그는 집에서 몇 발짝을 걸어 나가 류블랴나로 향하는 기차를 잡아탄 다음, 그곳에서 스위스의 마르티니로 가는 기차로 갈아타고, 다시 프랑스 알프스의 등반 중심지 샤모니로 가는 협궤열차에 올라탔다. 그 여행은 이틀이 걸렸다. 그는 공동묘지 옆에서 불법적으로 야영하며 그곳에서 한 달을 머물렀다. 그러다 그곳에서 쫓겨나자 쓰레기더미 근처로 자리를 옮겼다. 가장 중요한 것은 등반이었다. 레 드루아트Les Droites[7], 브렌바 스퍼Brenva Spur[8]그리고 흠잡을 데 없는 화강암에 있는 고전 루트들.

그는 18개월 동안의 군복무 중 몬테네그로Montenegro와 율리안 알프스에서 강의와 등반을 하는 것으로 군복무를 대체하는 행운을 얻었다. 1971년 그는 마을로 돌아와 철도 노동자가 되었지만, 그의 머릿속은 언제나 등반이라는 비현실적인 꿈으로 가득 차 있었다. 1972년 그는 마칼루로 가는 팀에 초청받았다. 마리얀은 자신의 행운을 믿을 수 없었다.

10명의 등반대원과 3명의 과학자, 한 명의 기자로 구성된 팀이 9월 초 마칼루 밑에 도착했다. 맨발의 짐꾼 수십 명과 함께 그들은 베이스캠프를 구축하고 등반을 준비하기 시작했다. 그러나 어느 루트로 올라가지? 그들은 저녁을 먹고 의논을 하기 위해 주방텐트에 모였다. 알레시가 먼저 입을 열었다. "자, 우리에겐 두 가지 가능성이 있다. 가장 쉬운 루트로 정상에 오르는 것에 집중하거나, 아니면 남벽을 시도하는 것이다." 그는 자신의 대원들을 잘 알고 있었다. 그리고 그들의 경력까지도. 그는 그들에게 벽의 기술적인 문제들을 풀 능력이 있다고 느꼈다. 그러나 추위와 바람, 고도, 피로가 복합적으로 자신들에게 미칠 영향에 대해 아는 사람은 아무도 없었다. 피로가 벽에서 판단력을 흐리게 할까? 프로젝트가 너무 대담해 물러설 수밖에 없을까? 미지의 규모는 유혹적이면서도 위협적이었다.

알레시는 결정을 혼자 내리려 하지 않았다. 그는 슬로베니아의 트리술과 캉바첸, 안나푸르나 등정이 보다 쉬운 루트로 이루어졌음을 대원들에게 상기시켰다. 그러나 이 벽은 전혀 달랐다. 히말라야의 이 거대한 벽은 해발 6,200미터에서 2,000미터 이상 솟아 있다. 그들은 안나푸르나 남벽에서 성공을 거둔 영국인들이 이제는 에베레스트 남서벽에 시선을 집중하고 있다는 사실을 알고 있었다. 그러나 만약 마칼루 남벽에서 성공을 거둔다면 정말로 대단한 업적이 될 터였다.

저녁시간이 길게 이어지면서, 굽이쳐 흐르는 강이 일직선에 들어선 것처럼 그들의 의논은 가능성이 있는 결정에 눈금이 맞춰졌다. 알레시는 대원들의 의견을 물으며 솔직하게 말해달라고 독려했다. 그들은 한 명씩 대답했다. "우리가 정상 바로 밑에서 발목을 붙잡히지 않는다고 한 사람만이라도 확신한다면, 난 벽으로 올라가는 걸 찬성하겠습니다. … 벽은 더 아름다운 목표입니다. … 난 벽을 더 좋아합니다. … 나도 벽에 한 표를 던지겠습니다."

알레시는 대원들의 대답이 반가웠지만, 그들에게 닥칠지도 모르는 상황을 주지시킬 책임감을 느꼈다. "1970년 일본 원정대가 남동릉을 등반하는 데

67일이 걸렸다는 사실을 알아야 해. 그들은 16명의 대원과 25명의 셰르파들이었어. 그래도 시간에 쫓겼지." 대원들은 정찰이 최상의 전략이라는 사실에 동의했다. 한 팀은 능선으로 가고, 또 한 팀은 남벽에 붙으면 어떨까? 그들은 마지막 날에 다시 모여 루트를 결정하기로 했다.

그날이 되자, 그들은 다시 모여 결정을 내렸다. 남벽!

10월 중순까지 그들은 남벽의 바위와 얼음에 수많은 피톤을 박아 2,000미터의 고정로프를 설치한 다음 최종캠프를 세웠다. 등반도 어려웠지만, 캠프를 설치하는 것은 바위와 눈이 살짝 튀어나온 곳을 조심스럽게 다져야만 할 만큼 벽이 가팔랐기 때문에 훨씬 더 어려웠다. 바람은 가끔 시속 190킬로미터로 불어 취약하기 짝이 없는 캠프를 마구 흔들었다. 폭설이 그들의 텐트를 덮쳤는데, 한 동은 눈에 완전히 파묻히기도 했다. 그들은 새로운 언어, 즉 벽의 언어를 배웠다. 퉁명스러운 외침과 손짓이었다. 낙석과 낙빙, 눈사태의 발생 가능성은 모두가 서로에게 경고해야 했다.

마침내 8,000미터에 최종캠프가 세워졌다. 그리고 그 위쪽의 어려운 등반이 끝나는 곳까지 고정로프가 설치됐다. 남벽에서 50일간 사투를 벌인 그들은 이제 정상을 향해 치고 올라갈 준비를 끝냈다. 슈라우프는 자신들의 노력을 이렇게 회상했다. "무슨 의미가 있을까? 위험을 그냥 감수해야 한다고 많은 사람이 이야기할지 모른다. … 그렇다면 우리의 산은? 그 산은 나의 고초를 모두 보상해줄 만큼 아름다운 목표였다. 그 산에서의 경험은 그만큼 남달랐다." 그 벽에서의 등반은 슈라우프의 미래를 온전히 가늠할 수 있는 발전적 경험이 되었다.

벽은 눈보라에 휩싸였다. 동상으로 손가락이 검게 변한 마리안은 10월 19일 1캠프로 내려왔다. 가파르고 위험한 지형에서 루트를 뚫고 올라간 그는 이번 원정의 스타 중 하나였다. 그러나 그 과정에서 그는 손가락 두 개에 동상을 입었다. 그는 동상이 처음이었지만, 미래에 겪게 될 고난에 비하면 아무것도 아니었다. 그동안 슈라우프는 4캠프로 식량을 져 날랐다. 산꼭대기는 바람이 시속 160킬로미터로 불고 기온이 영하 38도까지 떨어질 것으로 예보됐다. 대원들은 벽의 여러 캠프에 나뉘어 포진했다. 그러나 이 인간사슬에 치명적인 균열이 생겨 정상 공격조를 위험에 빠뜨렸다. 알레시는 그 균열을 직접 메우려 했다.

그는 배낭에 카메라와 필름 등 장비를 집어넣고 이른 아침에 베이스캠프를 떠났다. 그는 1캠프에 도착해 잠시 쉬면서, 그렇지 않아도 짐이 많은 자신의 배낭에 식량을 조금 더 집어넣었다. 그가 2캠프에 도착했을 때 그곳의 대원들은 쇠약해지고 지치고 풀이 죽어 있었다. 그러나 그는 아무 말도 하지 않았다. 다음 날 그는 무자비한 경사에 혀를 내두르며 계속 위로 올라갔다. 그곳은 설원이나 바위, 얼음뿐이어서 앉아 쉴 만한 곳이 한군데도 없었다. "산에서, 장엄함이란 안락함과 정반대다."라고 그는 술회했다. 그림자가 진 계곡에서 어둠이 소리 없이 기어 올라왔다. 마지막으로 남은 저녁 햇살은 태양을 향해 올라가기로 한 사람들의 몫이었다.

그러는 동안, 결심을 굳힌 사람들 — 마티야 말레지치Matija Maležič와 야네즈 아주만Janez Ažman(얀코Janko) — 은 이제 첫 정상 공격조로 5캠프에서 대기했다. 그들은 아비규환을 일으키는 바람의 힘에 맞서 텐트가 찌그러지지 않도록 안간힘을 썼다. 불운과 피로와 갈증에 시달렸지만 그들은 오직 하나, 탈수증에 빠지지 않으려고 집중했다. 그들은 1시간마다 눈을 녹여 차를 많이 마셨다. 그 벽에는 이틀의 등반 거리를 두고 두 팀만 있었다. 어느덧 10월 말이 되어 겨울이 다가오고 있다는 징조가 나타났다. 마칼루 꼭대기에 물고기 지느러미 형상의 구름이 형성되고, 계곡에서 안개가 자욱이 올라오는가 하면, 검은 구름덩어리들이 뭉게뭉게 피어올랐다. 그들은 그 징조들을 알아차렸지만 애써 무시하기로 했다. 이제 그 산의 가장 높은 곳까지 올라 목표가 너무나 가까이 있었기 때문이다.

그들이 5캠프에서 대기하는 동안 알레시가 4캠프에 도착했다. 그는 다닐로 체딜니크와 함께 추가적인 장비와 산소통 3개를 5캠프로 올릴 계획이었다. 그러나 부종으로 얼굴이 퉁퉁 부어오른 다닐로는 심한 기침으로 몹시 고생했다. 다음 날 아침 그들이 텐트 밖으로 기어 나오자, 보이지 않는 줄에 걸려 반짝거리는 보석처럼 태양이 빛나고 있었다. 알레시는 이렇게 생각했다. "그럴 때 사람은 자신이 하나의 공통된 목표를 위해 작동하는 기계부품에 불과하다는 사실을 잊어버리게 된다. 그래서 어느 순간 산악인이 되어 위로 올라가고, 동작의 자유와 발밑의 허공, 태양과 바람을 즐긴다." 다닐로는 너무 쇠약해져 5캠프로 올라갈 수 없었다. 그는 최대한 높이 올라가서 알레시가 돌아오는 것을 기다리기로 했다.

5캠프에 도착한 알레시가 소리쳤다. "얀코, 마티야! 어디 있어? 어디야?" 그러나 적막감만 흘렀다. 좋은 신호였다. 그들이 분명 위로 올라가고 있을 테니까. 그는 끝없는 지평선을 바라보며 심한 후회를 느꼈다. 대장이라는 직책을 떠나, 이곳에서 등반만 하며 개인적인 꿈을 실현한다면 얼마나 멋질까! 대담하고 강인하게. 정상까지. 하지만 그는 자신의 생각을 억누르고 짐을 내려놓았다. 그는 메모를 남긴 다음 재빨리 고정로프를 타고 다닐로에게 내려갔다. 그가 할 수 있는 일은 오직 그것뿐이었다. 이제 등정은 두 대원에게 달려 있었다.

그의 팀에 알레시의 행동은 기적과 같은 것이었다. 팀을 조직하고, 부추기고, 전략을 짜고, 격려하고, 짐을 올리고, 고정로프를 설치하고…. 그리고 50일도 더 지나, 인간사슬에 치명적인 간격이 벌어지고, 등반 팀 간의 사슬에 균열이 생기고, 원정대가 무너질 정도로 에너지 레벨이 낮아졌다는 것을 알았을 때 그는 짐을 져 올릴 의지를 다잡은 다음, 베이스캠프를 떠나 위로 더 위로 조금씩 올라갔다. 5캠프까지 곧장. 정상이 자신의 것이 아니라고 분명하게 인식하면서. 그의 분투는 팀을 위한 것이었고, 그것이 바로 리더십이었다.

얀코와 마티야는 바로 그날 아침 5캠프를 떠나 위로 향했다. 바람은 그들을 벽에서 날려버릴 기세로 불어왔다. 그들은 처음으로 100미터쯤 되는 설원에 도착했다. 그러자 침니가 이어졌다. 그들은 벽에서 벗어날 수 있는 바위 턱의 끝에 로프를 고정시켰다. 그곳은 8,100미터나 8,200미터쯤 되는 어느 곳이었다. 거의 정상 능선 근처에서 그 지역의 정찰을 끝낸 그들은 다음 날 산소통을 메고 등반을 계속하면 되겠다고 판단한 후 발걸음을 돌렸다. 그들이 캠프로 돌아오자 무언가가 놓여 있었다. 그것은 알레시가 그들을 위해 가져다놓은 소중한 산소통이었다. 이제 모든 것, 모든 사람은 각자의 위치에 있었다.

그러나 임박한 폭풍이 도저히 참지 못한 것일까? 더 불길한 장면과 함께 폭설이 다시 내리기 시작했다. 서로 의논할 필요도 없었다. 얀코와 마티야는 최종캠프를 포기하고 짐을 꾸렸다. 폭설은 눈사태를 의미했지만, 그들이 안전한 곳에 닿으려면 내려갈 길이 멀었다. 등반은 그렇게 끝나버렸다.

마칼루의 신성한 여신인 고결한 마하 칼리Maha Kali[9]는 자신의 얼어붙은 영토에서 이미 로프를 걷어내고 있었다. 3킬로미터의 로프가 자유를 사랑하는 여신에게는 지나치게 가혹한 것이었기 때문이다. 그녀는 눈보라와 눈사태로 벽을 쓸어내려 인간의 발자국이 남은 바위를 깨끗이 닦아냈다. 그들은 둘씩 짝을 지어 노새처럼 짐을 짊어지고 그 산을 떠났다. 마칼루는 하얀 커튼 뒤로 사라졌다. 그들은 그 존재를 느낄 수 있었지만 볼 수는 없었다. 그리하여 안녕이라는 인사를 할 기회조차 얻지 못했다.

폭풍이 사납게 날뛰는 가운데 맨발의 짐꾼들이 두 달 전의 길을 따라 눈보라를 뚫고 비틀거리며 뱀처럼 구불구불 어둠 속으로 사라졌다. 설맹에 걸린 사람들도 있었고, 무거운 짐을 내팽개친 사람들도 있었다. 눈이 계속 내렸다. 몇 명의 짐꾼들에게서 동상 증세가 나타났지만 그들은 행군을 계속해나갔다. 6일이 지나자 녹색지대가 보였다. 계곡 아래로 내려온 것이다. 짐꾼들이 작별을 고할 때 그중 하나가 사뭇 도전적인 말을 던졌다. "다시 오세요. 마칼루는 어디 가지 않습니다!"

남벽! 그것은 야심찬 목표였다. 그들은 벽에서 60일도 넘게 보냈다. 어려운 등반, 복잡한 루트 파인딩, 끔찍한 날씨. 캠프는 폭풍과 바람과 눈사태로 계속 망가졌고, 고정로프는 낙석으로 잘려 나갔다. 그럼에도 그들은 정상 능선 50미터 못 미친 곳까지 올라갔다. 그 위는 조금 쉬운 지형이었다. 그들은 8,000미터 위에서 무산소로 등반했다. 비록 마리얀의 동상이 심하기는 했지만 희생자도 발생하지 않았다. 1972년 마칼루 남벽에서 죽은 사람은 아무도 없었다.

그들은 벽에 대해 혼란스럽고 당황스러운 느낌을 간직한 채 고국으로 돌아왔다. 마칼루의 여신이 그들을 혼쭐낸 것일까? 아니면, 그들에게는 단지 인내의 교훈이 필요했던 것일까?

네이츠 자플로트니크가 『길』에 이렇게 쓴 것처럼.

머리 위의 지붕이 반쯤 무너져 내린 비참한 환경 속에서 한 줌의 쌀을 얻기 위해 애쓰는 지구 반대편의 사람들로부터 나는 많은 교훈을 얻었다. 그들은 사랑을 어떻게 기다려야 하는지, 기다림을 어떻게 사랑해야 하는지 나에게 가르쳐주었다. 그런 마음은 행위 그 자체보다도 더 아름답다. 처음에는 완벽하다고 할 정도로 평범해 보이는 작은 것들 속에서 그들은 즐거움을 어떻게 찾아내는지 나에게 가르쳐주었다. 내 존재의 한계에 있는 위대한 일과 비교하면 그것은 차라리 기아에 가까웠다. 내가 무한히 인내할 의지가 있기만 하다면, 그리고 그와 동시에 얻을 수 없는 동경에 나 자신을 던지기만 한다면, 무한히 멀리 떨어져 있어 보이는 것도 얻을 수 있다는 교훈을 나는 배웠다.

그들이 남벽에서 사투를 벌이고 있을 때 새로운 무리의 슬로베니아 산악인들이 다음 도전을 준비하고 있었다. 그들은 벌을 주는 여신에 현혹되지 않았다. 그들은 가능하면 등반을 많이 하고, 율리안 알프스 주위를 달리며 열심히 몸을 만들었다. 그들 중에는 네이츠 자플로트니크도 있었다. 비록 알피니스트로서 대단한 장래성을 보여주기는 했어도, 그가 미래 세대의 산악인들에게 심오한 영향을 주리라고 예상한 사람은 아무도 없었다.

그는 1952년 4월 15일 루파Rupa라는 작은 마을에서 태어났다. 그의 아파트는 부모가 두 명의 친척을 데리고 사는 방 두 칸짜리의 비좁은 곳이었다. 그곳에서는 요란한 소리를 내는 교회의 붉은 타워 뒤쪽으로 카라반케Karavanke와 캄니크 알프스Kamnik Alps의 빛나는 산들이 환상적으로 펼쳐지고, 계곡의 반대편 서쪽 멀리로 슬로베니아의 고봉들이 늘어선 율리안 알프스의 날카로운 능선들이 희미하게 빛나는 모습이 보였다.

네이츠는 자기면역질환 소아 지방변증과 류머티즘성 관절염에 시달리는 병약한 소년이었다. "사람들은 내 상태를 그대로 받아들였습니다." 그는 자신의 생존 가능성에 대한 부모와 의사의 비관론을 이렇게 회상했다. 그는 음식을 거의 먹지 못했다. 그는 몸이 아팠고 계곡에 퍼지는 다른 질병에도 쉽게 걸렸다. 소년 네이츠는 사람들이 거의 알아보지 못할 정도로 왜소했다. 그는 갈대처럼 삐쩍 말랐지만 배는 마치 '하얀 배를 위로 드러내고 죽은 물고기'처럼 볼록 튀어나왔다.

한번은 그가 성홍열로 병원에 입원해 오렌지와 바나나만 먹어야 했는데, 그의 민감한 소화 기능이 받아들일 수 있는 것은 오직 그것들뿐이었다. 병원의 다른 아이들은 그 비싼 과일을 부러운 눈초리로 바라보았지만, 네이츠는 그들의 고소하고 바삭바삭한 포르투갈 빵이 탐났다. 결국 원숭이들의 음식만 제공받던 그는 암시장을 열었다. 빵 한 조각과 바나나 두 개, 아니면 바나나와 오렌지 한 개씩과 바꾼 것이다.

그의 어머니는 네이츠에게 고상한 일을 해온 집안 출신이라는 자긍심을 불어넣어준 깔끔한 여성이었다. 아버지는 재단사였다. 네이츠는 안경을 코끝에 걸치고 옷을 바느질하고 수선하던 아버지를 기억했다. 그는 바늘을 아래로 내려뜨린 다음 낡은 헝겊조각을 뚫고 위로 잡아당겼다. 몇 시간씩 밤이 늦도록 바느질을 하며, 그는 주위로 몰려든 아이들에게 이야기를 들려주었다. "조용하고 느릿느릿하고 한결같았습니다. 마치 바늘처럼…. 아버지의 이야기는 우리 어린이들에게 마녀와 영웅과 부자와 가난한 사람들의 세계를 열어주었습니다."라고 네이츠는 회상했다.

네이츠는 모습이 많이 변하지 않았지만, 왜소한 그에게는 거의 비밀에 가까운 또 다른 생활이 있었다. 매년 여름 그는 캄니크 알프스의 최고봉 그린토베츠Grintovec[10] 아래에 있는 사촌의 농장에서 한 달을 보냈다. 자연이 그에게 경외심을 불붙여준 그곳은 그의 정신적 고향이었다. 농장에서 고되게 일하고, 숲에서 샤모아를 잡고, 말을 타고, 바위를 기어오르는 자연환경이 그에게는 너무나 좋았다. 그는 전혀 아프지 않았다. 그가 열심히 일하고 신나게 놀수록 그의 몸은 더 튼튼해졌다. 그는 풀을 베고, 밭을 갈고, 곡식을 수확하고, 나뭇가지들을 긁어모았다. "자연이 자신을 받아들이게 만들고 싶다면 열심히 일하며 살아야 한다는 사실을 깨달았다."라고 그는 썼다.

그린토베츠의 그늘 밑에 있는 그곳에서 그는 산악인들과 처음 만났다. 기분 좋은 냄새를 풍기는 황금빛 건초들을 긁어모으던 그와 사촌의 눈에 무거운 배낭을 메고 산으로 올라가는 붉은 얼굴의 사람들이 보인 것이다. 산악인들이 잠시 쉬며 선배들과 날씨를 예측하고 있을 때 그 아이들은 그들이 가지고 있을 것이 분명한 초콜릿과 사탕을 얻으려고 살금살금 다가갔다. 그의 큰어머니는 그 산악인들에게 신 우유가 담긴 사발을 건네주고, 그들의 보온병에 모시트mosht(숙성되지 않은 와인)를 담아주었다. 그들은 믿을 수 없을 정도로 높이 올라갔다. 네이츠는 그들의 용기가 대단하다고 생각했다.

네이츠가 아홉 살이었을 때 그의 사촌은 그를 그린토베츠에 데리고 올라갔다. 그는 아찔한 광경에 흥분했다. 그는 바위 끝으로 다가가 튀어나온 곳을 잡고 큰 소리로 요들 소리를 냈다. 그러자 그의 사촌인 페테르Peter가 산에서는 '소리를 내는 것보다 소리를 받아들이는 것'이 더 좋다고 설명했다.

이제 그는 이웃의 친구가 만든 가죽 끈이 달린 두 개의 판으로 스키를 배우기 시작했다. 네이츠는 그 판에 고무 부츠를 추가해 스키세트를 완성했다. 불행하게도 판이 곡선으로 깎이지 않아 언덕 밑에 도착하는 것은 어정쩡한 경험이 되었다. 그는 스키가 꽝 하고 처박히기 전에 고무 부츠에서 뛰어내리는 요령을 터득했다. 그다음으로 그는 점프를 시도했지만 이내 포기하고 말았다. "나는 과단성이 있었고 공중에서 안전했지만, 스키로 착지하는 것은 결코 성공하지 못했다."

네이츠에게는 이런 일들이 상당히 재미있었지만 학교는 그렇지 않았다. 자유를 소중하게 여긴 그는 학교에서 시간을 보내려 하지 않았다. 그에게 자유는 들판에서 일하고, 양을 몰고, 계곡을 싸돌아다니는 것으로, 그런 것들이야말로 네이츠의 세계였다. 그 밖의 다른 것들은 필요악이었다. 그는 학교 공부는 좋아하지 않았지만 책은 열심히 읽었다. 마침내 그의 아버지는 아들의 취침에 도움을 주려고 침대 위에 있는 전구를 빼버렸다. 그러나 네이츠는 담요 속에서 손전등을 사용하면 밤새도록 자유롭게 책을 읽을 수 있다는 사실을 알았다. 책의 주제는 상관이 없었다. 요정 이야기, 모험 이야기, 진지한 문학 등. 책은 그의 시야를 넓혔고 그렇지 않아도 뛰어난 상상력에 불을 지폈다. 그는 다른 나라들과 야생의 경험을 갈망했다. 어린 소년으로서 네이츠는 자신을 잘 이해하고 있었다. "책을 읽고, 경작지의 흙냄새를 맡고, 비료를 주고, 건초를 만들고, 초원과 숲을 뛰어다닐 수 있는 한 나는 행복했다."

그리고 자신이 무엇이 되기를 원하는지 알지 못하면서도 모든 것이 가능해 보이는 힘들고 아름다운 사춘기가 찾아왔다. 바로 그때 네이츠의 문제가

네이츠 자플로트니크의 어린 시절. 누나, 동생(오른쪽)과 함께. (네이츠 자플로트니크 컬렉션)

시작됐다. 처음에는 학교에서, 이어 아버지와. 그의 아버지는 네이츠의 독립적인 기질과 그의 가치관으로부터 한 발 뒤로 물러섰다. 집에서의 생활은 혼란스러웠다. "아무도 이해하지 못했다. 내 안에 악마조차 두려워하는 에너지가 끓어 넘치고 있다는 사실을. 나는 자유와 독립을 향한 자신의 길을 찾고 있었다."라고 그는 후에 썼다. 그는 결국 그 길을 찾는 데 자신의 인생을 바쳤다. 그리고 대단한 묘사력으로 그에 대한 글을 남겼다.

처음 트리글라브에 갔을 때 네이츠는 아버지에게 걷기만 할 것이라고 다짐했다. 등반은 하지 않겠다고 한 것이다. 그러나 그와 그의 가장 친한 친구, 그리고 동료인 복사服事 토네 페르치치Tone Perčič는 율리안 알프스의 회색 석회암 봉우리들인 트리글라브와 크리샤키 포드Krišaki Pod, 라조르Razor, 프리소이니크Prisojnik에서 곧바로 등반을 시작했다. 그들은 절벽과 아찔한 고도감에 중독되어 갔다.

그러면서도 네이츠는 책과 깊은 사랑에 빠졌다. 그는 새로운 작가를 발견할 때마다 가능하면 편지와 에세이까지 그의 모든 것을 섭렵했다. 그는 헤르만 불과 모리스 에르조그의 책에 빠져들었는데, 그들의 등반 보고서는 그의 야망에 불을 지르는 한편, 그의 난폭한 영혼에 위안을 주었다. 그들의 이야기에 이끌린 그는 결국 산악회의 지부에 가입했다. 그와 토네는 그곳의 구석에 아무렇게나 서서, 경험이 많은 산악인들이 들려주는 이야기에 귀를 기울였다.

산의 미끼가 견고해지는 만큼 자신의 경험을 서술하는 그의 능력 역시 향상됐다.

그는 『길』에 이렇게 썼다.

나는 이 바위에서 저 바위로 돌아다녔다. 대부분은 토네와 함께, 그러나 가끔은 혼자서. 나는 밤에 헤드램프를 켜지 않는다. 자신을 감각에 맡기고 길을 따라가며 그냥 자기 자신을 느끼면 얼마나 아름다운가. 어둠 속에서 자신을 인도하는 어떤 힘 같은 것에 말이다. 첫 번째 폭풍이 벽으로 몰아치고 있다. 친구들은 흐트러진 피톤을 주워 모으고 로프를 서둘러 사리며 불안해한다. 그러나 나는 조용히 앉아 자연의 경이로움을 흠뻑 들이마신다. 커다란 빗방울들이 나의 얼굴을 애무한다. 가까운 곳에서 천둥소리가 구르고, 번쩍이는 불빛이 커튼 속으로 합류한다. 머리카락이 쭈뼛쭈뼛 곤두선다. 모든 것이 환상적인데 폭풍이 동쪽으로 물러가서 조금 실망스럽다. 신비한 저녁을 통해 조용히 울리는 메아리처럼, 가끔 나는 산장에 앉아 등반 전의 불안에 빠진다. 나는 포크송을 들으면 언제나 과거로 돌아간다. 내 조상들의 신비한 인생, 자신들의 땅을 사랑한 사람들, 오직 존재하기 위해 밤낮없이 일한 사람들과 살아남기 위해 목숨을 걸어야만 했던 사람들에게로.

네이츠와 토네는 곧 스스로의 길을 걷기 시작했다. 동계등반까지도. 스톨Stol과 스토르지치Storžič와 그린토베츠는 모두 감탄할 만한 정상들이었다. 그들은 그때서야 비로소 사용법을 익힌 피톤을 만들었다. 그들은 버려진 피켈을 주워 재생했다. 그리고 훈련을 통해 몸을 만들었다. 네이츠는 그린토베츠 정상 부근에서 첫사랑에 빠졌다. "그녀는 내 피켈을 잡았고, 나는 그녀가 정상으로 올라갈 수 있도록 도와주었다. 우리는 열렬한 사랑에 빠졌는데, 그것은 너무도 강렬했다." 그는 학교에 대한 미련을 버렸다.

대신, 네이츠는 등산학교에 등록해 매듭법과 확보법, 바위에 확보물을 설치하는 방법, 로프에 의존하지 않는 자유등반의 다양한 기법을 익혔다. 훨씬 더 중요하게도, 그린토베츠에서 양들을 모는 동안 그는 재빨리 움직이고 확실하게 하산하는 방법을 배웠는데, 그 기술은 그의 생명을 수없이 구했을 뿐만 아니라 동상으로부터 그를 보호해주었다. 주말마다 그와 토네는 비가 오나 해가 나나, 안개가 끼나 눈이 오나, 율리안 알프스에서 등반했다. 그들은 가끔 길을 잃어 마지막 기차를 가까스로 잡아타기도 했다. 월요일마다 그들은 꾸벅꾸벅 졸기 일쑤였는데, 선생님들은 그들이 주말 파티를 즐기는 것으로 오해했

등반을 갓 배운 젊은 시절의 네이츠 자플로트니크(오른쪽). 로프로 매듭을 지어 만든 하단 안전벨트가 눈에 띈다. (안드레이 슈트렘펠 컬렉션)

다. 네이츠의 생활은 망상에 빠졌다고 할 만큼 일정한 사이클을 그렸다. 아침 일찍 자전거를 타고 산에 가서 숲속에서 일하고, 오후에 크란Kranj으로 자전거를 타고 돌아와서 저녁까지 테니스를 치고, 밤늦게까지 책을 읽는 것이었다. 그리고 그는 필요하면 이 사이클을 반복했다.

그러나 숲은 위험이 도사리고 있었다. 진드기들. 그는 한 마리에 물려 수막염을 앓기도 했다. 그는 등반을 하던 중 그 병에 걸렸다. 몸이 굳고 기운이 빠지고 덜덜 떨리고 뇌가 마비된 그는 추락하지 않으려고 안간힘을 썼다. 마침내 계곡으로 내려온 그는 병원으로 후송돼 증상을 완화하는 치료를 받았다. 의사는 그에게 꼼짝 말고 두 달을 쉬라는 처방을 내렸다. 안 돼! 그는 그 충고를 무시했지만, 몇 년 후에는 부모에게 걱정을 끼친 것을 후회했다. "나 같은 아들은 골칫덩어리였을 것이다. 하지만 어머니는… 나처럼 꿈과 희망을 가진 분이었다. … 나는 수막염의 재발 따위는 신경도 쓰지 않았다. 나는 산으로 돌아가야 한다는 생각에 사로잡혔다. 그렇게 하지 않았다면 나는 보다 심각하고 치료가 불가능한, 영혼이 썩어 들어가는 질병에 걸려 더 나빠졌을지도 모른다."

그와 토네는 율리안 알프스의 톱니같이 아름다운 석회암인 타마르로 차를 얻어 타고 갔다. 그들은 텐트나 침낭 또는 매트리스도 없이 축축하고 을씨년스러운 밤을 보냈다. 짙은 안개 속에 그들은 뾰족한 얄로베츠 정상을 통해 슈피체크Špiček의 아찔한 리지를 올라간 다음, 바위로 이루어진 좁은 정상들을 넘어 다른 봉우리들로 등반을 이어갔다. 그리고 순백의 에델바이스가 사방에 깔린 초원을 걸어 내려왔다. 폭포처럼 쏟아지는 소나기를 맞자, 그들은 몸을 말리기 위해 사냥꾼의 오두막으로 기어 들어가 평화로운 밤을 보냈다. 그런 다음 그들은 가끔 당황스러울 정도로 어려운 구간을 만나면 물러서서 계획을 수정하기도 하면서 한 곳 한 곳을 탐험해나갔다. 그러면서 그들은 소중한 경험을 쌓았다.

어느 친절한 목동이 그들을 자신의 오두막으로 안내해 양의 걸쭉한 젖으로 만든 폴렌타polenta를 건네주었다. 그들은 그동안 음식을 먹지 못한 위장으로 고생하며 양가죽이 덮인 나뭇잎 바닥에서 송장처럼 잠을 잤다. 가을이 다가와 계곡에는 안개가 자욱이 끼었다. 그러나 그들은 높은 곳의 능선에서 낙엽송과 너도밤나무 그리고 하얀 석회암 벽에 반사되는 소중한 가을 햇볕을 쬐었다. 네이츠에게는 등반 시즌이 짧기만 했다.

가을이 다가오고 있지만 내 안은 젊음의 에너지로 들끓고 있다. 가끔 나는 내가 내일 등반을 하러 가는 것이 사실이 아니라면, 동네 술집인 '브리오니Brioni'를 박살내고 싶은 기분이 든다. … 다시 차를 얻어 탄다. 이 경우 나는 독일인 동성애자 문제에 부딪치기도 한다. 잘생긴 남자라는 사실을 부인할 수는 없다. … 너무나 나쁘게도 나는 그와 같은 부류가 아니다. 그는 아마 우리 유고슬라비아인들을 남쪽의 값싼 물건 정도로 생각하는 것 같다. 그러나 그것은 그의 판단착오다. 모이스트라나Mojstrana는 왜 이리 멀까.

젊은 시절의 네이츠 자플로트니크. (네이츠 자플로트니크 컬렉션)

젊었을 때 그가 살아남은 것은 기적에 가까웠다. 그는 산에서 위험을 알아차리지 못했다. 그가 본 모든 것은 그저 아름다웠다. 그는 신이 나서 아찔한 산악지역을 망아지처럼 뛰어다녔다. 많은 것들을 우연히 만나고, 넘어지고 미끄러지면서 그는 고난의 길을 배웠다. 그러다 계곡으로 돌아오기만 하면 그의 몸은 날아갈 듯한 정신으로 가벼웠다.

알피니스트로서 마침내 슬로베니아 등산연합이 네이츠의 가입을 받아들였을 때 그는 성취에 뒤따라오는 야만적인 괴롭힘에 직면했다. 그의 새로운 동료들은 그를 때리고, 억지로 술을 마시도록 강요했다. 그는 훗날 이렇게 썼다. "내 인생에서 처음으로 나는 술기운이 가져오는 매력을 느꼈다. 그 후 몇 년 동안 나는 그것에 특별한 관심을 가졌다."

인생이 즐거웠다. 어쩌면 너무 즐거웠는지도 모른다. 비록 성공하지는 못했지만, 그는 음악용어로 템포 주스토tempo giusto, 혹은 제대로 된 속도로 살려고 노력했다. 그의 여자 친구는, 산에서 만났음에도 불구하고, 이제 산이 그의 시간을 너무 많이 뺏는다고 불평했다. 그를 전후한 수많은 알피니스트들처럼, 그는 하나를 선택해야 했다. 산이냐, 아니면 사랑이냐? 그는 자신을 사랑한다고 말하면서 산에 가지 못하게 하는 사람을 이해하지 못했다. 산은 그의 인생이었다. 따라서 그런 사랑은 시체를 사랑하는 것이지 완전한 인간을 사랑하는 것은 아닐 터였다. "나를 사랑하는 것이 쉽지는 않았을 겁니다."라고 그는 인정했다. 그러나 그의 길은 분명했다. 산은 그를 부르고 있었지만 단지 주말만 즐기라는 것이 아니었다. 산은 모험을 감행하는 그를 기다리고 있었다.

가느다란 전나무의 무거운 장막에 가린 빈터에서

나는 걸음을 멈추고 잔가지를 긁어모아 불을 피운다.

내 차가운 영혼을 따뜻하게 하려고.

삶이 나에게 강요한 경쟁으로 내 영혼이 차갑게 식었다.

마른 나뭇가지들이 타닥거리자 불꽃이 혀를 날름거린다.

검은 하늘을 향해.

불꽃 주위로 먼 과거에서 온 이상한 형상들이 춤을 춘다.

그리고 집시들의 숨죽인 발자국들이

내 마음을 지나면서 알려준다.

곧 현실이 될 요정 이야기 중 하나를.

여인들의 움찔거리는 엉덩이는

옛날처럼 나를 따뜻하게 해주지 못한다.

플라톤은 나의 아버지였지만

나를 두고 가버렸다.

동경에 찬 이 불꽃들과 함께라면 요정의 이야기가 사실이 된다.

그런 이야기가 나무나 아름다워 나는 내일을 두려워하게 되었다.

한숨을 짓는 부드러운 여인의 목소리가 나를 불렀다.

그 목소리가 너무나 분명해 나는 대답을 해야만 했다.

그리고 오늘날까지도

그 요정 이야기는 하얀 슈가콘 아래에 살고 있다.

비록 불은 꺼졌지만.

동경의 불꽃들은 서로를 집어삼켰다.

고통스러운 불화에 이은 길고 외로운 여러 달을 보냈어도, 그의 결심은 확고했다. "나를 있는 그대로 받아들일 준비가 되어 있는 사람이야말로 나를 진정으로 사랑하는 사람이다. 다른 누구를 위해 내가 변하지는 않을 것이다." 18

네이츠 자플로트니크가 아들과 함께 훈련하는
모습 (네이츠 자플로트니크 컬렉션)

개월 후, 그는 머리숱이 많은 모이차Mojca를 만났다. 활짝 미소를 짓는 그녀는
여전히 10대였다. 그들은 얼마 후 결혼해 가정을 꾸렸고, 네이츠는 은행에 취
직했다. 그곳의 산더미 같은 서류 그림자 속에서 그는 활기를 잃었다. 그의 삶
은 평온했지만, 그 밑바닥에는 익숙한 부조화의 감정이 도사리고 있었다. 그
는 모순된 알피니스트들의 삶, 즉 일과 가정과 책임 그리고 항상 산이 부르는
경고음과 싸웠다. 그는 산이 주는 가벼움과 평화의 특별한 감정을 잃는 것을
끔찍스럽게 생각했다.

날마다 나는 연기 자욱한 사무실의 창가에 앉아 있다. 번잡스러운 도시
의 거리 위로 어둠이 조용히 내려앉는다. 오직 산만이 여전히 주홍빛에
물들어 있다. 그 빛이 나의 불쌍한 창문 위로 곧장 다가온다. 커피 그라
인더처럼 달그락거리며 멀어지는 여인들의 잡담이 계산기와 바스락거리는
종이의 수다 한가운데로 나를 밀어 넣는다. 나와 함께 일하는 동료가 나
를 아름답고 완벽하게 감추어줘 그들은 나를 알아차리지도 못한다. 내가

어떻게 내 안에 있는 최소한의 동경과 희망과 파란 지평선을 그들과 공유할 수 있다는 말인가. … 담배연기 자욱한 저곳에 앉아, 봉급 타령이나 하고 새로운 옷이나 자동차를 입에 올리는 저들은 얼마나 가련한 사람들인가. 산들이 석양에 빛나고 있는 바로 지금 이때에.

슬로베니아의 다른 산악인들처럼, 네이츠의 희망과 꿈은 불쌍한 창문 너머 먼곳으로 달려갔다. 율리안 알프스를 지나 곧장 히말라야로, 그리고 준비된 자에게는 대담한 모험이 기다리고 있을 마칼루로.

1981년의 모이차 자플로트니크와 세 아들 모습 (네이츠 자플로트니크 컬렉션)

4

진정한 친구들

스타네 벨라크(슈라우프)와 마리얀이 5캠프의 텐트로 피신하자 햇빛이 희미해지면서 몹시 차가운 밤공기가 텐트 안으로 스며들었다. 1975년 10월 5일, 마칼루 남벽 8,000미터 지점에서 그 둘은 마치 사막의 낙타처럼 갈증에 시달렸다. 슈라우프가 스토브로 눈을 녹이는 동안 마리얀이 산소통을 어설프게 손질했다. 6킬로그램씩 나가는 산소통 4개를 이 최종캠프까지 올리는 데는 엄청난 노력이 들었다. 각각의 산소통에는 압력을 조절하는 밸브 두 개와 고무주머니가 달린 레귤레이터 하나, 마스크와 튜브가 장착되어 있었다. 그들이 정상에 올라가는 데 없어서는 안 될 이것은 아주 복잡한 기구였다. 스토브가 쉭쉭 소리 내는 모습을 지켜보며 몽상으로 나른해진 슈라우프는 마리얀의 외침을 듣고 깜짝 놀랐다. "이 통이 비었어!" 그는 게이지를 들여다보며 다른 통들도 검사했다. 그러자 산소가 새는 듯한 소리가 희미하게 들렸다. 그는 무엇이 문제인지 알 수 없었다. 산소통인가? 밸브인가? 좌절한 그는 이렇게 내뱉었다. "믿을 수가 없네… 이런 일이 일어났다는 게. 이젠 끝이란 말인가? 정상을 코앞에 두고 어쩔 수 없이 내려가야 한단 말인가? 우리가 지쳐서가 아니라 기술적인 작은 결함 때문에? 안 돼. 이건 너무 잔인해." 슈라우프와 마리얀은 밸브를 비틀고 흔들어보았다. 그러나 누출은 멈추지 않았다. 그들에게는 이제 3개의 산소통과 제대로 작동되는 밸브 하나만 남게 되었다. 한 사람에게는 너무 많은 산소이지만 두 사람에게는 부족한.

갑자기 정상이 멀어진 것 같았다. 슈라우프는 다급하고 안달이 난 메시지를 전하기 위해 무전기로 베이스캠프를 불렀다. 그러나 들리는 것이라고는 바람소리와 잡음뿐이었다. 그들은 무전기를 슈라우프의 귀에 대고 밤새도록 베이스캠프를 불렀다. 그들이 우울한 침묵 속에 희미한 첫 햇살을 기다리는 동안 어둠이 걷히면서 바람이 잦아들었다. 슈라우프는 미리 약속된 시간에 무전기를 켜고 베이스캠프를 불러 알레시에게 나쁜 소식을 전했다. 그의 지시는 분명했다. "너희 중 한 사람이 장비를 완전히 갖추고 정상으로 가라. 그리고 다른 사람은 가능한 곳까지 뒤따라가며 도와주도록 하라."

이제 그들은 원정 전체에서, 아니 어쩌면 그들의 인생 전체에서 가장 중요한 결정을 내려야 할 순간을 맞이했다. 짧은 의논 끝에, 마리얀이 정상을 포기하고 슈라우프가 더 높은 곳에서 사용할 수 있도록 남은 산소통을 가지고 가능한 곳까지 뒤따라가기로 했다. 그것도 보조산소를 사용하지 않고. 슈라우프는 마리얀의 너그러운 결정에 할 말을 잃었다. 그러나 그는 자신의 감정을 억눌렀다. 그는 이제 자신이 돌아설 핑계가 없다는 사실을 깨달았다. 그는 무조건 정상에 가야만 했다. 팀을 위해 그리고 마리얀을 위해.

︿

마칼루 원정등반 후 1년이 지나자 등정 실패에 대한 관점이 달라졌다. 알레시는 그들의 노력에 철학적 의미를 부여했다. "정상은 하나가 아니라 몇 개가 있었다. … 우리는 경사와 바람과 눈과 시간에 맞서 최선을 다했다. 우리는 산악계의 전문가들을 놀라게 한 중요한 일을 해냈다."

산악계를 놀라게 한 것은 또 있었다. 1972년 그들의 시도 이후 두 개의 원정대가 그 남벽에 도전장을 내민 것이다. 라인홀드 메스너가 참가한 강력한 오스트리아 원정대와 미국-오스트리아 합동 원정대가 그들이었지만, 그들 중 어느 누구도 1972년의 최고점을 돌파하지는 못했다. 그들은 심지어 슬로베니아인들의 주장에 의구심을 나타내기도 했다. 하지만 정상 능선으로 이어지는 걸리에서 장비가 발견되자 경쟁자들은 입을 다물었다.

3년이 지난 후 슬로베니아인들이 다시 돌아왔다. 철수를 준비하던 1972년에는 눈과 안개에 며칠 동안 완전히 가려 있었던 남벽이 환히 보였다. 장엄하고 복잡하고 매력적인 그 모습은 여전했다. 알레시는 마리얀 만프레다, 슈라우프, 다닐로 체딜니크 등 이미 벽에서 자신들의 실력을 입증한 베테랑을 포함해 21명으로 원정대를 꾸렸다. 그러나 히말라야에 처음 발을 내디딘 사람들도 있었다. 알레시는 자신을 원정대장으로만 생각하지 않았다. 그는 슬로베니아에서 야망이 있고 재능이 있는 젊은 산악인들에게 도움을 줄 등반 프로그램을 개발하고 있었다. 고국에서는 모두 인상적인 등반도 많이 하고 나름대로 의미 있는 성취를 기록한 사람들이었다. 하지만 마칼루 원정대에 합류한 순간 각자의 지식과 힘과 경험은 공동의 목표, 바로 그 남벽을 오르기 위한 자산이 되었다.

∧

알레시가 1975년의 마칼루 원정대원으로 선발한 젊은이 중 하나가 장차 히말라야 등반의 최강자가 되는 스물세 살의 비키 그로셸Viki Grošelj이었다. 금발에 푸른 눈을 가진 비키는 지금은 류블랴나의 변두리가 된 군츠레Gunclje에 있는 자신의 집으로부터 100미터 떨어진 곳에서 1952년에 태어났다. 1952년의 그곳은 100여 명의 주민과 그만큼의 소와 말이 있는 작은 마을이었다.

그의 부모는 제2차 세계대전의 영향을 크게 받았다. 그의 아버지 로크Rok는 전쟁 초기에 파르티잔에 가담할 것으로 기대됐다. 왜냐하면 류블랴나의 외곽인 그 지역이 파르티잔의 본거지였기 때문이다. 로크는 독일 동조자가 아니었다. 그렇다고 파르티잔에 열광한 것도 아니었다. 그는 전쟁의 양상을 관망하고자 했다. 그러는 동안 그의 여자 친구이자 미래의 아내가 될 마리아Maria 가 포로로 잡혀 독일의 한 농장으로 끌려갔다. 그곳에서 그녀는 허드렛일을 하고 아이들을 돌보고 가축을 길렀다. 물론 임금 같은 것은 없었다.

그녀가 잡혀갔다는 것을 안 로크는 그녀를 찾으러 독일로 갔다. 마침내 그녀를 찾은 그는 근처에서 목수로 일했다. 2년 남짓 그는 지역방어 — 독일 의 입장에서는 — 에 참가해 영국 사단의 공격에 대비한 바리케이드를 쌓았 다. 그러나 미국인들이 먼저 도착해 독일군들을 포로로 잡았다. 그중 하나가 로크였다. 해외 유고슬라비아군에 합류하도록 영국으로 보내진 그는 전쟁이 끝나자 영국 군복을 입고 슬로베니아로 돌아왔다. 독일군 측에 잠깐이라도 가담한 사람은 로크만이 아니었다. 예를 들면 다른 산악인 — 토모 체센Tomo Česen같이 — 의 아버지도 강제로 독일군에 끌려가 러시아 전선에서 싸워야 했다. 결국 부상을 당한 그는 마침내 탈출에 성공해, 차를 얻어 타고, 숲으로 기어들어가 숨고, 기차에 올라타기도 하면서 꼬박 2주일 만에 집에 도착했다. 이처럼 복잡하고도 부자연스럽게 충성을 한 사람들은 아주 많았다.

전쟁이 끝난 직후의 슬로베니아는 의심스러울 정도로 위험했다. 누구든 독일 동조자나 파르티잔 증오자로 비난받을 수 있었다. 비키의 외조부는 그가 독일에 동조했다는 이웃의 날조된 이야기만으로 처형당했다. 그것은 전혀 사 실무근이었다. 그는 푸줏간 주인이었다. 그래서 파르티잔이 마을을 지나갈 때 그들에게 고기를 주었고, 독일인들이 통과할 때도 그렇게 했다. 그는 그렇게 할 수밖에 없었다. 그러나 티토가 모든 부역자들을 처형하라고 명령하자, 그 는 어쩔 수 없는 희생자가 되고 말았다.

로크는 운이 조금 좋은 편이었다. 전장에서 돌아온 그는 마리야와 결혼해 가정을 꾸렸다. 로크는 목수로, 마리야는 정원사로 일했다. 그들은 몇 년 동안 정원 덕분에 먹고 살았다. 정원과 숲에서 야생 블루베리가 자랐기 때문이다. 로크와 마리야의 가족은 매일 아침 블루베리를 따서 시장에 내다팔았는데, 비 키에게는 좋은 기억이 아니었다. "늘 블루베리를 따야 해서 지금까지도 싫어

합니다. 매일 아침마다 말이죠. 트라우마가 컸죠. … 난 그걸 몹시 싫어했습니다. 그냥 놀고 싶었으니까요."

비키는 공부를 잘하는 학생이 아니었다. 사실 그는 산만하다는 이유 하나로 6학년을 유급했다. "먹거나 잠을 잘 수 없을 정도로 좋아하는 여학생이 하나 있었습니다."

매년 그의 가족은 캄니크 계곡 높은 곳에 위치한 벨리카 플라니나Velika Planina의 목가적인 고원지대에서 휴가를 보냈다. 물결치는 목초지에 자리 잡은 그곳의 전통적인 목조주택에서 그의 가족은 소가 다니는 길을 따라 걷고, 부드럽고 신선한 치즈를 먹고, 상쾌한 고원 공기를 마음껏 마시며 목동처럼 생활했다. 비키는 그런 소박한 휴일을 즐겼지만, 계곡으로 돌아오자 전혀 다른 것, 즉 등반에 호기심을 보였다. 사람들이 로프를 이용해 바위를 오르고 있었던 것이다. '저게 뭐지?'라고 그는 궁금해했다. 그것이 등산학교 활동이라는 사실을 안 그는 학교 선생님을 찾아갔다. 나도 그것을 할 수 있을까? 선생님은 고개를 끄덕였지만 조건을 내걸었다. 부모의 서면 동의서를 요구한 것이다. 세상에서 그보다 더 쉬운 일이 있을까? 비키는 집으로 가서 허가서의 빈칸을 직접 채웠다. 부모를 귀찮게 할 필요도 없었다.

그는 유급된 6학년을 끝내고 나서 등반을 시작했다. 바위를 이리저리 기어 올라가는 육체적인 즐거움과는 별도로 등반의 진지한 양상 또한 그의 관심을 끌었다. 그 프로그램은 슬로베니아 등산연합에 의해 운영되고 있었는

투른츠Turnc로 첫 등반 나들이에 나선 비키 그로셸. 그때 그는 열세 살이었다. (다닐로 체딜니크 컬렉션)

데, 비키는 그들의 수준을 비웃었다. "그들은 확보지점을 만들고 확보를 보고 크램폰을 신는 방법을 알고 있었습니다. 그러나 그게 전부였습니다. 그다음은 스스로 익혀야 했습니다. 훈련을 제대로 아는 사람이 아무도 없었습니다." 슈라우프는 그들 산악회의 대장이었고, 의심할 여지없이 어디로 갈 것인지, 누구와 등반할 것인지를 결정하는 중심인물이었다. 그는 젊은이들로 하여금 야심찬 목표를 갖도록 격려하면서, 더 크고 높고 어려운 등반을 하도록 용기를 북돋워주었다.

병역의무로 유고슬라비아군에 입대한 비키는 기막힌 임무를 부여받았다. 군이 그에게 어디로 가고 싶은지 묻자 그가 "산으로 가겠습니다."라고 대답했는데, 웬일인지 군이 그의 요청을 들어준 것이다. 몇 달 동안 비키는 율리안 알프스의 산악 천국인 보베츠Bovec에서 자신이 상상할 수 있는 최고의 산악 휴가를 즐겼다. 등반을 하고 스키를 타자 그의 몸이 튼튼해졌다. 그의 유일한 임무는 유고슬라비아-이탈리아 국경을 표시하는 깃발을 조립해 설치하는 것이었다. 1972년 보베츠에서 비키가 알피니스트가 되려고 몸을 단련하고 있을 때 슬로베니아 최고의 산악인들은 마칼루에서 첫 도전을 감행하고 있었다.

비키가 초보자에서 잘 훈련된 알피니스트가 되기까지는 9년이라는 시간이 걸렸다. 그는 슬로베니아에서 처음 진지한 등반을 한 후, 산악회 회원들과 함께 프랑스의 샤모니로 갔다. 그들은 날씨가 나빠 14일 동안이나 대기하고 있었지만, 캠핑 경험만큼은 비키에게 지울 수 없는 인상을 남겨주었다. 그곳을 방문하는 가난한 산악인들처럼, 슬로베니아인들도 공동묘지 뒤에서 불법적으로 캠핑했다. 지역 헌병은 이틀마다 한 번씩 나타나 캠핑이 허락되지 않는 곳이니 떠나라고 요구했다. 그러나 결국 헌병이 두 손을 들고 말았다. 그들이 커다란 백을 가져와, 그곳에 있는 산악인들에게 쓰레기를 주워 담아 도로에 있는 쓰레기통으로 가지고 내려가 달라고 정중하게 요구한 것이다.

율리안과 프랑스 알프스에서의 모든 훈련은 그만한 가치가 있었다. 비키가 스물세 살이 되었을 때 알레시는 마칼루를 두 번째로 시도하는 1975년의 팀에 그를 초청했다. 1972년의 대원들로부터 많은 이야기를 들은 비키는 벽을 자세히 파악했다. 그는 첫 번째 팀의 미래지향적인 시도를 인정했고, 1975년 원정대에 대한 기대도 이해했다. "우린 그곳을 오를 수밖에 없었습니다. 우린 그런 자신감과 의지를 갖고 그곳으로 갔습니다." 비키가 그곳에서 이미 경험을 쌓은 선배들과 함께 등반하게 된 것은 행운이었다. 그는 자신의 역할이 선배들을 지원하는 것이지, 정상에 가는 것이 아니라는 사실을 잘 알고 있었다. 원정이 끝나갈 무렵, 무엇보다도 그는 알레시의 선택이 옳았다는 사실을 증명하고 싶었다. 그것이 비키의 마지막 히말라야 등반이라는 의미는 아니다. 그는 평생의 산악인이 되고 싶었다. 이제 마칼루는 그에게 자신을 증명해 보일 수 있는 기회를 주게 될 터였다.

마칼루 남벽 7,500미터에서의 등반 장면 (비키 그로셸 컬렉션)

9월 5일 베이스캠프에 도착한 그들은 이틀 후 1캠프를 설치했다. 그리고 9월 중순 3캠프가 제자리에 들어서자, 대원들은 4캠프까지 고정로프를 설치하기 시작했다. 그러나 그다음 2주 동안 폭풍과 눈사태가 그들의 고정로프를 벗겨 버리고 3캠프와 4캠프를 망가뜨렸다. 모든 대원이 베이스캠프로 철수했다. 그것은 한 발자국을 나가고 두 발자국을 물러서는 미친 춤이나 마찬가지였다. 그러나 10월초 그들은 캠프를 복구하고 고정로프를 다시 설치하기 시작했다.

고정로프를 설치하며 5캠프 위쪽으로 올라간 첫 번째 정상 공격조의 슈라우프와 마리얀이 돌아와 보니 그들의 작은 텐트가 망가져 있었다. 그날 일찍 그들이 캠프 위의 침니를 기어 올라갈 때 눈을 엄청 떨어뜨렸는데, 그것이 폭포를 이루며 텐트 위로 떨어졌고, 오후의 햇볕에 녹은 다음, 초저녁에 기온이 내려가자 그대로 얼어붙은 것이다. 텐트는 딱딱한 얼음덩어리 밑에서 보이지도 않았다. 8,000미터까지 등반을 하고 고정로프를 설치하느라 하루 종일 온힘을 쏟은 그들은 이제 자신들의 텐트를 파내야 했다. 그들이 미친 사람처럼 텐트를 파내는 동안 바람이 세차게 사면을 타고 내려오는 바람에 얼음조각들이 얼굴을 할퀴었다. 안으로 기어들어가 악천후를 벗어나고 싶은 마음이 간절했던 그들은 서로의 손에서 눈삽을 잡아 빼앗다시피 했다. 2시간 동안 얼음덩어리를 파내고 나서야 그들은 비로소 텐트를 다시 일으켜 세울 수 있었다. 슈라우프와 마리얀이 산소통에서 이상을 발견한 것은 그들이 마침내 피난처로 들어가 안전하다고 느낀 바로 그때였다. 이것이 대체 어떻게 된 일이지?

10월 6일, 그 둘은 텐트 밖으로 기어 나와 위로 올라가기 시작했다. 슈라우프는 산소를 사용하고, 마리얀은 산소 없이. 태양과 함께 청명한 날씨가 그들 앞에 펼쳐졌다. 그러나 그들의 상황은 심각했다. 그 산에 있는 모든 사람은 남벽의 8,000미터 위에 있는 그 둘을 구조한다는 생각 자체가 망상에 불과하다는 것을 잘 알고 있었다. 그들은 너무 높이 있었다. 따라서 어떤 부상도 치명적이 될 터였다. 5캠프 위쪽은 도와줄 방법이 없어, 슈라우프와 마리얀은 서로에게 의지하는 수밖에 없었다.

그들은 이상하게도 으스스하고 좁은 순백색의 눈사태 통로를 올라갔다. 그 꼭대기는 가파른 엑시트 램프exit ramp였다. 죽음의 사면을 횡단해야 하는 순간은 엄숙하면서도 불안했다. 삐죽삐죽한 이빨들처럼 튀어나온 커다란 화강암의 위쪽이 검은 하늘에 뚜렷이 드러났다. 슈라우프는 멋진 그 모습을 보고 환상적인 등반이 끝나가고 있다는 사실을 직감했다. 그러나 추억에 잠길 시간이 없었다. 왜냐하면 캔틸레버식 다리 같은 거대한 커니스 — 거의 세락에 가까운 — 가 화강암들 사이에 걸쳐 있었기 때문이다. 그는 눈사태 통로를 잰걸음으로 건너가 그 반대편에서 공포로 세차게 고동치는 심장을 가라앉혔다. 마리얀은 자신이 건널 차례를 기다리며 그 모습을 조용히 바라보았다.

슈라우프가 엑시트 램프의 꼭대기 가까이에 다다르자 그의 몸에서 아드레날린이 분출했다. 그는 마지막 몇 미터를 힘과 자신감의 급격한 고조 속에 깊은 분설을 헤치며 어린 산양처럼 뛰다시피 올라갔다. 이 위험스러운 벽에서의 끝없는 작업이 이제 거의 다 끝나가고 있었기 때문에 그는 정상으로 이어지는 완만한 설원을 기대했다. 그는 아래를 내려다보았다. 갈라진 틈 사이로 보이는 100미터 아래의 벽은 죽음의 허공, 즉 아무것도 없는 깔때기 속으로 사라져, 보이지도 않았다. 그럼 마리얀은 어디에 있지? 슈라우프는 풀썩 쓰러져 마리얀을 기다렸다. 그가 산소밸브를 잠그자 곧 정신이 혼미해졌다. 위를 올려다본 그는 눈이 덮인 완만한 정상부가 여전히 길게 이어져 있다는 사실을 알고 깜짝 놀랐다. 환상에 빠진 걸까? 그의 생각은 마치 동료인 것처럼 이제야 모습을 드러낸 에베레스트로 옮겨갔다. 그러자 문득 자신들이 올라온 남벽이 생각났다. 아주 많은 사람들이 이 등반은 불가능하다고 말했었다. 인간에게는 부적당하다는 것이었다. 그러나 그들은 여기에 있었다. 슬로베니아 산악인들은 이 불가능한 임무를 떠맡아 성공했다. 이제 정상은 가능성이 분명해 보였다.

마리얀을 기다리는 동안 그의 마음은 방황을 계속했다. "매순간이 오래된 역사처럼 느껴지다니 얼마나 신기한가. 8,200미터의 고도에서는 사람이 달라진다. 끝없는 능선들이 하나의 점으로 모이는 곳에 우리가 도착할 때까지 산을 계속 더 올라가고 싶다는 불타는 욕망 때문인지도 모른다. 어떤 면에서 그것은 생명보다도 더 의미가 있다." 그가 아래를 내려다보자 빨간 헬멧이 보였다. 그것은 쉬고 있었다. 생사의 갈림길에 선 그 고도에서 그는 마리얀과 끈끈한 유대감을 느꼈다. "그는 어떻게 느끼고 있을까? 나는 썩 좋지 않다. 그런데 내 친구는 내가 생각할 수도 없는 어떤 것이 부족하다. 생명을 유지하도록 해주는 산소가 가장 중요한 순간에 우리를 속인 것이다. 이제 내 친구는 일생일대의 육체적 성취, 상상도 할 수 없는 심리적 부담, 그리고 마지막으로 말하지만 결코 무시할 수 없는 국가적 행위인 이 등정을 끝내기 위해 안간힘을 쓰고 있다. … 내 친구는 나를 향해 비틀비틀 올라오고 있다. 그의 얼굴이 고통으로 일그러져 있다. … 그러나 이런 것들조차 순간에 불과하다."

슈라우프는 머리를 부드러운 눈에 대고 쉬며 나직이 속삭였다. "마리얀, 정상은 우리의 것이야! 우리의 것!"

그러는 동안 마리얀은 슈라우프를 향해 지루한 설원을 천천히 올라왔다. 그는 자신의 산소통이 없어 그만큼 배낭의 무게가 줄었다는 사실은 잘 알고 있었지만 몹시 헐떡거렸다. 설원은 가파른 바위 침니 밑에서 끝났다. 그곳은 벽 전체에서 가장 어려운 곳으로, 전날 그들이 고정로프를 설치해놓은 곳이었다. 이제 그들은 고정로프를 이용해 자신의 몸을 끌어올렸다. 그러자 공기를 가쁘게 들이마시며 로프에 댕그라니 매달린 마리얀이 마치 빈 배낭처럼 보였다. 그는 전보다 더 자주 쉬며 처지기 시작했다. 피로의 파도가 그를 덮친 것이다. 그의 폐는 고통스러운 노력이 줄어들기를 갈망했지만, 그의 마음은 능선까지만이라도 계속 갈 것을 고집했다. 그곳에 올라서면 에베레스트가 보일 터였다. 그를 능선마루로 계속 가게 만든 것은 바로 그 기대감이었다. 그는 마지막 몇 미터의 꼭대기에 도착해 풀썩 주저앉았다.

그곳에는 그를 기다리는 슈라우프가 있었다. 그 위로 곡선을 그리며 정상 부까지 이어진 마칼루의 눈 덮인 좁은 능선이 보이자, 좌절에 빠진 마리얀이 눈물을 흘렸다. 그가 그토록 바라던 정상이 그곳에 있었다. 바로 자신 앞에. 그러나 산소를 사용하지 않고 운반만 하는 사람에게 그것은 차라리 달에 있는 것이나 마찬가지였다.

마리얀이 솔직하게 고백했다. "슈라우프, 나도 정상에 가고 싶어요."

그의 말은 동료의 마음을 무겁게 짓눌렀다.

∧

마리얀과 슈라우프가 위쪽에서 사투를 벌이는 동안 알레시는 아래쪽에서 각 캠프를 불러 장비를 점검하고 역할을 조정하느라 바쁜 시간을 보내고 있었다.

알레시: 4캠프 나와라. 산소는 어떤가?

다닐로: 여덟 개 중 다섯 개는 괜찮습니다. 눈금이 180에서 200입니다. 우린 두 사람만 네 개의 산소통을 갖고 등반을 계속할 수 있을 것으로 생각하고 있습니다.

알레시: 그럼 네가 5캠프로 올라가라. 넌 로프를 타고 빨리 올라갈 수 있으니까. … 그리고 하나를 더 말하겠다. 너희 넷이 바위가 끝나는 곳까지 올라가라. 그런 식으로 두 사람을 벽의 가장자리까지 올리고, 이어서 두 사람을 정상으로 올리겠다.

다닐로: 좋습니다. 그렇게 하겠습니다. 받아들일 만합니다.

알레시: 다음 교신은 오후 2시에 하겠다. 잊지 말도록. 상황이 변하고 있다. 벽의 가장자리까지 올라가는 건 너희들이 유럽에서 등반하는 것만큼 중요하다. 정상에 올라가는 걸 꼭 고집할 필요는 없다. 따라서 벽의 가장자리까지 올라가느냐가 우리의 최대 관심사다.

마칼루 남벽에 있는 사람들 중 알레시는 알파인 등반에 대한 유럽의 높은 기준을 이해하고 있었다. 1972년도 마찬가지였지만, 그는 노멀 루트로 마칼루를 등정하는 것은 슬로베니아가 유럽 산악계의 엘리트 의식을 깨뜨리는 데 충분치 않다고 생각했다. 오직 남벽만이 그럴 수 있었다. 그는 1972년 자신의 팀이 최고점까지 올라갔을 때 자신들의 등반을 믿지 못하는 그들의 반응을 보았다. 물론 이번에는 정상에 오를 터지만, 그는 가능하면 많은 대원들을 벽의 꼭대기까지 올리고 싶었다. 이것은 중요했다. 그는 크리스 보닝턴이 이끄는 영국 팀이 건너편의 에베레스트 남서벽에 있다는 사실도 알고 있었다. 그는 무전기를 통해 영국인들의 목소리도 희미하게나마 들을 수 있었다. 영국인들의 이야기는 1972년 유고슬라비아의 첫 시도와 비슷했다. 그들 역시 1975년에 다시 돌아온 것이다. 히말라야의 거대한 두 벽에서 동시에 역사가 만들어지고 있었다.

오전 11시, 베이스캠프에서 호출하는 무전기가 둔탁하게 울렸다. 그들은 슈라우프가 벽의 가장자리에 올라서고, 얼마 후 마리얀이 도착하는 광경을 지켜보고 있었다. 그들의 소리를 들은 슈라우프가 배낭을 벗고 일어서서 손을 흔들었다. 무전기가 다시 살아났다. 베이스캠프에서는 함성이 터졌다. "마리얀, 파르티잔보다 네가 더 낫다는 걸 보여줘." 슈라우프가 마리얀을 쳐다보았다. 어안이 벙벙해진 그는 할 말을 잊은 채 몸을 돌렸다. 그 둘은 이해했다. 4년 전, 프랑스 원정대는 마칼루의 서쪽 필라를 통해 이곳에 섰었다. 그중 하나가 장-폴 파리Jean-Paul Paris로, 그는 산소를 사용하지 않고 8,300미터까지 올랐었다. 프랑스인의 고도기록을 깨라는 간단한 말이 마리얀을 자극했다. 그러면 정상까지 갈 수도 있을 것 같았다!

무전기에 알레시가 나왔다. "슈라우프, 네가 능선에 도착해서 여기에 있는 우린 기절할 뻔했다. 이제 정상까진 7시간이라는 시간이 남아 있다. 보힌Bohinj 사람(마리얀)에게 말해. 프랑스인이 그를 이기게 해선 안 된다고. 필요하면 언제든 무전해. 우린 대기하고 있을 테니까. 만약 마리얀이 무산소로 등정하면, 그건 믿을 수 없는 일이 될 거야. 그를 도와주고, 지원해주고, 격려해줘!"

눈이 잠깐 멎자 그 둘은 일어서서 자신들 앞에 솟아 있는 능선을 바라보았다. 슈라우프의 발걸음에 따라 산소마스크에서 새어나오는 부드러운 중얼거림만 들릴 뿐, 날씨는 고요하고 사방은 적막했다. 눈이 깊어 어느 곳은 거의 허리까지 빠졌다. 그는 마리얀이 등정을 무난히 해낼 수 있도록 돕고 싶어서 속도를 늦추었다. 그래도 마리얀은 제대로 따라오지 못했다. 조금씩 또 조금씩 그는 뒤로 처졌다. 알레시가 다시 무전을 해, 슈라우프에게 그를 기다리고 필요하면 끌고서라도 올라가라고 말했다.

산소가 부족해 정신이 혼미해지는 가운데서도 마리얀은 이제 능선의 경사가 완만해지고 있다는 사실을 깨달았다. 그는 쉬지 않고 40걸음 정도를 옮길 수 있었다. 그는 프랑스와 일본 능선이 만나는 곳에서 슈라우프를 따라잡았다. 피켈 위로 쓰러진 그는 슈라우프가 무전기로 베이스캠프와 대화를 나누는 모습을 바라보았다. 이상하게도 능선의 그 합류지점에서 그는 친밀한 감정을 느꼈다. 계곡에서 아주 높은 이 가혹한 환경 속에서도 그에게는 동료가 있었다. 그러나 갈 길이 여전히 멀었다. 주저앉으면 얼마나 편할까. 생각을 그만하고 잠 좀 자자. 그때 또 다른 목소리가 말했다. 포기하지 마.

고개를 들자 능선에는 자기 혼자뿐이었다. 그리고 깊은 눈에 새겨진 발자국이 위로 나 있었다. 마리얀은 허리를 펴고 비틀거리며 일어섰다. 피로는 그가 일어설 수 있을 정도로만 풀렸다. 그는 다리를 번갈아 들어 올렸다. 길이 나 있어 조금 쉬웠다. 그러나 이제 그는 한 발을 움직일 때마다 몇 번씩 헉헉거려야 했다. 이런 동작은 영원히 계속될 것 같았다. 그의 목표는 정상이 아니라 바로 몇 미터 앞이었다. 그리고 그 지점에 도착하면 목표를 다시 수정해야 했다. 이런 식으로, 그는 지구에서 다섯 번째로 높은 마칼루의 능선을 기어 올라갔다.

슈라우프는 걸음을 멈추고 피켈에 기대어 장례행렬의 속도로 힘들게 올라오는 마리얀을 지켜보았다. 산소는 얼마나 소중한 상품인가! 산소가 충분치 않으면 정신이 혼미해지고 몸이 나른해진다. 그리고 판단력이 흐려진다. 조금 미끄러지는 단 한 번의 실수도 현재 상태의 마리얀에게는 치명적이 될 터였다. 그가 가까이 다가오자, 슈라우프가 그를 응원하고 용기를 불어넣어주었다. 마리얀은 아무 말 없이 배낭을 벗고 산소가 가득 든 통을 슈라우프에게 넘겨주었다. 그리고 빈 통은 눈에 처박았다. 이제 그의 배낭은 더 가벼울 것이다. 슈라우프는 새로운 통으로 바꾸었다.

그들 앞에는 그 루트의 마지막 퍼즐인 가파른 바위지대가 솟아 있었다. 한 번 더 그들의 끈끈한 파트너십이 드러났다. 마리얀이 아니라면 누가 슈라우프를 확보 봐주지? 마리얀이 아니라면 누가 산소가 가득 찬 통을 들고 슈라우프를 뒤따라가지? 슈라우프가 그를 쳐다보았다. "아마 그는 선배이자 로프 파트너인 나의 심정을 알고 있었을 것이다. 나는 열 살이 더 많다. 아마 그는 자신 안에 숨겨진 힘도 알고 있었을 것이다. … 이처럼 진정한 친구와 함께 정상을 향해 올라가는 것은 얼마나 아름다운가. 내 친구가 헐떡거리며 공기를 들이마시는 소리가 천천히 잦아들고 있었다." 그들은 서로의 주위를 한 바퀴씩 돌았다. 힘과 냉정을 주고 응원을 하기 위해, 그리고 서로에 대한 사랑을 표시하기 위해.

슈라우프가 오르기 시작하자 손으로 잡은 바위가 부스러졌다. 마침내 그는 작은 크랙에 피톤을 하나 박을 수 있었다. 그는 비늘 모양의 서리가 덮인 화강암에 잡을 수 있는 홀드가 있는지 피켈의 헤드로 찾아보았다. 서리가 약간 믿을 수 있는 홀드를 만들어주어 도움이 되는 것 같았다. 그는 혼신의 힘으로 집중하며 마음을 가다듬고 서리 홀드를 잡고 위로 올라갔다.

마리얀은 바위에 기대어 슈라우프를 확보해주었다. 태양이 그를 쓰다듬었고, 부드러운 바람이 불어왔다. 그의 손에서 로프가 조금씩 빠져나갔다. 보이지는 않아도 슈라우프의 어려움을 알 수 있을 것 같았다. 바위지대에 도착한 슈라우프는 로프를 고정시키면서 정상 쪽으로 올라갔다. 훗날 마리얀은 그 순간을 이렇게 술회했다. "내가 말했죠. '계속 가세요. 여기서 기다릴게요. 정

마칼루 남벽의 가파른 지형 (알레시 쿠나베르 컬렉션)

상엔 한 사람만 가면 됩니다.' 그리고 난 앉아서 기다렸습니다. 날씨가 추워지자 몸이 식더니 얼어붙기 시작했습니다. 난 내려갈 수도 있었지만 위로 올라갔습니다." 완전히 지친 그는 고정로프를 붙잡고 벽 위로 몸을 끌어올렸다. 40미터를 그렇게 올라가니 정상으로 향하는 루트가 눈에 들어왔다. 긴장이 풀리면서 끔찍한 피로가 그를 덮쳤다. 그는 희박한 공기 속에서 가쁜 숨을 내몰아쉬며 눈 위에 쓰러졌다.

바위지대를 계속 전진하던 슈라우프가 갑자기 걸음을 멈추었다. 숨을 제대로 쉴 수 없었던 것이다. 시야가 흐릿해지고 심장이 격렬하게 뛰어, 그는 눈에 쓰러진 채 마스크를 벗었다. 레귤레이터가 문제인 것 같았다. 그는 미친 듯한 눈빛으로 레귤레이터를 내려다보았다. 관자놀이께 핏줄이 터질 것만 같았다. 그리고 그 신호가 그의 넓은 이마에 크레바스같이 깊은 주름으로 나타났다. 슈라우프는 저주를 내뱉었다. 기술은 그를 실패로 몰고 갔고, 그의 몸도 그를 실패로 몰고 갔다. 그러나 그때 그는 눈에서 일어나 걷기 시작하는 자신의 모습을 보았다. 으스스한 안개 속에 정상이 가까이 보였다. 시간마다 길이가 다른 것은 아니지만, 그 순간만큼은 감질이 날 정도로 느렸다. 그의 몸은 이제 더 이상 이성으로 움직여지지 않았다. 그는 지구의 어떤 지점을 향해 나아가도록 설계된 로봇에 지나지 않았다.

그는 증거로 정상에 놓아둘 빈 산소통을 가지고 올라갔다. 이제 화가 나면서도 집중력이 몰라보게 좋아진 그는 마지막 사면을 공략했다. 아래쪽에서의 마리안처럼, 그 역시 눈에 피켈을 찔러 박고 번갈아 다리를 들어 올리며 몇 미터 앞에만 집중했다. 그는 낯설게 보이는 기계 같은 생물체인 자신의 몸을 보며 정상 바로 아래의 바위를 향해 사면을 올라갔다. 어쩌면 그것은 바위가 아니라 일종의 잔인한 환각이었는지도 모른다. 그는 몸을 일으켜 세우고 그것을 향해 돌진했다. 사실 그것은 실제 바위였다. 그는 머리가 흔들렸다. 대기는 차갑고 하얀 크리스털로 어른거렸다. 그러나 그는 자신이 정상에 있다는 사실을 분명하게 알아차렸다. 1975년 10월 6일 오후 4시, 그는 슬로베니아 최초

1975년 10월 6일 마칼루 정상에 놓인 스타네 벨라크(슈라우프)의 빈 산소통 (알레시 쿠나베르 컬렉션)

의 8천 미터급 고봉 등정자가 되었다.

슈라우프는 그 순간을 생생하게 기억했다. "나는 정상에서의 위엄 있는 행동을 깜빡했다. 4킬로미터의 고정로프를 설치한 거대한 바위벽에서의 공포와 실망, 낮은 산들을 지나 올 때의 더위와 비까지도. 그 위대한 순간을 위해 열성적으로 준비하던 나날도 기억이 나지 않았다. 나는 정상에 앉아 내 주위를 날아다니는 크리스털을 움켜잡았다. 나는 절대적인 확신을 가지고 싶었다. 내가 정말로 정상에 있다는 것을! 그 산의 가장 높은 곳에서 나는 위대한 여신 마하 칼리에게 나 자신을 바치고 싶었다."

그는 몸을 돌려 능선을 내려다보았다. 저것이 인간의 형상인가? 해가 비치는 곡선 뒤에서 누군가 올라오는 모습이 보였다. 환각이 아니었다. 친구이자 파트너가 바위 피너클을 지나 자신에게 다가오고 있었다. 슈라우프는 너무나 기쁜 나머지 소리를 질렀다. 산소도 없이 정상으로 올라오다니, 그것이 가

무산소로 마칼루 남벽을 등반한 후 스타네 벨라크를 향해 정상 능선을 천천히 올라오는 마리얀 만프레다
(알레시 쿠나베르 컬렉션)

능하기는 한 것일까!

　　마리얀은 멈추어 서서 위를 올려다보았다. "자신의 오랜 꿈을 실현한 슈라우프를 쳐다보았다. 그는 정상에서 고함을 내지르고 있었다. 그는 무아지경에 빠져 있었다. 나는 몸을 일으켜 계속 올라갔다. 나는 천천히 슈라우프의 발자국을 따라갔다. 이제, 정상에 가야 한다고 생각하는 마음만이 통제할 수 있는 유일한 것이었다. 몸은 오래전부터 말을 듣지 않았다. 나는 몇 미터를 못가 눈에 주저앉아 헐떡거리며 공기를 들이마셨다. 슈라우프가 나를 부르고 있었다. 몇 발자국만 더 가자!"

　　마리얀은 슈라우프보다 45분 늦게 정상에 도착했다. 그들은 서로를 껴안았다. 마리얀에게는 희열이나 기쁨, 승리 같은 것이 없었다. 그는 더 이상 올라가지 않아도 된다는 사실에 안도의 한숨을 내쉬었다. 슈라우프가 무전기를 켜고 소리쳤다. "여기는 정상! 여기는 정상! 여기는 정상이다!" 그러자 베이스캠프가 나왔다.

　　알레시: 　만세! 마리얀은 어디 있나?

　　슈라우프: …

　　알레시: 　왜 말이 없나? 마리얀이 옆에 있으면 그냥 '예'라고 대답하라.

　　슈라우프: 예!

　　알레시: 　슈라우프, 티베트 쪽 사진을 몇 장 찍어라. 그런 다음 즉시 하산하라! 즉시! 즉시 하산하라! 천천히, 조심스럽게, 주의를 기울여라! 어떤 것도 잃어서는 안 된다. (그대 들을 신에게!)

알레시는 무전기를 놓지 않고, 슈라우프에게 마리얀을 조심스럽게 보살피도록 격려했다. 베이스캠프는 열광의 도가니에 빠졌다. 대원들은 소리를 지르고, 주위를 달리고, 서로의 등을 두드리고, 서로 주먹으로 치고, 웃음을 터뜨렸다. 산의 위아래로 무전이 교신되며 모든 캠프가 행동에 들어갔다. 두 대원에

어둠 속에서 마칼루 정상에서 내려오는 스타네 벨라크(슈라우프)와 마리얀 만프레다에게 방향을 알려
주려고 알레시 쿠나베르는 베이스캠프에서 폭죽을 몇 발 쏘아 올렸다. (알레시 쿠나베르 컬렉션)

게 방향을 알려주려고 알레시가 폭죽을 몇 발 쏘아 올렸다. 그들이 조심스럽게 하산을 하자 오후의 태양이 빛을 잃기 시작했다.

그러자 알레시는 다른 캠프들에 연달아서 지시를 내렸다. "2캠프 들리나? 우린 등정을 멈추지 않을 것이다. 날씨가 받쳐주는 한 우린 계속해나갈 것이다. 하루 차이를 두고 그들을 뒤따라 올라가라. 그래서 4캠프는 정상에서 내려오는 사람들이 항상 이용할 수 있도록 하라. 그 교차점은 3캠프가 되어야 한다."

해가 지고 있었다. 환상적인 파노라마를 바라보던 슈라우프와 마리얀은 이제 하산에 집중하며 다시 로봇으로 돌아갔다. 마리얀의 크램폰이 원정 초기에 말썽을 일으켜, 그는 임시방편으로 슬링을 묶어서 쓰고 있었다. 그러나 슬링을 너무 단단히 조여 매는 바람에 그의 발은 피가 잘 통하지 않았다. 결과적으로 그의 발은 천천히 얼음덩어리로 변해갔는데, 그는 얼마나 딱딱해졌는지조차 알지 못했다.

이틀 후 슈라우프와 마리얀이 베이스캠프에 도착했다. "놀라운 위업을 달성했다!" 알레시가 선언했다. "무산소로 정상에 오르다니! 여러분은 한두 달이 지나고 나서야 비로소 이 등반의 중요성을 실감하게 될 것이다. 자, 축배를 들자. 먼저 너희 둘을 위해! 그리고 이 믿을 수 없는 등정을 위해! 우리에겐 이제 문이 활짝 열릴 것이고, 그 문을 닫는 건 불가능할 것이다."

알레시의 말은 아름다웠고 예언적이었다. 마칼루 남벽 등반은 20년 동안 슬로베니아 알피니스트들에게 영감 넘치는 성취의 무대를 마련해주었다. 문은 정말로 활짝 열렸다. 그러나 스물다섯 살의 마리얀은 혹독한 대가를 치러야 했다. 베이스캠프에 도착한 그는 발에 통증을 느꼈다. 그가 양말을 벗자 발가락이 까맣게 변해 있었다. 느글거리는 느낌이 든 그는 자신이 발가락을 잃

왼쪽: 1975년 마칼루에서의 스타네 벨라크(슈라우프). 그와 마리얀 만프레다는 그 남벽을 초등했다. (알레시 쿠나베르 컬렉션)

오른쪽: 1975년 마칼루에서의 마리얀 만프레다 (알레시 쿠나베르 컬렉션)

게 될 것이라는 사실을 깨달았다. 그러나 그들은 베이스캠프에서 12일을 더 머물렀고, 마리얀은 동상이 걸린 발로 걸어서 그곳을 빠져나왔다.

그로부터 40년이 지난 후 나는 그와 함께 현관에 앉아 이야기를 나누었다. 마리얀은 자신의 왼발에 남은 살점을 내려다보며 그 시련을 기억해냈다. "맞아요. 아주 고통스러웠습니다. 내가 젊었으니까." 그러더니 그는 어깨를 으쓱하며 위를 바라보고 이렇게 덧붙였다. "여전히, 고통은 고통입니다."

∧

슈라우프와 마리얀이 그 산을 등정하기는 했지만 마칼루 남벽의 초등 이야기는 여전히 계속되고 있었다. 3개의 공격조가 추가로 등정을 준비하고 있었기 때문이다. 10월 8일, 네 명의 대원들이 출발했다. 체딜니크는 낙빙에 왼쪽 무릎을 얻어맞았고, 로만 로바스Roman Robas는 호흡에 곤란을 겪었다. 그 둘은 돌아섰다. 하지만 네이츠 자플로트니크와 얀코 아주만이 그날 정상에 도착했

1975년 남벽을 통해 마칼루 정상에 올라선 네이츠 자플로트니크 (네이츠 자플로트니크 컬렉션)

고, 이어서 이브치 코트니크Ivč Kotnik와 비키 그로셸이 10월 10일 강풍과 눈보라를 뚫고 정상에 올랐다.

그리고 또 다른 드라마가 시작됐다. 10월 11일, 야네즈 도브잔Janez Dovžan과 조란 베슈린Zoran Bešlin이 정상을 향해 출발한 것이다. 야네즈는 등정에 성공한 후 안전하게 하산했다. 그러나 조란은 정상을 불과 몇 미터 앞두고 쓰러졌다. 야네즈가 8,000미터의 5캠프에서 그를 기다리고 있는 동안 그는 8,400미터에서 비박장비도 없이 밤을 보내야 했다. 다음 날 아침, 탈진한 야네즈가 조란을 찾으러 다시 위로 향했다. 그는 벽의 가장자리 근처에서 조란을 두 번이나 찾았지만 실패하고 말았다. 다시 5캠프로 돌아온 그는 수색을 멈추고 하산을 위해 휴식을 취해야 한다는 사실을 깨달았다. 오후 늦게 그는 구조를 요청하는 희미한 외침을 들었다. 살아남은 조란이 끔찍한 동상에 걸린 발로 혼자 내려오고 있었던 것이다. 이제 야네즈는 세 번째로 텐트를 떠나 위로 향했다. 그는 조란을 발견하고, 반쯤 들쳐 업다시피 해서 텐트로 내려왔고, 그다음 이틀 동안도 그렇게 산을 내려왔다. 그 둘은 벽에 마지막으로 남은 사

1975년 마칼루에서의 네이츠 자플로트니크. 그는 항상 글을 썼다. (알레시 쿠나베르 컬렉션)

8,000미터의 5캠프에서 조란 베슈린을 아래로 내리고 있는 야네즈 도브잔. 그들의 자체적인 구조는 히말라야 등반역사상 대단히 영웅적인 노력의 하나로 기록됐다. 4일 동안 탈진과 심각한 동상에 시달렸지만 그 둘은 무사히 내려왔다. (야네즈 도브잔 컬렉션)

람이어서 알아서 해결해야만 했다. 그들의 행동은 살고자 하는 의지와 로프로 맺어진 형제애가 이루어낸 믿을 수 없는 사례였다. 그 둘은 마칼루에서 살아남았지만, 조란의 동상은 부분적인 발가락 절단을 초래했다. 많은 사람들은 그들의 자체적인 구조가 슬로베니아 알피니즘에서 가장 대단한 사건이라고 입을 모았다.

그해 정상에 오른 사람은 7명이나 되었지만, 죽은 사람은 아무도 없었다. 알레시는 적극적인 20대의 젊은이들을 베테랑들과 적절히 섞어 대단한 성공을 거두었다. 그는 그 등정이 히말라야에서의 유고슬라비아 미래에 문을 활짝 열 것이라는 사실을 알고 있었지만, 개인적인 감정은 조금 달랐다. "이보다 더 좋을 수 없었기 때문에 나는 내 뒤에 있는 문을 닫고 싶었다."

그러나 알레시는 그 문을 닫을 수 없었다. 산은 계속해서 그를 잡아끌었다. 마치 네이츠에게 그랬던 것처럼.

높은 산의 영원한 불안과 거의 잊고 지낸 삶의 자연스러운 흐름에 서서히 압도된다. … 대지로부터 태어났다는 것을, 황량한 계곡과 녹색의 초

고정로프 끝
1972 유고슬라비아
원정대 최고점
침니 V급
8,000m
IV급
3
1974 국제원정대
최고점
혼합등반 구간
2
1
5
혼합등반 바위지대
4 7,500m
1973 오스트리아
원정대 최고점
혼합등반 구간
가파른
혼합등반 구간
3
7,000m
6,200m 설동 ▲ 비박

원과 뒤틀린 빙하의 일부분이라는 것을, 굽이쳐 흐르는 강과 은이 흩뿌려진 검은 하늘의 일부라는 것을 알게 될 때. 그러면 이 외로운 길들이 높은 봉우리들, 대지와 하늘이 휘몰아치는 바람 속에 만나는 그곳들로 자꾸만 잡아끈다는 사실을 알게 될 것이다.

4,900미터의 베이스캠프로 무사히 내려온 조란과 야네즈. 그 과정에서 조란은 발가락을 잃었다. 하지만 그 둘은 마칼루에서 살아남았다. (야네즈도브잔 컬렉션)

5

첫 희생자

동쪽 어딘가에, 뜨겁고 건조한 먼지투성이의 도로를 따라 몇 날 며칠을
달려가면 대지가 하늘을 만나는 곳이 있다. 그곳 어딘가에, 칙칙한 빙하
들이 수직의 화강암들 사이로 깊은 계곡을 만드는 곳이 있다. 발티스탄
의 중심지역 어딘가에, 염소들이 다니는 지저분한 길이 비가 오면 무릎까
지 빠지는 진흙으로 변하는 곳이 있다. 그러면 가파른 진흙의 사면에 있
는 잿빛의 작은 마을들은 우르르 무너져 내리는 바위들로 엉망진창이 된
다. 발티스탄의 중심지역 어딘가에, 낯선 이방인들이 오면 여인들이 돌로
된 오두막 안으로 몸을 숨기는 작은 마을들이 있다. 그곳 어딘가에, 커다
란 개들이 사납게 으르렁거리는 마을이 있다. 그러면 당신은 "앗살람 알
라이쿰(당신에게 평화가 있기를)"이라고 인사하며, 가슴에 손을 얹어 존경을
표시한다. 저녁기도를 드리는 사람들의 낭랑한 목소리가 하얀 봉우리들
과 바위 골짜기 사이에서 울려 퍼지고, "알라후 아크바르(신은 위대하다)"
라는 답례가 빙하 계곡의 격류 소리에 묻힌다.

길들여지지 않은 야크들이 고원지대에서 풀을 뜯어 먹으면, 당신은 존경
을 나타내는 거리만큼 떨어지는 것이 좋다. 포터들의 모닥불에서 피어오
른 작은 불꽃들이 모레인 잔해 너머로 너울거리는 그림자들을 드리운다.
차파티chapati가 떨어지면, 훈자 사람들은 빙하의 신음 소리와 함께 어둠

101

속으로 긴 여운을 남기는 노래를 부른다. 그러면 당신은 노란 잔디가 까칠하고 빈약하게 나 있는 곳에 누워, 가슴을 열고 별들의 영원한 길에서 하늘을 들이마신다. 그리고 바람이 이빨 사이와 이마에 달라붙는 고운 모래가루를 날려 천천히 당신을 덮는 동안, 당신은 유성의 숫자를 헤아린다.

— 네이츠 자플로트니크, 『길』

황량한 고원지대, 그곳은 사람들이 흙과 함께 살아가고 대지가 하늘과 만나는 곳이다. 네이츠 자플로트니크는 등반을 시작한 이래 그런 곳을 동경해왔다. 그의 일행 9명은 보조산소나 고소포터도 없이 최소한의 장비만 가지고 세계에서 가장 높은 봉우리들 중 하나를 신루트로 오르려는 조촐한 팀이었다. 네이츠는 1975년 마칼루 남벽에서, 그리고 율리안 알프스에서 자신의 실력을 여러 차례 유감없이 발휘했다. 1977년 야네즈 론차르Janez Lončar가 파키스탄 카라코람 지역에서의 등반을 제안하자 그는 주저하지 않고 대답했다. "좋아!" 그리고 그는 크란의 산악회에서도 젊은 축에 속하는 안드레이 슈트렘펠Andrej Štremfelj*과 만났다. "카라코람 갈래?" 그러자 안드레이는 기대감으로 눈을 반짝이며 "좋습니다!"라고 대답했다.

∧

안드레이 슈트렘펠은 산악인 집안 출신이 아니다. 그의 부모는 사바Sava와 코크라Kokra강 사이로 바위가 돌출된 지역에 있는 그림 같은 도시, 크란의 공장에서 일하며 어렵게 살림을 꾸려나가느라 너무나 바빴다. 북부 유럽과 아드리아해 사이에서 중요한 교역로의 거점 역할을 한 그 도시는 과거에 — 그리고 현재도 여전히 — 의류와 가구, 거대한 타이어 공장 등 공업의 중심지였다.

1992년 황금피켈상, 2018년 황금피켈상 평생공로상을 받았다. [역주]

안드레이의 어머니 파울라Paula는 초등학교를 졸업하자마자 열네 살의 나이로 직물공장에서 일했다. 그리고 그의 아버지 프란츠Franc는 가구공장에서 일했다. 20대 초에 결혼한 그들은 지금은 크란의 변두리가 된 오레헤크Orehek라는 마을의 파울라가 태어난 집에서 살림을 차렸는데, 그곳에서 마르코Marko와 안드레이가 태어났다. 안드레이는 지금도 그 집에서 아내 마리아Marija와 함께 아이들을 데리고 산다. 그 집은 언젠가 그의 손주들의 차지가 될 것이다.

아담한 거주지였던 그 집은 시간이 흐르며 몇 번 증축됐는데, 프란츠가 가꾸는 채소밭과 벌집으로 둘러싸인 지금은 2층이다. 그의 가족들은 밭에서 나오는 감자, 양배추, 토마토와 이웃 농부들이 주는 우유와 치즈를 먹고 살았다. "우린 가난하다고 생각하지 않았습니다."라고 안드레이는 과거를 기억했다. "보통이라고 느꼈죠." 그의 기억은 크란 출신의 또 다른 산악인 토모 체센의 그것과 궤를 같이한다. 그 역시 당시의 생활이 전혀 문제가 없었다고 말했다. 그는 이렇게 덧붙였다. "지금과 같진 않았습니다만 아무 문제가 없었습니다. 10개의 서로 다른 요구르트를 먹지 못한다고 해서 문제일까요? 10개의 서로 다른 종류가 있다는 걸 알지 못해도 특별히 문제될 게 없습니다!"

안드레이는 1956년 12월 17일에 태어났다. 그는 불만이 없는 아이였다. 그는 학교까지 들판을 가로질러 3킬로미터를 걸어 다녔고, 방과 후에는 집으로 달려와 버섯과 흥미로운 것들을 찾아 근처의 숲속으로 사라졌다. "어느 정도는 똑똑해서 난 공부를 열심히 할 필요가 없었습니다."라고 그는 웃으며 말했다.

그의 형 마르코가 열다섯, 그가 열세 살이었을 때 그들은 슬로베니아의 고산을 넘는 8일간의 모험에 나섰다. 동쪽 지역인 마리보르Maribor에서 시작해, 그들은 높은 능선을 걷고, 수많은 고개를 넘고, 위험한 페라타ferrata(가파른 바위지대에 설치된 철제 케이블)를 잡고 아찔한 산의 정상들을 올랐다. "우리는 자신감을 느꼈습니다."라고 안드레이는 말했다. 비록 기술적인 등반을 한 것은 아니었지만, 안드레이는 체력이 좋아졌고 산의 날씨와 지형학도 알게 되었다.

알피니스트의 과정을 밟고 있는 열여덟 살의 안드레이 슈트렘펠 (안드레이 슈트렘펠 컬렉션)

젊은 시절의 안드레이 슈트렘펠. 그의 등반 멘토인 네이츠 자플로트니크는 1977년 그를 가셔브룸1봉에 초청했다. 그것은 그들 둘이 함께 오른 최초의 자이언트였다. (스티페 보지치 컬렉션)

등반다운 등반은 열다섯 살이었을 때 시작됐다. 슬로베니아 등산연합에 가입한 그는 곧 산을 오르고, 암벽등반을 하고, 동계등반을 하고, 스키 투어를 했다. 그가 진정한 알파인 등반을 경험한 것은 크란 근처의 카라반케산맥 Karavanke Range에 있는 2,000미터의 스톨을 오르는 팀에 합류한 1972년 1월이었다. 그 후 그는 등산잡지에 등반기를 모두 기고했다. 등산연합 회원들은 알피니스트의 자격을 유지하기 위해 매년 10번 이상의 등반을 증명해야 했다. 안드레이의 글은 그의 등반에 대한 증거가 되었다. 처음에 안드레이는 형이나, 등산연합의 선배들과 함께 등반했다. 그는 터득이 빨랐고 야망이 있었다. 2년도 안 돼, 그는 트리글라브 북벽에 있는 길고 어려운 루트를 끝냈다. 안드레이는 열여덟 살이라는 어린 나이에 알피니스트 자격증을 받았다. 이제 어엿한 알피니스트가 된 그는 경험이 부족한 산악인들을 산에서 지도할 수 있게 되었다. 무자격자에 의한 지도는 금방 눈에 띄어서 등산연합 관계자들에게 곧바로 보고되는 작은 나라 슬로베니아에서 엄격히 통제되는 행위였다. "쉬쉬해도 며칠이 지나면 누가 무엇을 했는지 모두 알았습니다."라고 안드레이는 그때를 회상했다.

1973년 율리안 알프스를 등반하는 네이츠 자플로트니크와 안드레이 슈트렘펠. 이 등반은 환상적인 파트너십의 시작이었다. (안드레이 슈트렘펠 컬렉션)

그는 타트라와 돌로미테, 알프스, 코카서스로 가는 등산연합의 원정등반에 참가했다. 그러자 네이츠가 그를 가셔브룸1봉에 초청했다. 그것은 카라코람으로 가는 슬로베니아 최초의 원정등반이었다. 네이츠는 안드레이의 타고난 재능과 열정과 야망을 인정했다. 안드레이는 "우린 처음에 선생과 학생 사이였지만 후에 파트너가 됐습니다."라고 말했다. 안드레이는 오로지 산악인의 시각으로 그를 바라보았다. "네이츠는 등반에 대단한 열정을 보였습니다. 물론 나도 그랬고요. 내가 그를 닮았다는 게 더 적절한 말일 겁니다. 우린 등반에 완전히 심취했습니다."

그들은 될 수 있는 한 함께 등반했다. 그들을 붙잡는 것은 어린 자식들에 대한 네이츠의 책임감뿐이었다. 그래도 네이츠는 등반을 감행했고, 안드레이는 네이츠가 세 명의 어린 아들들을 책임져야 하는 처지에서 내린 결정을 이해했다. 그러나 그는 평소에는 책임감을 갖고 열심히 살았다. 안드레이의 회상처럼 네이츠는 파티를 즐겼다. 그는 술 마시는 것을 좋아했고, 노래 부르는 것을 사랑했는데, 보통은 둘을 함께 즐겼다. "그는 한 달에 한 번 정도는 술을 엄청나게 마셨습니다. 이를 테면 말이죠."라며 안드레이는 웃었다. 다른 산악 인들도 네이츠가 한 번에 며칠씩 술판을 벌이는 것은 흔한 일이었다고 확인해 주었다. 그러나 네이츠의 또 다른 면, 즉 복잡하고 놀랍도록 총명하고 가끔은 어렵고, 시무룩한가 하면 철저하게 매력적인 면을 느낀 사람들도 많았다. 물론 대단히 훌륭한 알피니스트라는 것은 두말할 필요도 없었다. 그는 가셔브룸 1봉에 딱 알맞은 사람이었다.

∧

'히든피크Hidden Peak'로 알려진 가셔브룸1봉은 파키스탄 카라코람산맥의 남 쪽 가셔브룸 빙하를 둘러싼 말발굽 형태의 6개 봉우리 중 가장 높다. 해발 8,068미터의 그 산은 일찍이 1892년 영국 탐험가들의 눈길을 사로잡았다. 그러나 1958년 닉 클린치Nick Clinch[11]가 미국 팀을 이끌고 정상에 오를 때까지 그 산은 모든 방문자들을 내쳤다. 훗날 그 지역은 인도와 파키스탄 간의 국경 분쟁으로 인해 산악인들의 출입이 금지됐다. 하지만 1975년 이탈리아 출신 의 라인홀드 메스너와 오스트리아 출신의 페터 하벨러가 히말라야 등반역사 에 새로운 이정표를 세웠다. 가셔브룸1봉을 무산소와 알파인 스타일로 오른 것이다. 그리고 그로부터 2년 후 슬로베니아인들이 신루트로 정상을 오르고 자 하는 희망을 가지고 카라코람을 처음으로 찾았다.

　여러 산악회 출신들로 구성된 그 팀은 시작부터 삐걱거렸다. 그들은 파키 스탄 당국에 입산허가를 세 번이나 신청한 끝에 받을 수 있었다. 그리하여 원 정에 필요한 자금을 모을 수 있는 시간이 고작 두 달밖에 남지 않게 되었다. 그들은 가까스로 자금을 모으기는 했지만, 예산이 빠듯해 필요한 만큼의 식 량과 장비를 사지 못했다. 칙칙한 비가 내려 을씨년스러운 5월의 어느 일요일 아침, 그들은 가족에게 작별인사를 하고 긴 여행을 떠나기 위해 다 함께 모였다. 그들은 트럭과 빌린 밴에 올라타고, 불가리아와 터키, 이란, 아프가니스탄, 파키스탄에 이르는 7,000킬로미터를 11일 동안 힘들게 이동하는 — 서양에서 동양으로 그리고 익숙한 곳에서 이국적인 곳으로 — 여행을 떠났다.

그들은 도로변에 캠프를 치고 야간 운행 중인 트럭들의 시끄러운 소음을 견디며 잠을 잤다. 그들은 국경의 당국자들을 다루는 요령을 터득했으며 지독하게 더운 열기를 견뎠다. 그들의 운전수는 거의 서커스 수준의 기술을 발휘해 그들을 감탄시켰다. 그들은 카스피해안 근처에서 모기에게 산 채로 물어뜯겼고, 신기한 검은 텐트들과 아프가니스탄 도로를 따라 성큼성큼 걸어가는 긴 줄의 유목민들을 넋 놓고 바라보았다.

입산허가서를 기다리느라고 그들은 파키스탄에서 더 많이 지체했다. 17일 동안, 그들은 타벨라Tarbela에 머물고 있는 슬로베니아 노동자들의 손님이 되었다. 그곳은 인더스강에 세계에서 가장 큰 사력댐을 건설하는 현장이었다. 네이츠와 드라고 브레가르Drago Bregar는 100킬로미터나 떨어진 라왈핀디로 날마다 차를 타고 가서, 세관과 관광성, 경찰서, 보험회사, 항공사 등 여러 곳의 문을 두드리고 아첨을 했다. 6월 초, 마침내 소기의 목적을 달성한 그들은 발티스탄의 중심지인 스카르두로 날아갔다. 이제 그들은 어프로치 행군을 시작할 수 있었다.

그러나 우선 그들은 도움이 필요했다. 수백 명의 포터들이 스카르두 시내에 모여들어, 돌로 포장된 좁은 도로의 한복판까지 길게 늘어섰다. 바람에 날리는 탁한 모래먼지를 뚫고 햇볕이 쏟아져 내렸다. 그들의 연락장교는 힘이 있어 보이는 포터들을 선발해야 한다고 주장했다. 네이츠는 충격을 받았다. 그렇다면 여기가 다리와 이빨을 보고 소를 선택하는 일종의 우시장이라는 말인가? 그는 연락장교의 주장을 묵살하고 먼저 온 100명을 선발했다. 이제 그들은 32킬로미터 떨어진 볼라Bola를 향해 행군을 시작했다. 네이츠와 다른 대원들은 그곳까지 트랙터를 타고 갔다. 그들은 인더스 강변을 덜컹거리며 따라갔다. 운전사들은 숄과 스키고글로 먼지를 막았고, 그들은 짐칸에 실린 소중한 짐 꼭대기에 웅크려 앉았다. 먼지를 하얗게 뒤집어 쓴 그들은 이리저리 튕길 때마다 트랙터를 꼭 붙잡았다.

다음 날 아침, 포터들이 자신들에게 분배된 짐을 짊어지고 행군을 시작했다. 네이츠는 자리를 놓고 다투는 그들을 지켜보다 카림Karim이라는 자를 주목했다. "땀을 그렇게 많이 흘리는 사람은 평생 처음 보았다. 얼굴에서 흘러내리는 것이 아니라, 글자 그대로 이마에서 뿜어져 나오고 있었다." 카림은 일행의 앞자리에 끼어들어 길을 따라 열심히 걸었다. 넓적한 얼굴, 짧은 머리, 황소같이 굵은 목을 가진 그는 유쾌하게 이를 드러내고 웃으며 소리쳤다. "저요!" 떡 벌어져 의지가 드러나는 그의 어깨는 40킬로그램의 요리용 기름(맑은 버터) 통으로 보상받았다. 그는 헐떡거리는 야크처럼 그것을 언덕 위로 질질 끌고 올라갔다. 아주 무거운 짐을 져도 그는 그날의 행군에서 항상 가장 먼저 도착했다.

카림을 좋아한 네이츠는 매일 저녁 그의 옆에 앉아 담배를 피우고, 차파티를 우적우적 먹었다. 공통의 주제가 없는 그들은 말을 거의 나누지 않았다. 게다가 네이츠는 카림이 약간 단순무식하다고 생각했다. "하지만 우린 친구였습니다."라고 그는 말했다. "그가 큼직한 발로 숨도 쉴 수 없을 정도로 먼지를 일으켜, 나는 그 뒤를 따라갈 수 없었습니다. 그가 풍기는 땀과 기름의 지독한 냄새는 말할 것도 없는데, 카림은 씻을 줄 모르는 사람이었습니다." 카림은 자신이 네이츠의 마음을 사로잡았다는 사실을 알았다. 그는 특별대우를 받으려고 다툴 필요가 없었다. 어느 날은 밀가루를 많이 배급받았고, 어느 날은 약간의 설탕, 또는 향이 좋은 차를 특별히 받는 경우도 있었다.

몽골인의 검은 눈을 가진 굴람 모하메드Gulam Mohammed는 마음이 너그러워 인기가 좋았다. 갈색 고원지대인 티베트의 외딴 마을에서 태어난 굴람은 젊은 시절을 스카르두에서 보냈다. 작달막한 체구에 에너지가 넘치는 그는 훤한 이마, 희끗희끗한 콧수염과 턱수염을 가진 사람이었다. 굴람은 짐을 나르는 일을 제대로 할 수 있을지 걱정스러울 정도로 왜소했다. 그러나 말재주는 그것을 보상하고도 남았다. 그는 발트어와 우르두어, 영어를 알고 있었다. 그리고 그는 고기를 기가 막히게 굽는 방법도 알고 있었다. 굴람은 곧 원정대의 주방장으로 승진했다. 그는 대원들이 상상조차 하지 못할 정도로 다양한 종류의 차파티를 만들었다. 감자 차파티, 살구 차파티 그리고 달 차파티까지. 파키스탄 향신료로 조리된 염소 간 스튜는 대원들이 그때까지 먹어본 음식 중 최고였다. 굴람의 궁전은 주방텐트였다. 그곳은 문이 항상 열려 있었고, 언제나 차가 준비되어 있었다.

아이들에 대한 이야기는 굴람과 네이츠를 하나로 만들었다. 굴람은 부인이 일찍 죽어, 원정대의 수입으로 세 아이들을 공부시키고 있었다. 대부분이 총각인 그 원정대에서 네이츠는 자신과 굴람만이 가족에 대한 강한 애착, 즉 집으로 돌아가고 싶다는 소망을 이해하고 있다고 생각했다. 이제 그들은 동료애를 느끼고 격려해줄 수 있는 상대가 되었다.

원정을 떠나오기 전, 드라고 브레가르와 네이츠는 서로에 대해 아는 게 별로 없었다. 물론 그 둘은 훌륭한 알피니스트였다. 네이츠보다 몇 달 늦게 태어난 드라고는 대원들 중 경험이 가장 많은 빙벽 등반가였다. 그는 원정대를 매우 진지하게 가셔브룸으로 이끌었다. 그와 네이츠는 행군을 함께하며, 소나기가 갑작스레 내리면 아주 작은 우산 속에 함께 웅크려 앉기도 하고, 가파르고 질퍽한 길을 따라 비틀거리며 나란히 걷기도 했다. 그들은 포말을 일으키는 강 위에 실처럼 연결된 위태로운 출렁다리를 함께 꽉 움켜잡기도 했다. 포터들은 그런 다리를 몹시 두려워했다. 그래서 드라고와 네이츠는 비명을 지르는 그들을 구슬리고, 끌고, 야단쳐서 한 번에 한 명씩 건너게 만들었다. 평화를 사랑하는 네이츠조차 때로는 폭력에 의존해야 했다. "처음에는 그들을 때렸다. 늘 마지막이 되기를 바라면서." 그중 하나가 다리를 너무 무서워해서, 네이츠는 그의 짐을 들어 올린 다음 목덜미를 잡고 밀었다. 다리의 한가운데서 그 포터는 손아귀를 뿌리치고 뒤돌아 달아났다. 네이츠는 그의 짐을 반대편 강둑에 놓고 공포에 질린 그에게 돌아왔다. 그러자 그는 소리를 지르고 저주를 퍼붓고 알라를 찾으며 다시 달아났다. 그 둘이 다리의 잔인한 중간지점에 세 번째로 도달했을 때 네이츠는 그의 엉덩이를 재빨리 걷어차 이번에는 그가 반대편으로 달아나도록 했다.

그들에게는 골치 아픈 염소들도 있었다. 네이츠는 한 마리를 어깨에 둘러 멘 다음, 한 손으로는 네 다리를 가슴에 단단히 붙이고, 다른 손으로는 다리의 난간을 잡으며 건넜다. 염소가 거센 흙탕물을 보기 전까지는 모든 일이 순조롭게 진행됐다. 그러나 겁을 잔뜩 집어먹은 그놈은 둘 다 강물에 떨어질 정도로 몸부림쳤다. 드라고는 다르게 접근했다. 그는 그 동물의 앞발 두 개를 함께 잡아 등에 들쳐 멘 다음 네 다리를 자신의 가슴팍에서 고정하는 방법을 썼다. 머리가 둘로 보이는 그 이상한 생명체는 잰걸음으로 겨우 다리를 건너갔다. 염소는 구슬픈 소리를 거칠게 내뱉고, 드라고는 다리의 난간을 꽉 붙잡고.

그렇게 9일을 걸어 들어가자, 저녁햇살에 빛나는 바위 피라미드가 나타났다. 얼음이 덮인 필라, 긴 남동릉과 3,000미터의 남벽을 가진 그 산은 요부妖婦처럼 그들에게 인사했다. 그 산의 다양한 지형을 조심스럽게 정찰한 그들은 미등의 남서릉에 도전하기로 했다. 1캠프까지의 루트는 지저분하게 부서진 가셔브룸 빙하의 위쪽을 건너가는 것이었다. 그곳에는 기울어진 세락이 위태롭게 일렬로 늘어서 있고, 벌어진 크레바스와 수상쩍은 스노브리지가 널려 있었다. 네이츠가 크레바스 속으로 떨어진 것은 그로부터 얼마 지나지 않았을 때였다. 그는 로프 덕분에 목숨을 건졌지만 충격으로 고통스러워했다.

"베이스캠프에서 최소한 일주일은 쉬어."라고 의사가 지시했다.

"알겠습니다." 네이츠가 동의했다.

그러나 그는 딱 하루를 쉬고 나서 1캠프로 올라갔다.

카림을 제외하고 베이스캠프에 있던 모든 포터들이 돌아갔다. 대원들은 그가 1캠프로 짐을 져 나를 수 있을 것으로 생각했다. 그래서 그들은 그에게 신발과 장갑, 베개 등 장비 일체를 지급했다. 그러나 세계의 모든 장비들도 카림의 공포를 덜어줄 수는 없었다. 그는 밤마다 알라에게 기도했지만, 알라는 그를 산에서 구해주었을 뿐 고통을 줄여주지는 못했다. 그는 두통이 너무 심해 아스피린 알약들을 눈에 묻고 머리를 로프로 동여매기도 했다. 세락 사이를 지날 때 그는 구토까지 했다. 마침내 대원들은 카림이 고소를 극복하지 못한 것으로 결론지었다.

드라고와 네이츠는 허리까지 빠지는 눈에 길을 내고, 식량과 장비를 신속하게 져 나르고, 고정로프를 설치하고, 캠프를 세우는 등 함께 작업했다. 그들은 말이 필요 없을 정도로 잘 맞는 팀이었다. 태양도 그들의 어깨에 빛을 비춰주었다. 그러나 대개는 너무 강해서 그들도 거의 카림만큼이나 땀을 많이 흘렸다. 긴 하루가 끝나갈 무렵에는 함께 쓰러질 정도로 산에서 노예처럼 열심히 일하는 동안 그들의 파트너십은 우정으로 깊어졌다. 젊고 야망도 컸던 그들은 그 등반을 리허설로 삼았다. 그들의 시선은 에베레스트로 향했고, 그들이 알고 있는 계획은 지평선으로 향했다. GI(가셔브룸1봉)에서 잘하면 그들은 그 원정등반에도 뽑힐 수 있을 터였다.

그러나 곧 그들은 등반보다도 더 많은 공통의 관심사가 있다는 사실을 알았다. 쉬는 날이면 그들은 텐트 앞에 앉아 장비를 고치고, 음식을 만들고, 이야기를 하고, 꿈을 함께 나누었다. "우리는 고향의 하얀 바위벽, 친구들과 가족들, 어려운 등반과 산장에서의 기분 좋은 저녁에 대한 꿈을 꾸었다."라고 네이츠는 회상했다. "진정한 친구가 아니라, 알피니스트로만 보이는 사람과는 결코 함께 등반할 수 없었다."

그들이 꿈을 꾸고, 이야기를 나누고, 먹고 쉬는 동안 그들의 시야는 주위를 둘러싼 뾰족뾰족한 풍경, 즉 가셔브룸들의 거대한 벽들과 바늘같이 날카로운 무즈타그 타워Muztagh Tower로 향했다. 들리는 소리라고는 먹이를 찾아 쓰레기더미를 뒤지며 캠프 주위를 날렵하게 날아다니는 까마귀들의 울음소리와 끊임없이 쉭쉭거리는 스토브 소리뿐이었다. 멀리서 세락이 무너져 내리는 천둥의 전율이 가끔 캠프에 퍼졌다. 밤에 추위가 스며들면 그들은 침낭 안으로 파고 들어가 내일에 대한 꿈을 꾸었다.

그때 갑작스레 파트너가 바뀌었다. 개인적인 야망이 공동의 목표 뒤로 밀려난 것이다. 산 위에서 야네즈 론차르가 병에 걸리는 바람에 다음 날 아침 구조작업이 필요했다. 두 명의 대원이 야네즈의 하산을 도와주는 동안 다른 두 명은 2캠프까지 전진하기로 했다. 그리하여 네이츠와 함께 2캠프로 올라갈 사람은 드라고가 아니라, 스무 살의 안드레이 슈트렘펠이었다. 2캠프로 올라가는 대원들이 첫 번째 정상 공격조가 되리라는 것은 출발할 때부터 분명했다. 모든 사람이 그렇게 이해했다.

베이스캠프에서의 마지막 날 저녁, 태양이 지는 모습을 바라보던 네이츠는 손에 잡힐 듯한 정상에 대한 몽상에 젖었다. 그는 마칼루에서의 경험을 떠올리면서 우정에 대해 생각했다.

마칼루가 눈앞에 아른거린다. 하늘을 뚫고 솟아오른 벽, 무거운 짐들, 수천 미터의 고정로프, 폭풍설, 친구의 고통. 얀코와 나는 얼떨결에 정상에 올라 악수를 나누고. 슈라우프 ― 그는 그런 성공으로 수십 년간의 고된 작업을 유종의 미로 장식했는데 ― 와 만프레다는 행복한 듯 동상에 걸린 발을 따뜻한 물에 담그고, 비키는 우리의 베이스캠프 귀환에 눈물을 흘리고, 이브치는 재미있는 사투리로 배꼽을 잡을 때까지 웃기고, 5캠프에 있는 친구의 안전을 걱정하는 미슈코Miško는 산을 부숴버리고 싶어 하고, 탈진한 조란은 절대적인 의지와 야네즈의 도움으로 살아남고, 결코 눈물을 흘리지 않는 마흔 살의 알레시는 우리들의 성공에 기쁨의 눈물을 흘린다. 그때 나는 당신의 모든 것이 그리웠다. 당신이 나와 함께 있지 않아 나는 조금 우울했다. 마칼루는 내 뒤로 얼마나 멀리 떨어져 있을까? 지난 2년과 수백 킬로미터는 나로부터 떨어져 있지만, 그럼에도 너무나 가까이 있다. 나는 성공보다 우정이 훨씬 더 가치 있다는 사실을 점점 더 깨닫고 있다. 우정을 제외하면 나머지는 단지 역사일 뿐이다.

안드레이의 경험 부족에 대한 걱정, 8천 미터급 고봉을 젊은 친구와 함께 올라간다는 흥분, 눈앞의 고단한 작업에 대한 두려움, 그리고 그들과 정상 사이의 1,200미터에 대한 공포심으로 네이츠는 그날 밤 잠을 설쳤다.

안드레이는 가셔브룸1봉에서 극한의 고도를 처음 경험했다. 그것은 고통스러웠다. "5,600미터에 도달했을 때 너무나 메스꺼웠던 기억이 납니다. 네이츠가 고기를 먹는 걸 보면서 그대로 토했으니까요." 그러나 언제나 실용적인 안드레이는 가셔브룸1봉에서 고산병을 받아들이는 요령을 익혔고, 그 후의 원정등반에서는 두 번 다시 고산병으로 고생하지 않았다.

이틀 후, 안드레이와 네이츠는 3캠프로 올라갔다. 긴 밤이 끝나가고 있다는 희망을 그들에게 알려주기라도 하는 것처럼 연회색의 색조가 텐트 안을 채우기 시작했다. 매서운 바람이 나일론 텐트 천에 달라붙더니 작은 틈새들을 통해 안으로 들어왔다. 그들은 텐트 문 밖으로 고개를 빼내 화석이 되고 얼어붙고 생명력이 없는 얼음의 세계를 쳐다보았다. 그 광경에는 등반을 기다리는 무섭고 가파른 산의 책무만 있을 뿐, 환영이라든가 유혹적인 면이 전혀 없었다. 그들은 수분을 보충하기 위해 우유가 든 코펠을 데운 다음 꿀을 타서 억지로 마셨다. 스토브를 넘어뜨리지 않기 위해 그들은 천천히 짐을 꾸렸다. 여분의 옷과 카메라, 깃발들도 넣고. 그러나 안전이 속도에 달려 있어 로프는 넣지 않았다.

텐트를 떠난 지 얼마 되지 않았을 때 낮고 칙칙한 첫 번째 먹구름이 서쪽에서 밀려들어 그들의 시야를 가렸다. 그다음에는 짙고 탁한 안개가 몰려왔다. 그러더니 눈발이 그들의 머리 위에서 춤을 추었다. 그리고 바람이 속도를 높여 그들을 바닥으로 내동댕이쳤다. 모든 것이 어두침침한 무無의 세계로 변해서 어디가 하늘이고 어디가 산인지 분간이 되지 않았다.

그들은 점자를 더듬듯 등반해서 능선이 시작되는 곳에 올라섰는데, 그곳은 눈과 얼음이 바위에 달라붙어 있었다. 네이츠는 오른손의 감각을 느낄 수 없었다. 더구나 양발도 나뭇조각 같다는 느낌이 들었다. 그는 몇 미터를 전진할 때마다 피켈에 머리를 대고 가쁜 숨을 몰아쉬었다. 그는 한 발을 조금 평편한 곳에 올리고, 느낌이 없는 발가락에 피를 통하게 하려고 다른 발을 위아래로 흔들었다. 안드레이는 네이츠 바로 뒤에서 꾸준히 따라왔다. 한 사람의 군주를 모시는 병사들처럼 그들은 이 일련의 동작을 반복했다. 몇 발자국 위로 올라가 머리를 대고 쉬면서 발가락을 흔들고 또다시 위로 올라가는….

기진맥진하고 지루해진 네이츠의 생각은 다시 마칼루를 떠돌았다. "안드레이는 아마도 얀코와 내가 마칼루 정상을 향해 능선을 올라갔을 때와 비슷한 경험을 하고 있었을 것이다. 나는 얀코를 추월하려 하지 않았다. 세상에 어떤 일이 있어도. 단 한 발자국도. 나는 정상 아래에 조용히 서서 그의 마지막 발걸음을, 그의 꿈이 실현되는 것을 지켜보았다. 그 순간 나는 알 수 없는 유포리아euphoria(극도의 행복감)에 휩싸였다."

그러나 그곳은 마칼루가 아니라 가셔브룸이었다. 바늘같이 날카롭고 차가운 얼음조각들이 그의 뺨을 때렸다. 세상이 포효하고 울부짖고 뒤틀리는 동안 네이츠는 그 광기를 달래려고 노력했다. 이번에는 그의 마음이 위험스러울 정도로 멀리까지 방황했다. "집이었는데 아침 6시였다. 아이들이 유치원에 가고 있었다. 산에 있으면 내 마음은 언제나 집을 향해 떠돌았다. 그러나 집에 있으면 내 마음은 산으로 달려갔다. 일과 아이들과 산들이야말로 인생에서 내가 경험할 수 있는 궁극이었다."

난폭한 돌풍이 가셔브룸의 가파른 정상 피라미드로 그를 데려왔다. 앞에 능선이 솟아 있었다. 그곳은 모든 능선과 그의 욕망과 노력이 모이는 곳, 바로

1977년 네이츠 자플로트니크와 함께 가셔브룸1봉의 정상에 오른 안드레이 슈트렘펠 (안드레이 슈트렘펠 컬렉션)

정상이었다. 그는 몇 미터 앞에 집중하려 했지만 그의 마음은 다시 방황했다. 그는 먼 아래쪽의 계곡으로 내려갔다. 그 계곡에는 빈곤에 시달리는 사람들이 진흙이 묻은 누더기 같은 옷을 걸치고 허름한 오두막에서 살고 있었다. 그는 그들의 모닥불 주위에 앉아 차파티를 굽고, 아이들이 먼지를 날리며 노는 모습을 지켜보았다. 그들은 세상의 다른 곳에 있는 아이들과 마찬가지로 웃고 떠들고 싸웠다. 그들의 극심한 빈곤에 생각이 미치자 그는 아무도 살지 않는 곳에 문제가 있는 것처럼 날조하는 고국의 뚱뚱하고 게으른 사람들 생각에 화가 났다. 세상은 왜 불공정할까? 다른 사람들은 풍요가 넘치는데 그들은 왜 빈곤에 시달려야 할까? 그는 자신의 쥐꼬리만 한 월급이라든가, 또는 높은 생활비에 대해 두 번 다시 불평하지 않겠다고 다짐했다. 아래쪽에서 포말을 일으키는 빙하의 계곡물 소리가 그의 상상 속에서 희미하게 줄어들자, 그는 암흑 속으로 솟아오른 바위 능선에 다시 집중했다.

그와 안드레이는 자신들이 목표 가까이에 있다는 사실에 흥분했다. 정오

무렵 그들은 바위지대를 올라 능선상의 작은 안부에 도달했다. 이제 남은 것은 경사가 완만한 설사면, 바람과 안개뿐이었다. 그들은 배낭에서 깃발을 꺼내 피켈 자루에 묶고 정상을 향해 마지막 몇 발자국을 옮겼다.

고정로프와 미리 설치된 캠프를 이용하는 원정대 스타일로 등반하기는 했지만, 그들의 가셔브룸1봉 등정은 16일밖에 걸리지 않았다. 다시 말하면 메스너와 하벨러가 2년 전에 고정로프와 캠프 없이 알파인 스타일로 올랐을 때보다 하루가 더 걸린 것뿐이었다. 서로의 등을 두드려주고 눈물을 글썽이며, 그 둘은 처음으로 함께 정상을 등정한 것을 축하했다. 몸을 휘청거리게 하고, 때로는 거의 날려 보낼 기세로 능선에 있는 그들 주위로 바람이 휘몰아쳤다. 구름이 잠깐 걷히자 이상하고 노란 공이 하늘에 걸려 있는 것처럼 나타났다. 그러더니 구름이 다시 몰려들었다. 그들은 허리를 굽혀 바람을 등지고 사진을 몇 장 찍은 다음 걱정스러운 하산을 시작했다.

이제 맞바람을 맞은 그들의 얼굴과 고글에 얼음이 온통 달라붙었다. 그들은 앞을 볼 수 없었다. 그리고 발자국도 새로 내린 눈으로 이미 지워져 있었다. 등정에 따른 아드레날린이 그들의 몸에서 빠져나가자 이상한 무관심이 그 자리를 채웠다. 작은 눈보라 사태 속에서, 현실에 정신이 번쩍 들어 제동을 걸기 위해 피켈을 내리칠 때까지는 미끄러지다시피 하는 하산이 쉽기까지 했다. 눈이 쌓인 사면을 넘어지고 구르면서, 그들은 안개 속에서 가끔 서로 떨어졌다. "네이츠, 기다려요. 기다려!" 패닉에 빠진 안드레이의 외침을 들을 때마다 네이츠는 눈에 쓰러져 쉬었다.

비박 텐트로 갈 수 있는 쿨르와르를 찾아 일련의 걸리를 내려갈 때 그들은 복잡한 지형, 자욱한 안개와 사나운 바람으로 심각한 위기를 느꼈다. 그들은 속도와 정확도, 그리고 가셔브룸1봉의 거대한 벽에서 길을 잃을지도 모른다는 공포의 확산에 대항해 끊임없이 싸웠다. 그들은 마침내 낯익어 보이는 바위를 발견했는데, 바로 그곳에 아주 작은 피난처인 텐트가 있었다. 그 안으로 쓰러진 그들은 머리에 달라붙은 얼음을 떼어내고, 감각을 되찾으려고 얼굴과 손을 문질렀다. 극심한 갈증에도 불구하고 그들에게는 스토브를 켤 의지조차 없었다.

갑자기 저주를 내뱉는 소리가 들렸다. 누군가 안으로 들어오려고 텐트를 찢을 듯 덤벼들고 있었다. 그리고 드라고가 거의 귀신처럼 나타났다. 고정로프를 100미터나 설치하면서 절망적으로 무거운 짐을 지고 3캠프에서 혼자 올라온 것이다. 그는 차를 준비해 머그잔에 몇 번 돌리고 나서, 에너지가 넘치는 축하를 쏟아내며 자신의 계획을 설명했다. 3캠프에서 올라오는 팀을 기다렸다가 그들과 함께 정상에 갈 것이며, 만약 그것이 불가능하면 다음 날 네이츠와 안드레이를 따라 내려가겠다는 것이었다. 텐트 안의 분위기가 이상한 혼란에 빠졌다. 완전한 만족과 탈진이 극도의 노력에 의해서만 이루어질 수 있는 팽팽한 욕망과 대립한 것이다. 드라고 역시 정상에 가고 싶어 했다.

우울하고 슬픈 새벽이 밝아왔다. 바람은 전보다도 더 사납게 날뛰었다. "드라고, 우리와 함께 계곡으로 내려가자. 날씨가 좋아지면 우리 모두 함께 다시 시도할 수 있을 거야."라고 네이츠가 설득했다.

"아냐, 난 여기서 하루 이틀 더 기다릴 거야. 날씨는 분명 좋아져. 식량도 있고."

거대한 산에서 이런 대화는 얼마나 자주 일어날까? 모두가 하나의 목표인 정상을 위해 몇 날 몇 주 동안 고된 작업을 하고 고통을 겪은 후에 어떤 사람은 내려가려 하고, 또 어떤 사람은 올라가려 하는 순간이 오다니! 자신은 목표를 달성하고 내려오면서 동료를 보고 목표를 포기하도록 설득하는 일이 얼마나 어려운가! 산이 문을 닫고 있는 것이 분명했지만, 야망과 욕망이 이성을 앞질렀다. 드라고의 결심은 확고했다.

안드레이와 네이츠는 더 이상 기다릴 수 없었다. 그 고도에서의 또 하루는 치명적이 될 터였다. 안개 속으로 기어 나온 그들은 무거운 배낭을 등에 걸쳐 메고 고정로프를 찾아 아래로 출발했다. 그들의 머릿속은 8천 미터급 고봉의 정상을 갈망해 잠시라도 날씨가 좋아지기를 기다리며 혼자 텐트에 남은 드라고에 대한 생각으로 복잡했다. 6시간 동안, 가파른 걸리와 얼음이 덮인 바위들이 박혀 있는 침니를 미끄러지다시피 내려온 다음, 깊은 눈을 헤쳐 그들은 마침내 3캠프에 도착했다. 그들은 그곳에 멈추어 친구들이 건네주는 뜨거운 수프를 마시고, 다시 폭풍 속으로 향했다. 하산 또 하산. 안드레이는 2캠프에서 쉬기를 원했지만, 네이츠가 그를 잡아끌었다. 어둑어둑해서야 1캠프에 도착한 그들은 텐트에 기어들어가 침낭 속으로 쓰러졌다.

그러나 시련이 끝난 것이 아니었다. 폭설과 따뜻한 날씨가 1캠프와 베이스캠프 사이에 죽음의 함정을 만들어놓았기 때문이다. 빙하는 어디가 어디인지 거의 알아차릴 수가 없었다. 사방에 도사린 크레바스는 보이지도 않아 더욱 위험했다. 스노브리지는 무너졌고, 새로 생긴 것들은 믿을 수 없을 정도로 약했다. 그들은 크레바스에 대한 공포로 신경이 날카로워진 채 허벅지까지 올라오는 눈에 빠지며 그 미로를 허둥지둥 건넜다. 5시간 후 그들은 따뜻한 주방텐트가 있는 베이스캠프에 도착했다. 그곳에서 그들은 3캠프의 동료들이 점점 더 커지는 눈사태로 인해 어쩔 수 없이 하산하고 있다는 사실을 알고 충격을 받았다.

그렇다면 드라고는?

3캠프의 동료들은 전날 저녁 그와 무전 교신을 시도했지만 아침까지 응답이 없었다고 보고했다. 그들은 그가 혹시 내려올지 몰라 조금 더 기다렸다. 그러나 그들은 하산하기로 결정했다. 드라고가 내려오고 있었는지, 아니면 정상을 향해 올라가기로 결정했는지는 어느 누구도 알 수 없었다.

"드라고 나와라! 드라고, 응답하라!" 그들이 무전기에 대고 울부짖었지만 들리는 소리라고는 오직 잡음뿐이었다.

이틀 후 그들은 드라고를 수색하기 위해 산을 다시 올라갔다. 그러나 희망이 없었다. 그들 역시 너무 지쳤다. 그들은 침울한 정적에 빠진 주방텐트로 돌아왔다. 무전기를 계속 켜놓았지만 드라고로부터 응답이 없을 것이라는 사실은 다들 알고 있었다. 굴람은 그들에게 차를 돌리며 모두가 죽은 것은 아니라고 위로했다. 슬픔에 빠진 그들은 결코 끝나지 않을 것 같은 저녁을 한없이 우울한 마음으로 보냈다.

6일 동안 눈이 계속 내렸다. 완전히 무기력에 빠진 그들은 그냥 앉아서 눈송이들만 셌다. "생명을 버릴 만큼 가치 있는 등정은 없다." 네이츠는 보고서에 이렇게 썼다. "슬픔의 응어리가 목에 걸린 나는 지금 따뜻한 텐트 안에 앉아 있다. 그러나 산 위에서라면 나도 드라고처럼 행동했을 것이다. 목표를 포기하는 것은 그것을 달성하는 것보다 훨씬 더 어렵다."

그들은 귀국 후의 대책을 상의했다. 어려운 문제였다. 언제? 어떻게? 어디서? 그리고 가장 곤란한 질문인 왜? 그 위쪽에서 벌어진 일의 의미를 제대로 아는 사람이 과연 얼마나 될까? 바람과 눈과 고도가 힘을 약화시키고 얼음같이 차가운 껍질로 감쌌어도, 그들의 눈이 살고자 하는 치열한 의지로 빛났다는 사실을 아는 사람은 많지 않을 것이다. 어떻게든 그들은 유고슬라비아의 한 알피니스트에게 첫 외국의 산이 된 가셔브룸1봉에서의 상황을 설명하고,

자신들의 행동을 방어할 필요가 있었다. 비극이 성공을 덮어버렸다.

일주일 후 포터들이 도착했다. 네이츠는 신설의 장막 속으로 서서히 사라지는 가셔브룸1봉을 바라보았다. 그곳은 자신의 두 번째 8천 미터급 고봉이자 드라고의 무덤이었다. 자신의 인생에서 처음으로, 그는 성공과 실패의 차이가 중요하지 않다는 사실을 깨달았다. 마침내 가셔브룸1봉 — 그리고 드라고 — 에 등을 돌려야 할 시간이 되었다. 그러나 그는 먼저 배낭 속에서 행운의 부적이었던 작은 코끼리 인형을 꺼내, 그것을 그곳에 남겨 두었다. 그가 친구에게 해줄 수 있는 유일한 것이 그것이었다.

가셔브룸1봉의 뾰족한 피라미드가 시야에서 사라지자, 고통에 빠진 한 무리의 산악인들이 고국으로 발길을 돌렸다.

오랜 여행으로 누더기가 된 더러운 바지와 땀이 말라 얼룩진 셔츠를 입은 신앙심 없는 외국인들의 작은 무리가 황량하지만 아름다운 풍경의 한가운데를 행진한다. 그들의 머리는 흘러내리는 땀에 사막의 모래가 달라붙어 바위처럼 딱딱하고, 그들의 볼은 고된 작업과 부족한 식량으로 홀쭉하다. 그들의 피부는 고소의 햇볕과 바람으로 시커멓고, 그들의 입술은 폭풍설의 날카로운 채찍질에 부풀어 오르고 터져 있다. 앙상하게 뼈만 남은 그들의 육체는 무거운 짐으로 심하게 구부러져 있다. 이 사람들이 바로 그들인가? 태양을 찾았지만 땅을 바라보다가 흙탕물 웅덩이에 반사된 그 창백한 모습을 본 사람들이. 원정대는 이렇게 일상으로 돌아온다. 수염이 덥수룩한 이방인들에 둘러싸인 훈자 사람들이 허리를 깊이 구부리고 짧고 빠른 걸음을 옮긴다. 넝마조각을 걸친 그들의 등이 무거운 짐으로 이리저리 흔들린다. 모레인과 빙하물이 저녁의 차가운 기운으로 생기를 잃으면, 훈자 사람들도 걸음을 멈추고 작은 모닥불을 피워 뜨거운 돌판 위에 차파티를 굽는다. 이제 그들은 옷을 벗고 자신들의 넝마조각 위에 누워 온기를 유지하려 발가벗은 몸을 서로 밀착시킨다. 그들은 타프로 몸을 덮고 나직한 목소리로 끝없이 이야기를 나눈다. 그들이 흥얼거리는 노래와 기도 소리가 캠프를 채운다. 훈자 사람들은 이렇게 추위에 떨며 밤을 지새운다. 반면 이방인들은 침낭 속으로 파고들어, 그들이 이제 떠나려는 나라와 그들이 이제 돌아가려는 나라, 그리고 그들이 사랑하는 사람들과 전에는 알지 못했지만 오랜 여행을 함께하며 친구가 된 사람들에 대해 조용히 이야기를 나눈다. 차츰 소리가 잦아들고, 빙하의 신음 소리에 기침 소리와 훌쩍거리는 소리가 가끔씩 섞여 든다.

우리는 카라코람에서 이렇게 돌아왔다. 우리가 겪은 모든 것을 생각하며. 햇볕에 달궈진 길이 마치 줄자처럼 일직선으로 이쪽 지평선에서 저쪽 지평선으로 뻗어 있었다. 먼지가 눈과 입으로 들어오고, 뜨거운 태양이 이마에 흐르는 땀방울을 말리는 좁고 끝없는 길. 돌로 된 오두막들의 작은 마을들 … 세계에서 가장 긴 발토로의 춥고 황량한 빙하, 날렵한 화강암 피너클과 현실적인 대담함, 세락과 크레바스가 널린 곳을 지나는 길의 탐색, 허리가 부러질 듯한 산에서의 고역, 정상 등정의 격한 기쁨, 그리고 곧바로 이어진 친구의 죽음으로 인한 끔찍한 허탈감. 이제 우리는 우리의 인생에서 가장 중요한 시간을 보낸 이 땅을 떠난다. 우리는 그 사이에 늙었다. 고통과 기쁨, 행복과 슬픔의 수많은 날들이 우리를 그렇게 만든 것이다. 이제 우리의 앞날은 어떻게 될 것인가? 우리의 고향! … 이제 우리는 우리를 사랑하는 사람들이 있는 땅, 세계에서 가장 아름다운 산이 있는 고국으로 간다.

에베레스트 서릉

카트만두로 돌아온 나는 먼지가 날리고 쓰레기가 널린 길을 따라 자전거를 타고 다니며, 몰려드는 군중들과 장사꾼의 외침, 차의 경적과 운전수의 고함, 라마승의 단조로운 예불과 주술사가 발을 질질 끄는 소리에 둘러싸인다. 그리고 헛되이 약물에 취해 이리저리 빈둥거리는 히피들, 동양인들의 굼뜸과 불결을 경멸의 눈초리로 바라보며 티끌 하나 없는 자신의 맨션으로 돌아가고 싶어 안달인 부유하고 자기도취에 빠진 여행자들의 새침하고 무거운 발걸음에 둘러싸인다. 그리고 신들은 착한 악마와 사악한 악마의 도움으로 이런 아수라장 위를 걸으며, 이 미친 세상이 제대로 돌아가는지 지켜본다.

— 네이츠 자플로트니크, 『길』

셰르파들은 산악인들이 히말라야에 처음 진출했을 때부터 외국 원정대의 일원이었다. 그들은 놀라운 힘과 타고난 고소적응 덕분에 임무를 잘 수행했다. 그러나 원정대가 더 어려운 루트를 시도하면 언제나 그들의 등반기술이 발목을 잡았다. 히말라야에서는 매년 많은 사람들이 죽었다. 1969년 안나푸르나2봉 원정등반 때 알레시는 크램폰을 착용하거나 피켈을 사용할 줄도 모르는 세

알레시 쿠나베르의 꿈이었던 마낭의 등산학교 (알레시 쿠나베르 컬렉션)

르파들을 보고 충격을 받았다. 그들의 타고난 능력과 힘은 미래 히말라야 등반의 지형에 필요한 기술 수준을 따라오지 못했다. 그는 이런 잘못을 바로잡고 싶었다.

1979년 그는 마르샹디Marsyangdi 계곡 위쪽의 마낭Manang 지역에 네팔 셰르파들을 위한 등산학교를 세웠다. 한 달간의 교육과정은 비박부터 식량과 고산병, 등반기술, 응급처치, 개인위생까지 모든 것을 다루었다. 학생들은 매듭법과 자기제동, 프런트포인팅 등 앞으로 자신들이 더 어려운 루트를 올라갈 때, 그리고 내려올 때 사용할 수 있는 기술들을 배웠다. 그리하여 2008년까지 총 683명의 참가자들이 23개의 과정을 수료했다. 그러나 1979년은 초창기여서 알레시는 학교 일에 시간을 많이 빼앗겼고, 결과적으로 운명이 잔인하게 꼬이는 바람에 1962년부터 자신이 꿈꿔왔던 에베레스트 서릉 원정등반을 다른 사람에게 넘겨주어야만 했다. 그리고 그가 바로 토네 슈카리아Tone Škarja 였다.

∧

토네 슈카리야는 전쟁의 풍파를 뼈저리게 겪은 집안에서 1937년에 태어났다. 제2차 세계대전이 일어나자 독일군은 그의 할머니와 삼촌들을 체포한 다음 배에 실어 독일로 보냈다. 파르티잔의 전사였던 삼촌은 1942년에 살해됐다. 또 다른 파르티잔이었던 그의 사촌은 열아홉 살의 나이로 사망했다. 정치적 스펙트럼의 반대편에서, 공산주의 당국자는 자신들의 체제를 공개적으로 비판한다는 죄목으로 그의 숙모들을 처벌했다. 토네는 그런 혼란스럽고 위험한 시기에 자랐다.

한 치 앞을 내다볼 수 없는 상황에서의 선택, 특히 전쟁 중에 해야 하는 선택은 결코 쉽지 않다. 제2차 세계대전으로 점령당한 유럽 전역에서 저항을 할 것이냐, 아니면 협조를 할 것이냐의 결정이 슬로베니아보다 더 어려운 곳은 없었다. 군인들이 도시와 마을에 잠입하면 시민들은 극도의 불확실성과 맞닥뜨려야 했다. 그들은 전쟁이 얼마나 오래갈지 알지 못했다. 그들은 누가 승리를 거둘지도 알지 못했다. 이제 국가와 문화에 대한 그들의 정체성은 과거사가 될 가능성이 있었다. 나치의 폭력을 거절하는 파르티잔 전사들의 운동에 합류하는 것이 하나의 선택이었다. 그들은 산을 돌아다니며 이탈리아와 독일 군인들을 죽였다. 다른 선택은 음식과 옷을 가져다주고 필요할 때 은신처를 제공함으로써 파르티잔을 지원하는 것이었다. 어느 쪽이든 나치에 붙잡히면 그들은 죽임을 당할 터였다. 양자택일의 하나로 파르티잔 운동에 대한 정보를 제공함으로써 침략자들에게 협력하는 시민들도 있었다. 그러나 그런 행위가 파르티잔에게 발각될 경우 그들 역시 죽임을 당했다. 그들은 마침내 사태를 주시하면서 누가 승리자로 떠오를지 기다렸다.

독일군 폭격기들이 라디오 방송국을 폭격했을 때 토네는 처음으로 두려움에 떨었다. 그들의 가족은 선회하는 비행기가 무서운 폭탄을 떨어뜨리는 광경을 몰래 숨어서 지켜보았다. 그는 부모로부터 독일군이 그들의 가장 큰 적이며, 슬로베니아인들을 고문하고 죽이는 검은 군복의 게슈타포가 그중에서도 가장 포악하다는 사실을 배웠다. 그러나 학교에서의 수업은 유일하게 허용된 언어인 독일어로 진행됐다. 더욱 혼란스럽게도, 토네는 슬로베니아 수녀들이 가르치는 은밀한 가톨릭 학교에도 다녔다. 토네의 지역사회 사람들은 대부분 파르티잔을 도와주었다. 하지만 그들 중에는 나치 부역자들도 있었는데, 전쟁이 끝나자 그들은 거의 다 처형당했다.

전쟁이 끝난 후, 과거에 파르티잔을 도와주었던 사람들이 세계적으로 포용되지도 않은 공산주의의 옹호자라는 굴레를 쓰게 되자 혼란이 더욱 가중됐다. 정치는 나라를 갈라놓았고, 나라는 지역을 갈라놓았으며, 지역은 또다시 가족을 갈라놓았다. 전쟁이 일어나자 토네의 가족은 독일군에 맞서 단합했지만 전쟁이 끝나자 그들은 서로 다른 믿음으로 갈라섰다. 가족 모임은 종종 열정적이고 격렬한 논쟁으로 끝났다. 토네는 가족의 편협과 상황을 바꿀 수 없는 자신의 무능력에 부끄러움을 느꼈다. 학교 친구 셋이 전쟁으로 남겨진 땅굴에서 사망하자, 그는 티토를 지지하는 것이 곧 스탈린을 지지하는 것은 아닌지 깊은 고민에 빠졌다.

키가 크고 호리호리한 토네는 1962년 산악인 집안 출신으로 산을 몹시 좋아하는 요지차 트로베브셰크Jožica Trobevšek와 결혼해 인생의 새로운 장을 열었다. 그로부터 1년 후 슬로베니아 등산연합은 외국으로 나가는 원정대를 위한 위원회를 만들었다. 파블레 셰굴라Pavle Šegula가 이끈 그 위원회는 등산이 공식 스포츠로 인식되도록 힘썼는데, 그것은 외국으로 여행하는 산악인들이 더 많은 재정적 후원을 받을 수 있다는 의미였다. 그것은 또한 산악인들이 국내등반에서 가졌던 고산에 대한 열망에 더 쉽게 접근할 수 있도록 만들었다. 토네의 첫 히말라야 원정등반지는 1965년의 캉바첸(7,903m)이었다. 그의 팀은 등정에 실패했지만, 토네는 자신이 등반을 잘했다고 느꼈다. 따라서 그는 알레시 쿠나베르가 이끄는 1969년의 안나푸르나2봉 원정대에 선발되지 않자 그만 좌절하고 말았다.

토네는 캉바첸에 재도전장을 내민 1974년의 원정대를 이끌었는데, 어떤 면에서는 성공적이었다. 원정을 떠나기 한 달 전에 폴란드 팀이 그 봉우리를 초등했다는 소식을 들은 그들은 과연 원정을 떠날 필요가 있느냐는 의문에 휩싸였다. 토네는 폴란드인들이 마지막 몇 백 미터를 제외하고 자신들의 루트를 한 발 앞서 등반했다고 느꼈기 때문에 특히 풀이 죽었다. 그의 의견은 1965년에 임무를 끝내지 못한 것은 유고슬라비아인들의 실수며, 그때 기회를 놓쳤다는 것이었다. 비록 1974년의 원정대가 10명의 대원들을 정상에 올렸지만, 토네와 그의 팀은 만족하지 못했다. 대원들 사이에 경쟁적인 분위기가 있었기 때문이다. 이상하게도, 그렇게 많은 사람들이 정상에 올랐다는 사실이 개인의 성공을 평가절하하는 결과를 가져왔다. 토네는 대원들이 하나의 팀으로 행동하고 생각하도록 동기부여를 하지 못한 자신의 무능력을 후회했다. 그는 이것을 자신의 리더십 부족 탓으로 돌렸다. 그는 보고서에 이렇게 썼다. "나는 리더십에 대한 중압감을 느꼈다. 나는 훌륭한 대장이 아닌 것 같다. … 나는 등반을 하고 싶다. 나는 동료애를 원한다. 나는 모두가 항상 나를 존경하는 것을 원치 않는다. … 나는 이런 종류의 일에는 자질이 없는 것 같다."

그러나 알레시는 달리 생각하고 있었다. 마낭에 등산학교를 세우려고 1979년의 에베레스트 원정대에 불참하면서 그는 토네를 대장으로 선택했다. 1979년의 정찰등반에서 남체 바자르까지 땀을 흘리며 올라간 소규모 정찰대를 이끈 사람도 사실 토네였다.

정찰대에는 네이츠 자플로트니크, 스타네 벨라크(슈라우프), 슈테판 마렌체Štefan Marenče와 로만 로바스가 있었다. 네이츠는 그들의 어린 키친보이에게 '작은 뱀파이어'라는 별명을 붙여주었다. 그 소년의 커다란 이빨들이 거칠고 터무니없는 각도로 아랫입술 밖으로 삐져나와 있어, 아무리 감추려 해도 그렇게 할 수 없었기 때문이다.

그들은 다음해를 위해 새롭고 흥미롭고 도전적인 루트를 찾는 임무를 부여받았다. 그들이 에베레스트를 향해 힘들게 걸어 올라갈 때 카트만두에서 상

1978년의 에베레스트 서릉 정찰대. 로만 로바스, 토네 슈카리야, 스타네 벨라크(슈라우프), 네이츠 자플로트니크, '작은 뱀파이어'와 슈테판 마렌체 (토네 슈카리야 컬렉션)

추를 잘못 먹고 설사에 시달린 네이츠는 허약한 노인이 된 느낌이 들었다. 그는 다리가 후들후들 떨렸고 머리가 빙빙 돌았다. 심한 탈수증을 겪은 그는 그 경험을 이렇게 털어놓았다. "괄약근이 찢어져 뇌가 항문으로 빠져나가는 듯한 느낌이 들었다."

그는 출발할 때보다 5킬로그램이나 빠져 베이스캠프에 도착했다. 그러나 그 팀은 바로 다음 날 서릉에서 가장 낮은 지점인 로 라Lho La까지 네이츠를 맨 뒤 후등자로 붙여서 600미터 이상을 올라갔다. 그것은 네이츠를 기진맥진하게 만들었고, 그는 며칠 동안 베이스캠프에서 쉬어야 했다. 따라서 그에게는 작은 뱀파이어를 즐겁게 지켜볼 시간이 많았다. "작은 뱀파이어는 끊임없이 흘러내리는 콧물을 손으로 닦고 궁둥이를 긁은 다음 그 손으로 찐 감자를 벗겨, 그것을 슈라우프에게 건네주었다. 바로 그때 쿰부 빙하에 있는 베이스캠프로 원자폭탄 같은 눈사태가 떨어졌다. 그러자 작은 뱀파이어는 신의 무한한 은총과 가호 덕분에 살아났다고 기뻐했다."

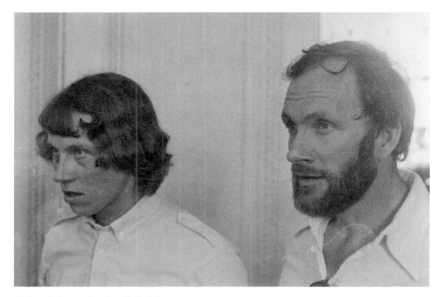

네이츠 자플로트니크와 스타네 벨라크(슈라우프) (네이츠 자플로트니크 컬렉션)

　슈라우프는 네팔인들에게 개인위생을 가르치는 임무를 부여받았다. 그는 그때까지 자신들의 마을에서 눈이나 얼어붙은 흙 위를 아무런 문제도 없이 반쯤 벗은 채 맨발로 돌아다닌 미래의 '설원의 호랑이들'에게 콧물을 손수건이나 수건으로 닦는 개념을 알려주려고 노력했다. 그런 변화가 일어나려면 몇 세기쯤 걸릴 것으로 확신한 그의 동료들은 그냥 웃어넘겼다. 그러나 누군가가 따라한다면 슈라우프는 그 일을 해낼 수 있었다. 물론 작은 뱀파이어는 제외하고. "천 년이 지나도 그는 손으로 몸을 만지고 이를 잡고 머리를 긁고 콧물을 삼킬 것이다."라고 네이츠는 단언했다.

　정찰대는 필요한 정보들을 많이 알아냈다. 서릉 다이렉트 루트는 어느 정도 가능성이 있었다. 그곳은 눈사태로부터는 비교적 안전했지만, 로 라까지 무거운 짐을 올리기 위해서는 케이블카가 필요했다. 그들은 유고슬라비아로 돌아와, 등산연합에 보고서를 쓰고 다가올 원정에 참가하려는 산악인들에게 조언을 해주었다. "훈련! 훈련! 엄청나게 어려울 거야." 성공의 가능성보다는 실패할 확률이 높다고 판단한 토네는 대장이라는 직책을 사임했다. 알레시는 그를 설득해 결국 마음을 바꾸게 만든 다음 "여러분, 에베레스트 서릉은 미등입니다. 마칼루 남벽을 등반한 우리가 에베레스트를 노멀 루트로 올라야 하겠습니까?"라고 말하며 본래의 목표를 고수했다. 알레시의 열정에도 불구하고 그곳이 상당히 어렵다는 사실을 모두 알고 있었다. 그렇지 않다면 이미 누군가가 올라갔을 테니까.

시도가 없었던 것은 아니다. 1963년 미국인들이 에베레스트에 도착했을 때 그 산의 주요 능선 세 개 중 두 개는 이미 탐험이 끝난 상태였다. 그리하여 남은 것이 서릉뿐이었다. 미국 팀의 대다수는 가장 쉬운 루트로든 어디로든 그냥 정상에 올라가는 것에 초점을 맞추었다. 그러나 모험을 좋아하는 톰 혼바인과 윌리 언솔드 두 사람은 서릉을 도전하고 싶어 했다. 그들 중 유일한 두 사람이었다. 그들의 계획은 서릉을 올라, 반대쪽에서 올라온 친구들을 정상에서 만난 다음 그쪽으로 하산하는 것이었다. 그들이 그 능선에서 가장 어려운 곳에 도달했을 때 그곳은 크게 문제되지 않았다. 실용적인 그 두 사람은 정상으로 곧장 이어지는 왼쪽의 쿨르와르로 횡단했다. 훗날 '혼바인 쿨르와르'로 불리는 그들의 루트는 그 산에서 고전이 되었다.

혼바인 루트는 상징이 되었지만 완전한 서릉은 그대로 남아 있었다. 따라서 정찰까지 마친 유고슬라비아인들은 이제 그곳을 오르기로 마음을 굳혔다. 그리고 희망과 야망을 가진 일단의 산악인들이 그해 하반기부터 훈련을 시작했다. 그들은 웨이트트레이닝을 하고, 산골짜기를 달리고, 등반하고, 등반하고, 또 등반했다. 그러는 동안 베오그라드를 거점으로 하는 등산연합은 임박한 원정등반에 대한 공지를 띄웠다. 그러자 관심을 가진 산악인들이 정식으로 의향서를 제출했다. 그들 대부분이 산악지역인 슬로베니아 출신들이었지만, 에베레스트는 유고슬라비아의 일곱 번째 국가적 원정지여서 등산연합은 다른 나라 출신들을 최소 5명은 포함시키겠다고 천명했다. 신청자는 거의 100명에 이르렀다. 그리고 1차 심사를 통과한 사람이 40명, 2차를 통과한 사람이

25명이었다. 스물두 살인 안드레이 슈트렘펠과 스물네 살인 그의 형 마르코도 그들 가운데 끼어 있었다. 처음부터 안드레이는 지원조를 기대했다.

25명 중에는 마칼루에서 경험을 쌓은 사람들도 있었다. 그러나 보스니아와 크로아티아에서 온 4명의 클라이머들을 포함해 몇몇은 신인이었다. "그 당시 세르비아에는 훌륭한 산악인이 없었다."라고 토네는 말했다. 최종 선발을 통과한 사람은 크로아티아 산악인 스티페 보지치Stipe Božič였다. 그가 슬로베니아 산악인들에게 알려진 것은 율리안 알프스에서 군 복무를 했을 때였다. 검은 머리와 윤기가 흐르는 피부에 전형적인 미남인 스티페는 그곳에서 비키 그로셸을 비롯해 많은 슬로베니아 산악인들을 만나 깊은 인상을 받았다. 그는 스플리트Split의 바위에서 훈련했고, 크로아티아 해안의 파크레니차에서 스탄코 길리치Stanko Gilić와 함께 등반했다. 처음에는 글을 통해 그리고 후에는 영상 촬영자로서 등반에 대한 사랑과 의사소통의 필요성 등 일련의 가치를 스티페에게 심어준 사람이 바로 스탄코였다.

여전히 젊고 순진한 스티페는 그보다 더 행복할 수 없었다. 네이츠는 자유의 감정과 젊은 은총을 이해하고 『길』에 이렇게 썼다. "나는 자유로웠다. 그 시절에 나는 자유를 마음껏 누렸다. 하지만 그는 자신의 자유를 자각하지 못하고 있었다. 그는 자유를 얻으려고 투쟁할 필요도 없었다. 그는 오직 자신이 살아있다는 것만 느낄 뿐이었다. 그는 큰 위업을 달성하지 못했다. 그래서 그는 적이 없었다. 그는 마음이 열려 있어 친구가 많았다. 사람들이 아주 가까이 지내면서도 서로가 별처럼 멀다는 사실을 그는 알지 못했다. 그래서 그는 결코 외톨이가 아니었다."

약간 혼란스럽기는 해도 스티페는 고상한 배경을 지닌 사람이었다. 그의 공식적인 생년월일은 1951년 1월 2일이었다. 그러나 그는 그때 태어나지 않았다. 사실 그는 돌로 된 16평방미터의 오두막에 있는 벽난로 옆에서 춥고 눈이 오는 그 전해 12월 26일 세상에 나왔다. 그의 부모는 경제적인 지원을 조금이라도 받아볼 작정으로 그의 출생신고를 다음해로 미루었다. 그의 어머니

네다Neda는 어린 시절을 시나이반도에서 보냈는데, 제2차 세계대전 중 일곱 살의 나이에 난민수용소로 보내졌다. 아버지 요제Jože는 전쟁 중 10대의 파르티잔으로 싸웠고, 전쟁이 끝난 후에는 포도를 재배하고 와인을 만들어 생계를 유지했다. 그는 염소와 양도 길렀다. 그 일은 가축을 돌봐야 하는 스티페에게 가난에 대한 끝없는 슬픔을 가져다주었다. 그는 갈라Gala라 불린 까다로운 암컷 한 마리를 몹시 싫어했다. 그놈은 스티페의 감시를 틈타 양배추 밭으로 도망치기 일쑤였다. 다행스럽게도 그놈은 결국 도살되어 잡아먹혔다.

양을 돌보지 않는 날이면, 스티페는 집 근처의 산을 돌아다녔고, 아주 멀리 떨어진 보스니아 국경의 디나리치(디나르) 알프스Dinaric Alps 최고봉인 트로글라브Troglav(1,913m)까지 가기도 했다. 훗날 그는 오랫동안 히말라야에서 성공적인 경력을 쌓았지만, 트로글라브를 여전히 사랑했다. 스플리트에서 60킬로미터밖에 떨어져 있지 않은 트로글라브는 가파른 바위들이 있는 데다 동계 등반에 안성맞춤이어서 그에게 좋은 훈련 장소가 되었다. 결국 그는 그곳에

스티페 보지치(오른쪽 끝)가 자신이 태어난 돌로 된 오두막 앞에서 가족들과 함께 서 있다. (스티페 보지치 컬렉션)

눌러앉았다. 그는 1975년 아프가니스탄의 노샤크Noshaq(7,492m)[12]에서 본격적인 알파인 등반을 시작했다. 그리고 4년 후에는 에베레스트로 가는 훌륭한 슬로베니아 산악인들과 합류했다.

∧

1979년의 원정대는 대규모였다. 19명의 셰르파, 3명의 쿡, 3명의 키친보이, 2명의 메일러너, 700명의 포터 그리고 18톤의 짐. 25명의 대원들은 모두 자신들의 산으로 챔피언처럼 걸어 들어갔다. 그들의 몸은 단단하고 강인했다. 그들은 3월 31일 베이스캠프에 집결했다. 로 라 바로 밑의 마지막 200미터 구간을 윈치 시스템을 이용해 6톤의 물자를 1캠프로 끌어올리는 작업이 시작되자, 등반이 흥미진진해졌다. 셰르파들과 함께 대원들은 벽에 구멍을 파고, 사다리를 설치하고, 누가 윈치를 열심히 돌려 하루에 가장 많은 짐을 끌어올

크로아티아의 젊은 산악인 스티페 보지치 (스티페 보지치 컬렉션)

에베레스트에서 로 라까지 물자와 장비를 올리기 위해 1979년의 유고슬라비아 원정대가 사용한 복잡한 케이블과 윈치 시스템 (스티페 보지치 컬렉션)

1979년 에베레스트 서릉 원정대가 로 라로 짐을 올리는 모습 (토네 슈카리야 컬렉션)

리는지 지켜보면서 서로 경쟁했다. 셰르파들은 「내 사랑 클레멘타인My Darling Clementine」을 부르면서 녹초가 될 때까지 윈치를 돌렸고, 대원들은 슬로베니아 대중가요의 음란한 버전에 의존했다. 그러자 단조로운 시간들이 빠르게 지나갔다.

농담이 산 위에서까지 계속되자 강한 동지의식이 원정대에 넘쳐흘렀다. 슈라우프는 마리얀 만프레다를 따라 벽을 올라갔다. "마리얀, 천천히 올라가. 너를 위해 하는 말이야!" 그러나 슈라우프가 그레이하운드인 마리얀을 따라잡지 못한다는 것은 모두가 알고 있었다. 다른 사람들은 슈라우프를 못살게 굴어 괴롭혔지만, 그것은 그냥 짓궂은 장난이었다. 자신의 견해가 항상 적중한다는 자신감을 가진 그는 말을 결코 빙빙 돌리지 않는 직설적인 사람으로 명성이 자자했다. 그는 생생한 어휘, 독창적인 악담과 얼굴 표정으로 좌중을 사로잡았다.

농담을 주고받는 분위기와 달리 심각한 요소도 있었다. 능선 위로 올라서

1979년 에베레스트 서릉에서 사용한 윈치 시스템 (안드레이 슈트렘펠 컬렉션)

왼쪽: 1979년 에베레스트에서의 스타네 벨라크 (스티페 보지치 컬렉션)
오른쪽: 이마의 힘줄이 뿔처럼 돋아난 스타네 벨라크. 그것은 모든 사람이 피하고 싶어 한 분노의 표시였다. (스타네 벨라크 컬렉션, 시다르타 출판사SIDARTA PUBLISHING 제공)

려는 토네 슈카리야의 전략은 거대한 산에서의 과거 경험에만 의존한 것이 아니었다. 그의 전략은 이 특별한 산에서의 실행능력에 관한 것이었다. 그는 추이를 지켜보았다. 만약 대원이 무산소로 5캠프에 도달하지 못한다면, 그는 정상 공격조의 후보가 될 수 없었다. 왜냐하면 산소는 5캠프 위에서만 써야 했기 때문이다. 대원은 계속 교체됐다. 한 사람이 몸이 좋지 않거나 너무 지치면 다른 사람이 그를 대신했다. 파트너십이 중요한 것이 아니었다. 모든 것은 수행능력에 달려 있었다. 비키 그로셸은 알레시 쿠나베르와 토네 슈카리야의 지도를 받으며 등반을 배웠다. 그는 스타일에서 그들 사이의 중요한 차이점을 발견했다. "쿠나베르는 외교관이었습니다."라고 비키는 말했다. 그는 다른 사람들에 대해 험담을 하지 않아 우리는 그를 매우 존경했습니다. 그는 제안만 했습니다. … 그래서 우리는 더욱 열심히 노력했습니다." 토네는 그렇지 않았다. "슈카리야를 만족시키는 것은 아무것도 없었습니다."라고 비키는 회상했다. 그러면서 이렇게 덧붙였다. "그가 조용히 있으면 좋다는 의미였습니다. 그래서 침묵은 슈카리야로부터 받을 수 있는 커다란 상이었습니다."

비키 그로셸과 마리얀 만프레다가 8,120미터에 5캠프를 설치했다. 덕분

에베레스트 서릉의 8,300미터 지점에서 마리안 만프레다가 침니(난이도 V+)를 오르고 있다. 그의 대담한 선등이 루트를 열었다. (비키 그로셸 컬렉션)

에 비키와 마리얀은 정상에 올라갈 수 있는 기회를 먼저 잡았다. 5캠프에서 멀지 않은 곳인 대략 8,300미터 지점에 어려운 침니가 솟아 있었다. 그곳은 모든 등반 구간 중 크럭스(UIAA 난이도 V)였다. 침니가 너무 좁아서 그 피치의 선등에 나선 마리얀은 배낭을 메고 등반할 수 없었다. 배낭이 좁은 바위틈에 끼어, 위로 올라가려는 그의 동작을 방해했기 때문이다. 산소통이 담긴 배낭이 없어 그는 보조산소를 사용할 수 없었다. 등반이 몹시 어려운 데다 홀드가 작아 그는 장갑을 벗어야 했다. 마리얀은 마칼루 남벽에서의 경험과 온갖 기술을 동원해 반반한 바위를 크램폰으로 긁어가며 계속 위로 올라갔다. 처음에는 끓는 물에 덴 것처럼 손가락에서 열이 났지만 후에는 그렇지 않았다.

비키는 아래쪽에서 그를 확보 봐주고 있었다. "마리얀을 그냥 쳐다볼 수밖에 없었습니다. 그는 세 번이나 떨어졌습니다. 네 번째 시도 끝에 그는 고정 로프를 설치했는데, 너무 늦었습니다. 그래서 우리는 다음 날 계속하기로 했습니다." 마리얀이 고정로프를 타고 내려왔다. 다음 날 다시 시도하기로 하고

1세대 유고슬라비아 산악인들에게 히말라야의 영감을 심어준 대장, 알레시 쿠나베르 (스티페 보지치 컬렉션)

5캠프로 돌아가려 한 그들이 마리얀의 손에 문제가 있다고 느낀 것은 바로 그때였다. 그의 손이 돌처럼 딱딱하게 얼어 있었던 것이다. 그들은 아래로 내려갔다. 비키는 2캠프로, 그리고 마리얀은 손을 치료하기 위해 빠른 속도로 베이스캠프까지.

다음 날, 두샨 포드베브셰크Dušan Podbevšek와 로만 로바스가 정상을 공격할 수 있는 위치로 이동했다. 하지만 그들은 마리얀의 침니 위쪽 능선을 따라가다 바위지대에서 길을 잃어 돌아서야만 했다.

이제 네이츠와 슈트렘펠 형제 차례였다. 바람이 원치 않는 먼지를 산에서 쓸어버리려는 듯 위에서 아래로 사납게 불어 그들을 바닥으로 내동댕이쳤다. 그들이 바위 뒤에서 피톤에 확보하고 움츠리자 그들의 폐는 눈가루와 얼음조각들로 가득찼다. 5캠프 근처에서 그들은 강풍으로 인해 거의 기다시피 했다. 희망이 없는 상황이어서 그들은 마침내 되돌아서고 말았다.

4캠프로 내려온 그들은 난폭한 바람에 날려가지 않을까 걱정이 될 정도로 납작해진 텐트에 웅크려 앉았다. 그때 바람이 순간적으로 멈추자 프레임이 확 퍼지면서 텐트 천의 날카로운 소리가 너무나 커서 그들은 소스라치게 놀랐다. 밤새 거의 뜬 눈으로 초조하게 보내는 동안 네이츠는 에베레스트를 자신의 마지막 정상으로 삼겠다고 결심했다. 그러나 결심을 하자마자 그는 자신이 스스로를 속이고 있다는 사실을 알았다. 거대한 산에서의 등반 욕심은 끝이 없을 터였다. "내 길은 끝이 없다." 돌풍이 시속 200킬로미터로 그들의 영혼을 관통하자 그들은 휴식도 제대로 취하지 못한 며칠 동안의 등반을 포기해야 했다. 그들은 절망적인 심정으로 피난처를 찾아, 끝이 없는 로 라를 기다시피 해

1979년 에베레스트 서릉에 휘몰아치는 바람 (토네 슈카리야 컬렉션)

1979년 에베레스트 서릉에서 4캠프 직전까지 올라간 안드레이 슈트렘펠과 네이츠 자플로트니크 (토네 슈카리야 컬렉션, 마르코 슈트렘펠 제공)

서 1캠프로, 그리고 마침내 베이스캠프로 돌아와 다시 조를 편성하고 몸을 추슬렀다.

5월 13일 네이츠는 안드레이, 마르코 슈트렘펠 형제와 5캠프로 올라가 다시 정상을 공략할 수 있는 위치로 들어갔다. 운명의 파트너십인가? 네이츠와 안드레이는 가셔브룸1봉에서 강력한 듀오로 이름을 날렸었다. 그리고 그 형제들 역시 불가분의 관계였다. 3인조라면 물러설 이유가 없었다. 그러나 이런 등반에는 많은 요인들이 작용한다. 등반 조건, 날씨, 컨디션 그리고 기술. 에베레스트에서 그들을 실망시킨 것은 기술이었다.

토요일 밤 그들은 5캠프에서 준비에 들어갔다. 그들은 산소통을 점검하고 마지막으로 차를 끓여 마신 다음, 산소마스크를 쓰고 침낭에 기어들어가 레귤레이터를 분당 0.5리터로 조정했다. 그리고 아침이 밝아오기를 기다렸다. 텐트 밖은 몹시 추웠다. 하늘에는 손을 뻗으면 닿을 것 같은 수많은 별들이 반짝이고 있었다. 가벼운 바람에 텐트가 바스락거렸다. 네이츠는 쉬고 싶었지만 마음이 두근거렸다.

내일이면 위대한 날의 새벽이 밝아올 것이다. 이 순간에 대해 많은 생각을 했지만, 지금은 그런 생각도 나지 않는다. 나는 준비가 끝났다. 우리는 모험을 감수해야 한다. 에베레스트를 위해서라면 나는 발가락 정도는 기꺼이 포기하겠노라고 오래전에 결심했었다. 손은 또 다른 문제다. 적어도 그때는 그렇게 생각했었다. 그러나 지금 나는 어떤 희생도 감수할 것이라는 확신이 있다. 나의 생명까지도. 만약 당신이 내 친구들의 근심 어린 표정을 본다면 당신은 나를 믿지 못하겠지만, 안드레이는 분명 나를 믿을 것이다. 나는 나 자신을 믿는데 사실 이것이 가장 중요하다. 만약 당신이 내 친구들과 피로로 비틀거려도 반짝이는 그들의 눈동자를 본다면, 당신 역시 그렇게 믿게 될 것이다.

이런 생각에 빠진 사람은 네이츠만이 아니었다. 안드레이 역시 자신의 야망과 싸우느라 마음이 심란했다. "난 정상만 생각했습니다."라고 그는 말했다. "산에서 어떻게 최고가 될 것인가, 그리고 얼마만큼 높이 올라갈 수 있을까. 하지만 경쟁심을 느끼진 않았습니다. 하나의 팀으로 연대감을 느꼈습니다." 안드레이는 만약 한 사람이라도 정상에 올라가면 원정대는 성공한 것으로 간주된다는 것을 이해했지만, 그는 자신을 잘 알고 있었다. "내가 정상에 올라가지 못하면 내겐 성공이 아닙니다. 내가 원정등반에 만족해도 그건 개인적인 성공이 아닙니다. 난 야망이 있었습니다."

새벽 2시, 안드레이가 차를 만들기 위해 물을 끓이기 시작했다. 네이츠도 산소의 도움을 받은 잠에서 깨어났다. 밤사이 어느 시간에 마르코의 산소 시스템에 문제가 생겨, 이제 그는 예비 레귤레이터를 사용했다. 그들은 서둘러 부츠를 신고 카메라와 로프를 챙긴 다음 각자의 배낭에 산소통을 두 개씩 집어넣었다. 그런 다음 크램폰을 신고 새벽 5시에 텐트 밖으로 기어 나왔다. 그

정상으로 향하기 직전 함께 포즈를 취한 1979년 에베레스트 서릉 다이렉트 원정대의 안드레이 슈트렘펠, 네이츠 자플로트니크, 마르코 슈트렘펠 (안드레이 슈트렘펠 컬렉션)

러나 안드레이가 레귤레이터를 켜자 픽 하더니 쉭쉭거리는 소리가 점점 더 커졌다. 그는 그것을 풀고 텐트로 돌아가 예비 레귤레이터로 교체했다.

그들은 마리얀과 비키의 설명 덕분에 루트의 아래쪽 지형을 알고 있었다. 네이츠가 앞장섰고 안드레이가 그를 부르며 뒤에 따라붙었다. 믿을 수 없게도 마르코의 예비 레귤레이터 역시 고장이 났다. 이제 그에게는 더 이상의 여분이 없었다. 마르코가 작별의 손을 흔들며 그 저주스러운 산을 내려갈 때 그의 눈에 허망한 눈물이 고였다. 자신의 형이 멀어져 가는 모습을 지켜보는 안드레이의 가슴도 철렁 내려앉았다. "정상에 대한 흥미를 잃어버렸습니다."라고 그는 말했다. "난 내려갈 핑계거리를 찾고 있었습니다."

안드레이는 이제 네이츠가 4년 전 마칼루에서 직면했던 것과 똑같이 영혼이 파괴되는 상황에 직면했다. 의리냐, 야망이냐? 네이츠는 그런 심리적 갈등을『길』에 다음과 같이 묘사했다.

장비가 고장 나면 우리 둘은 꼼짝없이 돌아서야 할 것이다. 우리는 결정을 계속 미루었다. … 이제 남은 것은 덴Den(다닐로 체딜니크)과 나의 것뿐. 상의할 시간이 없다는 것은 모두가 알고 있었다. 덴은 내가 계속 가야 하는 사람이 되어야 하며 자신은 마음을 바꾸지 않을 것이라고 고집을 부렸다. 그 말을 할 때 그의 목소리는 갈라졌지만 그의 결정은 확고부동했다. 그는 나보다도 더 빨리 말했다. 나는 위대한 목표와 친한 친구 사이에서 결정을 내리지 못했다. 울고 싶은 심정이 된 나는 한 마디 말도 꺼내지 못했다. 나는 가위 바위 보로 결정하자고 제안하고 싶었지만, 그렇게 말할 용기가 나지 않았다. 그렇게 하려고 하자, 파란 하늘에 빛나는 마칼루 정상이 내 위로 멀리 사라지는, 어쩌면 영원히 잃어버릴지도 모르는 모습을 쳐다보며 슬프게 하산하는 장면이 떠올랐다. 과연 친구의 눈에서 눈물을 보면서까지 정상을 올라야 할까? 내 안에서 무엇인가 죽어가고 있었다. 허무함이 밀려들면서 내 안의 인간성에 대한 믿음이 파괴됐다. 남아 있는 것은 이 끔찍한 알피니스트의 갈망뿐. 덴이 계속 가야 하는 사람이 되어야 한다는 사실을 나는 알고 있었다. 그는 나보다도 나이가 많다. 그래서 이런 기회는 더 이상 없을지도 모른다. 반면에 나는 아직 인생이 많이 남아 있다. … 내 안에 눈물이 흘러내려, 뺨에 얼어붙는 진짜 눈물인 것처럼 뜨겁게 느껴진다. … 고마워요, 덴. 당신은 정상을 잃어버렸다고 생각하겠죠? 그러나 당신은 한 친구를 영원히 얻은 거에요.

마르코가 돌아서서 내려가는 모습을 본 네이츠는 바위에 피켈을 내리치며 다짐했다. 그는 저주스러운 산소기구를 몽땅 부셔버리고 싶은 기분이 들었다. 그는 이제 돌아서서 안드레이를 뒤에 바짝 붙이고 등반을 시작했다. 그들은 걸리를 향해 서둘러 올라갔는데, 그곳에 이르자 갑자기 쉭쉭거리는 소리가 크게 들렸다. 안드레이의 예비 레귤레이터마저 고장 난 것이다. 분노와 저주 대신 네이츠는 상황이 심각한 국면에 이르렀다고 생각했다. 그는 마음을 침착하게 가다듬고 안드레이의 예비 레귤레이터를 자신의 예비 레귤레이터로 바꾸었다. 이제 남은 것은 하나도 없었다.

픽! 그리고 또 쉭쉭거리는 소리.

이제 안드레이와 네이츠는 평정심을 잃고, 저주를 내뱉는 것에 있어서는 따라갈 자가 없는 슈라우프처럼 저주를 내뱉었다. 네이츠는 고장 난 레귤레이터를 빼서 던져버렸다. 안드레이는 네이츠가 이렇게 말한 것으로 기억하고 있었다. "안드레이, 내 레귤레이터와 산소통을 받아. 그리고 산소통을 메고 내 앞에서 올라가. 난 산소 없이 뒤에서 따라갈 테니까."

안드레이는 거절했다. "미쳤어요? 마리얀의 혹독한 대가를 알잖아요."

그러자 네이츠가 이렇게 소리쳤다. "좋아, 그럼 난 혼자 갈 거야.

"안 돼요, 네이츠. 그럴 순 없습니다." 안드레이가 애원했다.

하지만 네이츠는 돌아설 마음이 전혀 없었다. 받아들일 수 있는 유일한 길은 정상으로 난 것뿐이었다. 그는 목숨을 버릴 준비가 되어 있었다. "우리는 아주 많이 올라왔다. 갈망이 너무 커서 이제는 발길을 돌릴 수 없었다. 그리고 고향에는 나를 사랑하고, 나를 믿고, 내가 나 자신을 존경하는 것보다도 나를 더 많이 존경하는 사람들이 있었다. 나 역시 그들을 위해 계속 올라갈 준비가 되어 있었다."

네이츠는 무슨 생각이 들었는지, 고장 난 그 레귤레이터를 도로 집어서 안드레이의 산소통에 끼운 다음 그곳에 침을 뱉었다. 그가 그렇게 한 이유

1979년 에베레스트에서의 네이츠 자플로트니크 (네이츠 자플로트니크 컬렉션)

는 누출의 정도를 알아보기 위한 것이었다. 그러자 기적적으로 쉭쉭거리는 소리가 줄어들었다. 깜짝 놀란 그는 침이 얼어붙어 레귤레이터의 미세한 구멍을 막고 있다는 사실을 깨달았다. 그는 쉭쉭거리는 소리가 완전히 멈출 때까지 얼어붙은 그 쇳덩어리를 마치 강아지처럼 핥았다. 그 과정에서 혀끝의 살점이 떨어지기도 했다. 그는 안드레이를 쳐다보았다. 침으로 된 밴드는 계속 효과가 있는 것 같았다. "우린 이렇게 말했습니다. '좋아, 다시 된다.' 우린 그게 앞으로 어떻게 될지는 생각하지 않았습니다."라고 안드레이는 회상했다. 그들이 계속 올라가자 내려가겠다는 안드레이의 생각이 시나브로 사그라졌다. "마음이 내킨 난 형의 일을 잊고 정상에 집중했습니다."

그들이 걸리를 계속 올라가자 수직의 반반한 침니가 나타났다. 그 침니의 왼쪽에는 흰색 로프가 덩그러니 매달려 있었다. 마리얀이 그 크럭스 구간을 맨손으로 등반하면서 남겨놓은 것이었다. 네이츠가 얼음이 덮인 그 로프에 주마(등강기)를 끼우고 오르자, 그의 크램폰이 반반한 바위를 긁어댔다. 그는 레귤레이터를 분당 4리터로 조정하고, 달리는 말처럼 헐떡거리며 침니 위쪽으로 올라갔다. 안드레이는 밑에서 카메라로 그의 등반 장면을 찍었다.

아주 잠깐 동안 네이츠의 마음이 미래를 향해 떠돌았다. 울부짖는 바람과 크램폰 발톱의 불꽃 대신 친구들이 모여 있는 따뜻한 방과 와인의 향과 담배 연기 냄새. 크램폰은 털이 있는 슬리퍼로 바뀌었다. 산악인들의 친근한 목소리와 스크린에 비치는 이미지들. 용서할 수 없는 이곳의 이미지들. 우리들의 꿈을 간직한 이 장엄한 산.

그는 재빨리 현실로 돌아와 고정로프를 타고 올라갔다. 위쪽의 걸리는 두 갈래였다. 그 전날, 두산과 로만은 길을 잘못 들어 장다름 꼭대기에서 돌아서야만 했다. 네이츠와 안드레이는 다른 쪽을 선택해 능선 바로 밑의 바위지대로 올라섰다. 매우 반반한 그곳은 눈이 얇게 덮여 있었다.

"이제 로프를 묶어야 하지 않을까요?" 안드레이가 물었다.

"아니, 빨리 가는 게 더 좋아. 로프가 없으면 더 빨리 갈 수 있어."라고 네이츠가 대답했다.

그는 작은 바위틈에 피켈의 피크를 걸고 바위를 가로질러 능선으로 이동했다. 바람이 너무 강하게 불어 티베트로 날아갈 것만 같았다. 능선의 바위 모서리 주위에서 공기가 마치 천상에 있는 성당의 오르간처럼 굉음을 내자 그는 무릎을 바닥에 대고 몸을 쪼그렸다. 그들 아래는 웨스턴 쿰을 형성하는 거대한 얼음의 강이었다. 그리고 눕체 능선 너머에는 아스라이 빛나는 인도의 평원이 펼쳐져 있었다.

그들은 고글에 달라붙은 얼음을 어쩌지 못한 채 날카롭고 아찔한 능선을 기어 올라갔는데, 그곳은 곳곳이 무서운 바위 장벽이었다. 그들은 8,200미터와 8,600미터 사이에서 에베레스트를 둘러싸고 있는 뚜렷한 바위 층인 '옐로밴드Yello Band'에 있었다. 네이츠는 그다음 등반, 즉 바위의 특징이 바뀌는 옐로밴드에서 '그레이밴드Grey Band'까지 기억이 전혀 나지 않았다. 오직 기억나는 것은 등반이 일시적으로 쉬워졌으며, 약간의 설원과 가끔 바위지대가 나타났다는 것뿐이었다. 그들은 어느 지점에서 서로 로프를 묶었다. 잔인하도록 가파른 그레이밴드의 거의 끝은 끔찍한 바람에 노출되어 있었다.

1979년 네이츠 자플로트니크와 함께 서룽 다이렉트를 초등할 때 에베레스트 정상 근처의 그레이밴드 밑을 오르고 있는 안드레이 슈트렘펠 (안드레이 슈트렘펠 컬렉션)

비록 가장 어려운 피치인 침니를 통과하기는 했지만, 네이츠와 안드레이는 그 지점에서 진정한 어려움을 경험했다. 침니에서는 고정로프의 도움을 받을 수 있었지만, 이제는 정상까지 이어지는 루트를 직접 찾아가며 어렵고 아찔한 바위지대를 올라가야 했다. 그러나 적어도 그들에게는 마리얀이 침니를 힘들게 올라갈 때는 없었던 보조산소가 있었다.

그들은 초반부터 약간 오버행 져서 등반이 불가능할 것 같은 가파른 바위에 도착했다. 안드레이는 네이츠가 장갑과 크램폰을 벗고 그곳을 올라갈 준비를 했다고 기억하고 있었다. 안드레이가 왼쪽을 정찰하고 나서, 처음에는 경사가 더 세도 곧 쉬워지는 변형 루트를 찾아냈다. 그들은 2,500미터의 허공을 발밑에 두고 부스러지기 쉬운 작은 바위 턱을 따라 남벽 쪽으로 횡단했다. 오금이 저리는 아찔한 고도였다. 그러나 그들은 율리안 알프스에서도 그만큼 좁은 바위 턱을 안전하게 건넜던 기억에 매달렸다. 그들은 눈을 발로 다져 작은 확보지점을 만들고 바위틈에 피톤을 박았다. 네이츠는 안드레이의 확보를 받으며 그다음의 가파른 구간을 맨손으로 오르기 시작했다. 그러자 차가운 바위로 인해 손가락의 감각이 곧바로 사라졌다. 그는 균형을 잡기 위해 몇 번 홀드를 바꾸어 잡았지만 감각이 없는 것은 마찬가지였다.

손으로 잡은 홀드가 떨어져 나가자 갑자기 웨스턴 쿰이 빠른 속도로 네이츠에게 다가왔다. 안드레이가 로프로 그를 낚아챘다. 눈으로 돌아온 그는 팔을 풍차처럼 돌렸다. 그때 아드레날린이 피를 통해 흘렀고, 피가 다시 돌자 그는 손가락에서 심한 통증을 느꼈다. 안드레이는 말없이 그를 지켜보며 기다렸다. 네이츠에 대한 그의 믿음은 굳건했다. 네이츠는 다시 바위에 달라붙었지만, 약간 더 높은 곳에서 스탠스가 깨져 다시 안드레이 쪽으로 떨어졌다. 8,500미터에서 벌어진 선등자의 추락. 그것은 혹독했는데, 그 둘에게는 더욱 그랬다.

"몇 시야?" 네이츠가 물었다.

"11시 45분입니다."

네이츠가 얼굴을 찡그리며 말했다. "늦었어, 몹시. 우린 너무 느려."

"어떻게 내려가려고요?" 안드레이가 물었다. "이곳에서 거꾸로 내려갈 순 없습니다. 너무 어렵잖아요?"

네이츠는 대답하지 않았다. 그런 걱정은 정상에 가서나 할 일이었다.

다음 시도에서 네이츠는 로프로 작은 고리를 만들어 위쪽의 튀어나온 바위에 걸고 고리에 발을 집어넣었지만, 그것은 필요한 만큼 버텨주지 못했다. 그는 다시 버둥거리기 시작했다. 웨스턴 쿰이 여전히 아른거리는 가운데, 네이츠는 숨어 있는 작은 홀드를 붙잡은 다음 발을 바위의 돌기에 대고 긁었다. 그는 무릎을 바위틈에 집어넣고 버텼다. "침착해. 침착해." 네이츠는 혼자 중얼거렸다. "아직 힘이 남아 있어. 아직 끝난 건 아니잖아." 그가 눈이 덮인 바위 턱 위로 올라설 때는 손가락 대신 쇠갈퀴로 등반하고 있다는 느낌이 들었다. 훗날 그는 『길』에 이렇게 썼다. "우리는 이 싸움에서 이길 것이다. 산과의 싸움이 아니라 우리 자신과의 싸움, 우리의 나약함과의 싸움에서. 자연과 싸울 수는 없다. … 자연에서는 살아남거나 죽거나, 둘 중 하나일 뿐이다. 그리고 그 선택은 오직 자신에게 달려 있다. 우리는 살아남고 싶었다."

네이츠는 좁은 바위 턱을 따라 옆으로 이동했다. 그러나 바위가 갈라진 틈에 도착하자 로프가 팽팽해졌다. 그는 더 이상 갈 수 없었다. 네이츠는 엉성한 크랙에 피톤을 박았는데 거우 2센티미터가 들어갔다. 2센티미터의 불안하기 짝이 없는 확보물. 이제 안드레이가 떨어지지 않기만을 바랄 수밖에 없었다.

팽팽한 로프를 통해 네이츠는 안드레이의 체중을 느낄 수 있었다. 그가 올라오고 있는 것일까? 로프에 주마를 걸고? 네이츠는 걱정스러운 마음으로 피톤을 쳐다보았는데, 그것은 이제 무게로 인해 구부러지고 있었다. 안개가 휘몰아쳐 아래의 허공이 보이지 않자 네이츠는 불안한 마음을 떨칠 수 있었다. "난 두렵지 않아. 행운을 믿어. 난 내 행운을 절대적으로 믿어." 35년 후 안드레이는 그 순간을 기억하며 웃었다. "맞아요. 난 그 지점에서 주마로 올라가고 있었는데, 다행스럽게도 피톤의 상태를 모르고 있었습니다."

안드레이가 네이츠에게 도착하자 그 둘의 산소가 바닥났다. 그들은 산소통을 던져버렸다. 그러자 산소통이 통통거리며 자욱한 안개의 심연으로 사라졌다. 이제 두 번째의 산소통을 가지고 안드레이가 출발했고, 곧 그레이밴드 꼭대기에 도착했다. 그들은 그 지점에서 서로의 로프를 풀었다.

네이츠는 자신들이 베이스캠프와 교신하지 않았다는 사실을 기억하고 무전기를 꺼냈다.

"토네, 나오세요. 응답하세요!"

"감 잡았다!"

"우린 그레이밴드 위에 있습니다. 여기서부턴 등반이 쉬워집니다. 3시간 정도 지나면 정상에 설 수 있을 것 같습니다."

"잘했다. 이젠 돌아서지 마라."

"여긴 바람이 나무 셉니다. 이쪽으로 내려갈 순 없습니다. 우린 남쪽으로 내려가야 할 것 같습니다. 오스트리아인들의 텐트를 우리가 쓸 수 있는지 물어봐야 할 것 같습니다."

"내가 해결하겠다. 좋은 컨디션으로 등반을 계속하기 바란다."

"지금이 몇 시입니까?"

"12시다. 행운을 빈다. 언제든 교신이 가능하다. 이상."

안드레이와 네이츠는 서로를 쳐다보았다. 지금이 정오라고? 말도 안 돼! 4시간 전에 11시 45분이었는데…. 자신이 어떻게 그런 큰 실수를 했는지 이해하지 못한 안드레이는 어안이 벙벙해져 고개를 가로저었다. 그러나 그것은 기분 좋은 실수였다. 정상에도 올라가고 생명을 위협받는 비박도 피할 수 있다는 생각에 그들은 새롭게 자신감이 들었다. 네이츠는 무전기를 만지작거리며 자신의 손을 쳐다보았다. 완전히 하얗게 변해 있었다. 그리고 대리석처럼 감각이 없었다. 공포에 빠진 그는 손을 비비고, 흔들고, 다리에 대고 툭툭 쳤다. 그러자 마침내 익숙한 고통과 찌르는 듯한 감각이 손가락 마디에 돌아왔다. 그의 손가락은 여전히 하얀색이었지만, 그는 손가락을 구할 수 있다는 희망을 가졌다. 그러나 그는 그런 손가락의 상태를 에베레스트 서릉에 대한 대가로 이해했다.

비록 안개가 앞을 분간할 수 없을 정도로 자욱하고 눈발이 사정없이 날리고 있었지만, 그들은 길을 잃지 않을 자신이 있었다. 그들은 그 산을 오랫동안 관찰해서 자신들이 어디로 가고 있는지 정확히 알고 있었다. 그들은 확신을 가지고 복잡한 지형을 읽었다. 정상 바로 밑의 바위지대에 솟아오른 걸리로 설원이 가파르고 좁게 이어져 있었다. 이제 로프를 풀고 장갑을 낀 그들은 바위지대를 기어 올라갔다. 곧 그들은 티베트에서 바람에 날려 온 검은 모래층이 얇게 덮인 완만한 설원 위에 있었다. 그곳, 눈이 덮인 날카로운 능선의 꼭대기에서 1975년 중국 팀이 정상에 꽂아 놓은 삼각대가 안개 속에서 희미하게 보였다.

네이츠는 걸음을 멈추고 안드레이를 기다렸다. 안드레이는 먼저 올라가고 싶은 마음이 들지 않아 주저했다. 네이츠는 이 등반의 엔진이었다. 그는 정상에 먼저 올라갈 자격이 있었다. 하지만 네이츠의 생각은 달랐다. 가셔브룸 1봉에서는 그가 먼저 올라갔었다. 이제는 안드레이의 차례였다. 그러나 두 친구가 정상에서 서로 포옹을 함으로써 그것은 무의미한 논쟁이 되고 말았다. 그들은 서로를 껴안고, 소리를 지르고, 어깨를 두드려주었다. 그들은 산소마스크를 벗고 중국 팀의 삼각대 옆에 앉았다. 그럼 이제 어떻게 하지? 불안과 참을 수 없는 공포에서 벗어난 그들은 그냥 그곳에 앉아 있었다. 그때 네이츠에게 떠오르는 것이 있었다. 무전기!

"토네, 토네 나오십시오. 여기는 정상입니다!"

베이스캠프뿐만 아니라 그 산에 있는 모든 캠프의 산악인들로부터 함성이 터졌다. 스티페는 슈라우프와 사다인 앙 푸Ang Phu와 함께 5캠프로 올라가다 그 소식을 들었다. 그는 산소 부족으로 암울한 생각에 빠져 힘든 싸움을 벌이고 있는 슈라우프를 향해 아래로 소리쳤다. "슈라우프, 슈라우프, 그들이 정

1979년 안드레이 슈트렘펠과 함께 서릉 다이렉트를 통해 에베레스트 정상에 선 네이츠 자플로트니크 (네이츠 자플로트니크 컬렉션)

상에 올랐습니다!" 기운이 난 슈라우프는 안도감에 휩싸여 피로를 잊었다. 그는 바위에 기대어 훌쩍거리더니 에너지가 폭발한 듯 재빨리 스티페에게 올라가 기쁨을 함께 나누었다.

"에베레스트는 우리의 것이야! 우리 위쪽의 서릉을 껴안고 싶어."라고 그는 무전기에 대고 소리쳤다.

베이스캠프는 하산에 대해 의문을 표시하는 무전을 보냈다.

네이츠는 이렇게 응답했다. "중국 팀 삼각대 옆에 앉아 있는데 어떻게 해야 할지 모르겠습니다. 젠장, 어떻게 해야 하는 겁니까?"

그와 토네는 선택을 놓고 의견을 교환했다. 남쪽으로 내려간다는 최초의 계획은 포기했다. (훗날 안드레이는 그 선택을 포기한 것에 대해 큰 안도감을 표시했다. 사우스콜에 원정대가 없었던 것이다. 그리고 1990년 아내 마리야와 함께 동남릉을 등반하면서 보니, 만약 자신들이 그쪽으로 하산했다면 죽었을지도 모른다는 생각이 들었다는 것이다) 결국 혼바인 쿨르와르로 하산하는 것이 최상의 선택으로 드러났다. 비록 그 쿨르와르로는 몇 번이나 로프하강을 해야 할지 모르지만, 그곳만 내려서면 그들은 더 쉬운 지형을 통해 동료들이 기다리고 있는 4캠프로 돌아올 수 있었다. 우정과 따뜻함에 대한 유혹이 기술적으로는 쉬울지 모르지만 알지 못하는 동남릉으로 하산한다는 최초의 계획보다도 더 강하게 작용했다.

네이츠와 토네는 여전히 무전을 주고받으며, 본능과 은밀한 육체적 행위가 포함된 추가적인 무아지경을 잇달아 쏟아냈다.

토네 슈카리야: 씨팔… 오, 신이시여! 놀랍네! 건배!

네이츠 자플로트니크: 토네, 우리가 그녀 위에 있다는 거 알아요? 신성한 여신! 우리는 씹할 놈들입니다!

토네 슈카리야: 그래, 씨팔! 자, 자, 이젠 그만 얘기해!

출발과 동시에 안드레이와 네이츠는 자신들 앞의 루트가 경사가 심하고 어려운 데다 아찔해 함께 뭉치고 집중할 필요성을 느꼈다. 그들은 산소마스크를 쓰고 나서 그곳을 떠나기 전에 정상 근처에서 돌멩이 몇 개를 주웠다. 첫 번째 것은 마리얀을 위한 것이었다.

시간을 아끼고 비박을 피하려고 그들은 가능하면 로프를 쓰지 않기로 했다. 산의 지형이 하나씩 모습을 드러냈다. 오픈 북 형태의 지형과 설원. 걸리. 바위지대. 그들이 옐로밴드에 있는 수직의 침니에 도착하자 1963년 등반 팀의 피톤이 나타났다. 그들은 가파른 바위를 로프 없이 내려와 바위가 갈라진 좁은 틈에 도착한 다음, 네이츠가 커다란 바위 밑을 횡단해서 그곳을 빠져나왔다. 그런데 갑자기 배낭 프레임이 침니에 걸려 안드레이가 고꾸라졌다. 몸이 뒤집힌 그는 네이츠를 지나 엄청난 속도로 떨어졌다.

"안드레이, 멈춰, 멈추란 말이야!"

50~60미터를 추락한 안드레이는 몸을 돌려 사면에 피켈을 힘껏 휘둘러 박았다. 그는 사면에 엎드린 채 멈추어 눈을 뒤집어썼다. 그러나 그의 고글과 모자는 계속 굴러떨어져 사라졌다. 네이츠가 빠른 속도로 그에게 다가왔다.

1979년 에베레스트 서릉 다이렉트의 초등 등반선 (비키 그로셀 컬렉션)

"안드레이, 괜찮아?"

머리를 들어 올린 안드레이는 멋쩍은 미소를 지었다. 그는 일어서서 몸을 툭툭 털고 계속 내려갔다. 마음에 동요는 없는 것 같았다. "15분이나 말을 못 했을 정도로 자기제동에 온힘을 다했습니다."라고 그는 그 순간을 회상했다. "공포를 느끼진 않았지만 지나치게 헐떡거렸습니다. 추락을 막은 게 먹힌 거죠. 전과 같이 난 계속 내려가야 했습니다. 그건 살아남기 위한 기술이었습니다."라고 그는 설명했다.

이제 그들은 조심조심 걸리를 내려가 마침내 거대한 설사면 위로 나왔다. 4캠프로 이어지는 그 설사면이 지친 두 사람에게는 끝없는 길이었다. 밤이 되자 그들은 길을 벗어나기 시작했다. 헤드램프가 깜빡거리더니 죽어버렸고, 기온이 떨어졌다. 추위가 몸속으로 파고드는 것만큼 공포도 뇌로 스며들었다. 너무 밑으로 내려왔나? 캠프를 놓친 건가?

밤 9시 30분. 그들의 눈에 4캠프의 작은 불빛이 보였다.

동료들이 텐트에서 뛰어나와 그들을 포옹한 후 마지막 몇 걸음을 안내했다. 그곳에는 따뜻함과 차와 우정이 있었다. 그들은 마침내 꿈도 꾸지 않고 잠에 빠질 수 있는 상태가 되었다. 그러나 네이츠는 잠을 쉽게 이룰 수 없었다. "너무 많은 경험을 해 편하게 잠들 수 없었다." 며칠 후, 그들이 베이스캠프에 도착했을 때 안드레이는 그의 형을 껴안았다. 그러자 마르코는 그에게 이렇게

1979년 에베레스트 정상에서 1 캠프로 하산한 안드레이 슈트렘 펠과 네이츠 자플로트니크 (안드 레이 슈트렘펠 컬렉션)

말했다. "드레이츠Drejc, 살았구나. 살았어!" 네이츠는 마리얀의 텐트로 갔다. 그곳에서 그들은 오랫동안 이야기를 나누었다. 크럭스 피치, 그레이밴드, 정상과 동상이 걸린 마리얀의 손에 대해. 네이츠는 감사와 존경의 감정을 더 이상 어쩌지 못하고, 정상에서 가져온 돌멩이를 마리얀에게 건네준 다음 자리에서 일어났다.

그러는 사이 산의 높은 곳에서는 슈라우프와 스티페, 앙 푸가 정상을 공격할 수 있는 위치로 이동했다.

앙 푸는 스물한 살 때 에베레스트 최초의 국제원정대에서 일자리를 얻어 등반 셰르파가 되었다. 그는 외국 산악인들이 준 장비를 사용해 소중한 경험을 쌓았다. 두려움을 모르는 앙 푸는 강인했다. 쿰중 출신으로 꽤 부유하고 고상한 그의 가족은 그가 원정대에서 일을 하겠다고 고집을 부리자 당황했지만, 그들의 설득은 헛된 일이었다. 앙 푸는 자신의 일과 스릴과 산을 사랑했다. 그는 1978년 에베레스트를 등정해 이름을 날렸다. 심지어 그는 결혼해서 함께 미국에서 살자는 어떤 미국 여성의 유혹을 받기도 했다. 그는 그녀의 제안을 거절했다. 그리고 이제 그는 완전히 다른 루트로 에베레스트를 두 번 오를 기회를 잡았다. 만약 성공한다면, 그는 서로 다른 루트로 에베레스트를 두 번 오르는 최초의 사람이 될 터였다. 앙 푸는 기대로 들떴다.

슈라우프와 스티페와 앙 푸 트리오는 나쁜 날씨 속에 5캠프를 출발해 네

1979년 에베레스트에서 스티페 보지치가 스타네 벨라크를 영상으로 촬영하고 있다. (스타네 벨라크 컬렉션)

1979년 서룽 다이렉트를 통해 에베레스트 정상에 선 스타네 벨라크 (스티페 보지치 컬렉션)

이츠와 안드레이의 루트를 따라 그레이밴드로 향했다. 스티페는 등반 과정을 영상으로 기록했다. 예상대로 그들의 레귤레이터 역시 말썽을 부려 침을 이용한 고도의 기술로 해결해야 했다. 그레이밴드에서 그들은 조금 다른 루트를 선택해, 경사가 심하지 않은 바위지대를 횡단하여 혼바인 쿨르와르로 들어선 다음 '아메리칸 스텝American Step'을 올라갔다. 그곳에서 앙 푸는 자신의 암벽등반 기술이 떨어진다며 머뭇거렸다. 그러자 스티페가 그를 도와주었다. 어느새 정상이었다. 그들 셋은 사진을 찍고, 무전을 하고, 깃발을 높이 들어올렸다. 1시간이 지나자 그들은 하산을 걱정했다.

그리고 악몽이 시작됐다.

그들이 12시간에 걸쳐 등반을 하는 동안 폭풍설이 몰려왔다. '아메리칸 스텝'을 내려서는 것은 결코 만만치 않았다. 강한 돌풍에 스티페는 아찔한 곳에서 옴짝달싹하지 못하기도 했다. 1시간 반 동안 그곳에 갇힌 그는 억누를 수 없이 화가 나서 피켈로 바위를 쳤다. 폭풍설이 거세지자 빛이 희미해지면서 짙은 안개가 꼈다. 산소가 떨어지는 것과 거의 동시에 맹렬한 추위가 그들의 체온을 빼앗았다. 슈라우프가 무전으로 베이스캠프를 몇 번 호출했지만 무덤 같은 고요만 있을 뿐 응답이 없었다. 이제 모든 것은 스스로 해결해야 했다.

슈라우프가 앙 푸와 스티페보다 앞장서서 가다 그들을 기다렸다. 어둠 속에서 그들의 목소리가 들렸다.

"스티페, 앙 푸." 그가 위쪽으로 소리쳤다. "무슨 일이야? 괜찮아?"

그러나 아무 대답이 없었다.

그들의 느린 걸음에 지친 슈라우프는 다시 무전기를 틀었다.

"베이스캠프 나와라. 베이스캠프 나와라." 하지만 여전히 응답이 없었다.

그는 쿨르와르를 내려가 피톤을 박고, 스티페와 앙 푸의 안전한 하산을 위해 로프를 설치했다.

그때 스티페가 소리쳤다. "슈라우프, 다리에 감각이 없어요. 다리가 얼고 있습니다."

앙 푸는 아무 말이 없었다. 그날 밤 캠프에 도착하지 못할 것이라는 공포를 느낀 슈라우프는 셋이 모일 수 있는 안전한 장소를 찾아 나섰다. 그들은 8,000미터에서 무방비 상태로 비박을 해야 할 상황에 처했다. 그는 자신의 생각을 그들에게 소리쳤지만, 폭풍설이 그의 말을 집어삼켰다.

온몸이 꽁꽁 언 스티페가 먼저 도착했는데, 그는 손과 다리의 통증으로 끙끙거렸다. 앙 푸는 자정이 다 돼서야 도착했다. 그들이 모인 작은 공간은 8,300미터 높이에 있었다. 바람이 슈라우프의 재킷을 찢고, 그의 고글을 얼음으로 덕지덕지 발랐다. 모두 얼어 죽을지 모른다는 생각에 사로잡힌 슈라우프는 서로 바싹 붙어 하산을 계속하고 싶어 했다. 그러나 그때까지 아무 말이 없었던 앙 푸가 확신에 찬 어조로 나지막이 말했다. "슈라우프, 그만 내려가요. 우린 오늘 밤 죽을 거예요."

베이스캠프에서는 슈라우프에게 용기와 조언을 주기 위해 계속해서 무전을 시도했다. 그러나 무전기가 수명을 다하기 시작하자 그의 목소리도 차츰 희미해졌다. 그리고 무전이 끊기는 시간이 점점 더 길어지더니 마침내 완전히 불통이 되고 말았다. 말 없는 관들이 하산하는 동안 베이스캠프는 그저 기다리는 수밖에 없었다. 불멸의 슈라우프가 응답을 하라는 마지막 비명을 내지를 때쯤 공포가 조금씩 밀려들었다.

그러나 슈라우프와 스티페와 앙 푸는 그날 밤 죽지 않았다. 그들은 아침까지 버텼다. 슈라우프는 율리안 알프스에서 그와 거의 비슷한 비박을 하면서도 수없이 살아난 사람이었다. 만약 그가 그날 밤 살아남는다면 그것은 그의 두 번째 생일이 될 터였다. 그는 해낼 수 있었다. 그들은 해낼 수 있었다.

산악인들이 비박을 하면서 경험하는 감정과 생각을 네이츠는 『길』에 다음과 같이 표현했다.

비박을 시작할 때는 비교적 편안하리라 상상한다. 그러나 곧 결코 끝나지 않는 밤이 파괴적인 작업을 시작한다. 축축한 옷, 끔찍한 추위, 덜덜거리는 이빨, 허기와 갈증, 그리고 이런 것들이 결코 끝나지 않을 것이라는 느낌. 하지만 아래쪽, 지구의 어느 곳에서는 와인이 가득 든 잔을 든 사람들이 따뜻한 방에 앉아 흥에 겨워 와인을 테이블에 엎지른다. 둥글게 퍼지는 얼룩, 벌겋게 달아오르는 얼굴, 점점 더 짙어지는 농담. 여인들은 남자들의 어깨를 잡고 땀에 젖은 그들의 블라우스 단추를 푼다. 술김에 내는 용기로 흥얼거리는 노랫소리. 이런 것들이 우리의 조그만 다락방을 채운다. 그러면 아코디언이 이 모든 것들을 몰아내며 파티의 클라이맥스가 계속된다. 마치 우리가 세고 있는 끝없는 분초와 같이. 그렇다 해도 이것은 우리의 사기를 꺾지 못한다.

그들은 잠들지 않고 살아남기 위해 덜덜 떨면서도 말을 하고, 팔다리를 움직였다. 스티페가 꾸벅꾸벅 졸기 시작하자 슈라우프는 그가 잠들지 못하도록 때리고 괴롭혔다. 그들은 새벽이 오기를 간절히 기도했다. 끝없는 북극의 밤처럼 여겨졌던 상황이 끝나자 불길한 어둠이 서서히 가시고 바람이 잦아들었다. 새로운 날의 새벽이 밝아오고 밤의 공포가 사그라지자 이상한 은빛이 그들 위로 내려왔다.

그들은 얼어붙은 포옹을 풀고, 로프를 그대로 놓아둔 채 거대한 설원을 내려가기 시작했다. 기온이 올라가자 그들은 생기를 되찾았다. 그들과 4캠프 사이에는 단단한 만년설뿐 더 이상의 장애물이 없었다.

"앙 푸, 우린 살았어." 슈라우프가 소리쳤다. "유고슬라비아로 와, 앙 푸… 우리의 산을 보여줄게. 파란 하늘과 바다를 배경으로 한 하얀 산들이야."

지형을 보니 쿨르와르 아래쪽이었다. 그들을 부르는 소리가 들렸다. 보루트 베르간트Borut Bergant, 이반 코트닉Ivan Kotnik와 반야 마티예베츠Vanja Matijevec가 그들의 하산을 돕기 위해 4캠프에서 올라오고 있었다. 본래의 계획이었던 정상으로 가는 대신 그들은 하산하는 동료들을 도와주기로 했다. 팀을 위해 개인적인 야망을 내려놓은 것이다. 반야는 슈라우프가 쓸 수 있도록 산소를 가지고 올라왔다. 그리고 그는 크램폰을 잃어버린 스티페에게 올라갔다. 이반과 보루트는 쿨르와르 밑에서 뜨거운 차를 끓이며 베이스캠프에 무전기로 상황이 종료됐다고 보고했다.

앙 푸가 도착해 보루트에게 반갑게 손을 내밀었다. 그런데 그만 넘어지고 말았다. 발이 꼬이는 바람에 순간적으로 집중력을 잃은 것이다. 그는 뒤로 넘어져 설사면을 구르기 시작했다. 그 순간 모두가 얼어붙었다. 보루트가 그를 붙잡으려 손을 뻗었지만 앙 푸는 이미 몇 미터 아래에서 손과 발을 하늘로 허우적거리고 있었다. 그는 가속도가 붙었다. 몇 미터가 순식간에 20미터로 늘어났다. 왜 피켈로 자기제동을 하지 않지? 무엇을 바라는 것일까? 마침내, 엄청난 속도가 붙고 나서, 그는 몸을 옆으로 돌려 제동을 시도했다. 그의 손에서 피켈이 날아갔다. 눈 더미에 부딪치지 않는 한 그는 가망이 없었다. 그는 단단한 만년설에 닿기 바로 전에 잠깐 동안 멈추었지만, 점점 더 빨리 굴러떨어졌다. 당연히 몇 백 미터 아래는 시커먼 바윗덩어리들이었다. 그는 바위에 부딪쳐 크게 공중제비를 돌고 나서 사라졌다. 남은 것은 눈 위에 난 자국과 온통 하얀 산뿐이었다. 깊은 침묵이 흘렀다.

그의 죽음은 알피니스트들의 전형적인 사례였다. 갑자기. 아무 말도 하지 못하고, 영원히.

그들은 그 장면을 멍하니 바라보았다. 보루트가 무전기에 대고 미친 듯이 소리쳤다. 모두들 망연자실했다. 슈라우프는 4캠프로 완만한 경사를 기어서 내려가기 시작했다. 다른 사람들이 스티페를 기다리고 있었기 때문에 혼자가 된 그는 몸이 납덩이처럼 무겁게 느껴졌다. 밤을 지새운 피로와 추락의 절망 감이 그를 짓눌렀다. "나는 아래로 내려가고 있었지만, 50미터마다 쉬지 않을 수 없었다. 앙 푸가 내 의식을 저울질하며 옆에서 걷고 있었다." 그는 30시간 의 사투 끝에 5월 16일 오전 10시 4캠프에 도착했다.

앙 푸의 죽음은 원정등반이 끝났다는 신호였고, 알레시 쿠나베르가 마낭 의 등산학교에서 해야만 하는 일을 남겨놓았다. 자기제동을 하지 못한 앙 푸 의 추락을 본 사람들에게는 그것이 너무나 명백했다. 모든 산악인들이 수없이 연습하는 기술이 앙 푸의 무기고에는 없었다.

∧

1979년의 에베레스트는 대성공이었다. 그러나 산에 있는 사람들이 모두 대 규모 원정등반을 반긴 것은 아니었다. 기술적으로 가장 뛰어났던 프란체크 크 네즈Franček Knez(그는 훗날 슬로베니아 등반의 전설이 된다)가 그런 사람 중 하나였 다. 끊임없이 짐을 끌어올리고, 고정로프를 주마로 오르는 등반 행위는 그의 스타일과는 맞지 않았다. 가냘프다고 할 정도로 호리호리한 그는 수직의 세계 에서 구속받지 않는 상태가 오히려 더 편했다. "긴 능선을 싫어해서 나는 정상 에 갈 기회가 많지 않았다."라고 그는 썼다. 그는 철학적이어서 자신의 행위와 그 이유에 대한 생각이 깊었다. "우리의 몸은 사고와 행위를 반영한다. 우리는 언제나 몸으로만 살지는 않는다. 우리는 언제나 집에 안주하지만도 않는다. 아주 자주 우리는 기억과 갈망에 의지해 산다. 그럴 때 우리는 자신의 재산을 탐내지 않는 주인이 된다." 그는 산에서 자신의 역할을 다했다. 그리고 그의

1979년 에베레스트에서의 마르코 슈트렘펠과 마리얀 만프레다, 프란체크 크네즈 (안드레이 슈트렘펠 컬렉션)

노력은, 다른 사람의 노력과 마찬가지로, 결국은 성공적인 등반에 기여했다. 그러나 그는 자신이 더 이상 할 일이 없다는 것을 깨닫고, 토네에게 인근의 쿰부체Khumbutse(6,639m)를 단독등반할 수 있도록 해달라고 요청했다. 토네는 다음과 같이 말하면서 동의했다. "죽지만 마." 훗날 토네는 그 비정상적인 결정을 후회했다. 그러나 그는 이렇게 정당화했다. "프란체크는 특별한 사람이었다. … 그는 유명한 산악인이었다. 에베레스트가 안 된다면, 그는 다른 무엇이라도 손에 넣어야만 했다."

몇 년이 지난 후에도 안드레이는 자신들의 팀이 쏟아 부은 노력을 생생하게 기억하고 있었다. "우리는 유고슬라비아가 아니라 팀을 위해 등반했다. 우리의 애국심은 그렇게 강하지 않았다. 배낭 안에는 물론 국기가 있었다. 그러나 우리는 아주 진지하게 생각하지는 않았다." 에베레스트는 안드레이에게 커다란 행운을 안겨주었다. 그리고 그는 에너지와 은혜로 보답했다. 그는 집으로 돌아와 작은 공책을 펴고 등반을 상세히 기록한 다음 한 줄을 추가했다. "JZ GREBEN―YU SMER―MT. EVEREST 19.3-13.5 79 Ⅰ, Ⅱ, Ⅲ, Ⅳ, Ⅴ, 30°-50°(남서릉, 유고슬라비아 루트, 에베레스트, 원정등반 기간, UIAA 난이도, 경사도)" 바로 그것이었다. 에베레스트를 위한 단 한 줄, 신루트를 정당화하는 대문자와 간결한 도입부는 지구의 최고봉에서 가장 상징적이고 어려운 루트를 완등했다는 안드레이의 겸손한 태도를 보여준다.

가족들에게 걱정을 많이 끼친 병약한 어린이였던 네이츠가 류블랴나 공항에 도착하자, 그의 어머니는 아들을 껴안고 안도의 한숨을 내쉬었다. 그리고 "얘야, 내가 널 데리고 병원을 전전하고, 병상 옆에서 네 생명을 걱정하며 수많은 밤을 지새웠는데, 네가 지구에서 가장 높은 산을 올랐구나!"라며 눈물을 흘렸다. 그러자 햇볕에 그을린 네이츠의 얼굴에도 눈물이 흘러내렸다.

그러나 마리얀의 이야기는 사뭇 달랐다. 결정적인 순간에 루트를 뚫고, 산소도 장갑도 없이 크럭스 침니를 등반하고, 뒤따라올 동료들을 위해 고정로프를 설치했던 그는 통증만을 안고 그 산을 떠났다. 동상에 걸린 손의 통증이었다. 그는 마칼루 남벽을 위해 발가락을 바쳤고, 에베레스트를 위해 손가락을 희생했다. 마리얀에게 에베레스트는 몇 년 동안 치료에 매달려야 할 상처뿐인 경험이었다.

서릉에서의 승리는 몹시 탐나는 것이었다. 유고슬라비아의 등정 이후 몇 년 동안 그 루트를 두 번째로 오르고자 시도가 잇따랐는데, 그곳은 여전히 그 산에서 가장 어려운 루트로 여겨졌다. 1984년 불가리아인들이 그 루트를 해냈지만, 정상에 처음 오른 흐리스토 프로다노브Hristo Prodanov가 하산 도중 사망하는 비극이 발생했다. 그런 점에서 보면 유고슬라비아인들의 성취가 얼마나 대단한지 알 수 있다.

⋀

비록 베오그라드의 정치인들에게는 완벽하지 않았지만, 그들은 승리에 차서 유고슬라비아로 돌아왔다. 그들이 티토 대통령의 생일에 맞춰 5월 25일 정상에 올랐다면 아주 특별한 선물이 되었을지도 모른다. 티토는 건강이 나빠졌고, 유고슬라비아를 위태로운 상태로 남겨둔 채 그로부터 1년 후에 사망했다.

많은 사람들은 티토를 거대한 참나무에 비유했다. 그늘이 너무 강해서 그 밑에서는 아무 것도 자랄 수 없다는 것이었다. 그가 사망하자 전국 곳곳에서 거대한 애도의 물결이 흘러넘쳤다. 알바니아의 공산주의자 마흐무트 바칼리 Mahmut Bakalli는 후에 이렇게 회상했다. "우리는 모두 슬퍼했다. 그러나 우리는 우리 자신이 유고를 침몰시키고 있다는 사실은 깨닫지 못했다." 부분적으로는, 티토의 가망성 없는 비효율적 시스템으로 인해 그 나라는 10년 후 완전히 침몰하고 말았다. 그는 한 사람의 국가수반을 지명하는 대신 6개의 공화국과 2개의 세르비아 자치지역을 대표하는 8명의 대의원을 구성해, 매년 대통령직을 돌아가며 맡도록 해놓았다.

그런 자치지역 중 하나인 코소보에서, 1981년 3월 11일 겉보기에는 아주 작은 사건 하나가 거대한 동요를 일으키는 방아쇠 역할을 했다. 프리슈티나대학University of Priština의 점심시간이었다. 수프에서 바퀴벌레 한 마리를 발견하고 화가 난 학생이 식판을 바닥에 내동댕이쳤다. 그러자 대학의 불결한 위생에 진저리가 난 다른 학생들도 저항에 동참했는데, 그 숫자가 순식간에 500명으로 불어났다. 그들은 거리로 뛰쳐나갔고, 코소보의 생활 조건에 좌절한 수천 명이 구호를 외쳤다. 당국은 그 저항을 무자비하게 진압했다. 그러나 우리를 뛰쳐나온 사자들의 포효는 코소보 국경 너머까지 들렸다.

그로부터 수년이 지난 1987년 4월 24일, 끝없는 야욕에 사로잡힌 슬로보단 밀로셰비치Slobodan Milošević가 규모가 훨씬 더 큰 또 다른 저항을 진압하자, 코소보가 유고슬라비아의 미래에 중요한 역할을 하면서, 그 나라의 종말은 최후의 괴로운 순간으로 들어서게 된다.

7

최고의 상

에베레스트 서릉을 다이렉트로 올라가자는 알레시 쿠나베르의 비전을 토네 슈카리야가 물려받아 수완을 발휘하기는 했지만, 알레시는 훨씬 더 대담한 꿈을 갖고 있었다. 히말라야의 거벽들 중 가장 어렵고 위험한 로체 남벽 등반은 1962년부터 이미 그의 계획에 들어 있었다. 과거를 되돌아보면, 그의 대담성은 정말 혀를 내두를 정도다. 1962년 이전에 유고슬라비아인들은 히말라야에서 별다른 성과를 거두지 못했다. 그 당시 히말라야를 찾은 팀들은 비교적 직선에 가까운 능선을 등반했다. 거대한 벽은 여전히 미래의 과제였다. 그러나 알레시는 로체 남벽을 꿈꿨다. 그의 부인 두시차는 수많은 사진들이 거실의 벽을 차지했고, 저녁식사의 대화도 자주 그런 등반에 대한 것이었다고 농담처럼 말했다.

8,516미터로 세계 제4위의 고봉인 로체는 사우스콜로 에베레스트와 연결되어 있다. 로체는 주봉과 더불어 8,000미터가 넘는 두 개의 위성봉인 로체 중앙봉과 로체 샤르를 거느리고 있다. 로체는 1956년 스위스 팀에 의해 서쪽 사면으로 초등됐다. 그리고 1988년 12월 마지막 날 폴란드 산악인인 얼음의 전사 크지슈토프 비엘리츠키Krzysztof Wielicki*가 해낸 동계초등을 비롯해 수많

---

* 자이언트 14개를 완등한 크지슈토프 비엘리츠키는 에베레스트, 로체, 칸첸중가를 동계초등 했으며, 2019년 황금피켈상 평생공로상을 받았다. [역주]

은 등정이 이어졌다. 그러나 남쪽은 전혀 다르다. 폭 2,250미터, 높이 3,200미터인 로체 남벽은 세계에서 가장 가파르고 거대한 벽이다.

1981년 알레시는 의사와 무전기사, 두 명의 카메라맨과 쿡 등 22명으로 팀을 조직했다. 그는 로체의 거대한 남벽에서 성공할 수 있는 유일한 방법이 원정대 스타일이라고 확신했다. 따라서 그는 아래쪽에서 셰르파들의 지원을 받아 벽 전체에 고정로프를 설치한 다음, 소규모 팀이 교대로 정상 공략에 나선다는 계획을 세웠다.

알레시는 기술적으로 뛰어난 산악인들을 염두에 두고 마리얀 만프레다, 안드레이 슈트렘펠, 네이즈 자플로트니크같이 경험이 풍부한 최고의 히말라야 베테랑들을 선발했다. 그런 쟁쟁한 산악인들 중에는 유명한 암벽 등반가 프란체크 크네즈도 있었다. 프란체크는 1979년 에베레스트에서 로 라까지 짐을 끌어올리는 역할을 했지만, 그런 게임에 곧 흥미를 잃었었다. 에베레스트 서릉은 그의 스타일이 아니었다. 벽의 사나이인 프란체크는 로체 남벽에 실망하지 않았다. 그는 이렇게 썼다. "나는 완전히 매료됐다. 진갈색 화강암이 구름을 뚫고 성당처럼 우뚝 솟아 있었다. 눈이 흩뿌려진 그 벽은 마치 하얀 면사포를 쓴 아름다운 신부 같았다. … 더구나 산악인들의 손길이 전혀 닿지 않은 곳이었다." 프란체크는 말이 별로 없는 사람이었다. 하지만 그가 일단 입을 열면 그의 말은 들어볼 만한 가치가 있었다.

⌃

1955년 슬로베니아 동부의 작은 마을 첼레Celje에서 태어난 프란체크는 집 근처의 숲과 들판에서 뛰놀며 목가적인 어린 시절을 보냈다. 그는 거친 자연환경에서 부드럽고 날렵하게 움직이는 방법을 익혔는데, 그것은 그가 산에서 살아남는 중요한 기술이 되었다. "썩어서 미끄러운 나뭇잎들을 밟아가며 가파른 숲속을 걷는 방법을 알면 어느 곳이든지 걸어 다닐 수 있다." 그는 교회의 첨

탑을 수리하는 직업을 가진 아버지를 따라 높은 비계를 오르내리며 수직의 세계를 몸에 익혔다. 프란체크는 바위에서 특별한 재능을 보여주었으며, 스포츠 클라이밍을 위해 훈련을 한 최초의 슬로베니아 산악인이었다. 그는 울타리와 벽을 올라 다녔고, 웨이트트레이닝을 하고 달리기를 했다. 심지어 그는 버스를 기다리면서도 종아리와 허벅지가 뻐근해질 때까지 근육을 단련했다. 그러나 그가 가장 좋아한 훈련은 그 지방의 군인용 온천 외벽을 오르며 노는 것이었다.

어느 날 그 벽을 중간쯤 올라갔을 때 세르보크로아티아 말을 쓰는 군인이 다가와 물었다. "뭐 하는 거야?"

"보면 알잖아요." 프란체크가 대꾸했다.

얼굴이 창백하고 키가 큰 그 군인이 험악하게 소리쳤다. "그 벽에서 당장 내려와!"

프란체크는 고향의 땅에서까지 외국인에게 감시당한다는 생각에 화가 치밀었다. 그는 그 벽을 더욱 높이 올라가 좋은 홀드를 잡고 버텼다.

"내려오란 말이야!" 그 군인이 소리쳤다.

프란체크는 꼼짝하지 않았다. 그 군인은 가죽 케이스를 열고 권총을 더듬으면서, 여차하면 쏘기라도 할 것처럼 목을 빼들었다. 프란체크는 아래를 내려다보았다. 그 군인은 그를 정말 쏘려고 했을까? 아니면, 그냥 엄포였을까? "화가 나서 나도 모르게 위험한 게임에 빠져들었다. 그러나 모든 게임은 힘의 싸움이다. 그리고 한쪽은 언제나 지게 마련이다." 잠시 후 그는 벽을 더 높이 올라갔다. 그가 아래를 내려다보자 그 군인은 몇 걸음 뒤로 물러나 있었다. 프란체크가 승리를 거둔 것이다.

훈련도 훈련이었지만 그는 등반을 훨씬 더 사랑했다. 그러나 그가 히말라야와 처음 만난 1979년의 에베레스트 원정등반은 그의 경력에서 너무 빨랐는지도 모른다. 안데스에서도 등반했고, 알프스에서도 인상적인 등반을 많이 했고, 율리안 알프스에서도 동계등반 경험을 쌓았지만, 에베레스트 서릉은 그에게 커다란 심판대가 되었다. 그곳은 무거운 발걸음을 옮겨야 하는 구간이 많았는데, 프란체크는 그런 것을 잘하지 못했다. 그는 그런 등반을 몹시 지루하게 여겼다. 하지만 로체 남벽은 그에게 완벽한 곳이었다.

∧

베이스캠프를 구축하고 남벽을 관찰한 1981년의 로체 등반대원들이 자신들의 가장 큰 도전이 날마다 계속되는 눈사태의 맹습에서 살아남는 것이라는 사실을 깨닫는 데는 그리 오랜 시간이 걸리지 않았다. 벽에서 안전하게 등반할 수 있는 드문 기회도 하루에 4시간이 넘지 않았다. 그리고 늘 폭풍설이 몰아닥쳐 벽은 베이스캠프까지 벽 전체를 쓸어내리는 눈과 얼음과 바위의 사격 연습장이 되었다. 그런 상황에서 살아남는 유일한 방법은 벽으로 떨어져 내리지 않을 일종의 피난처 안으로 피신하는 것이었고, 가장 좋은 곳은 눈과 얼음을 파내서 만든 설동이었다. 물론 설동을 파는 데는 시간이 많이 걸린다. 등반을 하고 캠프를 구축하는 데 4시간밖에 없는 상황에서 대원들이 잠재적인 사이트에 도착해, 눈사태가 시작되기 전에 텐트를 세운 다음, 재빨리 설동을 파는 것이 최선의 선택이었다.

5캠프는 최악이었다. 로체의 옐로밴드 한가운데에 있는 불안정한 눈의 걸리 7,800미터에 위치한 그곳은 눈사태로부터 전혀 보호받을 수 없는 곳이었다. 마리얀 만프레다와 보루트 베르간트가 조금 순진하게 5캠프로 생각한 곳에 도착했을 때 공포의 하룻밤이 시작됐다. 그들이 타고 올라간 고정로프가 보이지 않은 것이다. 그럼 캠프는 어디에 있지? 고정로프를 찾아가며 눈을 파내자 눈사태 잔해에 묻힌 텐트의 지붕이 나타났다. 그런데 그들이 그것을 파내기도 전에 눈사태가 두 번 더 그들을 덮쳤다. 그들은 세 번째로 텐트를 파내다 포기하고 그냥 눈을 파고 안으로 들어갔다. 이제 안심한 그들은 안에서 차를 끓여 마시려고 했다. 그러나 성냥개비에 불이 붙는 대신 텐트가 연기와 가

1981년 로체 남벽의 7,400미터 지점에 있는 어려운 등반 구간 (비키 그로셸 컬렉션)

1981년 로체 남벽에서 고정로프를 이용해 오르는 모습 (알레시 쿠나베르 컬렉션)

스로 메케하게 변했다. 고소로 이미 힘든 상황에서 그들은 숨이 턱턱 막혔다. 그들은 가스라이터로 스토브에 불을 붙이려 했지만, 그마저도 실패하고 말았다. 그러는 사이에 텐트 위로 눈이 계속 떨어져 두 사람은 공기가 안 통하는 공간 안에 조금씩 파묻혀 갔다.

　마리얀이 쓰러졌다. 그는 누군가가 자신의 이름을 부르는 소리를 어렴풋이 들었다. 필사적으로 산소를 찾은 보루트는 텐트의 입구로 겨우 다가가 숨을 헐떡이며 탈출을 시도했다. 마침내 눈의 터널을 헤집고 나온 그는 마리얀을 붙잡아 끌고 신선한 공기가 있는 곳으로 나왔다. 그들은 거의 질식해 죽을 뻔했다. 평화스럽기는 했지만 되돌릴 수 없는 운명이었다. 그들은 번갈아가며 입구의 눈을 두 손으로 치웠다. 그러나 눈이 계속 내려 눈사태가 쉴 새 없이 일어났다. 그러자 그 산에서 가장 터프한 사나이인 마리얀마저 용기를 잃기 시작했다. "난 이제 지쳤어. 잠이나 잘래." 그가 보루트에게 말했다. 그날 밤 10시, 친구들이 치타Čita라고 부르는 보루트도 그들을 산 채로 묻어버리려는 눈의 양을 견디지 못하고 제정신을 잃었다. 그는 베이스캠프를 호출했다.

치타: 베이스캠프 나와라. 여기는 5캠프. 이상.

알레시: 여기는 베이스캠프. 치타, 무슨 일이냐?

치타: 여기선 견딜 수가 없습니다. 공기가 없습니다. 우린 지금 질식하고 있습니다. 어떻게 해야 할지 모르겠습니다. 우린 눈을 파내고 있습니다. 텐트의 반이 눈에 묻혔습니다. 텐트를 찢어야 합니까? 아니면 어떻게 해야 합니까?

알레시: 밤에 텐트를 떠나선 안 된다. 아침에 빠져나와라. 어쨌든 밤에 텐트를 떠나선 안 된다. 치명적이 될 것이다. 알겠나?

치타: 지금 텐트의 상태가 몹시 좋지 않습니다.

알레시: 알겠다. 그러나 그게 훨씬 더 안전하다. 자 봐라, 여기도 눈이 온다. 그러나 위쪽 하늘은 깨끗하다. 날씨가 좋아지면 그때 탈출해라.

위기는 밤새 계속됐다. 5캠프는 베이스캠프를 불렀다. 베이스캠프는 5캠프를 격려했다. 5캠프가 난폭한 폭풍설에 휩싸여 있을 때 베이스캠프에서는 별이 총총히 박힌 깨끗한 하늘이 바라다보였다. 다음 날 벽을 내려온 마리얀은 이렇게 정리했다. "정상을 다른 사람이 차지하지 않을 것이라고 우리는 확신했다."

그다음의 6캠프를 설치하는 데는 상상할 수 있는 가장 위험한 상황 속에서 7주간의 고된 작업이 필요했다. 캠프사이트로서는 조금 높은 고도였다. 마리얀 크레가르Marjan Kregar와 비키 그로셸이 처음으로 그곳에 머물렀다. 다음 날 비키가 정상으로 가는 루트를 찾으려고 했지만, 그는 사정없이 날뛰는 폭풍 속에서 겨우 50미터를 전진했다. 마리얀은 텐트 안에서 비키의 확보를 보면서도 동상에 걸릴 지경이었다. 하룻밤을 더 보낸 그들은 녹초가 된 몸을 이끌고 베이스캠프로 후퇴했다. 비키는 하강하면서 등을 심하게 다쳐 고국으로 돌아가 병원 신세를 져야 했다.

그러나 6캠프가 5캠프보다 더 안전한 곳에 설치되었기 때문에 이제 진지

로체 남벽의 8,100미터에 설치된 6캠프 (알레시 쿠나베르 컬렉션)

한 정상 공격을 시작할 수 있게 되었다. 가능한 루트는 둘이었다. 커다란 오버행 숄더를 돌면 왼쪽이나 오른쪽, 어느 쪽으로 가든지 정상까지는 대략 400미터였다. 그러나 눈사태의 위험은 여전했다. 고통스러운 이야기는 그 산에 있는 모두에게서 나왔고, 전쟁터 같은 그곳에서 그들이 등반을 계속하는 것이 과연 올바른 판단인지 의문을 불러일으켰다.

반야 마티예베츠는 이렇게 말했다. "나와 프란체크 크네즈가 눈사태에 휘말렸을 때 우리는 로프에 매달려 있었다. 눈사태는 강물처럼 흘러내려 15분 동안이나 계속됐다. 하지만 그것도 시작에 불과했다. 5캠프 위에 있는 침니로 하강할 때는 얼음과 바위와 눈이 뒤섞인 또 다른 눈사태가 폭포처럼 쏟아지더니 거의 1시간 동안이나 멈추지 않았다."

네이츠 자플로트니크는 이렇게 말했다. "나는 로프를 타고 올라가고 있었다. 그때 갑자기 누군가가 불을 꺼버린 듯 빛이 사라지더니 내 주위의 모든 것이 움직였다. 온 세상이 흘러내리는 것 같았다. … 마지막 노력으로 나는 피톤에 걸려 있는 슬링을 붙잡고 손목에 돌려 감았다. 나는 로프를 죽자 사자 꽉 붙잡았다. 또 다른 충격에 대한 기대감으로 내 심장의 격렬한 박동이 멈추었다. 그때 빛이 돌아왔다. 안드레이(슈트렘펠)와 나는 눈을 털어내고 등반을 계속했다."

이반 '이브치' 코트니크는 이렇게 말했다. "그 벽에서 자기 자신을 찾으려는 것은 헛된 짓이다. 바람과 눈사태가 모든 것을 날려 보낸다. … 날마다 로체는 우리의 텐트를 쓰러뜨렸고, 우리가 만든 발자국을 덮어버렸다. 다만 사랑과 살아남겠다는 의지가 강해서 우리는 그 산에 계속 붙어 있었다. … 로체 남벽은 무시무시하다. 그 아래의 빙하에 있었을 때 나는 진정한 두려움을 느꼈다."

한편 페테르 포드고르니크Peter Podgornik는 이렇게 말했다. "우리가 하강하려고 한 벽은 눈이 엄청나게 쏟아지는 곳이었다. 벽이 오버행이서 우리의 로프는 허공으로 100미터나 늘어졌다. … 하강을 하면서 우리는 눈의 폭포에

눈사태가 할퀴고 간 무자비한 경사의 1981년 로체 남벽 (스티페 보지치 컬렉션)

처박혔다. 로프가 끊어질지도 모른다는 생각이 들었다. … 우리는 분설 눈사태를 맞아 아래쪽의 가파른 사면으로 미끄러지고 넘어졌다. 그러나 고정로프가 있어서 다행이었다. 우리는 무기력하게 로프에 매달려, 이 미친 짓이 빨리 끝나기만을 바랐다."

그랬다. 등반 팀은 몇 주 동안이나 눈사태와 공포, 그리고 벽과 싸웠다. 알레시는 벽에서 30일을 보낼 계획이었지만 어느새 60일이 되고 있었다.

벽이 너무나 위험해 등반을 할 수 없는 길고 지루하고 무서운 시간 동안, 그들은 각각의 보잘 것 없는 캠프에서 공포를 껴안아야 했다. 그들은 자신들의 인생을 처음부터 되감아가며 돌아보고 상상 속에서 다시 체험했다. 물론 기억하고 싶지 않은 순간들은 빨리 감기 기능으로 그냥 넘겨가면서…. 그런 생각들은 베이스캠프까지 소용돌이쳐 이어졌다. 그곳에서도 괴물 같은 노력이 시작됐다. 그곳은 그들이 마침내 그 사악한 위험, 즉 전투에 임하는 군인들처럼 의기양양하게 뛰어든 위험의 사이클에서 벗어날 수 있는 곳이었다. 베이스캠프는 집에서 보낸 소중한 소식들을 메일러너가 가져오고, 기계 같은 생물체가 되어 얼굴을 헬멧으로 가린 미라처럼 벽에 굴을 파면서 올라가는 대신 주변을 걷고, 휘파람을 불고, 이야기를 나누고 웃으며 이내 정상적인 사람처럼 행동할 수 있는 곳이었다.

그들은 집과 따뜻함과 안전에 대한 필사적인 갈망을 동료들과의 결속력으로 맞받아쳤다. 그들은 위험, 자연의 힘에 대한 취약 그리고 서로에 대한 완전한 의지로 하나가 되었다. 그들에게 그 순간의 강렬함은 보물이나 마찬가지였다. 그러나 그들은 우선 살아남아야 했다.

안드레이 슈트렘펠은 자신들이 남벽의 신체적·정신적 장벽을 돌파할 수 있다고 자신했다. 그러나 그는 알레시의 전술에는 동의하지 않았다. 알레시는 경험이 부족한 대원을 베테랑에 붙여, 등반을 하는 내내 팀의 배치를 뒤섞었다. 그리하여 등반이 끝나갈 때쯤이 되어서야 안드레이는 그가 좋아하는 엔진이며, 이미 이전의 등반을 통해 파트너십이 입증된 네이츠와 처음으로 함께

1981년 로체 남벽의 8,250미터 지점에서 의심스러운 눈이 달라붙어 있는 바위를 장갑 없이 등반하고 있는 안드레이 슈트렘펠 (페테르 포드고르니크 촬영, 안드레이 슈트렘펠 컬렉션)

움직일 수 있었다. 그 둘이 파벨 포드고르니크Pavel Podgornik와 팀을 이룬 것은 처음이었다. 그는 안드레이에게 이방인처럼 느껴졌다. "그것이 좋은 전술이었다고 생각하진 않습니다."라고 안드레이는 후에 말했다.

　5월 14일, 파벨 포드고르니크, 안드레이 슈트렘펠, 네이츠 자플로트니크가 마침내 정상 공격에 나섰다. 새벽 1시, 그들의 텐트는 코펠이 달그락거리고, 산소통이 땡그랑거리고, 스토브가 쉭쉭거리는 소리로 활기가 넘쳤다. 헤드램프 불빛이 이리저리 움직이고, 서리같이 허연 입김으로 혼탁해진 속에서 그들은 재빨리 차를 마시고 나서 크램폰의 끈을 동여맸다. 그러고 나서 텐트 밖으로 기어 나와 별들이 총총히 박힌 춥고 무자비한 하늘을 쳐다보았다. 그들은 거대한 벽을 내려다본 다음 정상 능선 쪽을 올려다보았다. 그들과 그 능선 사이에는 뚜렷한 그림자가 신비하게 드리워져 있었다.

"내가 왜소하게 느껴졌다."라고 안드레이는 회상했다.

"나는 잔뜩 긴장했다. 나는 그런 위험을 받아들인 적이 없었다."라고 네이츠는 생각했다.

그들 앞에는 정상 능선 전의 마지막 난관인 100미터의 바위지대가 솟아 있었다. 네이츠는 피톤을 박고 나서 부스러지기 쉬운 바위를 올라갔다. 그의 크램폰은 눈이 덮인 바위에서 미끄러졌다. 비록 지치고 쇠약해지기는 했지만, 안드레이의 확보를 받은 그는 크램폰을 긁어대며 조심스럽게 전진했다. 그때 네이츠의 산소가 떨어졌다. 그들은 8,250미터에 있었다. 그들은 서로를 쳐다보았다. 서로 아무 말도 하지 않았지만 그들의 결정은 일치했다. 안드레이가 무전기를 꺼냈다. "여기서 내려가겠습니다."

베이스캠프와 어려운 대화가 이어졌다. 알레시는 최소한 다음 팀을 위해서라도 위로 올라가는 동력을 유지하려고 애썼다. 그러나 능선까지 치고 올라가는 데는 안드레이와 다른 사람의 동의가 필요했다. 안드레이는 퉁명스럽게 응답했다. "대장의 위치에선 그렇게 보일 겁니다. 하지만 능선은 보기와 다릅니다. 이 바위지대를 넘어가는 데도 하루 종일이 걸릴 겁니다." 알레시가 안드레이를 다시 설득했다. 그렇게 하면 다음 팀이라도 성공적인 등반을 할 수 있을 터였다. 안드레이는 그 위치에서의 정신적인 긴장이 신체적인 긴장보다 훨씬 더 크다며 저항했다.

그러나 알레시는 대장이었다. 지난 두 달간의 경험을 통해 그것이 성공을 거둘 수 있는 마지막 기회라는 사실을 그는 알고 있었다. "들어봐. 우리가 어느 정도 끝을 맺을 수 있도록 조합을 찾는 게 내 의무야." 그는 사정하다시피 했다. "지금까지 그랬던 것처럼, 현재의 상황이 비인간적이라는 건 알아. 하지만 우리에게 열려 있는 건 이 루트가 유일해. 시간을 생각해봐도 그래. 너희 둘은 내려와도 좋아. 그러나 둘 중 컨디션이 좋은 사람은 (이즈토크) 토마진 (Iztok) Tomazin과 함께 그 바위지대를 올라갈 수도 있잖아? 그렇게 할 수 있다면 말이야. 이게 내 제안이야. 물론 최종 결정은 너희들에게 달려 있다."

알레시는 그들의 결정을 받아들이겠다고 말했다.

그들은 내려왔다.

네이츠는 절망했다. "내 안의 모든 것이 무너졌다."라고 그는 후에 말했다. "넘지 말아야 할 경계선을 넘은 것은 아닐까? 지금까지는 늘 인식할 수 있었는데, 혹시 그 영역을 벗어난 것은 아닐까? 폭풍이 날뛰어 잔뜩 움츠려든 채 우리는 도망치고 있었다." 견딜 수 없는 고난과 원초적인 공포에 대한 몇 주간의 긴장, 벽에 붙어 있는 등반 팀과 친구들에 대한 무거운 책임감, 사람들이 자신에게 보여준 신뢰가 무너질지도 모른다는 두려움, 이런 것들이 바위지대를 내려오는 네이츠의 어깨를 짓눌렀다. 그러나 살아남겠다는 의지가 더 강했다. 안드레이와 마찬가지로, 그 역시 단 하나의 이성적인 결정은 내려가는 것이라는 사실을 깨달았다.

원정대는 로체를 남벽으로 오른다는 궁극적 목표를 위해 5월 14일까지 노력했다. 그러나 그 후 원정대의 목표가 바뀌었다. 대원들은 대부분이 지치거나 부상당하거나 병에 걸렸다. 완전히 두 손을 든 프란체크는 베이스캠프 근처의 화강암덩어리에 매달려 시간을 보냈다. 그는 따뜻한 바위에서 손과 발을 움직여 그 촉감에 집중하며 벽에서의 공포를 잊었다. 이제 그의 마음은 바위에 닿는 햇빛의 단순한 진리로 깨끗이 정화됐다. 그에게 벽 등반은 끝난 것이나 다름없었다.

아니면, 그것은 단순히 그의 생각이었는지도 모른다. 알레시는 정상이 자신들의 손아귀에서 멀어졌다는 사실을 깨달았다. 그러나 벽의 꼭대기는 여전히 손에 닿을 수 있는 거리에 있었다. 그리고 프란체크는 그렇게 할 수 있는 인물이었다.

그리하여 프란체크 크네즈와 반야 마티예베츠가 마지막으로 벽을 올라갔다. 거대한 수직의 벽에서 이루어진 그 공연에서 모든 배우들은 자신들의 역할을 다했고, 이제 마지막 장면만이 남아 있었다. 벽을 끊임없이 오르내리는 일이 끝난 것이다. 동료들이 지켜보면서 기다리는 동안 깊은 침묵이 흘렀다. 첫눈에 로체 남벽과 사랑에 빠진 프란체크마저 이제는 약간의 의구심을 나타냈다. "여기서 장엄한 벽을 바라보면 어쩔 수 없이 왜소함을 느낀다. 보면 볼수록 사람은 무의 세계로 사라진다. 머릿속의 작고 옹졸한 생각이 고집스럽게 말한다. 만약 네가 감히 그렇게 할 수 있다면, 이 영원의 화강암 벽에서 물러나라고…."

∧

5월 18일 새벽 5시 프란체크와 반야가 5캠프를 떠났다. 그들은 100미터를 하강해 허리까지 빠지는 깊은 눈을 헤치며 옆으로 길게 횡단했다. 그러자 곧 산소가 떨어졌다. 7시 30분 그들은 처음으로 무전기를 켰다. 교신은 짧고 간결했다. 그들은 전진하고 있었지만 그들의 목소리에는 긴장감이 배어 있었다.

위쪽의 가파른 설원지대는 불안정한 눈이 일렬로 홈통을 이루고 있었다. 홈통에서 다음 홈통으로 넘어가는 것이 가장 위험했다. 커니스가 깊이를 알 수 없는 절벽 끝에 매달려 있었지만, 그 밑의 허공은 짙은 안개로 잘 보이지 않았다. 프란체크가 균형을 잃고 작은 바위 필라 쪽으로 미끄러지기 시작했다. 그는 다시 올라가 헐거운 바위틈에 피톤을 두 개 박고 그곳을 넘어갔다. 그러나 그의 앞에는 더 믿을 수 없는 설원지대가 펼쳐졌고, 이어서 눈으로 만들어진 거대한 깔때기가 나타났다. 첫 발을 내디딘 그는 눈 밑에 반질반질한 바위가 숨어 있다는 사실을 깨닫고 공포에 질렸다. 확보를 보는 것이 불가능해, 그 둘은 서로를 완전히 믿고 동시등반을 해나갔다. 미끄러져도 안 되고 추락해도 안 되었다. 그들에게는 실수의 여지가 전혀 없었다.

극도로 긴장한 알레시는 베이스캠프를 벗어나 혼자 서 있었다. 그는 손에 무전기를 쥐고 혹시 눈에 들어오는 것이 있는지 벽을 뚫어져라 쳐다보았다. 12시 30분 무전기가 울렸다. 메시지는 간단했다. "내려갈 수 있도록 허락해 주십시오."

"허락은 필요치 않다. 알아서 해라." 알레시가 응답했다. 더 이상의 교신은 필요 없었다. 그러나 그는 무너져 내렸다. 벽에서 몇 날, 몇 주, 몇 달을 보내며 온갖 노력을 다했는데도 그들은 목표를 달성하지 못했다. 로체 정상은 고사하고 벽의 꼭대기까지도 올라가지 못한 것이다.

그것은 비참하고 어려운 패퇴였다.

알레시는 무전기를 켜놓은 채 바위가 널린 빙하를 따라 베이스캠프로 터벅터벅 걸어가기 시작했다. 그런데 갑자기 무전기가 지지직거렸다. 수신 상태가 나빠 그는 무슨 말인지 제대로 알아들을 수 없었다. 그때 벽의 여기저기에 있는 캠프의 대원들이 무전기에 불이 날 정도로 교신하기 시작했다. 프란체크와 반야가 계속 올라가기로 마음을 바꾼 것이다. 알레시는 그 교신에 끼어들어 정상 팀과 대화를 나누고 싶었지만, 프란체크와 반야가 그의 말을 차단했다.

"나는 이해했다. 이제 그들은 자신들만의 세계에 있었다."라고 그는 말했다.

그 위에서는 대체 무슨 일이 일어난 것일까? 안개가 걷히자 로프 몇 동 길이만큼의 감질 나는 곳에 날카로운 정상 능선이 나타났다. 긴장한 프란체크가 반야에게 돌아와 올라가기 시작했다. 그는 불안정한 눈을 헤집고 버섯처럼 생긴 넓은 곳을 올라갔다. 그곳은 발을 밟자마자 구멍이 뚫렸다. 10미터 정도를 그대로 떨어진 그는 로프에 댕그라니 매달렸다. 그는 몸을 일으켜 다시 올라가서 다음 홈통으로 진입했다. 그때 반야가 떨어지면서 무전기가 날아갔다.

1981년 로체 남벽 위쪽 세로로 홈이 새겨진 형상의 설벽 (알레시 쿠나베르 컬렉션)

그 둘은 8,000미터에서 추락을 경험했다.

안개가 다시 걷히자 바위와 능선의 작은 안부가 보였다. 그들은 짧고 가파른 구간을 횡단해 8,250미터에서 벽이 정상 능선과 만나는 곳에 도착했다. 그곳이 그들이 갈 수 있는 최고점이었다. 그들은 자신들의 위치와 함께 반대쪽의 웨스턴 쿰으로 하산하겠다고 베이스캠프에 보고했다. 남벽으로의 하산은 훨씬 더 가파르고 위험해 의심할 여지가 없었다. 그들은 아이스폴이 끝나고 웨스턴 쿰이 시작되는 곳으로 헬기를 보내달라고 베이스캠프에 요청했다.

그 말을 들은 알레시는 충격을 받고 그들을 크게 걱정했다. 반대편으로 내려간다는 것은 그럴듯한 생각이기는 했지만 그쪽에는 원정대가 없었다. 그곳은 완전히 비어 있었다. 더구나 프란체크도 반야도 그 루트를 알지 못했다. 그리고 헬기가 착륙하기에는 고도가 너무 높았다. 그들은 모든 문제를 스스로 해결해야만 했다. 알레시는 대답에 신중을 기할 필요가 있었다. 사실 헬기는 반야의 아이디어였을 뿐 프란체크는 반대했기 때문에 상황이 훨씬 더 심각했

1981년 로체에서의 프란체크 크네즈. 그는 로체 남벽에서 능선으로 올라서는 마지막 난관을 돌파했다. (알레시 쿠나베르 컬렉션)

다. 어느덧 저녁 6시여서 그들의 선택은 한정적일 수밖에 없었다. 로체 남벽으로의 하산은 악몽이 될 것이 뻔했다. 특히 어둠 속에서는.

10분 후 메시지가 한 번 더 날아왔다. 그들이 올라간 길로 후퇴하기로 한 것이다. 알레시는 안도의 한숨을 내쉬었다. "나에게, 등반 팀이 산 너머로 가는 것은 우주선이 궤도를 벗어나는 것이나 마찬가지였다."

오랫동안 무전 연락이 없자 깊은 침묵이 흘렀다.

프란체크와 반야는 무전을 할 시간이 없었다. 그들은 목숨을 걸고 싸우고 있었다. 사방이 어두워 그들은 미끄러지고 넘어지며 가파른 눈의 도랑을 거의 자유낙하하다시피 했다. 피로에 지친 그들은 매혹적인 인사불성 속에 억지로 눈을 뜨고 무의식적으로 움직였다. 그러지 않으면 곧 죽을 것 같았다. 그들은 주위에서 일어나고 있는 눈사태조차 알아차리지 못했다. 자정쯤 폭풍설이 누그러들자 벽이 유령같이 기묘한 달빛으로 물들었다.

마침내 4캠프로 이어진 고정로프를 찾았을 때 밀려든 안도감을 반야는 이렇게 기억했다. "나는 허겁지겁 로프로 다가간 다음 프란체크를 향해 뛰다시피 내려갔다. 나는 이제 우리가 살아났다고 확신했다. … 탯줄을 통해 생명이 전해지듯 힘이 솟아났다. 그것은 아름다운 감정이었다. 우리는 어제와 간밤의 고통을 잊었다. 우리는 모든 것을 잊었지만, 가냘픈 선이 수직의 벽 한가운데에 있는 따뜻하고 안락한 얼음의 동굴로 이어져 있었다."

새벽 4시 30분 베이스캠프는 메시지를 받았다. 그들이 4캠프로 돌아왔다는 것이다. 그들은 24시간 동안 쉬지 않고 등반했는데도 살아 있었다. 그들의 판단은 옳았다. 후에 프란체크가 쓴 바와 같이 지혜는 고통으로부터 얻은 최고의 상이었다.

다음 날 아침 알레시는 고국으로 메시지를 보냈다. "벽은 정복했지만 정상 등정은 실패했다. 곧 귀국하겠다."

거의 두 달 동안 하루가 멀다 하고 폭풍이 몰아치더니, 그들을 비웃기라도 하듯 다음 날 아침 하늘이 맑아지면서 남벽이 웅장한 자태를 드러냈다.

∧

성공과 실패는 때때로 이상하리만치 똑같다. 둘에 대한 인식은 사뭇 개인적이다. 히말라야의 아름다운 등반선은 거의 다 등반됐다. 그럼에도 만족하지 못하는 사람이 있었다. 프란체크는 자신과 반야가 자신들에게 남겨진 현실적인 선택, 즉 벽의 완등을 받아들였다고 회상했다. 그것이 그들이 해낸 것이었다. 그 지점에서 정상은 그들의 손에서 벗어나 있었다. "결국, 히말라야에서 우리도 다른 사람들만큼 해냈다고 말할 수 있을 것이다."라며 그는 이렇게 덧붙였다. "날씨가 좋았다면 우리는 계속 밀어붙였을지도 모른다. 우리 둘의 컨디션은 괜찮았다." 하지만 훗날 그는 용의 등뼈같이 복잡한 그 능선은 아마도 미래의 과제일지 모른다고 인정했다.

에베레스트가 마리얀 만프레다의 산이었다면, 로체 남벽은 프란체크의 것이었다. 그 벽에 깊은 감명을 받은 그는 이미 수년 전부터 그 등반을 생각하

1981년 유고슬라비아 팀의 로체 남벽 등반선 (알레시 쿠나베르 컬렉션)

고 있었다. 말을 하거나 글로 발표하면 그 벽의 중요성이 떨어질까 봐 그는 자신의 이야기를 가슴속 깊이 묻어두고 있었다. 그때 시련을 견뎌내는 힘이 약해졌다고 그는 말했다. "원정대의 내 친구들이 남벽에 붙어 있는 분설처럼 시간의 바람에 의해 하나둘 찢겨나갔다. 그리하여 별이 총총한 하늘처럼 오직 긍정적인 조각들만 그곳에 남았다."

그 정도 규모의 원정등반은 다양한 개성과 개인적인 야망, 서로 다른 수준의 기술과 힘과 인내력 등으로 인해 매우 복잡하다. 심지어는 용기까지도 다르다. 알레시는 자신들의 노력에 철학적 의미를 부여했다. "우리는 정상에서 힘을 모두 소진하고자 하는 각자의 산을 가지고 있었다." 로체 남벽에서의 64일 중 오직 나흘 동안만 좋은 날씨를 만난 그들의 힘은 모두 고갈됐다. 그들의 가장 큰 업적, 어쩌면 정상 능선에 닿은 것보다도 더 큰 업적은 어느 누구도 죽지 않았다는 것일지도 모른다.

8

다울라기리에 대한 집착

신들이 자신들의 왕국으로 초청하기도 하고, 덧없는 인생을 잊고 자신들과 함께하도록 악마들이 마술을 부리는 이 아름다운 땅을 나는 사랑하게 되었다. 자신들의 오두막 앞에 쪼그려 앉아 서로의 머리를 매만져주는 이 명랑한 사람들을 나는 사랑하게 되었다. "나마스테!" 신이 당신 안에 있기를. 신이 내 안에도 있고 당신 안에도 있기를. 당신들은 평온하게 시간을 보낼 수 있는 방법과 신들의 거처로 올라가는 이해할 수 없고 이상한 목표에 이끌려 자신들에게 다가오는 외국인들의 별난 행동을 호기심 있게 관찰하는 방법을 알고 있는 산간지역의 사람들인 것을. 나는 구름 속으로 되돌아가리라. 내가 그토록 깊이 생각한 모든 것들이 순식간에 사라지고, 진실이 그 중요성을 상실하고, 힘든 작업과 굳건한 의지가 있는 <u>그곳으로.</u>

— 네이츠 자플로트니크, 『길』

스타네 벨라크(슈라우프)가 알레시 쿠나베르를 비롯한 슬로베니아의 다른 톱클래스 산악인들을 따라 1981년 로체 남벽에 가지 않은 것은 당연한 일이었는지도 모른다. 알레시처럼 슈라우프도 집착이 있었다. 그러나 로체가 아니었

스타네 벨라크의 집착이 된 산 다울라기리의 북벽 (토네 슈카리아 컬렉션)

다. 슈라우프는 다울라기리에 빠져 있었다. 그리고 토네 슈카리야의 도움과
등산연합의 지원은 슈라우프의 꿈을 조금씩 잉태시켰다. 세계 제7위의 고봉
인 다울라기리는 네팔의 칼리 간다키 강에서 7,000미터 높이로 우뚝 솟아 있
으며, 그 남벽은 4,000미터가 넘는다. 토네는 슈라우프에게 '마조히즘 성향'이
있다고 생각했지만, 그는 1981년의 다울라기리 원정대를 믿었다. 돌이켜보
면 그 원정등반은 슬로베니아 산악인들에 의해 감행된 등반이라는 것뿐만 아
니라, 히말라야의 모든 원정등반 중에서 가장 중요한 것이었다.

슈라우프는 제2차 세계대전으로 인생이 바뀐 슬로베니아의 청년 딘코 베
르톤첼Dinko Bertoncelj로부터 영감을 받아 다울라기리에 빠져들었다. 1944년
아버지가 현관에서 처형되는 장면을 직접 목격한 딘코는 오스트리아로 탈출
해 아르헨티나의 바릴로체로 갔다. 그때 그는 겨우 열다섯 살이었다. 그곳에
서 그는 스키를 타고 등반을 하는 건강한 아웃도어 생활을 통해 새로운 인생
을 개척해나갔다. 하지만 그의 나머지 가족들은 상황이 좋지 못했다. 누나는
오스트리아의 도로 공사에 2년간 강제로 동원됐고, 어머니는 아버지가 죽은
후 굶주림에 시달려야 했다.

딘코는 재능을 인정받아 아르헨티나가 히말라야에 처음 진출한 1954년
의 다울라기리 원정대에 초청받았다. 그들은 캠프사이트를 만들기 위해 폭약
으로 바위를 깨는 등, 필요한 경우 군사적인 전술도 마다하지 않았다. 의심스
러운 방법에도 불구하고 8,000미터까지 올라간 아르헨티나 팀은 그러나 난
폭한 폭풍으로 발길을 돌려야 했다. 비록 다울라기리는 1960년의 유럽 팀*에
의해 초등됐지만, 슈라우프의 마음에 깊이 각인된 것은 슬로베니아의 용감한
청년 딘코의 이야기였다.

'눈부시게 하얗고 아름답다'라는 의미를 가진 다울라기리가 처음에는 너

---

* 스위스 국제 원정대를 말한다. 그 대원 중 하나가 울주세계산악문화상(UMCA)을 수상하기 위
해 2019년 한국을 방문한 오스트리아의 쿠르트 딤베르거다. 그는 8천 미터급 고봉 두 개(브로
드피크와 다울라기리)를 초등한 유일한 생존자다. [역주]

스타네 벨라크 (스타네 벨라크 컬렉션)

무 먼 꿈처럼 보였지만, 알프스와 힌두쿠시, 히말라야에서 경험을 쌓은 슈라우프는 이제 그 산을 진지하게 고민할 정도로 자신감을 얻었다. 더 정확히 말하면 그의 목표는 남벽이었다. 그 규모와 벽에서의 객관적인 위험 그리고 등반에 따른 기술적 특성으로 인해 남벽은 여전히 미등으로 남아 있었다. 1979년 슈라우프는 에베레스트 정상에서 하산하면서 다울라기리를 다음의 목표로 삼았다. "나는 다른 사람이 포기한 곳을 도전하고 싶었다."라고 그는 말했다. 그는 그런 욕망의 일부가 원초적인 야망, 즉 어떤 거대한 것을 해보자는 욕구로 불타올랐다는 사실을 인정했다.

처음에, 그 산은 여러 모로 슈라우프와 인연이 없는 것처럼 보였다. 입산 허가가 가능한 연도가 그의 생각과는 달리 1984년이었던 것이다. 그러면 남벽은 틀림없이 누군가에 의해 등반이 될 터였다. 남벽 등반은 히말라야에서 받을 수 있는 특별한 상이어서, 그곳을 노리는 알피니스트는 슈라우프만이 아니었다. 심지어는 메스너까지도, 비록 패퇴하기는 했지만 1977년 그 벽에 도전했다. 그런데 기적 같은 일이 일어났다. 네팔 당국이 1981년 포스트 시즌의 허가를 공표했는데 슈라우프가 그것을 거머쥔 것이다.

그해 봄 그가 남벽을 정찰하러 네팔에 갔을 때 알레시의 로체 원정등반이 한창 진행 중이어서, 슈라우프는 등산연합 내에 존재하는 치열한 경쟁을 느꼈다. 1981년의 우선순위는 로체였다. 슈라우프는 경험이 많지 않은 산악인 6명과 상당히 적은 돈으로 그저 그런 팀을 꾸려야 했다. 따라서 의사도, 고소에 적응할 시간도 제대로 없었다. 가장 중요한 것은, 이것은 등산연합이 아니라 오히려 목표의 특성 때문인데, 부상이나 병에 걸리면 아래로 내려올 방법이 없다는 것이었다. 그러기에는 경사가 너무 가팔랐다. 일단 벽에 붙으면 그들은 무조건 반대편으로 하산해야 했다.

9월 26일 그들은 베이스캠프를 구축했다. 낙석이 떨어지고, 세락이 무너지고, 눈사태가 일어나는 소리가 끊임없이 울려 퍼졌지만, 그들은 희망에 부풀었다. 다행히 안개가 짙어서 그들은 자신들을 기다리고 있는 거대한 현수빙하와 검은 바위벽을 볼 수 없었다. 마침내 해가 나자 그들은 근처의 봉우리에서 고소적응을 하며 자신들 앞에 우뚝 솟아오른 그 벽을 관찰했다. 하지만 그들의 결론은 희망도 없을뿐더러 미친 짓이라는 것이었다. 특히 벽의 서쪽이 그랬는데, 그들은 만장일치로 그곳을 포기했다.

그들은 7,800미터에서 일본 루트로 합류한 다음 남동 리지를 통해 정상으로 갈 수 있는 약간 오른쪽의 등반선을 선택했다. 리지에서 정상까지도 1,000미터나 되고, 정상에서는 산의 북동쪽으로 하산해야 해서 그 루트도 문제가 많았지만, 가장 심각한 것은 하산을 할 수 있는 첫 번째 기회가 정상 바로 근처라는 것이었다. 그때까지는 계속 올라갈 수밖에 없었다. "탈출로가 없는 그 등반이 악몽처럼 뇌리에서 떠나지 않았다."라고 슈라우프는 인정했다.

날씨가 좋아졌고 일기예보도 희망적이었다. 환한 보름달빛은 그 산에서 가장 안전한 시간인 야간에 등반을 가능하게 해주었다. 그들은 세 명씩 두 팀으로 나누어 며칠을 사이에 두고 등반에 나섰다. 슈라우프, 에밀 트라트니크 Emil Tratnik와 빈첸츠 베르치치Vincenc Berčič의 첫 번째 팀이 10월 15일 출발했다. 첫 날 그들은 그 전주에 설치한 고정로프를 이용해 재빨리 등반했다. 그들은 달이 떠오르기를 잠시 기다린 다음 새벽 4시에 다시 출발했다. 고정로프가 낙석이나 낙빙으로 손상됐는지 어떤지를 전혀 알지 못하는 상태에서 그들은 30킬로그램의 짐을 메고 올라갔다. 그것은 치명적인 러시안룰렛게임이나 마찬가지였다. 아침에 그들은 검은 바위벽 위까지 올라갔다. 이제 그들은 계곡과 연결된 탯줄을 끊고 알파인 스타일로 등반에 나서야 했다.

오전 9시, 태양이 벽에 대혼란을 일으키기 시작했다. 바위와 얼음과 물이 폭포처럼 흘러내려 그들을 매장시키려는 듯 위협했다. 오버행 밑으로 피한 그들은 숨을 헐떡거리며 벽이 잔해들을 쓸어내릴 때까지 기다렸다. 사방이 어두워지자 그들은 작은 바위 턱으로 살금살금 기어 나와 달빛이 길을 비춰주기를 기다렸다. 달이 떠올랐으나 빛은 전날 밤보다도 더 약했다. 하지만 그럭저럭 시야는 확보할 수 있었다. 그들은 마치 악마가 쫓아오기라도 하는 것처럼 허겁지겁 그 벽을 올라가 6,000미터 지점 위에 있는 보다 안전한 곳에 도달했다.

첫 번째 팀이 이리저리 루트를 엮어나가고 있을 때 두 번째 팀은 괴로울 정도로 느려 보이는 전진에 의아해하며 밑에서 차례를 기다리고 있었다. 그들은 벽을 치고 올라가는 것이 얼마나 어려운지 상상조차 하지 못하고 있었다. 또한 산이 식어서 안정되기를 기다리는 동안 소중한 일광을 그토록 많이 놓치는 것이 얼마나 절망스러운지도 그들은 알지 못했다. 슈라우프의 팀은 하루에 대여섯 시간밖에 등반하지 못했다. 게다가 이제 그들은 벽의 높은 곳에 있어서, 고소적응 부족으로 인한 증상들이 나타나기 시작했다. 슈라우프, 에밀과 빈첸츠는 머리가 지끈거리고 숨이 턱턱 막히는 상황 속에서도 크램폰의 앞 발톱으로 미묘하게 움직이며 70도의 얼음에서 균형을 잡으려고 애썼다.

두 번째 팀이 벽을 오르기 시작했지만 그들은 낙석과 낙빙으로 곧 후퇴했다. 그리하여 슈라우프와 그의 팀은 죄수들처럼 벽에 갇힌 신세가 되었다. 그들은 아래쪽의 동료들이 이제 전혀 도움을 주지 못하는 관객이 되었다는 사실을 알고, 등반을 하면서도 끔찍한 외로움에 시달렸다.

시간을 절약하기 위해 로프 없이 등반한 그들은 6일째 되는 날 일본 능선에 올라섰다. 정상은 아직 아니었지만 벽은 그들의 것이었다. 그것도 하나의 승리가 아닐까? 다울라기리 남벽! 여섯 번째 비박을 준비하면서 능선을 관찰한 그들은 그곳이 지금까지 등반한 벽보다는 훨씬 더 쉽다고 생각했다. 그러나 그들의 기대는 오래가지 못했다. 그날 밤 바람이 시속 100킬로미터로 불어대며 기온이 곤두박질친 것이다. 능선은 미친 듯이 불어대는 바람에 그대로 노출됐다. 다음 날 그들은 반질반질한 바위, 강철같이 단단하게 덮인 얼음, 탈진과 식량 부족 그리고 좀처럼 수그러들지 않는 바람 속에서 사투를 벌였다. 그날 그들이 오른 높이는 겨우 200미터에 불과했다.

밤이 되자 텐트 안의 기온이 영하 30도로 떨어졌다. 그러자 온통 서리꽃이 피었다. 그들은 베이스캠프와 긴박하게 교신했지만, 날씨가 변하고 있다는 사실만 알게 되었다. 그것도 더 나쁜 쪽으로.

등반 8일째, 기복이 심한 능선 너머로 마침내 정상이 어렴풋이 보였다. 희망을 품은 슈라우프는 시간을 절약하기 위해 로프를 푼 채 등반했다. 그러나 그가 동료들과 이야기를 나누려고 뒤를 돌아봤을 때는 혼자였다. 해가 떨어지기 직전, 그는 7,900미터의 능선에서 얼음을 파내 비박지점을 만들기 시작했다. 사방이 어둑어둑해질 때쯤 빈첸츠가 주름살이 깊게 패인 얼굴로 천천히 나타났다. 에밀의 흔적은 보이지 않았다. 슈라우프는 몇백 미터를 다시 내려가 바위 뒤에 쪼그려 앉아 있는 에밀을 찾아냈다.

"자, 배낭 나한테 줘. 멀지 않아."라고 슈라우프가 말했다.

그들이 비박지점에 도착하자 빈첸츠는 손가락을 바라보고 있었다. 파랗게 질린 그는 손가락을 들어 슈라우프에게 보여주었다. "동상에 걸린 것 같아."

그들은 몸이 쇠약해지기 시작했다. 그러나 적어도 그들은 함께 있었다. 그리고 내일이면 정상에 올라갈 수 있을 것이고, 그곳에서는 집으로 돌아갈 수 있을 터였다. 그날 밤 기온이 영하 40도로 떨어졌다. "마른기침과 공기를 가득 채운 수정 같은 얼음조각들이 지금까지도 생각난다."라며 슈라우프가 그때를 회상했다. "상황이 때때로 희망과 절망 사이를 오가 생각이 혼란스러웠다."

다음 날 아침에는 그들에게 남아 있었던 행운마저 사라졌다. 바람에 날린 눈이 텐트를 덮쳐 폴이 부러졌다. 그들은 무전 교신에 실패했다. 그리고 가스도 떨어졌다. 빈첸츠는 얼어붙은 손만 멍하니 바라보았다. 슈라우프는 동료들을 구출할 수 있는지 알아보려고 텐트 밖으로 기어 나왔지만, 계속 등반할 가치가 없다는 사실을 깨달았다. 그 산의 남쪽에 불어닥치고 있는 괴물 같은 폭풍을 목격한 그는 마침내 자신들이 얼마나 절망스러운 위치에 있는지 정확히 이해했다. "9일 동안 극한의 노력을 쏟아 부었지만 우리는 살아남기 위해 탈출을 준비했다."

그들은 빈 가스통과 조리가 필요한 식량을 버렸다. 폐허가 된 텐트는 이미 파묻혀서 탈출 외에는 방법이 없었다. 정상은 엎어지면 코가 닿을 정도로 가까운 거리에 있었다. 그러나 그것조차도 너무 멀었다. 힘든 하산을 하는 데도 여러 날이 걸려, 정상에서 시간을 보내면 살아날 확률이 그만큼 줄어들 터였다. 두려움이 가득한 빈첸츠의 눈을 바라본 슈라우프는 내려가는 것이야말로 인간적인 결정이라는 사실을 깨달았다.

오후 5시, 그들은 이전의 등정 팀이 남겨놓은 작은 텐트를 발견했다. 그것은 반쯤 묻혀 있었다. 처음에 그들은 자신들이 환각에 시달리는 줄 알았지만 현실이었다. 그 안에는 가스통 2개와 약간의 식량이 있었다. 에밀과 슈라우프는 빈첸츠를 텐트 안으로 집어넣은 다음, 그 옆에서 비박을 준비했다. 그러나 그런 행운의 한 조각조차 그들에게 등을 돌렸다. 슈라우프가 얼떨결에 두드린 가스통 하나가 터지면서 불길이 솟은 것이다. 그러자 그야말로 삽시간에 불에 탄 텐트 잔해만 남고 말았다. 그들의 턱수염과 눈썹은 화재의 흔적이 역력했고, 그들의 위는 허기로 뒤틀렸다. 그들은 또 하룻밤을 밖에서 지내야 했다. 산에서 보낸 지 11일이 되는 다음 날 아침, 그들은 1,700미터 아래에 있는 빙하 플라토를 향해 힘겹게 내려갔다. 폭풍은 눈곱만큼의 자비도 없이 계속됐다.

14일째가 되는 날, 지치고 굶주리고 탈수증에 시달리고 심각한 동상에 걸린 그들은 유랑자처럼 칼리파니Khalipani 마을로 들어갔다. 그곳에는 사람들이 있었고 불과 음식이 있었다. 모든 것이 좋아 보였다. 그러나 실상은 그렇지 않았다. 마을 사람들은 음식을 제공하고 도와주는 대가를 요구했는데 그들에게는 돈이 없었다. 그들은 먹을 것을 찾아 이곳저곳을 헤맸다. 손에 물집이 생기고 발이 터진 빈첸츠는 감염에 시달렸다. 그의 손과 발은 괴저가 생겨 악취를 풍겼다. 네팔의 마을 주민들에게 위생관념을 가르치는 불가능한 일을 혼자의 힘으로 해냈던 슈라우프는 박테리아로 인해 일부가 썩어가는 친구의 손을 바라보며 가슴이 무너져 내렸다.

그들은 병원과 음식과 청결한 환경을 그리워하며 카트만두로 가는 비행기를 7일 동안이나 고통스럽게 기다려야 했다. 벽에 달라붙은 지 24일이 지난 후 그들은 그 나라의 수도로 돌아왔다. 그들의 등반은 로체 남벽에서 진행한 69일간의 지루한 작업이나 에베레스트 서릉에서 보낸 몇 주에 비하면 빛의 속도나 마찬가지였다. 그럼에도 불구하고 고통은 이루 말할 수 없었다. 그리고 슬프게도, 비록 세계 산악계가 그들의 지난한 노력을 이해하기는 했지만, 그들은 다울라기리 남벽에서 거둔 놀랄 만한 성취에 커다란 기쁨이나 자긍심을 느끼지 못한 것 같았다.

슈라우프와 그의 동료들은 믿을 수 없는 어떤 것, 즉 미래지향적인 등반을 해냈다. 그러나 정상 등정에는 실패했다. 귀국길에 오른 슈라우프는 다울라기리로 다시 돌아오리라 다짐했다.

다울라기리에 빠진 슈라우프는 1985년부터 3년 연속 원정등반을 추진했다. 하지만 그는 한 번도 이전의 루트나 단순한 루트는 고려하지 않았다. 1985년 그의 팀은 다울라기리 동벽에서 3,400미터의 신루트를 알파인 스타일로 올라, 7,600미터의 북동릉에 도달했다. 하지만 그 산에서 45일을 지내자 허리케인이 그들의 기회를 빼앗아갔고, 정상은 다시 한번 그의 손에서 빠져나갔다. 마리얀 크레가르와 함께 도전한 그다음 해에는 7,650미터에서 악천후로 돌아서고 말았다. 그러나 1987년 늦가을의 마지막 원정에서는 슈카리야와 마리얀 크레가르가 12월 4일 해가 떨어질 무렵 마침내 정상에 올라섰다. 비록 공식적으로는 동계등반이 아니었지만 그들은 그 산을 동계의 조건 속에서 올랐다. (히말라야의 동계등반은 12월 21일부터 시작되는데, 그들의 등정은 동계의 '기상 조건'으로 인정받았다)

정상에 오르지 못한 슈라우프에게 다울라기리는 고통의 산이었다. 그 산은 그에게 너무나 매력적이어서, 만약 그가 더 오래 살았더라면 그는 분명 그 정상에 올랐을 것이다. 네이츠는 때로 광기의 경계선을 넘나드는 정상에 대한 집착을 이해했다. 그는『길』에 이렇게 썼다.

점점 더 간절하게 정상에 오르고 싶다. 그것이야말로 내가 살아가는 유일한 이유다. 정상에 오르지 않고 돌아서는 것은 상상할 수도 없었던 지점까지 나는 올랐다. 사람들은 우리가 무엇 때문에 그토록 노력을 쏟아붓고 위험을 무릅쓰는지 이해하지 못한다. 그러나 모든 노력은 목표를 더 가치 있게 만든다. 더 많은 노력을 쏟아붓고 더 많은 위험을 감수하면 할수록 목표가 그만큼 더 고귀해져, 그것을 얻고자 하는 욕망도 더욱 강렬해진다. 의지 또한 더 강해지는데, 보통의 환경이라면 살아남는 데 도움이 될 수 있는 이 의지의 힘은 위험의 모든 신호, 심지어는 자기보존을 위한 본능까지도 지배한다. 그리고 그것이 사람들을 극한의 세계 그 너머로까지 이끈다. 알피니스트들이 정상으로 향한 후 돌아오지 못하는 이유가 바로 거기에 있다.

떨어지는 별들

1983년 네이츠는 정점에 올라 있었다. 그는 8천 미터급 고봉 14개 중 3개를 자신의 것으로 만들었다. 마칼루, 가셔브룸1봉, 에베레스트. 더구나 모두 인상적인 신루트 등정이었다. 그는 산악구조대원이었고, 때마침 발간된 자신의 책 『길』에 대한 전례 없는 찬사까지 받고 있었다. 사랑스러운 세 아들을 둔 그는 행복한 결혼생활을 만끽하고 있었다. 그는 훈련을 하고 등반을 하면서 멋진 미래에 대한 꿈으로 부풀어 있었다. 성공으로 나태해지고 명성으로 안주할 수도 있었지만 그는 그렇지 않았다. 그는 자신을 둘러싼 자연에 대한 감수성, 자신의 삶과 스쳐지나갈 정도로만 교차하는 다른 사람들에 대한 연민의 정을 유지했다.

크란 근처의 야산을 달린다. 가쁜 숨과 발걸음의 환상적인 리듬이 나를 길 위쪽으로 이끈다. 산꼭대기에는 호텔을 개조한 전원주택이 하나 있다. 버림받은 사람들의 그림자가 발을 질질 끌며 봄볕의 이른 따스함을 찾아 이리저리 움직인다. 허리를 꼿꼿이 펴고 담장 옆에 선 키 작은 노인의 붉은 빛이 도는 두 눈동자가 먼 곳을 헤맨다. 아득히 먼 곳에서 율리안 알프스의 하얀 산들이 하늘을 배경으로 윤곽을 드러내고 있다. 글쎄… 그의 늙은 두 눈이 멀리 떨어진 그 산들을 볼 수는 있을까. 그의 약해진 마음이 산들이 그곳에 있다는 것을 알기는 할까. 그러나 도취된 듯 멍하니 아득한 지평선을 응시하고, 내 욕망의 목표를 무덤덤하게 바라보는 그의 시선은 나와 그 작은 노인 사이에 보이지 않는 끈을 만든다. 내가 그것을 미처 알아차리기도 전에, 그의 마음은 추억으로 가득 차고, 내 마음은 갈망으로 불타올라 우리 둘은 먼 그곳을 바라본다. 나는 마치 지식의 문을 열기라도 하는 것처럼, 주름 잡힌 얼굴, 구부정한 팔다리, 붉은 눈언저리, 질질 끄는 발의 세계로 들어간다. 나는 나 자신의 힘과 건강과 젊음과 꿈이 부끄럽다. 반면, 이빨이 없는 얼굴들은 손을 내밀며 모든 것을 이해한다는 미소를 보낸다.

나는 산의 반대편을 쳐다본다. 도시의 매연이 자욱한 그곳에서는 공장이 돌아가는 요란한 소리가 들려온다. 내가 사랑하고, 정상에 서면 언제나 그리워하는 내 고향은 이제 사지를 뒤틀며 이런 노인들의 희망을 죽이는 고문실처럼 느껴진다. 그들은 자신들을 기다리는 먼 곳을 무심히 바라본다. 조용하고 차분하게. 그러면 모든 상념이 사라지는 것일까. 사랑과 명성과 부와 이 세상에서 가치가 있다고 우리가 생각하는 모든 것이. 아주 먼 곳을 그토록 오래도록 바라보면…. 덥수룩한 얼굴에 또렷한 눈을 가진 키 작은 노인이 나에게 담배를 요구한다. 비록 오래전에 담배를 끊기는 했지만, 앞으로 나는 이곳에 올라올 때는 언제나 담배를 가지고 오리라 다짐한다.

네이츠는 지구의 반대편에 있을 때조차도 자신을 둘러싼 사람들에게 마음의 문을 열고 그들을 받아들였다. 그의 관찰은 자주 고조되는 자각과 지혜에 이르렀다. 그는 어느 네팔 병원에서의 경험을 『길』에 이렇게 썼다.

작고 쭈글쭈글한 사람이 포카라에 새로 지어진 아름다운 병원의 바닥에 쭈그려 앉아 있었다. 손에 깁스를 한 작은 소년이 수술실에서 나와 그 사람이 깔아놓은 천 조각 위에 드러누웠다. 그는 소년 옆에 쭈그려 앉아, 한시도 눈을 떼지 않고 얼굴을 물끄러미 바라보면서 머리를 쓰다듬으며 소년이 잠에서 깨어나기를 기다렸다. 그들은 어디서 온 것일까? 그는 구부정한 등에 그 소년을 업고, 하얀 가운을 입은 사람이 소년의 고통을 치료해주리라는 믿음 하나로 얼마나 먼 길을 걸어온 것일까? 그는 계속 쭈그려 앉아 소년의 머리를 쓰다듬으며 다른 곳에서, 어떤 알 수 없는 세계에서 아버지가 있는 세계로 돌아오기를 기다리고 있었다. 그러자 소년은 크고 검은 눈을 뜨고 당황한 듯 아버지를 찾으며, 갈색 뺨 위로 눈물을 주르륵 흘렸다. 아버지는 쭈그려 앉은 자세로 그 소년을 무릎 위에 올려놓고 계속 쓰다듬었다.

소년은 아버지의 품에 파묻혀 두려움으로 울었다. 그러자 분명 소년의 세계 주위에 있는 아버지는 소년의 머리를 쓰다듬으며 나직이 위로의 말을 건넸다. 그러면서도 아버지는 새로 지어진 아름다운 병원의 차가운 시멘트 복도에 깔린 더러운 천 조각 한가운데에 꼼짝하지 않고 쭈그려 앉아 있었다. 나는 공간을 떠돈 아버지의 말을 이해했다. 나는 마음보다는 가슴으로 그들을 이해했다. "얘야, 실컷 울어라. 그러면 나아질 거야. 네가 정신을 차리면 가게로 가서 맛있는 걸 사줄게. 그럼, 넌 앞으로 산처럼 강한 사람이 될 거야." 그러자 소년이 울음을 그쳤다. 아버지는 소년의 눈물을 더러운 헝겊 조각으로 닦아주고 나서, 지쳐 빠진 손으로 그를 들어 올려 따뜻하고 맛있는 것을 산만큼 먹을 수 있는 어디론가 데리고 나갔다. 나는 텅 빈 바닥에 오랫동안 앉아 사랑과 신뢰의 내 두 스승이 비운 자리를 쳐다보았다.

유고슬라비아의 1983년 마나슬루(8,163m) 원정대에 합류하기로 결정한 크로아티아의 뛰어난 알피니스트 스티페 보지치는 성공의 가능성을 높이기 위해 슬로베니아의 일급 산악인인 네이츠 자플로트니크와 비키 그로셀을 원정대에 초청했다. 유고슬라비아는 일찍이 1956년에 미등의 마나슬루에 원정대를 보내고자 하는 열망을 가졌었다. 세계 제8위의 고봉인 그 산은 네팔의 서부 한가운데에 있는데, 정치적·경제적 이유로 그 원정등반은 성사되지 못했다. 대신 마나슬루는 그해 일본 팀에 의해 초등됐고, 1971년과 1974년에도 일본 팀에 의해 등정됐다. 그래서 마나슬루는 일본의 산으로 알려지게 되었다. 또한 1972년에는 메스너도 티롤 팀을 이끌고 정상에 올랐다. 그러나 눈사태로 17명이나 희생된 것 역시 1972년이었다. 마나슬루는 이제 살인자라는 악명을 얻었다. 크로아티아의 빈코 마로에비치Vinko Maroević가 이끈 1983년 마나슬루 원정대의 목표는 어려운 남벽의 하단부를 티롤 팀의 루트로 등반한 다음, 미등의 남릉을 따라 정상으로 가는 것이었다. 한 번 더 그들의 목표는 이미 알려진 루트를 반복하는 것이 아니라, 유고슬라비아의 전공인 새로운 영역을 개척하는 것이었다.

왼쪽: 1983년 네이츠와 비키가 마나슬루로 향하기 전 네이츠·모이차 자플로트니크 부부와 비키 그로셸이 자그레브공항에 모여 있는 모습 (비키 그로셸 컬렉션)

오른쪽: 1983년 4월 15일 마나슬루 베이스캠프에서 네이츠의 서른한 번째 생일을 축하하는 모습. 이것이 그의 마지막 생일이 되었다. (왼쪽에서 오른쪽으로) 보리스 시리슈체비치Boris Siriščević, 이보 칼리테르나Ivo Kaliterna, 안테 부찬, 이고르 줄리안Igor Žuljan, 네이츠 자플로트니크, 고르단 프라니치Gordan Franić, 빈코 마로에비치 (비키 그로셸 컬렉션)

눈과 얼음사태의 소름 끼치는 위험에 무방비로 노출된 그 벽으로 접근하는 것은 극도로 위험하다는 사실이 곧장 드러났다. 그들 위쪽으로 거대한 세락들이 솟아 있었다. 그러나 가장 치명적인 위험이 30분 동안만 지속됐는데도, 그들은 모두 자신들의 게임이 러시안룰렛이라는 데 동의했다. 그것은 간단했다. 즉 두뇌의 회로를 끄고 등반하면 되는 일이었다. 그들은 빠르게 전진해, 3주도 되지 않아 루트의 7,000미터 위까지 올라갔다. 휴식을 조금 취하기 위해 베이스캠프로 돌아오던 네이츠는 주위의 풍경을 보고 다가올 날들에 대한 상념에 잠겼다. 그는 일기에 이렇게 썼다. "우리는 또다시 끝없는 빙하와 흙투성이의 험한 모레인 지대로 돌아온다. 이곳에서부터는 우리가 가는 방향으로 집채만 한 바위들이 연속적으로 늘어서 있다. 그리고 그 끝에 있는 사랑스러운 잔디밭과 호수 위의 베이스캠프 텐트들이 보인다. 그 모양이 꼭 놀란 병아리들이 함께 붙어 있는 것 같다."

1983년 마나슬루 원정대원들이 네이츠 자플로트니크의 시신을 베이스캠프 인근에 있는 영원의 안식처로 운구하고 있다. (스티페 보지치 컬렉션)

4월 15일 모든 대원들이 베이스캠프에 모여 네이츠의 서른한 번째 생일을 축하해주었다. 그러나 결국 그것은 그의 마지막 생일이 되고 말았다.

4월 24일 스티페와 일부 대원들은 베이스캠프에, 비키는 벽의 몇백 미터 위에 있었다. 그리고 네이츠는 스레치코 그레고브Srečko Gregov, 안테 부찬Ante Bućan과 함께 비키가 있는 곳으로 힘들게 올라가고 있었다. 그때 커다란 굉음이 정적을 깨뜨렸다. 비키의 눈에 1캠프와 2캠프 사이에서 건들건들 움직이던 거대한 세락 하나가 무너져 내리는 모습이 보였다. 처음에 그것은 불가사의하게도 희박한 공기 속에 매달려 떠 있는 듯했다. 그러나 기적이 끝나자, 그것은 쏜살같은 속도로 우르릉거리며 산 밑으로 굴러떨어졌다. 비키는 놀란 나머지 그 길목에 있는 사람이 없는지 고개를 들어 재빨리 주위를 훑어보았다. 그러자 허둥지둥 도망치는 토끼처럼 세 명이 사방으로 흩어지는 모습이 보였다. 그러나 눈사태는 순식간에 그들을 집어삼켰다.

눈과 얼음의 구름이 흩어지자 비키의 눈에 한 사람이 여전히 움직이고 있는 모습이 보였다. 비키는 비명을 지르며 사면을 미끄러지듯 내려갔고, 스티페는 베이스캠프에서 허겁지겁 달려 올라왔다. 배낭들이 흩어진 모습에 이어 등반용 부츠 두 개가 얼음 위로 삐져나온 모습이 보였다. 둘 다 네이츠의 것이었다. 그들은 피켈로 눈사태의 잔해를 미친 듯이 파냈다. 그러나 눈과 얼음이 시멘트처럼 딱딱해 아무 소용이 없었다. 더구나 위쪽에서는 불안정한 세락들이 그들을 위협했다. 그들은 용서할 수 없는 표면을 40분 동안 파내고 나서야 네이츠를 얼음의 무덤에서 꺼낼 수 있었다. 그는 이상할 정도로 평화로워 보였지만, 목이 부러져 있었다. 네이츠는 죽었다. 스티페는 중상을 당한 스레치코를 돌보았다. 그러나 아무리 찾아도 안테의 시신은 보이지 않았다. 네이츠의 시신을 빙하의 끝자락까지 옮기는 데는 꼬박 이틀이 걸렸다. 그들은 돌무더기로 그를 그곳에 묻었다.

대원들은 충격에 빠졌다. 그들에게 네이츠는 불멸의 사나이였다. 엄청난 비극을 고국에 설명하려니 비키는 눈앞이 캄캄했다. 그들은 자괴감에 무너져

네이츠 자플로트니크가 1983년 마나슬루 베이스캠프에서 자신의 두 번째 책을 쓰고 있다. (비키 그로셀 컬렉션)

슬픔의 바다에서 허우적거렸다. 얼마 전까지도 네이츠는 그들의 등반 파트너였고, 가장 친한 친구였다. 그러나 사실 그는 그 이상이었다. 그는 그들의 목소리였다. 그는 그들의 꿈과 욕망, 그들의 두려움과 의구심을 이해했고, 그런 감정들을 글로 절절히 풀어냈다. 네이츠를 잃은 것은 자신들의 일부를 잃은 것이나 마찬가지였다. 그들은 산을 떠났다. 그 원정등반에 네이츠를 끌어들인 것에 대해 커다란 죄책감을 느낀 스티페는 이제 두 번 다시 히말라야로 돌아오지 않으리라 다짐했다.

죄의식이 차츰 회한으로 바뀌자, 비키와 스티페는 네이츠를 추모할 수 있는 어떤 것을 해야 할 필요성을 느꼈다. 그들은 폴란드 산악인 마치에이 베르베카Maciej Berbeka와 리샤르드 가예브스키Ryszard Gajewski가 동계초등을 달성한 지 4개월이 지난 그다음 해 마나슬루로 돌아왔다. 그들은 네이츠를 위해 그곳을 오를 작정이었다. 4명으로 이루어진 팀의 리더인 알레시 쿠나베르, 스플리트 출신의 에도 레텔Edo Retelj과 함께 그들은 잔인했던 경험을 통해 원정대 스타일의 느린 전진이 그 산에서는 너무나 위험하다는 사실을 깨달았다. 따라서 그들은 알파인 스타일로 도전하기로 했다. 전문가들은 성공 확률이 1퍼센트에 불과하다고 했다. 처음에는 그런 비평가들이 옳은 것처럼 보였다.

1984년 에도 레텔이 마나슬루 남벽의 하단부 5,000미터 부근을 등반하고 있다. 이때 그들은 남벽을 성공적으로 공략했다. 그는 그로부터 거의 30년 후에 스플리트에서 60킬로미터 떨어진 카메슈니차산Mt. Kamešnica에서 눈사태로 사망했다. (스티페 보지치 컬렉션)

60킬로그램의 식량과 장비를 5,700미터의 은닉처로 끌어올린 그들은 마지막 도전을 앞두고 휴식을 취하기 위해 베이스캠프로 내려왔다. 그러나 그곳으로 다시 올라간 그들은 이웃한 피크29에서 쓸려 내린 거대한 눈사태가 은닉처를 깊이 파묻어버렸다는 사실을 알고 공포에 질렸다. 모든 것이 유실됐다. 식량과 텐트, 다운재킷, 피켈, 스토브 등. 이제 4명이 쓸 수 있는 것은 단 하나의 스토브와 몇 개 안 되는 등반장비뿐이었다. 그들은 플랜B를 가동했다.

에도는 계곡으로 내려갔고, 알레시는 정상으로 올라갈 수 있는 자신의 자리를 비키에게 내주고 텐트에 남았다. 공개적으로 그리고 공식적으로, 알레시는 자신의 역할을 받아들였다. "리더의 의무는 정상 등정이 아니라 동료들을 안전하게 정상에 올리는 것이다." 그러나 그는 그때가 자신에게는 8천 미터급 고봉을 등정할 수 있는 마지막 기회였다는 가슴 아픈 심경을 일기에 털어놓았다. 그는 어느덧 마흔여덟이었다.

비키와 스티페가 유일하게 작동되는 스토브를 가지고 있었기 때문에 그는 어떻게든 하나를 만들어 써야 했다. 그는 가스통의 밑바닥을 잘라, 그 안에 초를 넣고 불을 붙인 다음, 눈을 녹여 마실 물을 만들었다. 그것은 살아남기 위한 필사적인 노력이었다.

비키와 스티페가 등반에 나섰을 때 6,400미터의 총알같이 단단한 얼음구간에서 스티페의 피켈이 그만 부러지고 말았다. 그들이 알레시에게 그 나쁜 소식을 전하자, 그는 대체용을 가지고 다음 날 새벽 4시에 텐트를 출발하겠다고 약속했다. 출발한 지 3시간이 지난 후 알레시는 피켈 두 자루, 로프 30미터, 볼트 하나 그리고 약간의 인스턴트 수프와 설탕을 가지고 나타났다. 그리하여 이제 비키와 스티페는 정상을 향해 계속 올라갈 수 있게 되었다.

3일 동안 알레시는 텐트에 웅크리고 앉아 초로 눈을 녹이고, 집으로 편지를 쓰고, 자신을 벽에서 날려 보낼 듯 위협하는 눈보라와 싸웠다. 3일째인 5월 4일 비키와 스티페는 마침내 정상에 올라섰다. "우리는 네이츠, 안테, 알레시 그리고 우리의 성공을 위해 희생을 아끼지 않은 두 번의 원정등반 대원들에게 무한히 감사하는 마음을 가지고 정상에 섰다."라고 비키는 썼다. 며칠 후 계곡으로 돌아온 그들은 정상에서 가지고 내려온 작은 돌멩이 하나를 네이츠의 무덤에 올려놓았다. 그곳은 늘 믿음을 주면서 재능이 넘쳤던 유명한 한 산 사나이의 영원한 휴식처로는 소박한 곳이었다.

그로부터 9년 전 마칼루 정상에 선 네이츠는 자신의 앞날에 펼쳐질 인생을 곰곰이 생각했었다. 그러나 그때 그는 자신의 인생이 그토록 빨리 끝나리라고는 미처 생각하지 못했다.

우리가 과연 또 다른 마칼루를 발견할 수 있을까? 아니면, 이것이 처음이자 마지막일까? 스물세 살의 나이에! 갈망의 끝. 계획의 끝. 이것이 정녕 끝일까? 이제 우리는 단조로운 잿빛의 일상 속으로 내려가게 되는 것일까? … 우리는 집으로 돌아갈 것이고, 매일의 투쟁은 새롭게 시작될 것이다. 학교와 직장. 그러나 새로운 목표가 우리 곁에 나타날 것이다. 언제나 그랬으니까. 그리고 앞으로도 오랫동안 그럴 것이다. 그러나 언젠가 우리는 연약한 노인이 되어 인파 속에 묻혀버릴 것이다.

알레시는 공식 보고서에 이렇게 기록했다. "피켈 한 자루가 망가진 것 말고 큰 어려움은 없었다." 그는 이 간결한 문구로, 마지막 원정등반에서 자신의 이타적인 행위를 애서 배제했다. 비극적으로, 그는 원정등반이 끝난 몇 달 후 슬로베니아에서 가장 아름다운 계곡이 모여드는 블레드 호수Lake Bled 근처에서 헬기 추락사고로 생을 마감했다.

알레시는 슬로베니아의 전후 세대 알피니스트였다. 그들은 구두 징이 박힌 부츠를 신고, 어머니의 빨랫줄을 사용하고, 피켈을 빌려 쓰고, 피톤을 직접 만들었다. 그들은 히말라야를 꿈꾸었다. 그리고 당연히 8천 미터급 고봉의 정상에 서고 싶어 했다. 알레시는 자신만을 위해 그런 꿈을 채우지는 않았다. 그

1996년 비키 그로셸은 마나슬루 남벽 아래로 돌아왔다. 네이츠 자플로트니크의 가족들을 데리고 그의 영원한 안식처를 찾은 것이다. (왼쪽부터 오른쪽으로) 네이츠 주니오르, 모이차(미망인), 루카와 야카 (비키 그로셸 컬렉션)

는 1970년대에 동료 알피니스트들을 앞장서서 이끈 것으로 평가받았다. 그는 계획을 체계적으로 세웠으며, 슬로베니아 산악인들의 기술과 동기에 자신의 신념을 심어주었다. 그는 그런 거대한 목표들을 향한 자신의 의도를 거리낌 없이 발표할 정도로 용기가 있었다. 교양이 몸에 밴 사람으로서, 그는 개인을 존중했고, 모두의 화합을 도모하기 위해 함께 일했다. 이런 식으로 그는 강력한 팀을 만들었다. 그는 자신이 이끈 원정등반에서 어느 누구도 잃지 않았다. 리더십과 비전과 팀워크에 대한 그의 유산은 타의 추종을 불허했다. 그는 솔선수범했고 팀을 우아하게 이끌었다. 가장 중요한 것은 그가 동정의 마음으로 팀을 이끌었다는 것이다. 마나슬루에서의 그의 솔선수범은 이에 대한 완벽한 사례였다.

그러나 네이츠의 미망인 모이차Mojca에게 추모등반 같은 것은 전혀 위안이 되지 못했다. 간호사인 그녀는 겨우 스물아홉 살의 나이에 세 아들을 부양

해야 하는 가장이 되었다. 간호사의 수입으로는 산더미 같은 청구서를 감당할 수 없다는 사실이 곧 명백해졌다. 그래서 그녀는 부업으로 미용실을 열었다. 그 부업은 그녀의 일이 되었고, 그에 따라 후에 생긴 몇 개의 파생적인 사업을 아들인 루카Luka와 네이츠 주니어Nejc Jr.가 넘겨받았다. 그녀는 결국 네이츠의 친한 친구이자 등반 파트너였던 토마주 얌니크Tomaž Jamnik와 재혼했다.

운명의 1983년 마나슬루 원정등반으로부터 13년이 지난 후 비키는 모이차와 그녀의 세 아들을 데리고 히말라야로 돌아왔다. 낡은 나무 십자가가 꽂혀 있는 네이츠의 무덤은 쓸쓸하게 그곳에 남아 있었다. 그의 무덤은 13번의 히말라야 겨울과 13년의 천둥 같은 눈사태와 13년의 부드러운 여름 꽃들을 이기고 여전히 그곳에 있었다. "아버지가 최고야!" 네이츠의 막내아들 야카 Jaka가 주위의 풍경에 감탄해 이리저리 돌아다니며 소리쳤다. "묘지로 선택한 이곳을 보란 말이에요."

그때 스물세 살이었던 루카는 그곳의 규모에 압도당해 어머니와 형제들과 함께 눈물을 훔쳤다. "우린 산에 수도 없이 갔는데 그토록 높고 아름다운 곳은 처음이었습니다."라고 그는 말했다. "아버지가 왜 산을, 특히 히말라야를 그토록 사랑했는지 알 수 있었던 그 여행은 우리에게 아주 소중한 경험이었습니다."

10

혼자 행동하는 사람

네이츠 자플로트니크는 그의 인생 마지막 몇 년 동안 안드레이 슈트렘펠이나 훗날의 토모 체센 같은 크란 출신의 젊은 산악인들에게 영감과 동료의식을 심어주었다. 1959년에 태어난 토모 체센은 1972년부터 등반을 시작했는데, 그해는 알레시 쿠나베르가 동료들과 함께 마칼루 남벽에서 새로운 영역을 개척하고 있을 때였다. 고향인 크란 근처에 있는 암장에서 첫 모험을 시작한 그는 알프스로 진출해 눈과 얼음에서 자신의 기량을 시험했다. 키가 크고 호리호리하고 가무잡잡하고 잘생긴 그는 산악인이라기보다는 차라리 모델에 가까웠다. 토모는 고등학교 때의 단짝이었던 네다Neda와 4년간의 열애 끝에 약관 스무 살의 나이로 결혼에 성공했다. 그리고 그들 부부는 2년이 지난 후 장남 알레시Aleš를 낳았다.

천부적인 운동선수인 토모는 곧 네이츠의 문하생이 되었다. 그 둘은 프랑스 알프스로 가서 프티 드류Petit Dru의 보나티 필라Bonatti Pillar와 레 드루아트 북벽 등에서 기량을 마음껏 뽐냈다. 네이츠에게는 재능이 넘치고 호기심이 강한 자신의 학생과 어울리는 데 필요한 경험과 기술 그리고 지능이 있었다. 토모는 자신 역시 때로는 너무 지나칠 정도로 자신감이 넘쳤었다고 회상했다. "그는 자신에겐 아무 일도 일어나지 않는다고 생각하는 것 같았습니다."라며 토모는 웃었다. "그는 종종 이렇게 말하곤 했습니다. '걱정 마. 모든 게 잘되고 있어.'"

토모는 타워와 사다리 등 아찔하게 높은 곳에 매달려 일하는 노동으로 생계를 유지했다. 그는 시간이 나면 암벽등반을 했는데, 종종 혼자서 오르곤 했다. 그리고 일이 없는 겨울에는 율리안 알프스의 북벽과 샤모니 주위의 전통적인 루트에서 동계등반 기술을 연마했다.

토모는 러시아의 파미르에 있는 코뮤니즘봉 북벽에서 1983년 처음으로 고소를 경험했다. 해발 7,495미터인 그곳에서 그와 등산연합의 원정대위원회는 그가 히말라야의 자이언츠에 대해 준비가 되어 있음을 확인했다. 그로부터 2년 후인 1985년, 그는 토네 슈카리야가 이끄는 8,505미터의 얄룽캉 원정등반에 초청받았다. 칸첸중가의 위성봉인 얄룽캉과 주봉인 칸첸중가는 안부를 사이에 두고 인도(시킴)와 네팔의 국경선에 의해 갈린다. 전환점을 이루는 몇 번의 경력 중에서 얄룽캉은 토모에게 가장 중요한 역할을 한 것 같았다. 토모가 등반으로 3개월이나 집을 비우는 동안 네다는 세 살배기 아들 알레시를 데리고 친정집으로 갔다. 그때 둘째를 가진 그녀는 남편에 대해 두려움이나 걱정을 전혀 나타내지 않았을 정도로 자기절제가 강했다.

15명의 대원으로 구성된 원정대는 세르파의 도움을 받고, 보조산소와 고정로프를 사용하고, 등정을 위해 4개의 캠프를 미리 설치하는 등 전통적인 원정대 스타일로 북벽을 공략했다. 토모는 다른 히말라야 봉우리들은 물론이고 에베레스트와 로체에 갔다 온 경험 많은 고소 등반가 보루트 베르간트와 팀을 이루었다. 토모는 장비라든가, 해수면의 높이에서는 중요하지 않을지 모르지만 그 고도와 폭풍 속에서는 생사를 가를 수도 있는 사소한 것들을 보루트로부터 많이 배웠다.

4캠프에서 위 속에 든 것을 모두 토해낸 토모는 몸이 좋지 않았다. 다음 날도 나아지지 않았다. 그는 몸을 떨며 힘을 전혀 쓰지 못했다.

"보루트, 내려가야 할 것 같습니다." 그는 텐트 밖으로 몸을 기울이며 숨을 헐떡거렸다.

"좋아질 거야." 보루트가 그를 안심시켰다. "일단 등반을 하면 어지럼증이 사라지니까 좀 기다려봐."

토모는 산소통에 든 산소를 들이마시며 한번 해보기로 했다. 보루트가 옳았다. 마치 희박한 공기가 순정의 힘을 불어넣는 것처럼 높이 올라갈수록 토모는 컨디션이 더 좋아졌다. 14시간 후 그들은 정상을 밟았다.

오후 5시. 하산은 대부분 어둠 속에서 이루어질 것이 명확했다. 밤이 되자, 토모는 힘이 더욱 솟은 반면 보루트는 기력을 잃었다. "그는 지쳐갔다."라고 토모는 설명했다. "그는 정신적으로 준비가 부족했다. … 그는 정상에 오르는 것에만 집중해서 일단 정상에 오르자 긴장이 풀렸다." 토모의 분석은 사실에 바탕을 두고 있으며, 모든 에너지와 추진력을 정상에 집중한 나머지 돌아오는 여행을 위한 탱크를 텅 비워버리는 많은 고소등반 스타일을 적나라하게 나타내주고 있다.

8,400미터로 내려오자 가파른 얼음과 기술을 요하는 바위가 20미터쯤 나타났다. 토모가 임시로 하강 로프를 설치했고, 보루트가 먼저 내려갔다. 잠시 후 그가 위로 소리쳤다. "좋아, 내려와." 토모는 그가 끝까지 내려갔는지 의구심이 들었지만, 어쨌든 그가 서 있는 10미터 아래의 바위 턱을 찾아 로프를 타고 내려갔다. 그 아래쪽은 상당히 가팔랐다. 토모는 하강 로프에 매달려 두 번째 하강에 쓸 피톤을 박기 시작했다.

보루트 베르간트. 그는 1985년 얄룽캉 정상에서 토모 체센과 함께 하산하던 중 사망했다. (스티페 보지치 컬렉션)

그때 보루트가 추락했다. 그는 단 한 마디 말도 없이 그냥 사라져버렸다. "나는 그가 죽고 난 다음에 추락했다고 생각합니다."라고 그는 훗날 말했다. "보통 추락하면 그 순간은 살아 있기 때문에 제동을 하려고 발버둥·칩니다. 하지만 그런 행동이 전혀 없었습니다."

이제 토모는 작은 바위 턱에서 혼자가 되었다. 그는 그런 고도에서 처음으로 비박을 감행했다. 계획에 전혀 없던 것이어서, 그는 어떻게 해야 할지 몰랐다. 토모는 정신을 잃지 않으려고 밤새 손발을 움직였다. 그는 추위에 몸을 단단히 웅크리고 새벽이 빨리 오게 해달라고 기도했다. "나는 그곳에서 살아남아야 했다."라고 그는 설명했다. "그것은 아주 간단하거나, 아니면 매우 복잡했다." 훗날 그는 모든 등반 경력 중에서 그때야말로 자신이 생사의 갈림길에 가장 가까이 다가갔었다고 인정했다.

그러는 동안 베이스캠프는 말없이 지켜보고 있었다. 정상에는 두 사람이 올라섰는데 얼마 후에는 한 사람만 내려오는 모습을 그들은 목격했다. 그러나 처음에는 사실관계가 불분명했다. 대원 중 한 사람이었던 프란체크 크네즈는 멀찍이 떨어져 혼자 초원 근처에 있었다. 그는 본능적으로 산에서 비극이 펼쳐지고 있다는 사실을 직감했다. 일찍이 그는 파괴적인 사건이 연달아 일어나는 장면을 지켜보았다. 훗날 그는 그 당시의 심경을 이렇게 털어놓았다. "그곳에서 나는 힘을 느낄 수 있었다. 그 힘은 나를 관통하더니 내 마음에 있는 모든 꿈을 순식간에 날려 보냈다. 깊은 곳에 무겁게 가라앉아 있던 허무가 위로 올라왔다. 허무와 슬픔의 감정이…."

당신 같으면 그런 날 어떻게 할 것인가? 산에서 성공과 비극이 동시에 일어난다면, 어떤 감정이 지배할까? 기쁨? 자긍심? 슬픔? 분노? 냉랭한 분위기가 캠프를 뒤덮었다. 그리고 기다리는 시간 동안, 책망과 비난과 죄의식이라는 파괴적인 벌레가 모든 대원들의 정신 속으로 스멀스멀 기어들어 왔다.

이틀 후 베이스캠프로 무사히 돌아온 토모는 완전히 난파선이 되었다. 그는 거의 걷지도 못했다. 그는 잠을 자지 못했고 일어서지도 못했다. 원정대 의사가 토모에게 수면제를 주사하자 그는 20시간 동안이나 잠을 잤다. 그러더니 일어나서 무언가를 조금 먹고, 다시 15시간 넘게 잠에 빠졌다. 그는 얄룽캉에서 육체와 정신의 한계를 넘나들었다.

1년 후 토모는 다시 한번 절호의 기회를 잡았다. 이번에는 카라코람이었다. 파키스탄의 카라코람 지역에는 8,000미터가 넘는 봉우리가 네 개 있다. 8,611미터의 K2, 8,051미터의 브로드피크, 8,080미터의 가셔브룸1봉, 8,034미터의 가셔브룸2봉. 비록 외진 곳에 있기는 하지만 이 봉우리들은 서로 가까이 있어, 산악인들이 한 시즌에 하나 이상을 등정하기에는 안성맞춤이다. 이들 자이언트 중 한 곳에서 고소적응 훈련을 하고 인근의 베이스캠프로 이동해서 또 하나를 시도하는 것은 이제 꽤 일반적인 현상이 되었다. 그러나 비키 그로셀이 브로드피크와 가셔브룸2봉을 등정하고 나서 K2를 정찰하기 위해 14명의 대원들을 이끌고 그곳에 도착한 1986년에는 그렇지 않았다. 그 원정대에는 낯선 여성이 하나 있었다. 그녀는 바로 안드레이 슈트렘펠의 부인 마리야였다. 재능과 활기가 넘치는 알피니스트인 그녀는 율리안 알프스와 프랑스 알프스에서 인상적인 등반을 몇 개 했는데, 이제 고소에서 자신을 시험해보고 싶어 했다. 그녀의 가냘픈 몸매에는 무시무시한 힘과 강철 같은 결단력이 숨어 있었다.

실보 카로Silvo Karo 역시 그때 카라코람에 처음 진출했다. 팔뚝이 통나무만큼 두꺼울 정도로 힘이 넘치는 실보는 8천 미터급 고봉을 가볍게 먹어치울 듯한 기세였다. 돔잘레Domžale 근처에서 1960년에 태어난 그는 농장에서 자랐지만 농장 일을 싫어했다. 그는 신부의 손에 이끌려 1977년 스포츠클라이밍으로 등반 세계에 입문했다. 다른 산악인들의 경우와 마찬가지로 실보는 소챠 계곡에 있는 산간마을 보베츠에서 군복무를 했다. 그는 18개월의 군대생활을 오직 달리고 오르고 훈련하며 보냈다. 그곳에는 돼지도 소도 없었다. 고된 훈련이 효과를 발휘해 그는 곧 요세미티, 콜로라도, 돌로미테, 알프스, 파타고니아에서 어려운 암벽등반 루트를 수없이 긁어모았다. 그 원정대의 다른 젊은 대원으로는 토모가 있었다. 그리고 명성이 자자한 그의 속도는 이제 혼자

미래에 암벽등반의 귀재가 되는 어린
시절의 실보 카로 (실보 카로 컬렉션)

서도 등반할 수 있는 가능성을 열어주었다.

비키는 정상 능선이 1.5킬로미터에 달하는 브로드피크가 그의 막강한 팀에는 단순한 첫 번째 목표가 되리라고 자신했다. 7월 28일 새벽 5시 비키와 보그단 비슈차크 Bogdan Biščak가 텐트를 출발해 깊은 분설을 헤치며 7,800미터의 콜 위에 있는 깎아지른 능선에 올라섰다. 그들은 녹초가 되었지만 20시간 만에 정상에 올라섬으로써 슬로베니아 최초의 등정자가 되었다. 그다음 며칠 동안 토모와 실보 그리고 슈트렘펠 부부를 포함해 10명이 넘는 대원들이 정상 등정에 성공했다. 그리하여 안드레이는 카라코람에서 8천 미터급 고봉을 2개 오르게 되었고, 마리야는 그 고도를 오른 최초의 여성이라는 기록을 슬로베니아에 안겨주었다. 또한 토모는 그 루트를 19시간 만에 주파했다.

그들의 브로드피크 베이스캠프를 방문한 사람 중에는 폴란드의 슈퍼스타 반다 루트키에비츠Wanda Rutkiewicz도 있었다. 바로 전에 K2를 오른 그녀는 그 봉우리를 오른 최초의 여성 산악인이 되었는데, 그때 세 명의 동료 중 두 명을 잃어 육체적·감정적으로 무너져 있었지만, 자신의 경력에 브로드피크를 넣고자 하는 열망이 강했다. 자신들의 텐트와 로프를 사용하는 협상을 하면서 토모는 그녀가 대단히 충동적이었다고 기억했다. "우리 대원 중 일부는 그녀와 함께 등반할 준비가 되어 있었고, 심지어는 배낭을 져다 줄 의향까지 있었습니다."라며 그는 경탄했다. 결국, 그녀는 자신의 계획을 포기했다.

슬로베니아인들에게 다음의 목표는 얼음으로 뒤덮인 피라미드 형태의 가셔브룸2봉이었다. 8월 2일 보그단 비슈차크, 파블레 코즈예크Pavle Kozjek, 안드레이 슈트렘펠과 비키가 이틀간의 거리인 가셔브룸2봉 베이스캠프로 떠났다. 그들은 하루 만에 그곳에 도착했다. 그들은 고소적응이 잘되어 있었기 때문에 최소한의 식량과 장비만을 가지고 다음 날 아침 6시 등반을 시작했다. 5시간 후 그들은 남서쪽 아레트 아래인 5,900미터 지점에 도착했다. 그들은 위쪽의 불안정한 사면이 얼어붙기를 기다리며 긴 휴식을 실컷 즐겼다. 그런 다음 그날 저녁 9시부터 야간등반을 해나갔다. 그들이 7,400미터에 이르자 첫 햇살이 산을 물들였다. 그곳에서 그들은 12일 동안의 등반 끝에 정상 등정에 성공한 후 하산하던 일단의 파키스탄 산악인들을 만났다. 그 파키스탄인들은 베이스캠프에 도착한 다음 날 정상을 향해 올라가는 비키와 그의 동료들의 대담함에 놀라는 눈치가 역력했다.

태양이 둥근 원을 그리며 떠오르자 날은 기분 좋을 정도로 따뜻해졌다. 그러고 나서는 어느 정도 뜨거워졌다. 그리고 마침내 참을 수 없는 지경이 되었다. "마지막 몇백 미터는 끔찍했다. 8,000미터에서 그런 광선이 가능한지 믿기지 않을 정도로 하얀 안개를 뚫고 들어오는 햇빛이 너무나 강했다."라고 파블레 코즈예크는 불평했다. 보그단과 안드레이는 앞에서 힘으로 밀어붙여 먼저 정상에 올랐고, 이어 몇 시간 후 파블레와 비키가 정상에 도착했다. 빠른 등반속도와 거의 적도 아래라고 할 만큼 온화한 태양 덕분에 그들은 정상에 머무르며 주변의 풍경을 즐겼다. 그러나 K2 쪽에서 폭풍이 일더니 가셔브룸 산군 쪽으로 빠르게 다가왔다. 그리하여 그들이 정상을 내려서기도 전에 첫 번째 눈송이가 공중에 날렸다. 이제 그들은 반대쪽으로 뛰듯이 내려갔다. 그들은 가셔브룸2봉의 등정을 인상적인 속도의 알파인 스타일로 가까스로 해냈다. 폭풍은 그 지역에 재앙을 초래하면서 여러 날 계속됐다.

대원들이 가셔브룸2봉을 뛰듯이 올라가는 동안 토모 체센은 K2로 넘어가 남동 스퍼를 7,900미터까지 단독등반했다. 공식적으로는 그 산에 대한 '정찰'이었지만, 훗날 토모는 정상까지 올라가고 싶은 유혹을 많이 받았다고 고백했다. 그는 이렇게 설명했다. "우리는 '무엇을 관찰할' 허가서를 갖고 있었다. 그런데 '무엇을 관찰한다'는 것이 구체적이지 않았다." 아마 파키스탄 당국에 양해를 구하는 일이 허가서를 기다리는 것보다 훨씬 더 쉬운 일일지도 몰랐다. 그래서 토모는 계속 올라갔다. 17시간 후 그는 아브루치 능선에 도착해 퍼렇게 멍이 든 듯 위협적인 하늘을 올려다보았다. 난폭한 폭풍이 몰려들고 있었다. 그는 그 산을 탈출했다.

그때 K2에 있던 사람들은 운이 좋지 않았다. 끔찍한 사고들이 이어지면서 미국과 영국, 폴란드, 이탈리아, 프랑스, 파키스탄, 오스트리아 출신의 산악인 13명이 그 시즌에 그 산에서 죽음을 맞이했다. 몇몇의 경우는 고소에 너무 오랫동안 머문 것이 화근이었다. 그날 그 산에서 토모는 속도 덕분에 살아났다.

1년 후인 1987년 토모는 네팔로 돌아왔다. 13명의 스타들로 구성된 8,383미터의 로체 샤르(로체의 세 봉우리 중 하나) 원정대에 초청받은 것이다. 그들은 성공하지 못했다. 그러나 토모에게 그 원정등반은 또 하나의 중요한 배움의 터전이 되었다. 벽에서 몇 주일을 보낸 후 그와 안드레이 슈트렘펠은 베이스캠프에서부터 7,500미터까지 치고 올라간 다음 12시간 만에 곧장 되돌아왔다. "몸을 제대로 만들어야겠지만, 또 다른 스타일로 등반할 수 있다는 신호였습니다."라고 그는 분명한 어조로 말했다.

토모는 자신이 산에서 보내는 시간을 최소화함으로써 위험을 현저히 줄일 수 있었다고 합리적으로 설명했다. 이제 그는 일단 고소적응이 되면 캠프에서 잠을 자며 산을 천천히 오르는 것보다 잠을 자지 않고 계속 등반하는 것이 훨씬 더 낫다고 확신했다. 결국 이것은 미래에 그의 등반 스타일이 되었다.

11

새로운 물결

토모 체센이 사는 곳으로부터 멀지 않은 마을 캄니크에서는 슬로베니아 산악인들의 새로운 물결 속에 중요한 산악인이 하나 떠오르고 있었다. 1965년에 태어난 마르코 프레젤Marko Prezelj은 어릴 적부터 강건하고 실용적이었다. 그가 자신의 일을 시작한 것은 겨우 열세 살 때였다. 그 일은 사실 아버지로부터 물려받은 양봉이었다. 학교에서 그는 자신이 관심을 갖는 생물학, 물리학, 수학 등에서는 뛰어난 실력을 자랑했다. 그는 흥미가 없는 과목은 필요한 만큼만 공부했다. "나는 일종의 기회주의자였습니다."라고 그는 자신의 과거를 회상했다. 그는 문제를 푸는 기회가 있는 과목에 열중했다. 그러나 철학이나 심리학 같은 모호한 세계는 그의 흥미를 끌지 못했다. "나는 실제적인 것에 흥미를 느꼈습니다."라고 그는 말했다.

젊은 마르코의 인생은 탄탄대로였다. 두 아들을 둔 부모가 모두 일을 하고 있어서 그의 가족은 부족함이 없었다. 그들은 시골에 살고 있어서 신선식품을 얼마든지 조달할 수 있었다. 그때는 건강보험과 학교, 심지어는 대학까지도 무상이었다. "공부하고 싶은 학생은 누구든지, 나라 안의 어느 마을 출신이든지 간에 단계를 높여갈 수 있었습니다."라고 그는 설명했다. 사회주의 시대에 자란 사람들과 마찬가지로 마르코도 그 시절을 그리워했다. 단순한 삶, 낮은 세금, 적은 도로, 더 작은 집, 부족한 기반시설… 그때는 휴대전화가 없어서 친구 관계가 더 돈독했다. 그는 정부에 의해 강요되는 억압의 징후들을 애써 무시하고 자신과 가까운 주변에 집중했다. 가족과 친구들과 이웃. "사람은 기댈 수라도 있지 않습니까?"라고 그는 말했다. "모든 것이 단순했습니다." 훗날의 알피니즘은 마르코가 갈망한 인생의 단순하고 정직한 방법과 일치했다. "이제 그 시절로 돌아갈 순 없습니다. 정신적인 면에서. 난 그 시절을 중시하지만, 그땐 그걸 미처 알아차리지 못했습니다."

마르코는 여섯 살 때 캄니크 알프스에서 산을 처음 경험했다. 그는 가족과 함께 3~4일 동안 그곳으로 가서 산속 오두막에서 잠도 자고, 걷기도 하고, 산꼭대기까지 돌아다니기도 하고, 그 반대편으로 달려 내려오기도 했다. 때때로 그들은 발자국이 희미한 사냥꾼의 길을 따라 방황하기도 했다. 그런 놀이를 하던 그는 어느 날 안개 낀 위쪽에서 산악인들이 서로 소리치는 말을 들었다. 그들이 주고받는 "완료!" 혹은 "출발!"이라는 말에 그는 호기심을 느꼈다. "우리보다도 산을 더 많이 아는 사람들이 있구나 하고 생각했습니다." 그리고 불현듯 그는 알피니스트가 되고 싶다는 생각에 빠졌다.

그러나 그는 열네 살에 불과했다. 열여섯 살이 되어야 등산학교에 갈 수 있었기 때문에 마르코와 그의 형은 로드바이크를 타기 시작했다. 그들의 첫

마르코 프레젤 (토네 슈카리야 컬렉션)

번째 여행은 이스트리아Istria 지역의 해안가를 따라가는 10일간의 코스였다. 두 번째 여행에서 그들은 크로아티아 남부에 있는 두브로브니크Dubrovnik까지 해안가를 따라 훨씬 더 멀리 내려갔다. 그런 다음 그들은 로마를 향해 페달을 밟았다.

이제 산악회에 가입할 수 있는 나이가 된 마르코는 경험이 풍부한 알피니스트인 보얀 폴라크Bojan Pollak가 지도하는 훈련 프로그램을 이행했다. 그때를 되돌아본 마르

코는 스타일을 놓고 보안과 약간의 이견이 있었다고 인정했다. "그는 돌같이 우직한 사람이었습니다." 예를 들면, 산에서는 등산용 부츠만 허락할 뿐 등반용 신발은 금지했다. 그는 모든 젊은 산악인들이 빨간 양말에 모직 니커보커를 입어야 한다고 고집했는데, 마르코는 둘 다를 혐오했다. 다른 사람들보다도 마르코는 규칙을 몹시 싫어했다. 그러나 그는 실용적이었다. "만약 내가 시스템을 바꿀 수 없다면 나는 그에 맞출 수 있습니다." 그는 어깨를 으쓱하며 이렇게 덧붙였다. "질 게 뻔한 싸움에 말려들고 싶진 않으니까요."

3년간의 훈련과 일련의 시험을 거쳐 마르코는 알피니스트의 자격을 부여받았다. 그는 파트너들과의 교류를 통해 곧 외국 산악인들을 알게 되었고, 작지만 반항적인 승리를 거두자 의기양양해졌다. 그러나 마르코는 그냥 가까운 곳에 사는 산악인들보다는 가치를 공유할 수 있는 사람들에게 더 큰 흥미를 느꼈다. 그리고 비록 젊기는 했지만, 그는 성격의 특성을 분명하게 드러냈다. 그는 실용적이었고, 꼼꼼했고, 선별적이었다.

그의 말을 빌리자면 군복무는 '시간 낭비'였다. 베오그라드 동부의 평원지대에 배치된 그는 곧 상관과 부딪쳤다. 그럼 처벌은? 연병장을 20바퀴 도는 것. 그는 완벽한 훈련이라고 생각했다. 그는 연병장을 즐겁게 돌았다. 하지만 다 돌고 나자 장교가 그를 꾸짖었다. "숫자를 제대로 세지 않고, 넌 날 속였어. 다시 20바퀴를 돌아!" 그럼 더 좋지! "난 시스템 속에 있는 이런 종류의 실용주의를 연습하기 시작했습니다."라고 마르코는 인정했다.

3개월 동안의 첫 훈련이 끝나자 마르코는 장교클럽의 웨이터로 전출됐다. 그는 그들의 음악적 요구에 맞춰 사운드 시스템을 운용하고, 영화를 선별하고, 사진을 찍는 등 일종의 심부름꾼 역할을 했다. 그의 단단한 체구와 깔끔한 용모 그리고 밝은 미소는 누구에게나 호감을 샀다. 군인으로서의 별 볼일 없는 경력에도 불구하고 마르코는 군대에서 많은 혜택을 받아, 제대 후에 전문 군인 알피니스트와 트레이너로 17년 동안이나 일을 했다. 누구나 탐낸 그 자리는 나라 안에서 상당히 인정을 받아야 가능했다. 그런데 그 자질을 결정하는 평가 시스템이 바로 마르코의 옛 네메시스Nemesis*인 보얀 폴라크가 개발한 것이었다.

슬로베니아 등산연합은 다른 스포츠 단체와 마찬가지로 중앙정부의 재정 지원에 의존했다. 스키와 같은 경쟁 스포츠를 평가하는 것은 쉬웠다. 그러나 평가가 쉽지 않은 등산이라는 스포츠 역시 어느 정도의 측정 수단이 필요했다. 그리고 보얀이 바로 그런 것을 만든 사람이었다. 그는 하계와 동계를 구분해 동계에 더 많은 점수를 주는 복잡한 채점 기준을 마련했다. 겨울은 12월 21일부터 3월 20일까지로, 난폭한 폭풍 속에서 등반을 했어도 하루만 늦으면 동계등반으로 인정받지 못했다. 그리고 98미터짜리가 제아무리 어렵다고 해도 100미터의 등반이 더 가치가 있었다. 이런 채점 기준이 익숙하지는 않았지만, 산악인들은 그에 준해 대상지를 선택하기 시작했다. 아니, 며칠을 일찍 하면 더 많은 점수를 받을 수 있는데 왜 3월 22일에 등반해? 아니, 홍미는 덜해도 5미터만 더 등반하면 좋은 점수를 받을 수 있는데, 왜 굳이 95미터짜리의 도전적인 루트에 매달려 고생해? 점수가 알피니스트로서 소지할 수 있는 등반 자격증의 종류를 결정하기 때문에 전략적인 선택은 어쩔 수 없었다. 지방정부의 자격증, 국가 자격증 그리고 국제적인 자격증. 특별히 예외적인 것을 해낸 산악인들에게 주어지는 일종의 '슈퍼' 자격증도 있었다. 마르코에 따르면 그것은 '재앙을 마스터한' 자격증이었다. 에베레스트 등반은 충분한 인정을 받았다. 마르코는 시스템을 이해했고, 최고 수준에 도달한 다음 그 자격증을 유리하게 이용했다. 그러나 그는 그럴 자질이 있는 알피니스트였고, 네이츠 자플로트니크나 알레시 쿠나베르 같은 선배들이 한 것보다도 훨씬 더 어려운 등반에 도전했다.

1987년 로체 샤르에서 7,300미터까지 올라간 마르코는 그다음 해 로만 로바스Roman Robas가 이끄는 초오유 원정등반에 초청받았다. 해발 8,188미

---

* 그리스 신화에 나오는 복수의 여신. 선악의 구분 없이 분수를 넘어서는 모든 종류의 과도함을 응징한다. [역주]

두 명의 산악인(정중앙에서 11시 방향으로 희미한 그림자 두 개)이 1988년 초오유의 환상적인 북벽을 등반하고 있다. (비키 그로셸 컬렉션)

터인 초오유는 세계 제6위의 고봉이다. 에베레스트에서 서쪽으로 20킬로미터 떨어진 그 산은 네팔과 티베트의 국경선에 위치하고 있다. 초등은 나무랄데 없는 스타일로 1954년에 이루어졌다. 두 명의 오스트리아인이 파상 다와 라마Pasang Dawa Lama를 데리고 티베트로 들어가 베이스캠프를 세운 다음 보조산소나 심지어는 등반 허가서도 없이 알파인 스타일로 해치운 것이다. 슬로베니아 팀이 그곳에 처음 간 것은 1984년이었다. 프란체크 크네즈를 비롯한 스티리아Styria 출신의 산악인들은 위험하고 기술적으로 만만치 않은 네팔 쪽 벽을 통해 7,700미터까지 올라갔을 뿐 정상 등정에는 실패했다. 그들은 가장 어려운 구간을 돌파하기는 했지만 깊은 눈과 폭풍과 탈진으로 발길을 돌려야 했다.

마르코와 비키 그로셸, 토네 슈카리야 등 1988년의 팀은 모두 8명이었다. 그들의 목표는 그 산의 신비스러운 북쪽에 신루트를 개척하는 것이었다. 그들이 계곡 안쪽으로 깊이 들어가자 높이가 2킬로미터에 너비는 그 두 배인 바위와 얼음의 초오유 북벽이 나타났다. 그곳은 사람의 발길이 전혀 닿지 않은 곳이었다. 그들은 몹시 흥분에 휩싸였다.

그들은 벽에 캠프를 세 개 치고, 아래쪽의 어려운 혼합등반 구간에 고정로프를 설치했다. 그들은 7명이 다양한 루트로 정상에 올랐다. 그리고 이즈토크 토마진Iztok Tomazin은 그 산을 최초로 완벽하게 횡단했다. 마르코는 그 경험을 통해 히말라야의 8천 미터급 고봉에 눈을 떴다.

∧

마르코 같은 산악인들이 히말라야에서 꿈을 펼치는 동안 유고슬라비아에서는 전례 없는 수준의 긴장감이 감돌고 있었다. 특히 세르비아 정교회 사람들이 느끼는 압박감이 심했다. 그들의 불안은 굴욕적인 패배를 당한 1389년의 코소보 전투Great Battle of Kosovo까지 거슬러 올라가는데, 그것은 오랜 불만이기도 했다. 그때 양측이 상당한 손실을 입었는데, 결국은 오스만제국이 세르비아인들을 전멸시켰다. 그 후 몇 세기를 거치면서 세르비아의 핵심지역은 정교회 사람들 대신 무슬림들의 차지가 되었다. 그리하여 유고슬라비아에서 가장 가난한 지역인 코소보에서 세르비아인들은 삶의 터전을 조금씩 잃어갔다. 1987년 그들이 코소보의 폴예Polje에서 시위를 벌이자, 세르비아공화국 대통령 이반 스탐볼리치Ivan Stambolić[13]는 별다른 생각 없이 공산당 서기장 슬로보단 밀로셰비치를 대신 보냈다. 돌이켜보면 그의 실수는 엄청났다. 공산주의의 영향력이 쇠퇴하던 1980년대 후반기에 다른 공산주의 국가들보다도 유고슬라비아는 다수당에 의한 민주주의로 전향할 준비가 잘 되어 있었지만, 대부분 밀로셰비치로 인해 좌절됐다.

밀로셰비치는 야심찬 전략가였다. 그는 티토의 뒤를 이어 유고슬라비아를 통치하고 싶어 했다. 하지만 그와 같은 야심에 실패하자, 그는 새롭게 더 커진 세르비아를 통치하는 것으로 자신의 욕망을 수정했다. 그리고 마침 코소보에서 세르비아 민족주의의 불길에 부채질할 수 있는 기회를 잡았다. 그는 세르비아인들의 보호자라는 망토를 쓰고, 시위대 앞에서 그들을 선동하며 끝까지 지원하겠다고 약속했다. 그러자 그들은 그의 이름을 연호하며 화답했다. "슬로보, 슬로보Slobo, Slobo!" 하룻밤 사이에 그는 세르비아인들의 영웅이 되었고, 그해가 지나가기도 전에 이미 권력에서 이반 스탐볼리치를 추월했다.

그는 그 후 2년 동안 세르비아, 몬테네그로, 코소보에서 자신의 장악력을 더욱 강화했다. 그가 유고슬라비아의 연방 군부를 손에 넣자, 각각의 공화국들은 선택의 기로에 섰다. 힘이 더 세진 세르비아에 합류하느냐, 아니면 밀로셰비치가 자신의 야망을 채우기 위해 징집한 유럽 최대 규모의 상비군에 맞서 싸우느냐.

그런 와중에도 슬로베니아 당국은 국민들을 여유롭게 통치했다. 그들은 크고 파란 눈으로 유명한 밀란 쿠찬Milan Kučan의 리더십 아래 변화에 대비했다. 슬로베니아 지식인 사회가 대대적인 개혁 운동을 벌이자, 슬로베니아는 1989년 9월 27일 주권국가임을 선포했다. 밀로셰비치는 훨씬 더 큰 크로아티아에 집중하며 처음에는 큰 관심을 기울이지 않았다. 비록 크로아티아가 독립에 유연하기는 했지만, 정부의 조직력이 슬로베니아의 그것보다 떨어져 있었던 데다, 그들이 악명 높은 죽음의 수용소와 관련되었다는 전후의 폭로가 이어지자, 크로아티아는 매우 혼탁했다. 사실 티토의 시대는 비교적 조용했었다. 그러나 유고슬라비아는 이제 걷잡을 수 없는 소요와 야망과 혼란, 그리고 궁극적으로는 종말에 빠져들었다.

그리하여 이제 산악인들이 나라를 떠나 히말라야로 등반하러 갈 이유가 훨씬 더 많아지게 되었다. 그 상황을 네이츠는 이렇게 표현했다. "나는 자유를 선고받았다."

∧

그 시절, 비키 그로셸과 스티페 보지치는 새롭게 떠오르는 신세대와 함께 가장 활동적인 산악인이었다. 1989년 비키와 스티페는 에베레스트와 로체를 향한 대규모 마케도니아 원정대에 합류했는데, 베이스캠프의 분위기가 묘했다. 그도 그럴 것이 티베트가 국경을 폐쇄하는 바람에 사람들이 그 산의 네팔 쪽으로 몰려들었기 때문이다. 다른 대원들보다 거의 한 달 늦게 베이스캠프에 도착한 그들이 쿰부 아이스폴 지대를 통과하기 위해서는 비용을 지불해야 했다. 사우스콜 루트로 정상에 가려는 산악인들은 반드시 통과해야 하는 그곳은 불안하게 솟아 있는 세락과 쩍쩍 벌어진 크레바스로 사방이 위험천만한 곳이다. 미국의 상업등반대 하나가 그곳에 사다리와 고정로프를 설치한 다음 사용료를 요구하고 있었다.

마케도니아 원정대가 이미 3캠프에 있었기 때문에 그 둘은 돈을 지불하자마자 서둘러 위로 올라갔다. 그러자 상업등반대가 베이스캠프에 있는 정부 연락관에게 그들의 속도를 문제 삼으며 불평을 늘어놓았다. 허가는 있나? 그렇다면 에베레스트야, 로체야? 대체 어느 루트야? 비키와 스티페는 말썽이 일어나지 않기를 바라면서 허가서를 보여주었다. 하지만 돌멩이를 던진 것으로 의심되는 사건이 벌어지면서 분노가 끓어올랐다. 그로부터 20년도 더 지난 후에 스티페는 여전히 놀란 모습을 보이며 고개를 절레절레 흔들었다. "그들은 우리를 불법이며 최소한의 윤리도 없다고 몰아붙였습니다. … 뜻밖의 경험에다 그런 사고방식은 처음이었습니다. 셰르파가 고객을 위해 고정로프를 설치한 상황과 마주한 것도 처음이었습니다."

크로아티아 최고의 히말라야 산악인 스티페 보지치 (스티페 보지치 컬렉션)

그들의 첫 번째 목표는 로체였다. 그들은 8,090미터까지 함께 등반했는데, 스티페의 발에 동상의 징후가 나타나기 시작했다. 계속 등반을 이어간 비키는 정상에 오른 다

1989년 비키 그로셀이 스티페 보지치와 함께 에베레스트를 오르고 있다. (스티페 보지치 컬렉션)

음 하산길에 스티페의 도움을 받았다. 다음 날 그들은 에베레스트로 올라가 함께 정상을 밟았다. 그리하여 스티페는 메스너 이후 서로 다른 루트로 에베레스트를 두 번 오른 산악인이 되면서 국제적인 명성을 얻었다. 그 원정등반은 한 번에 8천 미터급 고봉 2개를 오른 비키에게도 중요한 성취가 되었다.

또한 그들의 성공은 적절한 파트너의 중요성을 일깨워주었다. 그 당시 유고슬라비아와 슬로베니아의 많은 원정등반 중에서 비키 그로셀과 스티페 보지치는 가장 오랫동안 파트너십을 유지했다. 1979년부터 그들은 10번의 원정등반에서 힘을 합쳤다. 서로 개성이 사뭇 다르다는 점을 고려하면 그들이 함께 살아남은 것은 기적에 가까웠다. "우린 같지 않았습니다."라고 스티페는 인정했다. "난 지중해 유형이라서 즉흥적이지만 비키는 계획적입니다. 그는 계획을 미리 세우는 걸 좋아합니다. 그러나 어쨌든 우린 함께 방법을 찾았습니다." 그들은 서로 달랐을지 모르지만 비슷한 꿈을 공유했으며, 각자보다는 함께할 때 더 강하다는 사실을 알았다. 비키는 자신들의 파트너십이 등반 능력이 동등해서 좋았다기보다는 우정과 윤리의식이 강한 덕분이었다고 말했다. "최고의 등반은 벽이 어느 곳에 있느냐, 또는 얼마나 아름다우냐보다는 오히려 등반 파트너에 의해 좌우됩니다."라고 그는 말했다.

언제나처럼, 네이츠는 『길』에 그런 심정을 잘 표현했다. "나는 산에서 우정에 앞서는 의무를 견딜 수 없었다."

︿

원정대가 앞을 다투어 해외로 나갈 만큼 슬로베니아 산악인들은 등반에 열광했다. 1989년 비키는 히말라야로 돌아왔는데, 이번에는 8,027미터의 시샤팡마였다. 티베트에 위치한 시샤팡마는 14개의 자이언트 중 가장 낮은 산이다. 토네 슈카리야가 이끈 원정대에는 필립 벤스Filip Bence, 안드레이 슈트렘펠, 파블레 코즈예크, 슈라우프 등 살아 있는 전설 7명이 참가했다. 그리고 그중에는 스스로를 '풋내기'라고 일컬은 마르코 프레젤도 있었다. 하지만 불행하게도 그 원정등반은 마르코와 잘 맞지 않았다. 훗날 그는 대규모 원정등반은 피하겠다고 다짐했다. "나는 그곳에서 일종의 순수성을 잃어버렸습니다."라고 그는 시샤팡마에 대해 말했다.

그들의 계획은 베이스캠프를 세우고 나서 고소적응을 한 다음, 3~4명의 대원들로 팀을 구성해 서로 다른 루트를 통해 알파인 스타일로 공략하는 것이었다. 안드레이와 파블레가 남서벽의 어려운 루트를 통해 먼저 정상에 섰다. 안드레이는 그 상황을 이렇게 묘사했다. "벽이 쉽게 물러서지 않았습니다. … 우린 정상 50미터 전까지 가파른 바위지대를 올라야 했습니다."

비키와 필립 벤스가 그다음 날 정상에 올랐는데, 이로써 비키는 자이언트를 8개, 1년에 4개(초오유, 로체, 에베레스트, 시샤팡마)를 오르는 기염을 토했다. 그러는 동안 마르코와 슈라우프, 이즈토크 토마진은 세 번째 루트를 공략했다.

마르코와 슈라우프는 환상적인 조합이었다. 히말라야에서 다년간 경험을 쌓은 슈라우프는 무시무시한 전설이었고, 마르코는 재능이 넘치는 젊은 산악인이었다. 마르코는 슈라우프를 무한히 존경했다. 그는 1985년 겨울 슈라우프를 처음 만났을 때를 생생하게 기억했다. 마르코는 친구 둘과 함께 캄니크 알프스의 브라나Brana 서벽을 등반하고 있었다. "생면부지였는데도, 그의 목소리를 알 수 있었습니다."라며 마르코는 웃었다. 마르코와 그의 친구들은 시간이 늦어 비박을 해야 할 것 같았다. 그때 사냥꾼의 희미한 길을 따라 내려오는 한 사람이 그리 멀지 않은 곳에 나타났다.

외로워 보이는 그 산악인이 소리쳤다. "이봐! 어디 등반하는 거야?"

마르코는 그 목소리의 주인공이 누구인지 곧장 알아차렸다. 슈라우프였다. "그의 목소리에는 특유의 억양이 들어가 있습니다. … 아주 강하고 대단히 특별한." 마르코가 설명했다. 그들 셋은 슈라우프에게 장난을 치기로 했다.

"아니, 이 루트를 모르겠어요?" 그들이 그를 놀렸다.

1989년 시샤팡마 남서벽에서 파블레 코즈예크가 첫 번째 비박을 준비하고 있다. (안드레이 슈트렘펠 컬렉션)

1989년 시샤팡마 남서벽의 어려운 신루트 구간을 오르는 안드레이 슈트렘펠 (안드레이 슈트렘펠 컬렉션)

"누구야?" 슈라우프가 큰 소리로 물었다.

"그건 알아서 뭐 하게요?" 그들이 되받았다.

퉁명스럽고 도도한 슈라우프가 젊은이들의 무례한 태도에 깜짝 놀라 머뭇거렸다. 그는 그때 자신만의 시간을 즐기고 있었다. 그러나 그 역시 농담을 좋아했다.

"좋아, 좋아. 비박장비는 있니?" 그가 소리쳤다.

"물론이죠. 문제없습니다. 걱정하지 마세요." 마르코가 대답했다.

"그럼, 조심해."

마르코는 슈라우프의 음성이 '산의 왕에서 자신의 영토를 지키려는 평범한 사람의 것'으로 변해 있었다고 기억했다. 그의 목소리에는 젊은 산악인들을 자신이 실제로 돌보아야 하는 사람들, 즉 자신의 부족으로 인식하는 느낌이 배어 있었다. "그는 우리 젊은 산악인들을 '애송이'라고 불렀습니다. 우리의 경험이 부족하다는 그만의 표현 방법이었는데, 어느 정도 거리를 두려 했던 것 같습니다."라고 마르코는 설명했다.

그런 기분 좋은 추억을 간직한 그와 전설적인 슈라우프는 시샤팡마를 신루트로 함께 오르며 얼마나 재미있었을까? 슈라우프는 자신의 능력을 여러 번 입증했다. 마칼루 남벽, 에베레스트 서릉, 다울라기리 남벽과 그 외의 많은 곳에서. 그러나 그것도 벌써 20년 전의 일이었다. 20년도 넘게 그는 종종 자기 자신과 싸웠다. "그는 한계 그 너머로 자신을 계속 밀어붙이는 사람이었습니다. 그러면서도 그는 항상 자기 자신을 구했습니다."라고 마르코가 말했다. "그는 평생을 그렇게 살아왔습니다." 그리고 그는 이렇게 덧붙였다. "난 그런 능력이 없습니다."

그러나 시샤팡마에서 슈라우프는 집중력이 떨어졌다. 그는 산만했고 컨디션이 좋지 못했다. 그래서 자기 자신을 잘 돌보지 못했다. 그는 감기 기운에도 옷을 잘 챙겨 입지 않았다. 그는 자긍심을 거의 상실한 것처럼 보였다. 마르코는 그가 건강을 잃어가는 모습을 지켜보며 이렇게 생각했다. '젠장, 전설이 왜 이래?' 시샤팡마의 그 원정등반에서 어떤 알피니스트들은 자신들의 경력을 쌓아간 반면 다른 사람들은 쇠퇴의 길을 걸었다. 슈라우프는 후자였다. 그리고 그와 마르코는 시샤팡마에서 거의 앞으로 나아가지 못했다. 슈라우프가 어떤 심리적 갈등과 싸우고 있었는지 알 방법은 없다. 개인적인 문제, 나이 문제, 아니면 다른 사람과의 경쟁 문제? 그럼에도 마르코의 최종 분석은 그가 최고라는 것이었다.

⌃

내전은 종종 가장 어려운 문제다. 슬로베니아는 그런 문제 중 하나에 직면했는데, 제2차 세계대전 직후까지 거슬러 올라가는 끔찍한 사실에 그들은 커다란 수치심과 충격을 느꼈다. 오스트리아에서 돌려보내진 수많은 유고슬라비아인들 — 주로 슬로베니아인들과 크로아티아인들과 세르비아인들 — 이 의

문의 죽임을 당한 것이다. 부역자들도 있었고 파시스트들도 있었지만, 대부분이 그냥 혼란에 빠지고 전쟁에 지친 시민들이었다. 1945년 5월 26일 『슬로벤스키 포로체발레츠Slovenski Poročevalec』 신문은 그들의 운명을 이렇게 예측했다. "우리는 이 반역자와 사형집행자 무리들을 철저하게 응징하기 위해 우리의 가슴 속에 하나의 프로그램으로서, 하나의 핵심으로서 복수라는 단어를 깊이 새겨왔다. 희생자들은 원수를 갚아야 하고, 복수는 가장 깊은 뿌리까지 내려가야 한다. 우리는 썩은 나무를 도려내 뿌리를 파낸 다음 그것을 불살라야 한다. 그리고 그런 나무들이 자란 땅을 갈아엎어 뿌리조차 남지 못하게 해야 한다."

1945년 그런 복수가 주로 두 곳에서 집단학살의 형태로 일어났다. 먼저 슬로베니아 동부에 있는 흐라스트니크Hrastnik에서 복수가 일어나자, 코체브스키 로그Kočevski Rog 동굴 근처의 평화로운 숲속에서도 학살이 자행됐다. 매일 700명씩 깊은 구덩이 앞에 일렬로 서서 총살을 당했는데, 그 숫자가 11,000명이 넘었다. 그들은 폭약을 터뜨려 흙과 바위로 구덩이를 메우는 방식으로 증거를 없앤 다음, 그 지역을 1급 군사기지라는 구실로 차단했다. 학살이 금기의 주제가 된 35년 동안 슬로베니아는 매우 혼탁했다. 진실을 알 수 있는 방법이 전혀 없었다. 사형집행자들은 영웅이었을까, 아니면 악당이었을까? 희생자들은 열사였을까, 아니면 범죄자였을까? 몇몇 용기 있는 지식인들이 이런 주제에 접근했고, 억장이 무너지는 친지들이 몰래 숲속으로 숨어들어가 사랑하는 사람들이 묻혀 있을 것으로 추정되는 곳에 촛불을 밝히고 꽃을 놓아두었다.

시간이 흘러, 죽음의 구덩이들이 파헤쳐지자 수천 구의 시신이 드러났다. 테하르예Teharje, 슬로벤 그라데츠Slovenj Gradec, 슬로벤스카 비스트리차 Slovenska Bistrica, 포두티크Podutik 등 슬로베니아에서만 400개의 집단 묘지가 확인됐다. 1990년 7월 8일 화해 의식이 코체브스키 로그 동굴 근처의 숲속에서 열렸다. 그러자 2만 명의 사람들이 몰려들었다. 분위기는 슬픔과 수치

심 그리고 미처 알려지지 않은 이야기들로 무겁게 가라앉았다. 그리고 유대감이 집단의식에 스며들기 시작했다. 하지만 치유는 요원했다. 사형집행자였던 사람들을 위해? 그들은 살아 있을까? 아니면 이미 나라를 탈출했을까? 그것도 아니면 여전히 권력을 장악하고 있을까? 혹시 그들이 바로 이웃에서 살고 있는 것은 아닐까? 이런 의문에 대답할 수 있는 사람은 아무도 없었다. 그리하여 불신만 계속 커졌다.

12

지각변동

히말라야라는 무대에 뒤늦게 등장한 슬로베니아 산악인들이 마칼루와 에베레스트에서 거둔 성취에 세계 산악계는 깜짝 놀랐다. 그들은 거의 성공을 거둘 뻔한 다울라기리와 로체 남벽에서의 등반에 대해서도 경외심을 나타냈다. 물론 더 많은 산들이 있었다. 캉바첸, 트리술, 초오유, 시샤팡마, 가우리샹카르 남봉, 안나푸르나, 강가푸르나, 얄룽캉, 아마다블람, 로체 샤르. 이밖에도 등정 목록은 계속 이어진다. 그들은 승리를 거둘수록 자신감을 얻으며 국가적인 자긍심을 높여갔다.

　　1979년부터 2014년까지 슬로베니아 등산연합의 원정대위원회 위원장을 역임한 토네 슈카리야는 1979년 에베레스트 서릉 원정대를 이끌었을 정도로 산악계 내에서 영향력이 있는 인물이었다. 비록 알레시 쿠나베르로부터 위원장 자리를 억지로 물려받기는 했지만, 그는 굳건한 마음으로 임무를 수행했다. 그는 국가적인 자긍심을 십분 활용해 원정대를 지원할 수 있는 소중한 자금을 중앙정부로부터 타냈다. 당연히 그는 자금을 지원한 원정대의 발대식에 참가해 축사를 했다. 토네는 오랜 친분관계 등을 이용해 일을 추진해나가는 노련한 조종자였다. 유고슬라비아의 정치제도는 사회주의였지만 실제로는 친분관계에 의해 움직이고 있었다. 토네는 국가적인 등반 업적을 갈망했다. 그리고 비록 유고슬라비아가 자이언트 14개를 완등하지는 못했어도 그렇게 할 수 있는 역량은 충분하다고 그는 생각했다. 그것은 산악인들의 이름만 확인하면 되는 간단한 일이었다. 자이언트 완등에는 20년이 걸렸고, 노멀 루트, 신루트, 알파인 스타일 등정, 스키 하산 등 다양한 형태가 있었다. 그는 모든 세대의 원정대를 이끌었다. 그러나 그의 업적에는 잡음이 많았다. 그가 주도적으로 선발한 일부 원정대에 대해서는 여전히 비판이 일었다. 하지만 그럼에도 불구하고 그 결과는 대단히 훌륭했다.

토네 슈카리야는 위원장 시절 많은 문제에 직면했다. 자금 문제, 베오그라드 당국자들과의 정치적 논쟁 그리고 슬로베니아 유력 산악인들과의 목표에 대한 충돌까지. 그중에서도 그를 가장 힘들게 한 것은 자신에게 자금을 의존하는 알피니스트들 사이에서 일어난 근본적인 태도 변화를 헤쳐 나가는 일이었다. 1980년대 후반 그는 '자이언트 프로그램'에 집중했지만, 슬로베니아의 젊은 산악인들은 더 어려운 루트, 소규모의 팀, 국가적인 목표보다는 개인적인 꿈의 실현 같은 또 다른 열망을 가지고 있었다. 리더십의 개념 역시 변화하고 있었다. 신세대 알피니스트들은 명령을 받거나 크고 거추장스러운 팀에 합류하는 것을 꺼렸다. 그들은 독립을 원했다. 그들은 서너 명으로 구성된 경량의 재빠른 원정등반을 선호했다. 이런 접근방식에 대한 마르코 프레젤의 옹호는 대내외적으로 유명했다. "스타일이 문제다."라는 것은 이런 엘리트 알피니스트들의 만트라mantra*였다. 그들은 상업적이고 대중적이며 '순수하지 못한' 등반을 비판했다.

보다 개인적인 자세의 조짐은 불만에 쌓인 슬로베니아의 젊은 산악인들이 '스타일'을 문제 삼으며 밖으로 뛰쳐나가 '스칼라 투어클럽Touring Club Skala'을 출범시킨 1921년에도 있었다. 그들은 민족주의적인 과제보다도 개인적인 목표와 어려운 등반선에 관심을 가졌다. 그 후 태도의 변화를 알 수 있는 사례가 많이 늘었다. 1979년 프란체크 크네즈는 에베레스트 팀을 이탈해 인근의

──── 진언(眞言), 힌두교와 불교에서 신비하고 영적인 능력을 가진다고 생각되는 신성한 말(구절·단어·음절) [역주]

쿰부체를 초등했다. 1981년 슈라우프는 로체 원정대에 합류하는 대신 소규모 팀을 이끌고 다울라기리 남벽으로 향했다. 이런 혁명은 결국 산악계 내부에 지각변동을 몰고 왔다. 그리고 그 중심에는 카리스마가 있고, 불가능할 정도로 재능이 넘치는 크란 출신의 산악인 토모 체센이 있었다.

∧

1985년 얄룽캉에 가면서 토모 체센은 자누(7,710m) 북벽을 처음 보았다. 칸첸중가의 서쪽 끝에 우뚝 솟은 바위와 얼음의 그 기둥은 처음엔 가상의 방식으로 그의 관심을 끌었는데, 북벽을 다이렉트로 올라가는 것이 거의 불가능해 보였기 때문이다. 자누는 1962년 리오넬 테레이가 이끄는 프랑스 팀에 의해 초등됐다. 프랑스 루트는 남쪽 능선으로 돌아가는 것이었다. 일본과 뉴질랜드의 알피니스트들 역시 북벽의 일부를 등반하기는 했지만, 토모 체센의 관심을 끈 등반선은 디레티시마direttissima, 즉 한가운데를 곧장 치고 올라가는 것이었다. 그것도 단독으로. 그가 토네 슈카리야에게 지원을 요청하자 토네는 주저하는 마음으로 그를 만났다. 몇몇 다른 산악인들도 그 벽에 관심을 가지고 있었기 때문에 한 팀으로 가야 한다고 생각한 것이다. 그러나 토모는 동의하지 않았다. 그 당시 그는 훈련과 등반에 매진하고 있어서 단독등반이야말로 가장 안전한 방법이라고 느끼고 있었다. 그는 이미 일부 개별적인 스폰서들로

토모 체센 (토네 슈카리야 컬렉션)

241

부터도 관심과 지원을 받고 있었다. 프로 산악인으로서의 첫발을 내디딘 것이다. 따라서 그는 꼭 토네의 승인을 받을 필요도 없었다.

1989년 4월 22일 토모는 얀코 코칼 박사Dr. Janko Kokalj, 정부연락관, 쿡과 함께 4,600미터에 베이스캠프를 설치했다. 5일 동안 벽을 관찰한 토모는 야간등반과 속도가 열쇠라는 사실을 깨달았다. 그는 여벌의 옷과 장갑, 고글, 헤드램프, 침낭, 비박색, 약간의 식량과 마실 것 등 최소한의 장비만으로 배낭을 꾸렸다. 스토브는 챙기지 않았다. 피톤 몇 개와 예비용 피켈의 블레이드 하나를 안전벨트에 매달고 그는 크램폰의 끈을 조였다. 헬멧을 쓰고 로프와 피켈 두 자루를 들고 빙하의 가장자리까지 걸어 올라가 얀코에게 작별인사를 한 다음, 그는 등반을 시작했다. 미국 알피니스트 마크 트와잇Mark Twight과의 인터뷰에서 토모는 초경량에 대한 자신감을 이렇게 표현했다. "나는… 보통 굶어도 사나흘은 버티고, 잠을 자지 않아도 이삼일은 견딜 수 있습니다." 벽은 처음부터 경사가 심했다. 거의 수직에 가까운 얼음을 4시간 동안 등반한 그는 처음으로 휴식을 취했다. 그것도 딱 10분 동안만. 그의 기분은 한껏 도취됐다. "빙하에 혼자 있다고 생각하니 마음이 들떴다. 좋은 신호였다. 나는 이미 내 감정을 완벽하게 제어하고 있었다."

벽을 뒤덮은 어둠이 계곡 아래쪽으로 긴 그림자를 만들었지만, 벽의 위쪽은 등반하는 데 지장이 없을 정도로 밝았다. 토모는 차가운 기온이 낙석과 낙빙을 완화시키는 밤 동안 등반을 계속해나갔다. 아침이 되자 그는 어느덧 빙하의 꼭대기에 있었다. 가파른 얼음과 까다로운 바위지대를 넘어가자 마지막 화강암 벽이 나타나 그를 머뭇거리게 만들었다. 그 벽이 해변에 있다면 암벽화를 신고 뛰어놀 수 있을 테지만, 플라스틱 이중화와 크램폰을 신은 상태에서는 믿을 수 없을 정도로 도전적이었다. 그러나 그곳은 마지막 빙하로 이어지는 열쇠라서 그는 어떻게 해서라도 돌파해야 했다. 아주 조심스럽게. 그는 자신이 구사한 기술을 이렇게 묘사했다. "바위를 잡은 손과 얇은 얼음을 디딘 크램폰에 불안한 마음이 들었다. 나는 작지만 단단한 얼음에 피켈을 걸었다.

결국 그 단단한 얼음에 걸린 피켈 덕분에 나는 커다란 안도감을 느낄 수 있었다. 소심한 사람은 결코 넘어설 수 없는 구간이었다."

그는 마침내 그 벽의 마지막 부분에 들어섰다. 이제 일방통행 티켓을 끊은 것이나 마찬가지였다. 그가 이미 등반한 곳으로는 도저히 내려올 방법이 없었기 때문이다. 수직의 걸리, 지저분하고 깨지기 쉬운 얼음, 강철같이 단단하고 검은 얼음, 비현실적인 녹색 얼음, 바위 절벽 그리고 크램폰의 발톱 사이로 보이는 아찔한 허공. 그 고도의 혼합지형에서의 기술적인 등반은 무자비한 훈련뿐만 아니라 고도의 균형감각과 집중력을 갖춘 최고 수준의 산악인에게만 가능한 것이었다. 어느 곳에서 토모는 걸리를 로프 펜듈럼으로 넘어가야 했다. 그는 공식 보고서에 그 과정을 이렇게 서술했다. "피톤을 박고 로프를 통과시킨 다음 어느 정도 내려가 걸리로 넘어갔다. 그렇게 해서 나는 왼쪽의 얼음 걸리를 통해 계속 등반할 수 있었다." 그의 보고서는 그가 서술한 것이 불가능하다고 의심하는 많은 산악인들로부터 날카로운 지적을 받았다.

그는 걸리 끝의 부드러운 눈으로 덮인 능선에 도착해 정상으로 계속 올라갔다고 서술했다. 오후 3시. 그러나 곧 먹구름이 파도처럼 밀려오기 시작했다. 낯선 일본 루트로의 하강은 그야말로 서사시적이었다. 그는 아래쪽의 빙하로 내려오기까지 집중력을 잃지 않았다. 그러나 거의 곧바로 그는 비틀거리고 휘청거렸다. 이제 힘이 다 빠진 것이다.

그의 묘사처럼 토모는 상당히 어려운 상황에서 간신히 정상에 올랐다. 토모는 23시간 만에 정상에 오르고 18시간 만에 베이스캠프로 하산했다. 그는 고소적응도 일주일 내로 끝냈다. 정말 믿기 어려운 기록이었다. 따라서 많은 사람들이 믿지 못하는 것은 어찌 보면 당연한 일이었다. 토모는 등정을 입증할 만한 사진이 없었는데, 그는 다른 사람들의 불신을 크게 신경 쓰지 않는 것 같았다. 그는 이렇게 말하며 그들의 의구심을 일축했다. "위험과 불가능의 한계는 사람마다 다르다." 그는 그 산의 높은 곳에 박아 놓은 피톤 하나를 증거로 언급했다. 그러나 그것을 찾기 위해서는 누군가가 그곳에 올라가야 했다.

물론 그렇게 하는 사람은 아무도 없었다. 토모의 시선은 이미 미래로 향하고 있었다. 자신의 육체적·정신적 한계를 자누에서 확인했다고 생각한 그는 훨씬 더 큰 도전을 준비했다.

⋀

토모는 로체 남벽을 낱낱이 연구하며 그다음 1년을 보냈다. 그에게 가장 중요한 정보는 1981년의 원정등반이었다. 그 전해에 알레시 쿠나베르는 두 명의 대원을 베이스캠프로 보내 두 달 동안 머물며 눈사태와 낙석의 모든 통로를 사진에 표시하도록 시켰었다. 토모는 그 사진을 분석하며 비키 그로셸을 비롯한 1981년 원정대원들에게 조언을 구했다. 그는 비키의 광범위한 슬라이드를 분석하며 자신이 계획하는 루트를 점선으로 표시했다. 그는 안드레이 슈트렘펠에게도 조언을 구했는데, 안드레이는 정상 능선에 올라서도 반대편으로는 내려가지 말라고 충고했다. 토모는 매일같이 폭풍설이 밀려오는 오후가 되면 눈사태와 낙석과 낙빙으로 벽 전체가 흔들릴 정도로 몹시 불안정하다는 사실을 알게 되었다. 그는 1981년 팀이 필라에서 오른쪽으로 넘어간 지점과 눈 위에 위험천만한 헐거운 바위들이 얹혀 있는 지점을 연구했다. "그들은 90퍼센트를 해냈다."라고 토모는 말했다. "그들은 컨디션이 떨어졌고, 운이 나빴다. 필라를 그냥 치고 올라갔으면 벽을 끝낼 수도 있었을 것이다."

그러나 그들이 단지 운이 나빠서 목표를 달성하지 못한 것은 아니었을지도 모른다. 알레시는 내로라하는 산악인들로 팀을 꾸렸고, 그중 몇몇은 뛰어난 사람들이었다. 그러나 그때는 사회주의 시대여서 팀을 위한 팀이 되어야 했으며, 모든 사람을 동등하게 대해야 했다. 그러나 토모와 다른 사람들은 만약 알레시가 오랫동안 벽을 오르내리게 되는 힘이 필요한 구간에서 동등하게 기술적으로 뛰어난 대원들을 제외했더라면, 그들은 아마도 최후의 장애물을 돌파하는 데 있어서 힘이 나고 의욕이 넘쳤을지도 모른다고 생각했다. "그들은 몇 번 더 시도할 수 있는 힘이 남아 있지 않았습니다."라고 토모는 회상했다.

1981년 이후 라인홀드 메스너가 이끄는 팀을 비롯해 몇 개의 나라에서 남벽을 여러 번 시도했다. 그리고 1989년 폴란드 출신의 알피니스트 예지 쿠쿠츠카가 그 벽을 거의 넘어설 뻔했지만 결국은 추락해 그의 찬란한 경력에 종지부를 찍고 말았다. 쿠쿠츠카의 죽음은 고산등반가들의 야망에 불을 붙이는 결과를 가져왔다. 로체 남벽이 여전히 손에 넣을 수 있는 가능성으로 남아 있었기 때문이다.

1990년 4월 15일 토모가 로체 남벽에 도착했다. 베이스캠프 사이트부터 그의 선택은 과거의 전통과 달랐다. 보통의 4,850미터보다 훨씬 더 낮은 그곳은 물이 있어 편했고, 매일 오후만 되면 벽을 따라 불어내려 사람을 몹시 괴롭히는 바람으로부터도 보호받을 수 있었다. 사실 그의 캠프는 등반 시작지점에서 1시간 반이나 떨어져 있었지만, 토모와 같은 그레이하운드에게는 전혀 걱정할 일이 아니었다. 고소적응을 위해 그는 로체 샤르를 6일 동안 4번이나 오르락내리락했다. 베이스캠프에서부터 따지면 2,350미터가 높은 로체 샤르의 7,200미터 지점에서 그는 로체 남벽을 바라보며 자신의 루트를 가늠할 수 있었다. 그는 그곳에서 자신이 이미 알고 있는 것을 하나하나 확인했다. 벽의 하단부는 눈사태와 낙석으로 인해 상당히 위험했다. 그리고 진정한 어려움은 8,000미터에서부터 시작됐다. 더욱이 야간등반은 치명적일 것 같았다.

베이스캠프에 도착하고 나서 일주일이 지난 4월 22일 토모는 등반에 나섰다. 고소적응을 그토록 빨리 끝내고, 로체 샤르에서 힘을 쏟은 다음, 목숨이 걸린 등반을 시작한다는 것은 믿기지 않는 일이었다. 아니, 다른 사람들에게는 거의 불가능했다.

그는 짐도 거의 가지고 가지 않았다. 침낭과 비박색, 피켈 두 자루, 크램폰, 헬멧, 안전벨트, 바위와 얼음용 피톤, 여벌의 장갑과 양말과 고글, 카메라, 무전기, 6밀리미터 로프 100미터, 옷과 약간의 식량 그리고 커피 3리터. 그는 하단부의 상당히 위험한 구간을 야간에 등반할 요량으로 오후 5시에 캠프를 떠났다. 수직의 까다로운 바위구간 말고는 상태가 양호했던 것으로 그는 기억했다. 따라서 그는 눈과 얼음의 사면에서는 비교적 빠르게 전진했다. 15시간 동안 등반하자 해가 떠오르기 시작했다. 그는 7,500미터에서 비박에 들어갔다. 비박지점은 날마다 반복되는 눈과 얼음과 바위의 집중포화로부터 보호받을 수 있는 곳이었다. 더구나 날씨가 따뜻해 그는 안전하다는 자신감을 얻었다. 토모는 잠깐 눈을 붙였다. 이른 오후에 그는 약간의 바위지대로 이어지는 좁은 쿨르와르를 뛰어넘어, 바위 버트레스 끝의 설원으로 횡단했다. 두 번째 비박지점인 8,200미터에 이르자 어느덧 늦은 밤이 되었다. 낙석의 위험은 없었지만 몹시 추웠다. "그런 밤을 몇 마디 말로 표현할 수는 없을 것 같다."라고 그는 회상했다. "춥고, 외롭고" 그리고 의심할 여지없이 밤의 공포가 찾아들자 그는 불안한 마음을 감추지 못했다. 다음 날은 그 벽에서 가장 어려운 하루가 될 터여서 그는 최후의 결단을 내려야 했다. 8,200미터 위에 있는 바위 버트레스가 크럭스였기 때문이다. 그런데 이상하게도 로체 남벽의 그곳이 바로 토모를 유혹한 곳이었다. 자누 북벽이 기술적으로는 더 어려웠을지 모르지만 어쨌거나 그곳은 고도가 아주 높지는 않았다. 세계 최고의 고소 등반가들이 바로 그곳에서 돌아서야 했다. 토모는 그곳을 몹시 오르고 싶었다.

4월 24일 아침은 청명하고 조용했다. 후에 쓰인 그의 공식 보고서를 보면 시나리오는 이렇게 이어진다. 그는 불필요한 장비를 비박지점에 놓아두고 등반을 시작했다. 눈이 덮인 가파른 바위 60미터를 올라가는 데 3시간이 걸렸다. 몇 군데서 그는 인공등반을 해야 했다. 그는 하강에 대비해 바위지대 꼭대기에 로프를 고정시켜 놓았다. 먹장구름과 새롭게 불어 닥치는 바람 속에서 그가 능선에 올라서자 에베레스트의 사우스콜과 서쪽 멀리로 초오유가 보였다. 남쪽으로는 구름이 잔뜩 끼어 있었다. 그는 안부로 약간 내려간 다음 계속해서 위로 올라갔다.

오후 2시 20분 그는 베이스캠프를 무전으로 불렀다. "얀코, 더 이상 올라

1990년 토모 체센의 로체 남벽 원정대. 얀코 코칼 박사, 셰르파 카미Kami, 토마주 라브니하르Tomaž Ravnihar와 토모 체센 (알레시 쿠나베르 컬렉션)

갈 수가 없다."

"왜 그런가?"

"여기가 정상이다."

보고서에서 토모는 정상 사진을 언급하지 않았다. 그는 하산에 대한 걱정으로 커다란 압박감을 느꼈다. 그는 에베레스트와 로체 사이의 웨스턴 쿰으로 내려가는 훨씬 더 쉬운 하산 루트를 배제했다. 왜냐하면 그곳을 잘 몰라 길을 잃을 것으로 생각했기 때문이다. 대신 그는 7,800미터까지 자신의 발자국을 따라 되돌아왔다. 그런 다음 1981년의 팀이 남긴 피톤을 이용해 바위지대를 로프로 내려섰다. 그는 올라갈 때 자신이 남겨놓은 로프나 마지막 비박지점에

1990년 로체 남벽 아래의 베이스캠프로 돌아온 토모 체센 (알레시 쿠나베르 컬렉션)

숨겨놓은 장비에 대해서는 말하지 않았다. 그는 분설 눈사태가 끊임없이 떨어져 내려 대기가 눈으로 뒤범벅이 될 때까지 하산했다. 신경이 무감각해진 그는 7,300미터에서 세 번째 비박에 들어갔다. "사람들은 나를 보고 침착했다고 말하지만 세 번째 비박에서 내 신경은 거의 다 망가졌다. … 그때는 로체 전체가 눈사태로 무너져 내리는 것 같았다."

자정쯤에 폭풍이 누그러지고 눈사태가 잦아들었다. 그가 눈을 들어 하늘을 바라보자 자신이 그토록 바라던 별들이 반짝이고 있었다. 그는 아침의 좋은 날씨는 기대하지도 않고, 마치 죽음이라는 공포의 하얀 괴물이 숨어 있는 것처럼 보이는 벽의 나머지 구간을 서둘러 내려왔다. 오전 7시 30분 그는 벽을 완전히 내려왔다. 그는 자신의 정신 상태를 '생각이 불가능한 것'으로 묘사했다. 집중력과 긴장이 그를 완전히 파괴시켰다는 것이다. 그러나 캠프로 걸어 들어오는 토모의 사진은 놀랍도록 침착한 모습을 보여준다. 얄룽캉을 내려왔을 때와는 전혀 다르게 그는 힘이 넘치고 건강하고 심지어는 깨끗하기까지 했다. 그 후 날이 지나고 달이 지나고 해가 바뀌면서 많은 사람들은 이 의미 있는 이분법에 의구심을 나타냈다.

토모의 등반이 뭇사람들의 주목을 끌었기 때문에 그런 사실은 이어진 열광에 묻혀버렸다. 왕복 64시간과 히말라야의 '마지막 대과제'를 단독으로 해 냈다는 사실에 세계 산악계는 경악을 금치 못했다. 저널리스트들이 그와 인터뷰하려고 몰려들었다. 그는 슬로베니아 국가 메달을 수여받았다. 라인홀드 메스너는 10,000달러의 상금이 걸린 두 번째 '설원의 사자 상Snow Lion Prize' 수상자로 그를 지목했다. 장비회사들은 그의 관심과 전문적 지식에 목을 매달았다. 그의 프로필은 완벽했다. 가정에 헌신하는 남자, 전통적인 미남 그리고 히말라야 슈퍼스타.

그때 처음으로 불평이 터져 나왔다. 프랑스의 엘리트 알피니스트들이 바람이 숭숭 새는 산장과 고급스러운 샤모니의 바에 옹송그리며 모여 앉았다. "불가능해. 사진 있어? 우리가 증거를 요청하자!Ce n'est pas possible! Où sont les photos? Nous demandons preuve!"

하지만 토모는 내놓을 만한 증거가 없었다. 로체뿐만이 아니었다. 자누에서는 그의 카메라가 얼어붙었고, 정상으로 올라가는 모습을 베이스캠프에서 본 사람도 없었다. 심지어는 K2에서도 가지고 온 것이 없었다. 그의 로체 사진은 아무리 봐도 헷갈린다. 벽에서의 여러 장면은 장소를 특정 짓기가 불가능하다. 그는 에베레스트와 로체가 보이는 사진을 한 장 내놓았지만, 그것은 프랑스의 잡지 『버티컬Vertical』에 실린 것이었다. 처음에 토모는 불평하는 사람들을 질투로 치부하며 무시했다. 그런데 그해 10월 대규모의 러시아 팀이 포위전법으로 남벽에서 정상까지 직등 루트를 뚫었다. 그들은 꼬박 두 달에 걸쳐 20명의 대원이 7개의 텐트를 치고 수천 미터의 고정로프와 보조산소를 사용했다. 카트만두에 도착한 그들은 로체 남벽을 자신들이 초등했다고 주장했다.

처음으로 의문을 제기한 사람은 프랑스의 존경받는 고소 등반가 피에르 베긴Pierre Béghin[14]이었다. 베긴이 러시아인들에게 왜 토모의 초등을 인정하지 않느냐고 묻자 그들은 이렇게 말했다. "그는 정상에 오르지 못했습니다." 그렇다면 정상 사진은 어떻게 된 것이지? 그러자 그들은 "로체 정상에서는 웨스턴 쿰이 보이지 않습니다."라고 대답했다. 러시아인들에 의하면 굴곡진 로체 서벽이 웨스턴 쿰의 시야를 방해한다는 것이었다. 그들은 그런 사실을 자신했다.

러시아인들의 주장에 고무된 직설적인 성격의 프랑스 알피니스트 이바노 기라르디니Ivano Ghirardini[15]가 『버티컬』잡지에 "지옥에 떨어진 알피니즘"이라는 사뭇 자극적인 제목으로 글을 썼다. 후원을 받는 산악인들, 헬기, 미디어 노출 그리고 마지막으로 토모에 대해. 토모가 프로 산악인이라면 그는 확실한 증거를 제시해야 할 의무가 있었다. 단순하고 최종적인 증거를. 로체 남벽 같은 곳의 등반에 대해 그는 당연히 다른 사람들의 의구심을 예상하고 그에 대비해야만 했다.

토모는 『버티컬』에 편지를 보내 기라르디니를 신랄하게 비웃고, 러시아인들은 알피니즘의 진보를 크게 후퇴시켰다고 비난했다. 토네 슈카리야는 이런 편지로 그를 옹호했다. "로체는 알피니즘의 발전에 이정표가 되었다. 그런데 그 이정표에 개들이 오줌을 누었다." 또한 그는 이렇게 덧붙여 불에 기름을 부었다. "프랑스인들은 다른 사람을 미워하고 깔보기를 좋아하는 것 같다. 특히 일급 알피니스트들은 더욱 더 그렇다." 그는 이렇게 끝을 맺었다. "그들의 알피니즘은 발전도 없고, 현대 알피니즘에 대한 개념도 없다." 토모는 자신이 피톤을 남겨두고 왔기 때문에 언젠가는 자신의 루트가 증빙될 것이라고 주장했다. 혼란은 주로 프랑스의 등산잡지를 중심으로 계속됐다. 그리하여 그 사건은 많은 알피니스트들이 토모를 방어하는 데 뛰어들면서 프랑스인들에게조차 낯뜨거운 것이 되었다.

그런 와중에 1992년 여름 메스너가 토모를 비엔나의 강의에 초청했다.

뛰어난 알피니스트이며 세부적인 것에 까다롭기로 유명한 메스너는 토모의 열렬한 팬이었지만, 그는 토모의 말이 오락가락한다고 지적했다. 날씨는 좋았나? 아니면, 나빴나? 그가 루트에 피톤을 남겨놓지 않았다고 언급하자 처음에는 '남겨놓았다'고 주장한 사실을 떠올렸다. 남겨놓은 거야? 안 남겨놓은 거야? 토모가 베이스캠프로 돌아오는 장면을 영상으로 본 그는 산을 껑충껑충 내려오는 젊고 건강한 사람이 토모라는 사실을 믿지 못했다. 로체 남벽을 등반한다면 아무리 토모라고 하더라도 더 쇠약해져야 하는 것 아닌가? 앞뒤가 맞지 않았다. 그리하여 메스너는 자신의 지지를 철회했다.

그러나 토모에 대한 슬로베니아의 지지는 적어도 그다음 해 2월까지는 바위처럼 공고했다.

슬로베니아에서 강연을 하고, 책을 쓰고, 영화를 만드는 비키 그로셸은 대중적인 영향력을 가진 인물이었다. 물론 앞으로도 계속 그럴 것이다. 우락부락하게 잘 생긴 그의 용모는 그 나라에 잘 알려져 있다. 그가 수집한 슬라이드와 등산서적은 광범위하다. 등산 문학에 대한 전시회를 준비하면서, 그는 『버티컬』을 우연히 보게 되었는데, 토모의 등반에 대한 글이 실린 바로 그 호였다. 그는 잡지를 넘기면서 로체 사진들을 보고 깜짝 놀랐다. 토모는 근거가 될 만한 것을 하나도 가져오지 않았다. 그러나 슬로베니아인들은 그의 자화자찬을 그대로 받아들였다.

비키는 사진들을 살펴보면서 자신이 가지고 있는 1981년 원정대의 로체 슬라이드들과 비교해보았다. 토모의 것으로 되어 있는 『버티컬』 사진 중 2장은 자신의 것이었다. "기절할 뻔했습니다."라고 비키는 마침 그 등반을 조사하고 있던 그렉 차일드Greg Child에게 말했다. 토모의 '최고의' 사진은 에베레스트와 웨스턴 쿰이 나온 것이었다. "이건 1989년 4월 30일 로체 서벽을 등반하면서 정상 150미터 아래에서 찍은 건데…" 비키는 비명을 질렀다. 그 사진에는 웨스턴 쿰이 보였다.

토모는 어떻게 그 사진을 손에 넣었을까? 의문은 곧 풀렸다. 로체에서 돌

로체의 8,300미터 지점에서 웨스턴 쿰을 내려다본 모습. 이 사진은 비키 그로셸이 1989년 로체를 노멀 루트로 오르며 찍은 것이다. 토모 체센이 남벽을 통해 정상까지 갔다고 주장한 근거로 내민 것이 바로 이 사진인데, 『버티컬』 잡지에 실린 것과는 좌우가 바뀌었다. (비키 그로셸 컬렉션)

아온 지 얼마 안 된 토모가 집 앞에 나타나 사진을 몇 장 요구했다고 비키의 부인 츠베타Cveta가 털어놓은 것이다. 사진이 없었던 토모는 스폰서들에게 자신의 루트를 보여주고 싶었다. 그는 그 사진을 어떻게 이용할지에 대해서는 입을 다물었다. 친한 친구였던 츠베타는 깊이 생각하지 않았다. 토모는 며칠 후 사진을 돌려주었다.

비키는 이 놀라운 사실을 곱씹으며 그 잡지에 실린 사진들을 하나하나 살펴보았다. 그러자 다른 사진들도 이상했다. 사진의 각도가 맞지 않은 것이다. 그 사진들은 토모가 주장하는 등반선의 오른쪽에 있는 1981년 루트의 것들처럼 보였다. 토모는 과연 그 산에서의 등반 사진이 있기는 한 것일까? 슬로베니아의 신동에 대한 그의 믿음이 무너지기 시작했다. 토모가 로체로 떠나기 전에 슬라이드를 빌려준 두시차 쿠나베르 역시 자신의 남편에 대한 공경의 표시로 이름 붙인 그 루트를 완성하는 데 그것들을 사용했다는 확고한 믿음을 가지고 있었다. 그리고 그녀는 여전히 그렇게 믿는다.

화가 난 비키가 해명을 요구했다. 토모는 자신이 그 슬라이드들을 쓴 것은 맞지만 그것들을 자신의 것이라고 한 적은 없다고 발뺌했다. 그것은 『버티컬』에 있는 사람들의 잘못이라는 것이었다. 완전히 말도 안 되는 소리였다. 그 글을 쓰면서 가진 회의와 대화를 자세히 기억하는 『버티컬』의 직원들은 토모가 그 사진의 출처에 대해서는 단 한 마디도 언급하지 않았다며, 그의 주장에 동의하지 않았다. 그러자 『버티컬』에 글을 기고하는 도미니크 불리아미Dominique Vulliamy가 마침내 자신의 의견을 밝혔다. "그 벽이 결코 만만찮다는 것을 알고 있는 그는 자신이 이루지 못한 등정의 근거로 다른 사람의 것을 적절하게 사용하기로 마음먹었다."

∧

토모의 로체 등정으로 시끄러울 때 슬로베니아에서는 또 다른 극적인 폭풍이 일어났다. 더 정확히 말하면 두 개의 폭풍이었다.

등산연합은 토네의 리더십 아래 8천 미터급 고봉 14개를 모두 수집하고자 했다. 그것은 비키 그로셸의 개인적인 목표이기도 했다. 그 당시 국가 체육복권은 스포츠 단체에 기금을 할당하고 있었는데, 등산연합은 그 파이의 한 조각에 손을 내밀어 한 사람의 알피니스트를 1년 내내 지원할 수 있는 자금을 확보했다. 그리고 매우 유리한 위치에 있던 토모 체센이 그 전해에 영광과 함께 그 돈을 차지했다. 이제 비키 그로셸의 차례였다.

슬로베니아의 젊은 알피니스트들은 이 결정을 비웃으며, 노멀 루트에 의한 8천 미터급 고봉 등정은 시대에 뒤떨어진 것이라고 혹평했다. 슬로베니아가 모두를 다 오르지 못한 것은 사실이었지만, 그래서 어떻다는 것인가? 언젠가는 그렇게 될 일이 아닌가? 그들의 마음속에 이 프로젝트는, 그리고 범위를 확장하면 비키는 '진정한' 알프니즘의 방향과는 완전히 동떨어진 사람으로 자리 잡고 있었다. 그들은 등산연합의 기금 대부분이 8천 미터급 고봉의 때늦은 추격에 쓰인다는 것에 격앙했다. 그러나 그들이 할 수 있는 일이 별로 없었다. 그들은 토네 슈카리야에 비하면 힘이 없었다. 그들은 비키에 대한 이 노골적인 자금 지원은 방향이 잘못 설정된 프로그램을 포장하는 것에 지나지 않는다고 믿었다.

등산연합과 체육복권은 국영 텔레비전과 생방송으로 기자회견을 하기로 했다. 지식이 풍부한 젊은 진행자는 노련했다. 그는 비키를 스튜디오로 초대해, 8천 미터급 고봉에 대한 프로젝트를 요령 있게 질문했다. 비키는 뛰어난 수완을 발휘하며 침착하게 대답했다. 텔레비전에서 그 프로그램을 본 마르코는 그날을 회상하며 경멸하듯 웃었다. "젠장, 개소리 하고 있네. 그건 비용을 나랏돈으로 충당하는 자기 개인 프로젝트 아냐?" 그 진행자는 비키에게 고맙다는 말을 하고 나서, 그 전해의 수령자인 토모에게 다음의 프로젝트에 대해 말해달라고 한 이전의 인터뷰를 틀었다. 마르코는 그다음 장면을 이렇게 묘사했다. "토모는 그 당시 클라이머들의 생각을 대변하고 있었습니다. '개인적으로는 좋은 프로그램일지 모르지만, 알피니즘의 일반적인 방향과는 전혀 상관이 없습니다.'" 카메라가 비키를 비추자, 그는 얼굴이 붉어지더니 평정심을 잃고 말았다. 그가 어떻게 그런 건방진 말을 할 수 있지? 국영 텔레비전에서 지극히 개인적인 의견을?

그로부터 일주일도 지나지 않아, 슬로베니아의 신문과 잡지들은 토모 체센이 자신의 로체 남벽 등반을 증빙하기 위해 비키 그로셀의 사진을 이용했다는 기사를 내보냈다. 그렇다면 그 일주일 사이에 어떤 일이 벌어진 것일까? 약간 애매해기는 하지만, 비키가 토네 슈카리야가 위원장을 맡고 있는 등산연합의 원정대위원회에 편지를 보내 사진이 뒤바뀌어 실렸다는 사실을 설명하고 윤리위원회의 자체적인 검토를 요청한 것으로 보인다. 그렇다면 내부적인 일이 어떻게 언론에 흘러들어갔을까? 빙하의 속도로 움직이는 것으로 유명한 그 조직은 편지의 출현에 대해서는 놀라울 정도로 움직임이 빨랐다.

그러나 토모가 진행자에게 한 말은, 특히 슬로베니아의 젊은 세대에게는, 전혀 놀랍지 않았다. 그들은 그의 말에 동의했지만 공개적으로 말하기를 꺼렸다. 동시에 토모는 비키의 사진을 몰래 쓴 것에 대해 언론의 뭇매를 맞았다. 그러자 일이 커지며, 그의 등정에 의구심의 먹구름이 짙게 끼었다. 하지만 근본적인 문제들은 몇 장의 사진들보다도 훨씬 더 컸다. 그것은 신구 세대 사이의 철학적 괴리였다.

또 다른 기자회견이 열렸고, 한 통의 편지가 공개됐다.

토모 체센의 의견이 우리 생각입니다. 이제는 최고 알피니즘이 쉬운 루트를 따라 8천 미터급 고봉을 걸어 올라가는 것이 아닙니다. 최고 알피니즘은 세계의 거대한 산군에 있는 벽에서 꾸준히 어려운 문제를 푸는 것입니다. 알파인 스타일로, 단독등반으로, 동계등반으로 그리고 극한의 스키 하산 같은 것으로…. 이것은 가능성의 한계에서 경계선을 그 이상으로 밀어 올리는 것입니다. … 슬로베니아 알피니즘을 이끌고 후원하는 슬로베니아 등산연합은 비용을 고려치 않고 8천 미터급 고봉 수집에 집중해왔습니다. … 그런 결과를 깎아내릴 생각은 없지만, 토모 체센을 공격하는 현재의 양상은 최고 알피니즘의 기준은 물론이고, 우리들과 아래와 같은 우리의 육체적인 성취를 공격하는 것이나 다름없습니다.

많은 알피니스트들은 자신들의 지지가 토모 체센의 지지로 비쳐진다는 사실을 제대로 알지도 못한 채 그 편지에 서명했다. 이제 이 두 문제는 서로 분리할 수 없게 되었다.

토네 슈카리야는 사람들이 상황을 제대로 알지 못한다면서, 그 편지와 그곳에 서명한 사람들을 비난했다. 그리고 그는 자신의 편지로 반격을 가했다. "외국으로 나가는 원정대에 대한 지원이 없었더라면, 슬로베니아인들은 파키스탄과 네팔에서 산에 오르지 못했을 것이고 … 마칼루와 에베레스트에서 성공하지도 못했을 것이다. … 모든 사람을 똑같이 만족시킬 수는 없다. 공개적인 편지에 대해 굳이 대답을 해야 한다면, 히말라야의 높은 산으로 가서 기꺼이 등반하고자 하는 사람은 그가 누구이든 지원하는 것이 타당할 것이다. 그런 경험이 없는 사람들이 '8천 미터급 고봉을 걸어서 올라간다'고 떠드는 자들이다."

사실 토네는 거대한 산군으로 떠나는 원정대를 조직하고 자금을 지원하기 위해 사방으로 뛰어다녔다. 그는 지금 자신의 리더십을 공격하는 젊은 클라이머들 중 많은 사람들을 키우고 지원했다. "나는 그 일로 상처를 많이 받았다. … 그들은 등산연합으로부터 수혜를 받은 알피니스트들이었다. … 그러나 나는 모든 사람들이 원하는 바를 이루었다고 확실히 할 필요가 있었다. … 그것은 큰 부담이었다. … 내가 그렇게 열심히 일할 필요가 있었을까. … 그것은 회반죽이 된 무덤과 같았다. … 겉에서 보면 회반죽이 된 것처럼 보일지 모르지만 실상은 다르다는 말이다. 슬로베니아 산악인들은 회반죽이 된 묘지나 다름없었다." 그는 상처만 받은 것이 아니었다. 그는 자신이 대부분 지휘한 슬로베니아의 빛나는 히말라야 기록이 이렇게 '오점'으로 남는다는 것에 대해 모욕을 느꼈다. 로체 스캔들은 많은 슬로베니아 알피니스트들에게 암울한 그림자를 드리웠다. "그것은 그들이 생각하는 것 이상으로 깊은 영향을 끼쳤다."라고 그는 후에 주장했다.

그렇다면 국영 텔레비전 방송에서 모욕을 당하고, 단지 '걸어 올라가는' 사람으로 비난받은 비키는 어떻게 되었을까? 그 문제로 인해 그는 얼마나 많이 자신의 등반경력을 조사받았을까? 마칼루 남벽 등반, 초오유 북벽의 신루트 등반, 시샤팡마 남벽의 일부 구간 신루트 등반, 그리고 마나슬루 남벽 등반 등.

토모 체센의 로체 남벽에 대한 논쟁과 슬로베니아 산악인들의 사상적 변화가 함께 얽혀 들어갔다. 이 두 문제는 너무나 복잡해 도저히 분리할 수 없었다. 두 세대의 균열은 그랜드캐니언만큼 넓었다. 많은 사람들은 그때가 슬로베니아 알피니즘의 전환점이었다고 생각했다. 왜냐하면 이제는 하나의 상태가 10년은 계속될 만큼 양극화가 되었기 때문이다.

슬로베니아 알피니즘의 영광은 이제 퇴색했다. 마르코 프레젤의 의견에 따르면 그것은 시간의 문제였다. "간극이 너무 벌어졌습니다."라고 그는 말했다. "만약 프랑스에 가서 슬로베니아 알피니스트라고 하면, 그들은 이렇게 말할 겁니다. '그래, 너희들은 나무나 강해.' 물론 지나친 말입니다. 그 세대도 어느 특정한 순간에는 좋지 못했습니다. 그럴 수밖에 없었습니다. 폴란드에서도 마찬가지였죠. 그들은 한 세대를 잃어버렸습니다. 이제 우리는 슬로베니아에서 알피니즘의 이미지를 다시 정립하려고 애쓰고 있습니다."

토모에게는 판정이 들쭉날쭉했다. 슬로베니아의 최고 산악인들 중 일부와 외국의 산악인들은 그를 사기꾼의 범주에 집어넣으며 무시했다. 로체에 대해서만이 아니었다. 자누와 알프스에서의 다른 단독등반도 마찬가지였다. 일부는 그를 '월요 클라이머'라고 말했다. 아무도 볼 수 없는 월요일에 단독등반을 한다는 비아냥거림이었다. 그러나 그의 편에 선 사람들도 많았다. 물론 단순히 국가적인 자존심 때문이었는지도 모른다. 두시차 쿠나베르는 그의 주장에 의구심을 나타내는 사람들을 보고 놀라움을 감추지 못했다. 그녀는 자신의 남편이 초등을 마음에 그리며 몇 년 동안 계획을 세웠었기 때문에 로체 남벽에 대해 친밀감을 느꼈다. 만약 남편이 살아 있다면, 그는 토모를 몹시 자랑스럽게 여겼지 않았을까?

감정으로 대응하는 것이 아니라, 정통한 지식을 갖춘 것으로 평가받는 산악인들의 일반적인 반응은 토모가 그곳을 등반할 만한 능력이 있느냐 하는 것이었다. 그가 등반을 했느냐 안 했느냐는 문제가 아니었다. 왜냐하면 정상 능선의 복잡한 지형으로 인해 그는 서쪽에 있는 정상 비슷한 봉우리에 올라갔을 수도 있었기 때문이다. 그는 그 봉우리를 진짜 정상으로 착각했을 수도 있고, 그렇다고 임으로 믿었을 수도 있다. 하지만 그런 의견을 낸 산악인들조차도 자질을 제대로 갖춘 사람이 없었다. 왜냐하면 남벽을 등반한 사람들이 거의 없었기 때문이다.

마르코는 확신에 찬 어조로 말했다. "물론 난 그를 믿습니다. 그래야만 합니다. 알피니즘의 역사에서 증빙을 제대로 하지 못한 경우는 많습니다. 지금도 사진이 진정한 증빙은 아닙니다. 포토샵이 있지 않습니까? 어떤 걸 속이고자 한다면 사람들이 깜빡 속아 넘어갈 정도로 정교하게 고칠 수 있습니다. 내 문제가 아니기 때문에 난 개의치 않습니다." 그러면서 그는 이렇게 말했다. 토모가 등정을 했다는 증거가 없을지 모르지만, 등정을 하지 못했다는 증거도 없다고. 메스너의 낭가파르바트 등정, 율리 스텍Ueli Steck의 안나푸르나 남벽 등반 등 많은 기념비적인 등반도 증거가 없다. 토모의 이야기를 극도로 의심하는 수많은 양상에도 불구하고, 마르코는 이렇게 덧붙였다. "내가 그를 믿지 못하게 되면 그와 비슷한 주장의 다른 등반도 믿을 수 없게 됩니다. … 내가 진정으로 믿지 못하는 등정 주장들도 몇 개 있습니다. 그건 정말 뭣 같아서, 휘저으면 휘저을수록 악취가 납니다. 등산연합은 여전히 그걸 등정으로 인정합니다. 그러지 않으면 어떻게 하겠습니까? 그게 사실이라고 말하는 게 아닙니다. 내가 그냥 믿는다고 말하는 겁니다. 나는 알피니즘의 근본을 믿습니다. 그건 신뢰입니다. 이런 측면에서 본다면 그건 내 문제가 아닙니다. 그는 그게 무엇이든 진실되게 살아야 합니다."

진실되게 살아야 한다는 것에 더해 토모는 왕성한 야망과 함께 살아야 했다. 처음의 압박감은 심리적인 것이었다. "어떻게 되는지 알아야 합니다. 어떤 활동을 하면 훈련을 하게 되고, 그러면 더 많은 걸 원하게 됩니다. … 사람은 항상 더 많은 걸 원하니까요."라고 그는 설명했다. 토모는 자신의 등반을 깔끔하게 보상받았다. 그리고 그것은 그를 더욱 몰아붙였다. 그는 떠들썩한 행위의 수준에 이르렀다. 더욱 더 위대한 업적으로. 그리하여 마침내 자기 자신의 기대도 만족하지 못할 만큼. 슬프게도, 그는 알피니스트가 걸어가는 길이 — 꼭 정상에 올라가는 것만이 아니라 — 얼마나 중요한가에 대한 결정적인 메시지를 놓친 것 같았다. 네이츠는 『길』에 이렇게 썼다.

> 나는 위대한 행위를 갈망했다. 그러나 가장 위대한 행위와 성취는, 마치 단조로운 존재처럼, 작은 순간들로 이루어진다. 영웅적인 행동 같은 것은 없으며, 단지 사람들이 그들 앞에 무릎을 꿇을 수 있는 영웅을 만들어내서 자신의 미약함을 잊는다는 사실을 우리는 알지 못한다. … 기다리는 방법을 익히는 경험을 쌓기 위해 우리는 얼마나 많이 실망했으며, 얼마나 많이 실수했던가. … 내 안에서 일어나는 에너지의 파동에 조용히 귀 기울이고, 그것을 열린 공간으로 끝없이 내보내며, 나는 혼자서 바위와 눈 덮인 산을 얼마나 많이 오르내렸던가.

토모는 로체 이후 히말라야 등반을 단념했다. 많은 이유가 있겠지만, 그중 하나는 분명 꾸준히 무엇인가를 보여줘야 하는 압박감으로부터 탈출하고 싶다는 생각이었을 것이다. 그는 이렇게 회상했다. "무언가를 하게 되면 이 작은 집단은 다음 걸 요구합니다. 다음 계획이 뭐죠? 난 진저리가 났습니다. 다음 계획이 뭔가요?!" 그는 개인적인 스폰서들로부터 압박이 심해지고 있다는 것을 느꼈는데, 로체 이후에는 스폰서와의 관계가 편향적이라고 판단했다. "그들은 모든 걸 뭉뚱그렸습니다. 얼마나 많이 주고 얼마나 많이 받아내야 하는가? 하나씩 개별적으로 따지면 패자가 된다는 걸 깨달으니까요." 그는 프로 산악인이라는 엘리트 집단 속으로 들어갔다. 그런데 그것은 그에게 도움이 되지 않았다. 그는 그것을 '마법의 굴레'라고 불렀다. 등반과 스포츠와 스폰서와 미디어라는 마법의 굴레. "이 마법의 굴레는 들어가기가 쉽지 않은데, 빠져나오기는 훨씬 더 어렵습니다."라고 그는 말했다. "내가 그 안에 있었는데… 모든 걸 곰곰이 계산해보고 나서 난 이렇게 말했습니다. '이런 게임은 더 이상 하고 싶지 않아.'"

마법의 굴레는 일부가 명성이었다. 토모는 기대했던 것만큼 그것을 즐기지 못한 것으로 드러났다. 명성은 내부에서 느끼는 감동이 아니라 다른 사람의 눈과 마음에 비춰진 외부에서 오는 것이었다. "성격상 대중적인 인물이 되지 못하면 지옥을 경험하게 될 겁니다. 난 천생 대중적이지 못했습니다."라고 그는 인정했다. 그의 부인 네다 역시 의견이 일치했다. "사생활이 없었습니다. 커피를 마시러 나가도 낯선 사람들이 몰려들어 함께 사진을 찍자고 하거나, 아니면 그의 거짓말을 비난했습니다." 토모는 잠시 자신을 방어했지만, 결국 두 손을 들고 말았다. "결국 내가 말했습니다. '여러분, 들어보세요. 그렇게 말해도 난 신경 쓰지 않습니다.'" 2014년 그는 완전히 물러났다. "이제 말할 수 있습니다. 거의 25년이라는 세월이 지나고 보니 그건 전혀 중요한 게 아니었습니다."라고 그는 말했다. "어떤 특별한 프로젝트를 가지고 있으면, 그것에 집중합니다. 그러나 시간이 조금 지나면 그건 더 이상 흥미진진하지 않습니다."라고 그는 설명했다. "등반은 인생의 한 부분일 뿐입니다. 예전에 생각했던 것보다는 분명 중요하지 않습니다. … 그리고 내 생각에는, 100년쯤 후에는 덜 중요하게 될 거고, 200년쯤 후에는 아무도 관심을 갖지 않을 겁니다."

그러나 로체 남벽은 알피니스트들에게 중요했고, 여전히 중요하다. 그리고 대부분은 그가 거짓말을 했다고 생각한다. 로체에서 토모가 어디로 올라갔는지 그 모든 진실을 알고 있는 한 사람은 여전히 살아 있다.

∧

네이츠가 살아 있었다면 로체 사건을 어떻게 보았을까? 로체뿐만이 아니라 과거의 방식에 도전하는 모든 세대의 알피니스트들에 대해. 네이츠는 비록 구세대의 일부이기는 했지만 현대적인 사고방식을 가진 사람이었다. 그는 복잡하게 충돌하는 알피니스트의 인생을 이해했다. 아마도 그는 넓어진 간극을 연결하는 소중한 다리를 제공했을지 모른다. 그리고 변화의 속도를 조절하면서 씁쓸한 싸움을 완화시키고 피곤한 우정을 다독였을지도 모른다. 그는 『길』에 이렇게 썼다. "이것이 우리의 인생이다. 기뻐서 좋아하고 슬픔에 빠지고 갈망을 한아름 품고 성공을 한껏 꿈꾸며 쓰라린 실망을 맛보는 것. 우리는 행복에 겨워하다가도 동시에 고통스러워한다. 그리고 때로는 이런 희로애락이 넘쳐난다. 그렇게 우리는 늙어간다."

13

너무나 아름다운 정상

로체 사건이 일어난 지 1년 후, 슬로베니아에서는 전혀 다른 종류의 원정등반이 추진됐다. 그 등반으로 그들은 히말라야라는 무대에 확고한 명성을 새겼다. 그러나 1991년의 칸첸중가 원정등반은 가장 성공적인 것이기도 했지만 동시에 비극적인 것이기도 했다. 토네 슈카리야를 대장으로 한 그들의 목표는 정상이 여러 개인 세계 제3위의 고봉에서 3군데를 오르는 것이었다. 비키, 스티페, 마리야 프란타르Marija Frantar, 요제 로즈만Jože Rozman과 몇 명의 슬로베니아인들은 노멀 루트로 8,586미터의 주봉에 오를 계획이었다. 마리야는 이미 600개의 초등을 기록했는데, 그중에는 8천 미터급 고봉도 하나 있었다. 다른 사람들과 마찬가지로, 그녀 역시 그런 등반에 적임자였다. 마르코 프레젤과 안드레이 슈트렘펠은 남봉을 신루트로 오르기로 했고, 반야 푸르란Vanja Furlan과 보얀 포치카르Bojan Počkar는 인근의 자누 북벽을 오를 작정이었다.

폴란드의 여성 산악인 반다 루트키에비츠와 에바 판키에비츠Eva Pankiewicz가 원정대에 합류하자 경쟁적인 분위기가 달아올랐다. 폴란드인인 반다와 슬로베니아인인 마리야는 칸첸중가의 정상을 밟는 최초의 여성이 되고 싶어 했다. 비키에 의하면, 그럼에도 폴란드의 두 여성은 원정대에 잘 녹아들었다고 한다. 그러나 스티페는 반다가 특히 상대하기 까다롭고, 논쟁적이고, 쉽게 화를 냈다며 그 주장에 동의하지 않았다. "한번은 그녀가 보온병으로 쿡을 때리기까지 했습니다."라고 그는 말했다. 대원들도 토네가 반다와 에바를 원정대에 받아들인 것을 비판했다. 그러나 토네는 압박감을 느꼈다. "안 된다고 말할 처지가 아니었습니다."라고 그는 말하면서 피곤한 목소리로 이렇게 덧붙였다. "세상일이란 게 다 그렇지 않습니까?"

∧

처음에 안드레이는 칸첸중가를 어느 루트로 도전할지 알지 못했다. 확실한 것은 반드시 신루트여야 한다는 것뿐이었다. 그는 유혹적인 쿨르와르와 남봉으로 이어지는 긴 능선이 나타난 사진 한 장을 보았다. "등반선이 아주 안전하게 보였습니다."라고 그는 말했다. 그러더니 씩 웃으면서 이렇게 설명했다. "전혀 안전하지 않았는데 아주 안전한 것처럼 보였던 겁니다." 안드레이는 그것이 가능성의 경계선을 한껏 밀어붙여야 하는 중요하고 어려운 등반이 되리라고 직감했다. 그러나 그는 그 경계선을 넘고 싶지는 않았다. "그런 등반에서는 경계선 바로 근처를 오랫동안 걸어야 합니다."라고 그는 훗날 설명했다. "그것이 알피니즘의 예술이죠. 경계선에 가까이 가지만 결코 그 선을 넘지는 않는 것 말입니다."

마르코 프레젤이 처음부터 안드레이의 파트너가 된 것은 아니다. 그러나 다른 두 사람이 등반 능력도 떨어지는 데다 건강도 좋지 않았다. 마르코는 후보자였다. 안드레이는 전화기를 집어 들었다.

"나와 칸첸중가에 갈래?"

마르코는 잠시 뜸을 들인 다음 이렇게 대답했다. "글쎄요, 공부를 끝내야 하는데…."

"이봐, 마르코. 공부는 다음에 해도 돼. 칸첸중가가 지금 널 기다리고 있어."

마르코는 생각을 해보고 나서 전화를 하겠다고 대답했다. 그러나 10분

후 그는 함께 가겠다고 말했다. 안드레이가 어떤 루트인지도 말해주지 않아, 그는 정보를 전혀 몰랐지만 기꺼이 시도하기로 했다.

베이스캠프에 늦게 도착한 마르코와 안드레이는 다른 팀의 짐을 끌어올리기보다는 인근의 봉우리에서 고소적응 훈련을 하기로 했다. 안드레이는 두 명의 팀으로 따로 떨어져 자신들의 목표에 집중하면서 파트너십을 다져야 한다고 처음부터 주장했다. 그는 대규모 원정대의 혼잡스러운 일원으로 말려들어가, 정신이 산만해지는 것을 원치 않았다. 그들은 첫 번째 고소적응 등반인 보크토 동봉Boktoh East을 하루 만에 빠르게 올라갔다. 다음은 7,349미터의 탈룽피크Talung Peak였다.

그들은 6,300미터까지 올라가 비박을 하고 나서 다음 날 정상으로 출발했다. 그들은 사나운 바람 속에서 로프를 쓰지 않고 각자 떨어져서 등반했다. 마침내, 안드레이는 계속 등반하는 것이 너무 위험하다고 판단했다. "마르코가 모퉁이를 돌아오는 것을 보고 이렇게 생각했습니다. '그래, 그 역시 돌아서고 싶은 마음이겠지.'" 그러나 마르코는 돌아서지 않았다. 그는 정상에서 내려오고 있었다. 그들은 아무 말도 주고받지 않았다. 안드레이는 돌아서서 함께 내려왔다. 그러나 큰 착오였다. 탈룽피크는 고소적응에 안성맞춤이었는데, 마르코는 정상까지 갔다 온 반면 안드레이는 그렇게 하지 않은 것이다. 안드레이가 자신이 정상 가까이, 50미터 정도에 있다는 사실을 알았다면 그는 분명 계속 올라갔을 것이다. 그것은 불안한 파트너십의 서막이었다.

6일 후, 여전히 다른 대원들과는 떨어져, 그들은 본래의 목표인 칸첸중가 남봉(8,476m)을 향해 떠났다. 헛바닥처럼 길게 늘어진 수직의 얼음과 사방에 바윗덩어리들이 널려 있어 등반은 극도로 어려웠고, 한 번에 하나씩 문제를 풀어나가는 데 시간이 많이 걸렸다. 10시간 후 그들은 첫 650미터를 올라갔다. (UIAA 난이도 VI급, A1, 빙벽 각도 60~90도) 야간등반을 계획했지만 날씨가 변하더니 눈이 내리기 시작해, 그들은 6,200미터에서 등반을 멈추고 비박에 들어갔다. 번개가 하늘을 가르고 산 전체에 천둥소리가 울려 퍼졌다.

1991년 칸첸중가 남봉의 신루트 하단부에 붙어 있는 안드레이 슈트렘펠과 마르코 프레젤(붉은 원) (안드레이 슈트렘펠 컬렉션, 토네 슈카리야 제공)

1991년 정상 등정의 마지막 날, 마르코 프레젤이 칸첸중가 남봉의 8,000미터 위쪽을 선등하고 있다. (안드레이 슈트렘펠 컬렉션)

다음 날은 신설로 인해 등반이 더욱 어려웠다. 그들은 쉬운 곳을 찾아 능선에서 벗어난 다음, 눈이 덮인 가파른 바위를 크램폰과 피켈로 아슬아슬하게 넘어갔다. 신경이 곤두서는 미묘한 등반을 11시간 동안이나 한 그들은 어느덧 날이 어두워지자, 두 번째 비박을 위해 크레바스 바닥으로 파고들었다. 하지만 다음 날 아침 고개를 내밀어보니 바람이 울부짖고 있었다. 마르코는 발에 이상을 느끼기 시작했다. 그러더니 속도 좋지 않았다. 그는 억지로 집어넣은 약간의 액체를 토해냈다. 그러자 안드레이는 계속 해나갈 가망성이 있는지 걱정이 들었다. 그들에게는 1리터의 음료수뿐이었는데, 이제는 연료도 없었다.

안드레이의 걱정에도 불구하고, 그들은 자신감을 느꼈는지 모든 것을 마지막 캠프에 남겨두었다. 식량과 텐트와 스토브까지. 그들은 각자 등반했지만, 언제든 서로 로프를 연결해 확보를 해줄 준비를 하고 있었다. 얼마 후 마르코를 뒤돌아본 안드레이는 그의 안전벨트에 거의 아무것도 달려 있지 않다는 사실을 알았다.

"마르코, 피톤 어디 있어?" 그가 물었다.

"아, 너무 무거워서 저 아래 능선에 놔뒀습니다."

"그래? 좋아."

몇 시간 후, 뒤를 흘끗 돌아본 안드레이는 마르코에게 로프가 없다는 사실을 알았다. "마르코, 로프 어디 있어?"

"아, 너무 무거워서 저 아래 능선에 놔뒀습니다."

1991년 마르코 프레젤이 칸첸중가 남봉의 바위지대를 등반하고 있다. (안드레이 슈트렘펠 컬렉션)

칸첸중가 남봉 정상에 오른 마르코 프레젤. 뒤쪽에 얄룽캉이 보인다. (안드레이 슈트렘펠 컬렉션)

30분 후 그들은 그 루트에서 가장 어려운 피치를 만났다. 하지만 그들에게는 로프도 피톤도 없었다. 다행히 그들은 수년 동안 자외선에 노출돼 색이 바랜 러시아 로프를 약간 발견했다. 그들은 그 로프를 이용해 그곳을 넘어갔다. 그러나 후에 하강용으로는 충분할 것 같지 않았다. 이제 그들은 돌아올 수 없는 다리를 건넌 셈이었다. 물론 더 쉬운 곳으로 내려갈 수도 있을 터였다. 하지만 어디로?

위험천만한 등반은 칸첸중가 남봉 250미터 아래의 러시아와 폴란드 루트가 만나는 곳까지 계속됐다. 안드레이가 마르코보다 앞에 서서 눈을 헤치며 나아갔다. 능선이 거의 끝나가는 지점에서 마르코의 눈에 안드레이와 정상이 손에 잡힐 듯 가까이 보였다. 그러나 그는 훗날 이렇게 고백했다. "거의 손에 잡힐 듯했지만, 그 자리에서 돌아서고 싶다는 이상한 감정이 밀려들었습니다."

그들은 4월 30일 오후 4시 45분 정상에 올라섰다. 이제 힘든 등반이 끝났다는 생각에 마르코는 안도감을 느꼈다. 그들은 잠시 쉬면서 사진을 찍었다. "나는 느긋하게 내 주위를 둘러싼 고독을 즐겼다."라고 마르코는 회상했다. "해가 지는 모습이 환상적이었다."

해가 떨어지면 순식간에 사방이 어두워진다는 것이 문제였다. 더구나 8,000미터의 정상은 시간을 보내기에 좋은 장소가 아니었다. 안드레이는 하강용으로 쓸 생각으로, 그래도 손상이 덜한 고정로프 자투리들을 모으기 시작했다. 그들은 다른 대원들이 등반하고 있는 산의 반대편으로 내려가기 시작했다. 그들은 낡은 고정로프를 발견하고 방향을 알기 위해 3캠프로 무전했다. 그러나 배터리가 너무 약해 무슨 말인지 거의 알아들을 수 없었다. 그들이 7,900미터 정도에서 쿨르와르에 들어서서 내려오기 시작할 때 마르코가 피켈을 떨어뜨렸다. 피켈은 옆으로 데굴데굴 구르더니 허공으로 날아가기 바로 몇 미터 전에서 기적적으로 눈에 처박혔다. 정신이 아찔해진 마르코는 자신의 피켈을 회수해서 클라이밍 다운으로 계속 내려갔지만, 그곳에 고정로프가 없어서 그들은 할 수 없이 러시아 팀의 마지막 유물을 사용했다. 이제 헤드램프의 불빛마저 희미해졌다. 가파른 바위를 내려가니 단단하고 반질반질한 얼음이 나타났다. 그들은 아래로 또 아래로 밤새 내려갔다.

마르코는 눈덩어리에 주저앉아 안드레이가 앞서서 내려가는 모습을 지켜보았다. 그는 멈추어서도 안 되고, 계속 움직여야 하며, 잠을 자서도 안 된다는 사실을 본능적으로 깨달았다. 안드레이가 멀어져가는 곳에 5개의 빨간 텐트가 나타났다. 환상적이네! 눈을 감은 그는 환각에 걸렸다고 확신했다. 그가 눈을 떴는데, 텐트는 여전히 그곳에 있었다. 안드레이 역시 그 근처에서 쉬고 있었다. 마르코는 색깔 좋은 텐트와 안드레이에 이끌려 비틀거리며 아래로 내려갔다. 그러자 뜨거운 차와 신선한 맥주를 든 두 명의 동료가 나타났다. 심지어 그는 냄새까지 맡을 수 있었다. 어느 것이지? 커다란 머그잔에 담긴 거품이 이는 맥주, 아니면 김이 모락모락 나는 컵에 담겨 코끝을 자극하는 블랙 티? 그러나 한순간 그는 그 모든 것이 꿈이라는 사실을 깨달았다. 잔인한 환각이었다. 실제적인 현실은 끝없는 하강에, 들리는 것이라고는 먼 바닷가의 파도

처럼 맥박이 뛰는 소리뿐이었다.

　새벽이 다 되어 가는데도 텐트가 보이지 않았다. 마르코는 머리를 흔들며 환각을 쫓아내려 애썼다. 그러나 이번에는 현실이 바로 눈앞에서 펼쳐졌다. 그는 안으로 쓰러져 침낭 속으로 기어들어간 다음 혼수상태 같은 잠에 빠졌다. 안드레이조차도 그때를 되돌아보며 끔찍한 하산이었다고 인정했다. 기술적으로 어려웠을 뿐만 아니라 그들의 피로도가 훨씬 더 가중됐기 때문이다. 안드레이는 다음 날 베이스캠프에 도착했고, 마르코는 하루 더 늦게 내려왔다.

∧

다른 대원들도 잘하고 있었다. 우로슈 루파르Uroš Rupar는 칸첸중가 중앙봉에 올랐고, 비키와 스티페는 주봉에 올랐다. 그들은 하산을 하면서 이틀 늦게 정

1991년 마리야 프란타르와 요제 로즈만이 칸첸중가를 향해 비극적인 출발을 하고 있다. (안드레이 슈트 렘펠 컬렉션)

상으로 올라가던 마리야와 요제를 만나, 3캠프에서 하룻밤을 함께 보냈다. 그러나 날씨가 나빠지고 있었다. 베이스캠프는 그들을 단념시키려 노력했지만 마리야와 요제는 등반을 계속했다. 사람들은 마리야가 반다와의 경쟁에서 이길 목적으로 뜻을 굽히지 않은 것으로 추측했다.

결국 그들은 베이스캠프로 무전을 보냈는데, 곤경에 처한 것이 분명했다. 그들은 탈진과 동상과 설맹으로, 정상 150미터 아래에서 발길을 돌렸다고 보고했다. 그러나 실제 상황은 훨씬 더 심각했다. 그들은 대책 없이 길을 잃고 있었는데, 무전 교신도 완전히 두절된 상태였다.

며칠 후 반다 루트키에비츠가 그들의 시신을 발견했다. 그 둘은 탈진으로 4캠프 쪽으로 추락한 것 같았다. 토네가 원정등반의 종료를 선언하자, 에바와 함께 정상에 갈 수 있다고 확신한 반다가 격분했다. 그다음 해 그녀는 멕시코 산악인 카를로스 카르솔리오Carlos Carsolio[16]와 함께 칸첸중가로 돌아갔고, 거기서 최후를 맞이했다.

마리야와 요제의 죽음으로 원정대는 산산조각이 났다. 젊은 축에 속해 슬로베니아 알피니즘의 미래로 꼽힌 마르코는 답을 찾기 위해 영혼을 뒤졌다.

시간이 흐른 후에도 내가 여전히 거센 바람 소리, 눈사태의 천둥 소리, 쉬익거리며 날리는 눈 소리와 쨍그랑거리며 떨어지는 얼음 소리, 사면을 긁어대는 크램폰 소리와 크레바스로 떨어지는 물 소리를 듣고 싶어 한다면, 그곳에서 일어난 일들로부터 나는 무엇을 배워야 하는가? 내가 과연 현명한가? 내가 미처 이해하지 못한 경험이 너무나 많다. 과감성, 욕망, 공포, 등반, 바람, 눈, 의구심, 희망, 위험, 불확실성, 정상, 자유의 순간, 하강, 긴장의 완화, 추락, 환각, 잠, 마리야와 요제에 대한 꿈, 안개 속에서의 방황, 기쁨, 근심걱정, 죽음, 무관심, 혼란 그리고 슬픔까지. 왜 이토록 생각이 어지러울까? 그 6일 동안 나와 안드레이는 무엇을 얻었는가? 사진에 그려진 그 산의 등반선 위에서. 그러나 내가 경험한 이런 것들은 너무나 강렬해서 나는 결코 잊지 못할 것이고, 그런 등반을 다시 할 수도 없을 것이다.

어느 순간에 경험한 모험이 나머지 인생을 결정짓는 경우가 많다. 마르코는 '최고'의 등반이라고 말하는 데는 주저했지만, 칸첸중가가 대단했다는 것만은 인정했다. "그 등반은 우정과 미지의 요소를 갖고 있었다."라고 그는 후에 설명했다. "나는 그 괴물에게서 일어날 수 있는 것의 10퍼센트만 알았을 뿐이다. … 처음에는 뭣같이 보였지만, 우리는 서서히 문제를 풀어가기 시작했다. 아마 그토록 복잡하지 않았다면 나는 도전하지 않았을지도 모른다. 그 등반은 나에게서 많은 것을 빼앗아갔지만, 훨씬 더 많은 것을 돌려주었다."라고 그는 『아메리칸 알파인 저널American Alpine Journal』에 썼다.

안드레이 슈트렘펠은 가장 중요한 등반을 꼽아달라는 말에 두 개를 지목했다. 첫 번째는 그와 네이츠가 에베레스트 서릉 다이렉트를 등반한 1979년

1991년 안드레이 슈트렘펠과 마르코 프레젤이 등반한 칸첸중가 남봉의 신루트 (안드레이 슈트렘펠 컬렉션)

의 에베레스트 원정등반이었다. 그는 그 등반을 원정대 스타일의 등반 경력 중 가장 대표적인 것으로 꼽았다. 그 등반은 대부분의 구간을 원정대 스타일로 돌파했지만, 그와 네이츠는 8,300미터 위의 가장 어려운 구간을 알파인 스타일로 해냈다. 네이츠 이후의 가장 중요한 등반으로, 그는 칸첸중가를 언급했다. 그 등반 역시 빛나는 알파인 스타일이었다. 그러나 스타일의 조건으로 보면 복잡했다. 각자가 신루트를 순수한 알파인 스타일로 등반하기는 했지만, 산의 반대편으로 내려오는 동안 문제가 발생하면 도와줄 동료가 옆에 있었기 때문이다. 알파인 스타일이냐, 원정대 스타일이냐? 사실은 미묘한 뉘앙스의 차이일 뿐이다.

칸첸중가에서 녹초가 된 안드레이는 자신을 포함해서 어느 누구도 몇 년 이내에, 아니면 영원히 그런 노력을 또다시 기울일 수 없다고 말했다. 그는 그 등반이 그다음 해 자신과 마르코의 멜룽체(7,181m)[17] 초등과는 비교가 되지 않는다고 주장했다. 비록 순수한 알파인 스타일로 이루어진 가장 아름다운 히말라야 등정 중 하나이기는 했어도 말이다.

1992년 멜룽체 정상의 마르코 프레젤. 그는 안드레이 슈트렘펠과 함께 이 산을 알파인 스타일로 초등했다. (안드레이 슈트렘펠 컬렉션)

1991년 슬로베니아 원정대의 칸첸중가 등정 루트들. 주봉: 스티페 보지치와 비키 그로셀, 중앙봉: 우로 슈 루파르, 남봉: 마르코 프레젤과 안드레이 슈트렘펠(알파인 스타일로 등반) (비키 그로셀 컬렉션)

비키 그로셀은 안드레이와 마르코의 칸첸중가 신루트 등반이 슬로베니아의 가장 중요한 히말라야 등반이라고 평가했다.

칸첸중가는 개인적인 이유로서도 안드레이에게 중요했다. 그것은 파트너십과 관련된 것이었다. 네이츠가 마나슬루에서 죽자 안드레이는 등반의 방향성을 잃었다. "내가 진정한 자아와 나 자신의 길을 찾아 최고 알피니즘의 미로를 헤쳐 나가려고 하면 할수록 나는 방향을 잃고 외톨이가 되었다."라고 그는 회상했다. "내가 내 등반 경력에서 두 번째 정점을 찾은 것은 한참이 지난 후였다. 그것이 바로 칸첸중가였다." 그리고 이 두 번째 위대한 등반의 파트너가 마르코였다. 그들이 고소적응 등반을 할 때 파트너십이 어느 정도 위태롭기는 했지만, 그들은 등반 내내 서로의 힘을 이끌어내 신뢰관계를 쌓으며, 복잡하고 어려운 지형에서 성큼성큼 함께 나아갔다.

8천 미터급 고봉들(넷은 신루트로, 둘은 순수한 알파인 스타일로)을 포함해 40년 동안 길고 분명하게 이어진 안드레이 슈트렘펠의 등반 경력 중 그의 파트너는 셀 수 없을 만큼 많았다. 하지만 여전히 안드레이는 네이츠가 엔진이었다고 인정한다. 그의 무한한 에너지와 열정과 확신은 안드레이를 자극했고, 그가 최선을 다하도록 영감을 불어넣어 주었다. 에베레스트와 가셔브룸1봉 등정은 시대를 앞선 것이었다. 에베레스트 서릉 등반 후 다른 사람들과 마찬가지로 안드레이는 훈련과 경험이 산에서 실수를 줄여주며 자신들을 보호해 준다고 생각하기 시작했다. 그렇게 하면 그들은 죽음을 피할 수 있었다. "우리는 무적이라고 생각했습니다."라고 안드레이가 말했다.

그런데 네이츠가 죽었다.

네이츠는 총명하고 경험이 풍부하고 기술이 좋았을뿐더러 위험으로부터 전혀 영향을 받지 않는 사람이었기 때문에 안드레이는 그 사고를 받아들이기가 힘들었다. 네이츠가 죽자 안드레이의 자신감도 산산이 부서졌다. "경험의 집이 무너져 내렸습니다. … 내가 그 집을 다시 짓는 데는 1년도 더 걸렸습니다. 그래도 그 집은 예전만큼 튼튼하지 않았습니다."

"나는 산에서 많은 친구들을 잃었습니다. 그리고 마리야의 여동생도 내 팀에서 죽었습니다."라고 그는 슬픔에 잠긴 표정을 지으며 말했다.

안드레이는 마리야와 함께 8천 미터급 고봉을 4개나 오르고, 율리안과 프랑스 알프스에서 수많은 루트를 등반했다. 그러나 마리야와의 등반은 다른 파트너들의 그것과는 근본적으로 달랐다. "애들이 없었다면 아마 크게 달랐을 겁니다."라고 그는 말했다. 그러나 그들에게는 딸 둘과 아들 하나가

1990년 남편과 함께 에베레스트 정상에 선 마리야 슈트렘펠. 그들은 이 산을 오른 첫 번째 부부가 되었다. (안드레이 슈트렘펠 컬렉션)

있었다. 마리야와 함께하는 등반에서 그는 위험의 수준을 낮추었다.

과거를 되돌아본 안드레이는 산에서 죽음을 직접 맞닥뜨린 것이 아주 소중한 교훈이었다고 믿고 있었다. "나는 준비에 만전을 기해야 했습니다. 나는 나 자신을 생각해야 했습니다. 그러자니 더 빨라질 수밖에 없었습니다." 네이츠는 자신의 방식으로 안드레이의 말에 동의했다. 그는 『길』에 이렇게 썼다. "산은 아름답고 안전하다. 나는 잔인한 산을 알지 못한다. 단지 자신이 가는 길에 의구심을 품기 때문에 우리가 위험에 빠지는 것뿐이다." 독실한 기독교 신자인 안드레이는 칸첸중가에서 내려오면서도 이렇게 인정했다. "나는 신으로부터 어느 정도 도움을 받았습니다."

안드레이는 위대한 알피니스트들과 등반을 많이 했지만, 그에게 가장 뛰어난 파트너는 마르코 프레젤이었다. 그 둘은 단 한 번의 시도로 최고의 등반을 이끌어냈다. 칸첸중가 남봉의 신루트 등반은 그 시대의 기념비적인 등반

중 하나였다. 그들은 스타일과 윤리를 똑같이 중시했다.

마르코와 안드레이의 기억에는 추웠다든가, 힘들었다든가, 하산이 가장 어려웠다든가, 살아남았다든가 하는 것들만 남아 있다. 그들은 그 등반이 도전적이었고, 자신들이 훌륭한 팀이었다고 기억했다. 기억이 약해진다고 쓴 네이츠처럼 그들은 중요한 것들만 기억했다.

네이츠의 『길』에는 이런 문구가 있다. "단 하루가 지났는데도, 등반을 자세히 기억하지 못하는 나를 두고 동료들이 얼마나 실망했을까? 그러나 나는 심리적으로 느낀 것은 아주 잘 기억한다. 그것은 엉망진창과 깔끔함, 동요와 불안, 허기와 질림, 욕망과 만족 같은 것들이다. 나는 나와 가까운 몇몇 사람들의 손 떨림과 반짝이는 눈동자 그리고 심장박동을 여전히 기억하고 있다."

∧

칸첸중가에 갔다 온 지 몇 달 후 안드레이는 한 통의 전화를 받았다. 그와 마르코가 프랑스의 오트랑Autrans에 올 수 있느냐는 것이었다. 알피니즘에 대한 일종의 상으로 '황금피켈상Piolet d'Or'이라 불리는 것이 있는데, 그들이 수상자였다. 안드레이는 대답하면서 질문도 함께 했다. "가는 비용을 부담해줍니까? 아니면…" 전화기 건너편의 남자는 그들의 등반은 그럴 만한 가치가 있다며 안드레이를 안심시켰다. 그것은 최초의 황금피켈상이었으며, 안드레이와 마르코가 그 상과 인연을 맺게 되는 긴 여정의 서막이었다. 물론 마르코의 태도는 안드레이의 그것보다 훨씬 더 많은 논쟁을 불러일으키기는 했다.

2007년 마르코 프레젤이 초몰하리의 북서쪽 필라 초등으로, 파트너 보리스 로렌치치Boris Lorenčič와 함께 그 상의 수상자로 지명됐을 때 마르코는 수상을 거부했다. 그는 공식적으로 그리고 단호하게 등반의 가치를 비교하는 것은 불가능하다고 선언했다. 그는 자신의 웹사이트에 이런 글을 올렸다. "모든 등반은 독특하다. … 등반을 판정하는 것은 어불성설이다. 등반의 정수는 경험의 순간에 밖으로 불타버린다." 그의 엄격한 윤리와 스타일의 고수는 미디어와 상과 대중의 세계와 부딪쳤다. 그에게는 '순수주의자'라는 딱지가 붙었고, 자신보다 재능이 뛰어나지 못한 사람들에 대해 너그럽지 못하다는 비판을 받았다. 그런 토대 위에, 사람들의 시선이 차갑게 변했다.

황금피켈상이 단순한 상업적 기획이며 알피니즘이 아니라 마케팅을 위한 행사라는 확신을 가지고 있는 그는 지금도 그 심사위원 자리를 거절하고 있다. "그게 뭐가 알피니스트를 위한 거야?"라며 그는 비난한다. 러시아의 알피니스트 파벨 샤발린Pavel Shabalin 역시 비슷한 감정을 드러냈다. "예외적이며 신성한 알피니즘이 대중과 가까워지면서 엉망이 되었다. 이제 그것은 사랑과 똑같은 역사적 상황에 직면해 있다. 사랑이 시였을 때 그것은 예외적이고 신성했다. 하지만 미디어가 사랑을 TV와 잡지에 집어넣자 그것은 포르노그래피가 되었다."

그러나 마르코가 꺼린 것은 황금피켈상의 상업적 접근 때문만은 아니었다. "황금피켈상은 허영심의 상징입니다."라고 그는 말한다. 그는 차라리 파티를 하자고 제안한다. 훌륭한 등반을 한 산악인들을 초청해 축하해주는 자리를 마련하자는 것이다. 그러나 마르코의 접근방법이 스폰서들을 자극할 것 같지는 않다. 그렇다면 그들은 무엇을 얻겠는가? 파티는 돈이 많이 들어간다. 승자와 패자가 없다면 흥미가 반감되기 때문에 관중도 미디어도 없다.

마르코의 등반 파트너 안드레이는 그 상과 그것을 둘러싼 활동에 대해 생각이 다르다. 그는 황금피켈상이 젊은이들이 등반을 선택하는 데 긍정적인 영향을 줄 것으로 믿는다. 그는 스타일에 따른 아이디어 교환과 함께 상을 받는 것에 대한 가치를 인정한다. 한때의 심사위원장으로서 그는 알파인 스타일이냐, 원정대 스타일이냐, 날씨의 예보와 위성전화는 어떻게 하느냐를 놓고 벌인 활발한 토론을 이제껏 기억한다. 그는 경쟁이 알피니즘의 미래를 올바른 방향으로 이끌 것으로 믿는다. 안드레이는 모든 등반은 이전의 등반으로부터 영향을 받았다는 점을 지적하며 알피니즘을 길게 내다본다. 그러나 그는 개인의 등반이 받는 영향은 미디어의 관심이나 지원에 대부분 의존한다는 점을 덧붙인다. 그러면서 황금피켈상이야말로 이 둘 다를 아우른다고 말한다.

안드레이의 말마따나 첫 황금피켈상이 최고의 등반에 주어지는 것은 당연한 일이었다. 왜냐하면 칸첸중가 등반에 따른 그와 마르코의 기술적인 수준과 우아한 알파인 스타일은 분명 히말라야 등반의 미래에 영향을 끼쳤기 때문이다. 안드레이는 과도기의 인물이었다. 그는 이전 세대에 속하는 알피니스트이면서도 새로운 물결이 도래하는 등반의 미래를 받아들였다. 마르코는 새로운 물결의 전형적인 예였으며, 그들은 함께 등반함으로써 강력한 팀을 이루었다.

14

삼총사

슬로베니아 알피니즘의 황금기를 수놓은 또 다른 최고의 팀이 선배들의 지혜와 경험을 전염성이 강한 젊음의 열정과 혼합시켰다. 그런데 이번에는 세 사람이었다. 등반만큼 우정을 중요하게 여기는 프란체크 크네즈, 야네즈 예글리치Janez Jeglič와 실보 카로라는 삼총사는 인도와 파타고니아의 거대한 벽을 함께 등반했다. 그들은 고산보다는 주로 가파른 벽을 등반하는 슬로베니아 등반의 영웅들이었다. 그들은 안데스와 같은 산군으로 여행을 다녔는데, 그런 곳은 가파른 바위벽과 우뚝 솟아오른 타워들이 지배하는 곳이었다.

︿

1961년에 태어난 야네즈 예글리치는 어린 시절 13년 동안이나 농장에서 지냈다. 그러나 부모가 이혼하자 그는 어머니를 비롯한 두 명의 가솔과 함께 류블랴나 인근의 도시 돔잘레로 이주했다. 그곳에서 그는 학업성적이 하향곡선을 그리자 스키점프, 로드바이크, 등반과 같은 스포츠에 집중했다. 그리고 세르비아에서 군복무를 마치고 돌아온 후에는 등반에만 전념했다.

야네즈는 이레나Irena와 가톨릭 청소년 모임에서 처음 만났다. 그때 그는 스물한 살이었고, 그녀는 겨우 열일곱 살이었다. 이레나는 반듯한 용모에 사파이어처럼 파란 눈을 가진 그와 즉시 사랑에 빠졌다. 그리고 후에는 그의 가톨릭 정신에 끌렸다. 차분하고 긍정적인 자세를 가진 그는 그녀를 보호해줄 수 있고 믿을 수 있는 사람처럼 보였다. 몇 년간의 데이트 끝에 그들은 1987년 결혼에 성공했다.

야네즈와 이레나는 신앙 등 공통점이 많았다. 그러나 그들의 가장 중요한 문제는 아이였다. 병원을 포기하고 자연요법에 매달린 지 5년이 지났지만 결과가 항상 똑같았기 때문이다. 그들은 다니엘Daniel이라는 남자 아이를 입양했을 때 문제가 끝난 것으로 생각했다. 그들은 그 아이를 3개월이나 애지중지하며 키웠다. 그런데 그때 생모가 나타나 아이를 돌려달라고 요구했다. 마음에 깊은 상처를 입은 이레나는 프랑스의 루르드Luordes로 순례를 떠났다. 그녀는 성수에 몸을 담그고 기적이 일어나게 해달라고 기도했다. 그리고 나서 그녀는 임신에 성공했다. 한 번뿐이 아니었다. 딸인 미르얌Mirjam이 세 자녀 중 첫째로 태어났다.

미르얌이 태어났을 때 야네즈는 군에 고용된 프로 알피니스트여서 국제 원정대에 참가하고 있었다. 이레나는 가정주부로 아이들을 돌보았다. 쉽지 않은 일이었지만, 가까운 친척들이 기꺼이 도와주었다. 그런 생활 패턴에도 이레나는 당황하지 않았다. 그녀는 결혼하기 전에 야네즈가 해온 일을 알고 있어서 결혼생활이 어떻게 될지 짐작하고 있었다.

∧

1983년 야네즈는 늘 구름과 바람에 가린 채 얼음이 얇은 막처럼 뒤덮인 아찔한 화강암 덩어리 피츠 로이의 동벽에 신루트를 내려고 파타고니아로 가는 실보와 프란체크와 합류했다. 야네즈보다 6년 선배인 프란체크 크네즈는 율리안 알프스, 프랑스 알프스, 미국, 남미와 히말라야에서 이룬 수많은 초등과 신루트 등반, 속도등반과 단독등반 등 이미 무서운 경력을 자랑하고 있었다.

1982년 그는 아이거 북벽을 6시간 만에 단독으로 올랐다. 프란체크는 루트 하나로 만족하는 법이 거의 없었다. 그는 루트를 게걸스럽게 먹어치웠다. 실보 카로가 '슬로베니아 등산의 정신적 스승'이라고 칭하는 그는 단순하게 사는 사람이었다. 훈련하고 일하고 등반하고. 그는 차도 전화도 없었다. 그는 차를 얻어 타거나 버스를 타고 산에 갔다. "쉬운 일이었습니다."라고 그는 웃었다. "오직 마음의 문제일 뿐 아무것도 아니었습니다."

프란체크는 논리적인, 그리고 개인적인 이유로 자신의 루트를 낮게 평가하는 것으로 유명했다. 그 당시 UIAA 난이도에서 VI+급은 '추락 일보 직전'의 등반을 의미했다. 프란체크는 VIII급이나 IX급도 등반할 수 있었다. 그의 등급은 자기 자신의 능력을 반영한 것이었다. 따라서 그가 추락 일보 직전의 등반을 하지 않았다면 그것은 VI+급이 아니었다. 그는 난이도를 그냥 낮추었다. 프란체크의 루트가 얼마나 어려운가를 제대로 알기 위해서는 난이도만 가지고 평가해서는 안 되며, 루트의 길이나 걸리는 시간까지도 고려해야 한다. 그는 바위에서 조용히 가볍게 움직였다. 마치 거미처럼. 루트 파인딩에 접근하는 그의 독특한 방법은 타고난 것이었다. 그는 거칠고 헐거운 바위, 알 수 없는 바위의 미로에서 조금도 당황하지 않고 길을 찾아냈다. 바위가 거칠면 거칠수록 프란체크는 더 좋아했다. 안드레이처럼 프란체크도 구세대를 이어받은 과도기의 인물이었다. 그의 방법론은 미래지향적이었다. 가볍고 빠르게. 그가 기억에 남을 만한 파트너십을 구축한 것은 야네즈와 실보 같은 후배 클라이머들과 등반했을 때였다.

그들 셋은 속도와 효율성을 위해 멀티 피치 루트의 쉬운 구간에서는 자주 단독으로 등반했다. 그들은 이틀 만에 19개의 신루트를 개척한 적도 있었다. 프란체크는 그 기술을 이렇게 설명했다. "꼭 필요할 때만 확보를 이용하면서 곧장 오르내렸기 때문에 그렇게 빠른 등반을 할 수 있었다."

피츠 로이에서, 그들은 오버행과 얼음이 낀 크랙과 반반한 바위에서 며칠 동안 등반을 했지만 폭풍이 몰려들어 베이스캠프로 철수했다. 날씨가 좋아지

1983년 12월 피츠 로이에서의 삼총사. 프란체크 크네즈, 실보 카로, 야네즈 예글리치 (실보 카로 컬렉션)

자 그들은 고정로프로 돌아가 얼음이 낀 생명줄에 등강기를 끼우고 기계적으로 위로 올라갔다. 프란체크는 허공에 대롱대롱 매달린 채 '거의 보이지도 않는 거미줄에 매달린 거미'처럼 오버행 턱 위로 자신을 끌어올렸다. 그때 갑자기 그가 로프를 따라 주르륵 미끄러져 내렸다. 추락이 멈추었을 때 그가 깜짝 놀라 눈앞의 로프를 보니 비바람을 맞아 상한 로프가 속심을 드러내고 있다. 그의 몸은 천천히 아주 천천히 빙글빙글 돌았는데, 발밑은 까마득한 허공이었고 그를 붙잡고 있는 것은 몇 가닥의 속심뿐이었다. 그는 아주 조심스럽게 위로 올라가 등강기 중 하나를 손상되지 않은 로프에 끼우고 계속 위로 올라갔다. 그는 그 느낌을 이렇게 표현했다. "생명의 끈들은 가늘다. 생사를 갈라놓는 조그만 바위 턱에 발을 올려놓아 본 사람이라면, 그는 생명의 진정한 크기를 알 수 있을 것이다."

극도로 어려운 등반을 하는 삼총사에게 로프는 심각한 문제였다. 떨어지는 얼음조각에 그대로 노출된 데다 허리케인 급의 바람이 로프를 거친 화강암에 후려쳐서 너덜너덜해졌기 때문이다. 때때로 그 등반은 러시안룰렛과 같았

야네즈 예글리치가 1983년 12월 피츠 로이에서 너덜너덜해진 로프에 매달려 하강하고 있다. (실보 카로 컬렉션)

다. 그러나 그들은 그 치명적인 게임에서 이겼고, 결국 햇빛이 밝게 빛나는 정상에 올라섰다. "아주 잠깐 동안이지만 행복을 느낄 수 있는 산들이 있다."라고 프란체크는 후에 말했다. "모든 느낌은 영원과 맞닿아 있다. 그것은 불멸의 영혼에 내려앉는 황금빛 이슬이다." 그들의 파트너십은 공고했다. 그 삼총사는 생명의 달콤함과 강렬한 등반을 경험한 후에 오는 마음의 평온함을 음미했다. 그런 감정을 이해한 네이츠 자플로트니크는 이렇게 썼다. "차가운 개울물을 마시려고 몸을 굽히면, 깨끗한 그 물이 얼마나 고마운지 알 수 있다. 길옆에 있는 그 물이 바로 행복이다. 그런 순간이 되면, 사람들이 당연하게 여기는 것들과 미처 알아차리지 못한 것들이 무한한 풍요로움으로 다가온다. … 배가 고프면 먹고, 목이 마르면 마시고, 지치면 잔다. … 우리의 세포는 이 모든 것들을 느낀다. 죽은 송장처럼 잠을 잔다 해도."

∧

왼쪽: 단호한 표정이 인상적인 1986년 파타고니아에서의 프란체크 크네즈 (실보 카로 컬렉션)
오른쪽: 세로 토레 남벽에서 파타고니아 폭풍과 맞서고 있는 야네즈 예글리치 (실보 카로 컬렉션)

삼총사는 세로 토레 동벽에 상상만 해도 아름다운 신루트를 내려고 1986
년 남미로 돌아왔다. 그들은 암벽등반의 스타들이 끼어 있는 9명 중 일부였
다. 프란체크, 실보, 야네즈와 또 다른 바위 도사 슬라브코 스베티치치Slavko
Svetičič. 그 팀에는 이레나도 있었다. 그것은 야네즈와의 첫 원정등반이었는
데, 그녀에게는 조금 힘들어 보였다. 외국과 외국어와 거친 날씨. 설상가상으
로 그녀는 혼자였고 베이스캠프의 텐트에 틀어박혀 자격증 수업을 위한 공
부나 해야 했다. 악명 높은 파타고니아의 날씨는 그들을 날려 보낼 듯 위협했
고, 몇 주일씩 비가 오면서 텐트를 두드려대기도 했다. 한 달이 지나 그들은
그 벽의 가장 어려운 구간 중 750미터에 고정로프를 겨우 설치했는데, 그 로
프는 마치 뒤틀린 칼처럼 세차게 날렸다. 그러나 정상까지는 여전히 멀었는
데도 벽에는 서리얼음과 눈이 달라붙어 있었다. 폭풍이 멎자 그 봉우리가 완
전한 위용을 다시 드러냈다. 하얗게 치장한 모습으로 반짝반짝 빛나며. 그러
나 불행하게도 그 모든 하얀 것들은 떨어져 내려야 했고, 실제로 해가 비치자
마자 그렇게 되었다. 얼음이 벽에서 벗겨지면서 한쪽으로 기울더니 획획 소
리를 내며 사태가 연달아 일어난 것이다. 그들은 이제는 얼음이 몇 겹이나 낀

세로 토레를 등반한 후 부에노스아이레스에서 자축을 즐기는 삼총사. 피아노를 치는 야네즈 예글리치, 리드 기타 흉내를 내는 실보 카로, 뒤에서 노래를 부르는 듯한 포즈를 취한 프란체크 크네즈와 가공의 기타를 치는 보루트 벨레하르 박사Dr. Borut Belehar. 아마도 피아노는 그날 밤에 살아남지 못했을 것 같다. (실보 카로 컬렉션, 파블레 코즈예크 제공)

고정로프에 매달려 벽을 조금씩 올라갔다. 그리하여 1986년 1월 16일 9명의 클라이머들이 세로 토레 정상에 섰다. 6명은 동벽의 '악마의 디레티시마Devil's Direttissima'라는 신루트를 통해, 그리고 3명은 마에스트리Maestri 루트로.

그들 삼총사는 슬로베니아로 돌아오자마자 비밀경찰의 취조를 받았다. 당국은 그들의 여행을 잘 알고 있는 것 같았다. 어디에 며칠 동안 있었는지. 그 팀에 밀고자가 있는 것이 틀림없었다. 모든 사람들의 충성심이 의심을 받던 그 혼탁한 시대에는 흔한 일이었다. 정치적으로 망명한 한 슬로베니아인이 쓴 책을 사 온 실보는 특히 신경이 곤두섰다. 그는 탄로가 날까 봐 두려웠다. 만약 그렇게 되면 그는 정부의 '공식적인' 파일에 모든 사생활에 대한 정보와 함께 이름이 오를 터였다.

∧

프란체크의 파타고니아 모험은 작은 집단 내에서 등반하기를 좋아하는 그의 취향을 분명하게 드러냈다. 에베레스트와 로체 원정등반은 그에게 소중한 고산등반 경험을 제공했다. 그러나 그런 등반은 길고 녹초가 되는 일이었다. 가파른 지형에서의 정교한 등반을 좋아하는 그는 그런 대규모 원정등반에서 자신의 몸에 일어나는 변화를 싫어했다. 그는 쇠약해지고 기진맥진했다. 그러면서 정교한 암벽등반 기술이 충격적으로 망가졌고, 자신의 몸을 이전의 수준으로 되돌리는 데는 수개월이 걸렸다. 프란체크는 극과 극을 오가는 그런 커다란 변화를 증오했다. 또 다른 부담은 사회적인 교류였다. 그는 끊임없는 타협과 그런 원정등반에 스며 있는 집단적 사고방식을 좋아하지 않았다. 그리고 가장 중요한 고민은 실제적인 등반 대상지였다. 경사와 상관없이 능선과 설사면을 무거운 발걸음으로 올라가는 것은 그의 취향이 아니었다. 그는 바위와 같은 수직의 세계에서 마음이 가장 편했다. 그는 다양한 바위의 촉감을 사랑했다. 석회암이든 화강암이든, 단단한 바위든 푸석푸석한 바위든. 그리고 그가 가장 빛난 것은 미묘한 루트 파인딩 문제를 풀어가고, 진정한 바위 도사처럼 우아한 선을 따라가는 바위 위에서였다.

세로 토레 1년 후, 프란체크는 슬라브코 찬카르Slavko Cankar, 보얀 슈로트Bojan Šrot와 함께 파키스탄 북부지역으로 갔다. 트랑고 타워는 발토로 빙하의 북쪽에 위치한 일련의 드라마틱한 화강암 침봉 중 하나다. 네임리스Nameless 타워라고도 불리는 트랑고 타워는 6,239미터로 1976년 전설적인 바위 도사 조 브라운Joe Brown이 포함된 영국 팀에 의해 초등됐다. 프란체크와 그의 파트너들은 그 봉우리의 남남동쪽에 신루트를 개척할 작정이었다. 쪽빛 하늘을 뚫고 올라간 거대한 돌기둥을 처음 본 프란체크는 그만 넋을 잃고 말았다. 그것은 자신을 위한 봉우리였다. 베이스캠프 사이트에 자리 잡은 그들은 그 벽에서 눈을 떼지 못했다. 해가 떨어지자, 벽의 아래쪽에 그림자가 생기면서 뾰족한 그 봉우리의 꼭대기가 황금빛으로 물들었다.

트랑고는 그들을 실망시키지 않았다. 그들은 자신들의 무기고에 있는 모든 기술을 사용했다. 마찰 등반, 크랙 등반, 미세한 홀드와 단단한 얼음에서 춤을 추듯 위로 올라가는 기술 등. 희미하게 빛나는 그 벽은 쉴 새 없는 루트 파인딩을 요구했다. 처음에는 사방이 반반해 보였지만, 그곳에는 크랙도 있었고 얕은 걸리도 있었다. "신비할 정도로 유혹적인 심연이 발밑으로 입을 벌리고, 외로워 보이는 수직의 벽이 앞을 가로막았다."라고 프란체크는 회상했다. 그들이 베이스캠프로 돌아가기 위해 하강 로프를 마지막으로 걸었을 때 그들의 만족은 최고조에 달했다. "내 뜻대로 되는 것이 거의 없었다. 나에게 트랑고는 그런 것이었다."라고 후에 프란체크는 말했다.

네이츠는 일생에 단 한 번 느낀 완전무결한 행복감을 이렇게 묘사했다. "그것은 괜한 욕심이나 감성이 아니다. 그보다는 차라리, 최후의 그림이 어떻게 완성될지 알지 못하면서 하나의 모자이크로 모여드는 평화로운 경험의 순간이다."

그들은 곧장 카라코람의 8천 미터급 고봉인 인근의 브로드피크로 갔다. 프란체크는 깊은 눈을 헤쳐 나가는 평범한 운행에 좌절했을 뿐 정상을 밟지는 못했다. 대신 그는 어렵고 가파른 일부를 신루트로 2캠프까지 내려왔다. 그는 브로드피크에서는 흥미를 느끼지 못했지만 트랑고에서는 달랐다.

프란체크는 가르왈 히말라야에 있는 6,660미터의 메루피크Meru Peak에 환상적인 암벽등반 루트를 개척하고, 바기라티2봉Bhagirathi Ⅱ 근처에 있는 멋진 필라를 등반하기 위해 인도로 갔다. 그는 둘 다를 알파인 스타일로 오를 작정이었다. 그는 바기라티4봉에도 도전장을 내밀었지만 실패하고 말았는데, 스타일을 타협하지 않은 것도 원인 중 하나였다. 인도에서 가파른 미지의 지형은 그에게 성공과 실패, 그리고 무한한 기쁨과 그만큼의 고통을 동시에 안겨주었다. 프란체크는 그 당시 슬로베니아의 클라이머들 중 '순수주의자'의 전형이었다. "유혹적인 목표들이다. 그러나 목표를 달성하면 종종 허무해진다. 방법이 하나의 목적인 것처럼 목표는 영감일 뿐이다. 중요한 것은 자기가 가는 길을 믿는 것이다." 이것이 프란체크의 말이다. 그러나 네이츠 역시 산과 인생을 향해 접근해나가는 방법에 있어서 아주 비슷한 말을 했다.

∧

3년 후, 삼총사 중 실보와 야네즈가 대담한 목표를 가지고 그 지역으로 돌아갔다. 6,454미터의 바기라티3봉 서벽에 신루트를 개척하려는 것이었다. 그들은 1990년 8월 27일 벽을 올라가기 시작했다. 그들은 첫 450미터를 힘들이지 않고 올라간 다음 비박을 위해 포타레지를 설치했다. 등반은, 그리고 그들의 생명은 그날 오후에 거의 끝장이 났다. 그들이 포타레지 위에서 꿈쩍거리자 줄을 지탱하던 볼트가 부러진 것이다. 그들은 아래로 떨어져 피톤에 댕그라니 매달렸다. 그들의 심장은 바위 턱으로부터 1미터 아래에서 격렬하게 뛰었다. "깜짝 놀랐습니다." 실보는 훗날 무덤덤하게 말했다. "식량과 장비가 벽을 따라 떨어지는 것이 보였습니다. 다행히 우리는 그러지 않았습니다."

베이스캠프로 내려온 그들은 보물들을 주워 모아 배낭을 다시 꾸린 다음, 그 벽을 다시 올라갔다. 낮 동안 그들 위쪽의 오버행진 벽은 얼음이 녹아 물이 흘러내렸지만, 밤 동안에는 기온이 곤두박질쳐 작은 시내를 이루던 물줄기가 얼음조각들로 변했다. 이제 얼음이 들어찬 크랙을 오르게 된 그들은 암벽화로 갈아 신었고, 불편할 정도로 추위를 느꼈지만, 어려운 그 지형에서는 어쩔 수 없는 노릇이었다. 벽을 더 올라가자 무너져 내리는 검은 덩어리들로 바위가 나빠졌다. "석탄으로 된 수직의 벽 같았습니다."라고 실보는 말했다. 홀드는 손을 대기만 해도 무너졌다. 피톤은 아무 짝에도 쓸모가 없었다. 마침내 그들은 위험한 그곳의 끝에 다다라 안락한 바위 턱에 비박 준비를 했다. 그들이 먹을 것을 준비하는 동안 까마귀 두 마리가 냄새를 맡았는지 황혼 속에서 나타났다. 그놈들은 주위를 맴돌며 기다렸다. 그러나 실보와 야네즈는 여분이 전혀 없었다. 여전히, 검고 아름다운 벽은 그들 앞에 놓인 현실과는 사뭇 달라 보였다.

1990년 9월 바기라티3봉 서벽에서 모험을 시작하는 실보 카로와 야네즈 예글리치 (실보 카로 컬렉션)

1990년 9월 바기라티3봉 서벽의 야네즈 예글리치. 그와 실보 카로는 6일 동안의 벽 등반 끝에 9월 7일 정상에 올라섰다. (실보카로 컬렉션)

벽에서 5일째가 되던 날 아침, 날씨가 나빠지기 시작했다. 그들은 그날로 정상까지 치고 올라갈 작정을 하고 대부분의 장비를 비박지점에 남겨두었다. 그들은 새로 갈아엎은 땅처럼 푸석한 바위지대와 거의 곧바로 만났다. 위로 애쓰며 올라갈 때 그들이 느낀 공포를 실보는 이렇게 묘사했다. "그다음 몇 시간 동안 우리가 헤쳐나간 것은 도저히 말로 표현할 수 없습니다. 어떤 상태인지 알아야 살 수 있죠. 추락도 10미터씩이나 하고, 확보는 썩은 바위에 해야 하고, 기술적인 난이도는 A4이고…. 그날 밤에 벽 위로 올라가지 못하면 살아날 수 없다는 두려움까지."

그날 밤 그들은 벽의 꼭대기에 도달하지 못했다. 가파른 얼음 침니에서 어둠에 붙잡힌 그들은 눈이 덮인 좁은 바위 턱 위에 침낭을 하나 펴고 함께 뒤집어썼다. 상처투성이에 지친 그들은 밤새 떨어지는 눈에 노출된 침낭 때문에 뼛속까지 흠뻑 젖었다. 바람이 거세지더니 아침이 되자 허리케인 급으로 변했다. 상황에 놀란 그들은 움직일 수밖에 없었다. 그들은 위로 올라가기로 했다. 가파른 피치를 몇 개 더 올라가자 벽의 꼭대기에 있는 커다란 설사면이 나타났다. 그들은 눈과 얼음조각들을 얼굴로 사정없이 날리는 난폭한 맞바람에 맞서 완만한 설사면을 꾸준히 올라갔다. 9월 7일 오전 9시, 벽에서 6일을 보낸 그들은 마침내 바기라티3봉의 정상에 올라섰다.

그러나 기쁨도 잠시, 하산이 걱정됐다.

벽을 등반하는 것도 상당히 위험했지만, 하산은 더했다. 사고는 대부분 피로로 인해 하산 도중 일어난다. 그리고 아래쪽으로 루트 파인딩을 하는 것이 훨씬 더 어렵다. 가파른 지형을 로프 하강으로 내려가면 빠를 수 있지만 그 기술은 불확실성이 많다. 다음 앵커는 어디에 설치하지? 바위는 단단할까? 로프 끝에 다다랐는데 오버행에 매달리게 된다면? 로프가 바위틈에 끼면 어떻게 하지? 실보와 야네즈는 하강하면서 이런 문제들에 부딪쳤다.

그들의 하강용 앵커가 어떤 때는 단 하나의 확보물에 의존해야 할 정도로 불안정했는데, 보통 때라면 절대 허용이 안 되는 것이었다. 그러나 그들은 장비가 떨어져 가고 있어 위험을 무릅쓸 수밖에 없었다. 두 개의 단단한 확보물마저 뽑힐 위험이 있어 그들은 못 미더운 백업을 해야 했다.

마침내 장비가 다 떨어졌다. 피톤도 캠도 로프도 이제는 없었다. 지형이 다소 완만한 곳에서 크레바스 안으로 굴러떨어진 실보는 가까스로 탈출하는 데 성공했다. 폭풍설에 차가운 비까지 내리면서 그들은 비쩍 마른 몸에 옷이 착 달라붙을 정도로 흠뻑 젖었다.

차투랑기Chaturangi 빙하를 15킬로미터도 넘게 힘들게 걸어 그들은 물에 흠뻑 젖은 채 오들오들 떨며 허기진 배를 부여잡고 베이스캠프에 도착했다. 포터들은 만약을 대비해 식량을 남겨놓은 채 계곡으로 내려가고 없었다. 그들은 억지로 몸을 구부렸지만 부츠를 벗거나 머그컵을 잡기도 힘들 정도로 손에 피가 나고 상처투성이였다. 그들은 밤새 차를 마시고 또 마셨다. 차는 너무나 맛이 있었다.

실보와 야네즈는 시간을 낭비하지 않고 델리를 거쳐 카트만두로 갔다. 그리고 그곳에서 3일을 쉰 다음, 곧장 에베레스트로 가서 이탈리아슬로베니아 원정대에 합류했다. 그곳에는 안드레이와 마리야 슈트렘펠이 있었다. 실보와 야네즈는 바기라티3봉에서의 고소적응이 에베레스트에 상당한 도움이 되리라고 자신했다. 그들의 계획은 2캠프에서 서릉으로 건너가 등반을 한 다음 사우스콜로 내려오는 것이었다. 그들은 일부 신루트를 통해 그 산을 완전히 횡단하고자 했다.

그들은 7,500미터까지 올라갔지만, 하필 날씨가 좋은 10일 동안 실보가 협심증으로 고생했다. 그 사이에 야네즈와 슈트렘펠 부부는 본래의 계획보다 조금 약한 사우스콜 루트를 등반했다. 그래도 횡단 등반에 마음이 끌렸던 실보는 크게 실망하지 않았다. 더구나 바기라티3봉에서 슈퍼 알파인 스타일로 1,300미터를 등반했다는 신선한 기억은 에베레스트 사우스콜 루트의 등반과는 사뭇 대조가 되었다. 사우스콜 루트는 바기라티3봉만큼 인상적이지 못했다. 바기라티3봉에서의 강렬함은 몇 년 전 네이츠가 요세미티에서 등반했을 때 느낀 것과 흡사했다.

남아 있는 것은 1미터, 이어 실제적인 1센티미터와 몸뿐이다. 집중력과 힘 덕분에 불가능한 위치에서 균형을 유지하며 화강암 플레이크 위로 몸을 천천히 끌어올린다. 집중력이 너무나 완벽해 무아지경에 빠지며 모든 잡 념이 사라진다. 오직 등반을 할 때만 몸과 마음이 혼연일체가 된다. 마음 은 몸을 움직이게 만들고, 몸의 힘은 지금 하고 있는 일의 경험과 확신을 마음에 주고, 앞으로 잘할 수 있다는 신념을 심어준다. 오직 등반을 할 때만 내 생각은 현실의 1평방미터에 집중한다. 내가 사랑하는 여성과 섹 스를 할 때조차도 마음이 이리저리 떠돌지만, 지금 바로 이 순간만큼은 우리가 거의 잊고 지낸 조화가 이루어진다. 자연과 몸과 마음이 하나로. 그들은 상호작용을 통해 하나로 완성된다. 등반은 인생의 학교며 사랑의 학교다.

바기라티3봉은 실보와 야네즈의 마지막 대등반이었다. 그들은 여전히 율리 안 알프스에서 등반도 하고 인근의 절벽을 오르기도 하지만 사이가 멀어졌다. 서로 다른 목표와 서로 다른 우선순위가 이유였다. 그 둘은 서로 다른 파트너 와 함께 세로 토레를 등반하기 위해 파타고니아로 돌아갔다. 이레나 예글리 치는 누가 야네즈의 가장 중요한 파트너냐고 질문 받으면 망설임 없이 여전히 실보 카로라고 대답한다. 그러나 실보는 야네즈의 마지막 파트너가 되지는 못 한다. 그 자리는 캄니크 인근 출신으로 토마주 휴마르Tomaž Humar라는 이름을 가진 또 다른 젊은 알피니스트의 몫이었다.

15

단독등반

유고슬라비아의 육군 지프에서 내린 토마주 휴마르는 퀭한 눈으로 코소보의 포두예보Podujevo 거리에 서 있었다. 그는 군인이라기보다는 차라리 거지에 가까웠다. 누더기가 된 불결한 군복을 입은 그에게서는 소변 냄새가 났다. 그의 손에는 낡은 칼라쉬니코프Kalashnikov 소총이 들려 있었다. 그러나 그는 탄약도 식량도 없었다.

어리둥절해하며 두려움에 떠는 그에게 알바니아인들이 다가왔다. 여기서 뭐 하고 있지? 어디로 가고 있는 거야? 그가 슬로베니아라고 불리는 먼 북쪽 지역에서 왔다는 사실을 그들이 알았을 때 그중 하나가 자신의 형이 캄니크 인근의 군수공장에서 일한다고 말했다. 토마주는 집에서 겨우 2킬로미터 떨어진 그 공장을 알고 있었다. 비록 사상과 종교, 그리고 자신들을 먹여주는 존경하는 지도자의 선전구호가 다르기는 했어도 그들은 곧 가까워졌다. 그리스에서 출발해 북쪽으로 올라가는 특급열차가 요란한 소리를 내며 역으로 들어오자, 그 열차를 잡아탄 토마주는 안도감과 함께 피로가 몰려와 곧 깊은 잠에 빠졌다.

유고슬라비아 육군 훈련소 근처에서 구보를 하던 토마주는 동료들로부터 자신들이 다음 날 비밀작전을 하러 떠날 것이라는 사실을 알게 되었다. 겨우 스무 살이 된 그는 코소보에서 세르비아 병사들과 함께, 코소보의 독립을 꾀하려는 것이 분명해 보이는 알바니아인들을 감시하고 있었다.

토마주는 알바니아인들에 대한 위협이 현실이 되리라고는 결코 믿지 않았다. 그러나 그들의 잔인함과 포악성이 곧 만천하에 드러났고, 토마주는 코소보에서 그 현장을 직접 목격했다. 집단강간, 불임계획, 학살과 고문. "나는 더러운 인간성의 밑바닥을 보았습니다."라고 그는 말했다. 그는 자신이 혐오하는 전쟁은 물론이고, 그런 잔학행위의 원인을 믿지 못했다.

1988년 토마주가 코소보로 가게 된 전쟁은 탐욕과 야망과 무자비가 빚어낸 불필요한 충돌이었고, 그가 참가한 비밀작전은 그로부터 몇 년 전 베오그라드의 중심부에서 일어난 사건이 직접적인 원인이었다. 1980년대 중반 세르비아 민족주의는 세르비아-몬테네그로 위원회라고 불리는 단체에 의해 불이 붙었다. 그들은 코소보 지역에서 자행된 고문과 무자비, 집단강간을 이야기했다. 그것은 그 지역에 사는 세르비아인들에 대해 코소보 알바니아인들이 저지른 잔학행위였다. 사회로부터 존경받는 세르비아 과학예술원이 1986년에 작성한 비망록에는 세르비아인들이 코소보 알바니아인들로부터 잠재적인 약탈과 학살의 위협에 놓여 있다고 쓰여 있었다. 그 문서는 세르비아인들을 광란의 도가니로 빠뜨렸다.

세르비아 대통령인 슬로보단 밀로세비치는 유고슬라비아 연방군을 코소보로 보내 알바니아계 주민들을 진압하는 것으로 대응했다. 하지만 유고슬라비아 연방의 다른 공화국들은 알렉산다르 바실리예비치Aleksandar Vasiljevič 대령의 비밀작전을 제대로 알지 못했다.

슬로베니아로 돌아온 토마주는 몸이 영혼처럼 말라붙은 듯 체중이 63킬로그램밖에 안 나가는 다른 사람으로 변해 있었다. 시무룩하고 짜증을 내고 공격적인 그는 산으로 탈출해 동굴 속에서 잠을 잤다. 그의 얼굴에서는 웃음이 사라졌다. 그는 친구들을 의심하기 시작했다. 전쟁의 폭력성에 영향을 받아 그가 가장 자주 마주하는 동료는 근심과 걱정, 공포였다. 그의 가족들은 그에게 필요한 것(음식)과 거부당한 것(사랑)을 주면서, 그를 다시 돌아오게 하려고 끈질기게 노력했다.

∧

신앙심이 두터운 휴마르의 가족들은 전후 사회주의공화국에서 열심히 일하며 검소하게 살았다. 1969년 2월 18일에 태어난 토마주는 아버지 마크스 Maks가 유고슬라비아에서 일어난 전쟁의 광기를 목격하고 산을 넘어 오스트리아로 피신했었다는 사실을 알지 못했다. 그곳에서 자신의 성급한 결정을 후회하고 자수한 마크스를 그들은 되돌려 보냈다. 마크스는 자신의 욕망을 억누르고, 처음에는 구두수선공으로, 이어 건설노동자로 일했다. 그는 로살리야 Rosalija와 1968년에 결혼했다. 그리하여 1년 후에 토마주가 태어났다. 외모로 보면 그는 영락없는 착한 소년에 모범학생이었다. 그러나 금발머리의 그 아들 안에서는 어떤 것이 끓어오르고 있었다. "난 이미 이상한 아이였습니다. … 축제일에 태어났으니까요."라고 그는 말했다. 아들이 두 명 더 태어나자 그들은 완전한 가정을 이루었다.

여섯 살 때부터 아버지를 따라 건설현장에 다닌 토마주는 건축업자로서의 재능을 보여주었다. 그때 그는 높이 올라 다니는 것에 흥미를 느꼈다. 그의 첫 실험은 지하에서 있었다. 그가 기둥에서 기둥으로 원숭이같이 곡예를 하며 오르자 어머니는 불안감에 어쩔 줄 몰라 했고, 아버지는 화를 잔뜩 냈다. 그러나 시간 낭비였다. 얼마 지나지 않아 토마주는 지역의 암장으로 달려갔다. 그때 그는 등반용 하네스를 처음 보았다. 그것은 버려진 피아트 자동차의 안전벨트로 만든 것이었다.

토마주는 아버지와의 관계가 좋지 못했다. 그들은 대화를 나누기보다는 논쟁을 벌였다. 1987년 그가 그 지역의 캄니크 산악회에 가입했을 때 그는 자신을 따뜻한 담요처럼 감싸는 우정을 발견했다. 그것은 집에서의 끊임없는 혼란이나 언쟁과는 전혀 다른 위안이었다. 그 산악회에는 우정과 장비와 후견도 있었지만, 엄격하고 고지식한 규칙으로 마르코 프레젤을 짜증나게 한 바로 그 사람, 즉 보얀 폴라크와 같이 경험 많은 선배들도 있었다. 그러나 토마주의 성격에는 이미 독립의 씨앗이 자라고 있었다. 결국 그는 등산연합의 거미줄 같은 통제와 지원에서 벗어났다.

토마주가 코소보에서 돌아왔을 때 그와 산악회의 관계는 사뭇 냉랭했다. 그는 잠 못 이루는 밤을 공포로 몰아넣는 전쟁의 악마로부터 벗어나기 위해 꾸준히 등반했다. 토네 슈카리야는 그가 점차적으로 어려운 루트를, 그리고 때로는 혼자서 등반을 하자 그를 질투하며 따돌리려는 사람들이 산악회 내에 생겼다고 회상했다. 산악회 내에서는 단독등반이 금지되어 있었기 때문에 선배들은 그를 정식으로 꾸짖었다. 그는 선배들의 말을 무시했는데, 그의 단독등반 루트들은 '병적病的'이라는 말을 들을 정도로 너무나 위험한 것들이었다. 그는 자신의 삶에 안정을 가져오려고 광기의 경계선에서 시소놀이를 하는 암벽등반에 의존했다.

네이츠는 그 감정을 『길』에 이렇게 풀어냈다.

나는 사람들을 공경한다.
그들의 인생이 한가로운 대지,
밀이 자라는 비옥하고 드넓은 평야 같은 사람들을.
가끔 가벼운 바람만 스쳐 지나가는 곳….
내 인생은 이처럼 거친 강과 같은 것을.
태곳적 바위에 거칠게 부딪치며 흘러내려 가는
심한 절망의 강.
그러나 내 손가락 끝의 긴 나날들은

땅에 닿는 내 발이 어떻게 살아가야 하는지 가르친다.

내가 수직의 벽에서 춤을 추는 진정한 고수가 될 때

나는 또한 알리라.

단단한 땅 위를 걷는 방법을.

그 당시 토마주와 가장 친했던 다닐로 골로브Danilo Golob는 그를 도와주고 격려했다. 토마주는 다닐로와 함께 많은 시간을 보내면서, 그만 그의 여자 친구인 세르게야Sergeja와 사랑에 빠졌다. 그들의 감정은 상호적인 것이었는데, 다닐로만 빼고 다들 눈치 채고 있었다. 그러다 1989년 어느 운명의 날, 다닐로가 그린토베츠 인근에서 빙벽등반을 하다 사망했다.

세르게야는 다닐로 주변의 등반 친구들에게 의지했는데, 그녀와 토마주 사이의 뜨거운 관심이 마침내 강렬한 애정행각으로 발전했다. 몇 달 후 그들은 결혼했다. 그리고 곧 첫째인 우르사Urša가 태어났다. 그때 토마주는 스물둘, 세르게야는 스무 살이었다. 이제 그들에게는 가정이 생겼다. 토마주는 이렇게 털어놓았다. "결혼에 대한 내 관념은 죽을 때까지 함께한다는 것이었습니다." 비록 그는 여전히 클라이머였지만, 우선순위를 분간할 수 있을 만큼 실용적이었다. "히말라야가 문제가 아니었습니다. 내겐 책임이 있었습니다. 난 차에 기름도 넣고 가족도 먹여 살려야 했습니다."

그리고 얼마동안 그는 청구서를 지불하기 위해 전자 공장에서 밤낮을 가리지 않고 일했다. 경제적인 긴장에도 불구하고 토마주와 세르게야의 관계는 사랑과 행복으로 충만했다. "우리 사이의 관계는 핵폭탄도 깨뜨릴 수 없었습니다."라고 토마주는 회상했다. "우린 서로를 사랑했습니다. 우린 하나의 세포였습니다."

3년이 지난 후 경제적인 상황이 나아지자 등반에 대한 토마주의 꿈이 수면 위로 떠올랐다. 그는 일이 방해가 되자 가족들의 만류에도 불구하고 보수가 좋은 직장을 그만두었다. 심지어는 그 회사의 사장까지도 그의 성급한 결정을 단념시키려고 노력했다. 그를 등반으로 몰아붙이는 것은 무엇이었을까? 가족에 대한 부담이 덜해지는 훗날에 할 수도 있을 텐데…. 오십쯤 되면, 그는 만면에 웃음을 띠며 이렇게 말했다. "인생 오십은 끝입니다. 더 이상 할 일이 없죠. 뭐 온천이나 가는 정도가 아닐까요?"

∧

토마주의 의미 있는 첫 등반은 그가 네팔과 티베트 국경에 있는 거대한 가네쉬 Ganesh 산군 동쪽 끝자락의 6,770미터 가네쉬5봉 원정등반에 초청받은 1994년에 이루어졌다. 게다가 금상첨화인 것은 원정대장이 스타네 벨라크(슈라우프)라는 것이었다. 그는 토마주의 영웅이었다. "난 마치 신과 함께 등반하는 것 같았습니다."라고 토마주는 말했다. 그러나 초청을 실제로 성사시킨 인물은 토네 슈카리야였다. 토마주는 알지 못하고 있었지만, 가네쉬5봉은 일종의 시험무대였다. 토네는 그를 그다음 해에 안나푸르나로 초청할 생각이었기 때문이다. 그러나 토마주의 마음을 잡아끈 사람은 슈라우프였다. 토마주는 그의 과감성을 깊이 존경했고, 겉은 퉁명스러워도 속은 한없이 부드러운 그를 좋아했다. 그 당시 동부 유럽의 히말라야 스타들 중 슈라우프는 단연 최고였다.

토마주는 슈라우프에게 자신을 열렬히 증명해 보였지만, 시험무대에 오른 사람은 그만이 아니었다. 슈라우프는 그 2년 전에 트리글라브 북벽에서 추락해 발목이 온전치 않았다. 그는 본래 1994년에 다울라기리 남벽에 가려 했었다. 그러나 그는 그럴 만큼 몸이 좋지 못했다. 슬로베니아의 어떤 클라이머들은 그를 머릿속에서 지웠다. 끝이야. 구세대고. 슈라우프는 끝은 없다고 생각했다. 가네쉬는 자신의 미래를 위한 작은 워밍업 무대로 안성맞춤일 터였다. 그는 등반을 '스키 활주'에, 원정대를 베테랑 고소 등반가들인 '노장'들과 '초보자' 새내기들의 집합체에 비유했다. 토마주는 새내기였다.

슈라우프가 그 산을 휘저으며 올라가고 새내기들이 뒤를 따랐다. 날씨가 나빠지자 두 번이나 속았다며 그는 크게 화를 냈다. 한 번은 트리글라브 북벽에서의 부상을, 나머지 한 번은 기상이 악화된 지금의 가네쉬를 의미했다. 그가 대원들이 감탄한 식량인 자두를 먹다 이빨까지 부러지자, 그는 자신의 말마따나 여러 번 화를 더 냈다. 새내기들은 그의 화 내는 모습을 보고도 자두를 계속 더 먹었다. 몇 번 출발을 잘못한 후 슈라우프, 그레고르 크레살Gregor Kresal, 토마주가 2캠프 위쪽을 등반하고 있었다. 그때 슈라우프가 크레바스 속으로 떨어지면서 그레고르가 갈비뼈를 다쳤다. 슈라우프는 드디어 내려갈 때가 되었다고 선언했지만, 그는 이번 등반에서 컨디션이 뛰어난 대원이 있다는 것을 미처 생각하지 못했다. 토마주는 그만둘 생각이 전혀 없었다. 슈라우프가 내려가라고 명령하자 토마주는 이렇게 말했다. "왜요?" 그러자 화가 머리 끝까지 치솟은 슈라우프가 소리쳤다. "난 널 여기에 놔둘 수 없어!"

"하루 종일 소리나 지르세요. 난 단 한 번의 기회만 잡으면 됩니다." 토마주는 거칠게 되받았다.

오랜 논쟁 끝에 슈라우프는 한 번 더 시도하는 데 동의했다.

그들은 1994년 11월 13일 함께 정상에 올랐다. 쉰네 살의 슈라우프와 그의 보호를 받는 스물다섯 살의 토마주. 토마주는 행복에 겨워했고, 슈라우프 역시 대단히 기뻐했다. 이유는 전혀 다르지만, 그것은 그 둘 다에게 승리였다. 그러나 축하를 나누기도 전에 해가 지평선 아래로 떨어져 그들은 서둘러 하산해야 했다.

그들의 야간 하산은 고소에서 늘 겪는 그런 것이었다. 로프가 얼고, 손이 얼고, 앞이 보이지 않고. 마침내 젊은 새내기가 눈에 쓰러지자 슈라우프는 감언이설로 달래고 윽박지르기도 했지만, 그는 조금도 움직이려 하지 않았다. 정상을 올라가는 데 온힘을 다 써버리는 산악인의 전형적인 예처럼, 토마주에게는 남아 있는 것이 하나도 없었다. 내려갈 때 필요한 것을 계산에 넣지 않은 것이다. 그는 등반의 진정한 크럭스가 하산이라는 것을 알지 못할 정도로 아직은 너무 어렸다. 그들이 마침내 베이스캠프에 도착했을 때 토마주는 자신의

한계를 지나치게 자만했기에 슈라우프가 아니었다면 자신은 분명 산 위에서
죽었을 것이라는 사실을 깨달았다. 그는 또 다른 기회를 얻으려면 경험으로부
터 배워야 한다고 다짐했다.

오래 기다릴 필요가 없었다. 이제 그는 유고슬라비아 산악인을 8천 미터
급 고봉 14개의 정상에 모두 올린다는 토네 슈카리야의 꿈에서 모종의 역할
을 맡을 예정이었다. 1995년의 8천 미터급 고봉은 안나푸르나였다. 세계 제
9위의 고봉인 이 네팔의 자이언트는 가장 위험한 산으로 알려져 있다. 슈카리
야의 1995년 원정대는 비키 그로셸, 스티페 보지치, 멕시코 산악인 카를로스
카르솔리오, 스키로 센세이션을 일으키고 있던 다보Davo와 안드레이Andrej 카
르니차르Karničar 형제 등의 스타들이 포함된 대규모 팀이었다. 사실 그 계획
은 카르니차르 형제의 스키 하산을 위한 것이었다. 토마주는 그곳에서 짐을
나르고, 길을 뚫고, 캠프를 설치하는 등 지원 역할을 할 계획이었다.

비키는 슈라우프가 감싸는 그 젊은이에게 호기심이 생겼다. 처음에 그는

1995년 안나푸르나 북벽 밑의 베이스캠프에서 쉬고 있는 스티페 보지치와 비키 그로셸. 이 둘의 파트너십은 유고슬라비아의 알피니즘 역사에서 가장 오랫동안 지속됐다. (비키 그로셸 컬렉션)

마치 수줍어하는 듯 조용했다. 그러나 일단 자신감을 갖자 진정한 토마주가 드러났다. 그는 젊은 슈라우프의 복사판이었다. 토마주는 에너지가 넘치는 거친 야생마처럼 이야기를 하고 몸짓을 했다. 스티페는 토마주의 거친 모습을 은근히 즐겼다. "난 그가 캄니크 알프스 근처에서 태어났기 때문에 바람만 불면 미쳐 날뛰는 일종의 광기를 가졌다고 생각했습니다." 그때의 첫 만남 이후, 스티페는 토마주가 결코 평범한 삶을 살지 못할 것이라고 느꼈다고 한다.

토마주는 토네의 지시에 따라 산을 오르내리며 식량과 장비를 져 나르고, 텐트를 설치하면서 차례가 오기를 기다렸다. 그는 자신이 우선순위가 아니라는 것을 알고 있었지만 정상에 올라갈 수 있다는 확신을 가지고 있었다. 마침내 그는 다른 3명의 대원을 비롯한 셰르파들과 함께 6,600미터의 3캠프라는 좋은 곳에 위치하게 되었다. 하지만 그는 베이스캠프로부터 온 지시를 듣고 깜짝 놀랐다. 그를 제외한 나머지 모두가 정상에 간다는 것이었다. 그를 위한 식량과 장비가 충분치 않다는 것이 이유였다. 다음 날 오후 마음이 상해 좌절

안나푸르나의 7,500미터쯤에서 비키 그로셸이 자신을 찍은 사진 (비키 그로셸 컬렉션)

한 토마주가 베이스캠프에 도착하자 토네가 그를 반겼다.

"토마주, 다시 만나서 반가워. 길을 뚫고 텐트를 설치하는 데 도와준 네 역할은 아주 훌륭했어. 여기, 차를 좀 마셔."

토마주는 찻잔을 바닥으로 내동댕이쳤다. "제가 그토록 등반을 잘했는데도 저에게 내려오라고 한 이유가 대체 뭡니까?"

토네는 무례하기 짝이 없는 그와 같은 반항적 행동을 무시했다. 그는 더 큰 걱정이 있어서 신경을 쓸 여유도 없었다. 그의 대원들이 아직도 산 위에 있었기 때문이다. 카르니차르 형제가 정상에서 스키로 하산하자, 원정등반은 완벽한 성공을 거둔 것으로 여겨졌다. 이제는 고국으로 돌아갈 시간이었다.

하지만 그렇게 빨리? 토마주는 한두 사람이 정상에 오르면 성공한 것으로 간주하는 고산에서의 '원정등반 성공'이라는 개념을 제대로 이해하지 못했다. 대원을 추가적으로 정상에 올리는 것은 선택이지 의무는 아니다. 토마주는 그런 '추가적인' 대원 중 하나일 뿐이었다. 토네의 명령과 달리 그는 산 위로 올

왼쪽: 1995년 안나푸르나 정상에서 토마주 휴마르가 자신을 찍은 사진 (토네 슈카리야 컬렉션)
오른쪽: 1995년 안나푸르나를 단독 등정한 토마주 휴마르가 아르준 타망Arjun Tamang과 함께 베이스캠프로 돌아오고 있다. (토네 슈카리야 컬렉션)

라갔고, 내려오라는 토네의 명령을 전혀 따르지 않았다. 마침내 토마주는 무전기를 꺼버리고 혼자 정상에 올라갔다. 한 번 더 그는 자신의 한계를 끝까지 밀어붙였다. 그러나 그 등반에서 살아남은 토마주가 베이스캠프로 돌아오자, 토네는 그에게 호의적으로 대하려고 노력했다. 그는 토마주를 축하해주기까지 했지만, 그런 행동에는 결과가 따른다고 덧붙였다.

토네는 이렇게 지적했다. 원정대의 대장으로서 모든 책임은 자신에게 있다. 자신의 결정이 최종적인 것이어야 한다. 그래야 원정대가 돌아간다. 1979년 프란체크 크네즈가 에베레스트 원정등반의 끝 무렵에 그랬던 것처럼, 토마주는 분명 사전에 허락을 얻을 필요가 있었다. 프란체크는 토네에게 자신이 원정대를 벗어나 혼자 등반할 수 있게 해달라고 요청했었다. 그러나 토마주는 그런 허락을 받으려 하지 않았다. 그런 행위는 용인될 수 없었다.

토마주의 행동은 분별없는 짓이었다. 그러나 그의 동기는 그 세대의 다른 사람들과 별반 다르지 않았다. 그는 단순히 자신의 목소리를 더 낸 것뿐이었다. 계층을 뚫고 올라오는 젊은 클라이머들은 그들의 선배들과는 달리 단체적인 목표에는 관심이 없었다. 물론 그들은 자신들의 고국을 사랑하고 히말라야

1995년 안나푸르나 최초의 스키 하산에 성공한 후 가진 뒤풀이 자리. 얀코 오프레시니크Janko Oprešnik, 토네 슈카리야, 다보 카르니차르, 토마주 휴마르와 카트만두 럼 두들 레스토랑Rum Doodle Restaurant 직원들 (토네 슈카리야 컬렉션)

에서의 성취에 긍지를 느꼈지만, 개인적인 등반 야망이 우선이었다. 토마주는 사회주의자의 이상을 뒤로 밀어낸 최초의 젊은 클라이머도 아니었고, 마지막도 아니었다.

∧

토마주는 자신의 등반에 커다란 자부심을 가지고 슬로베니아로 돌아왔지만, 가족에 대한 책임감에 억눌렸다. 세르게야는 임신 중이었다. 그는 집에서의 작은 즐거움과 일상생활에 다시 익숙해졌다. 그는 청구서를 지불하기 위해 타워와 굴뚝에 매달려 페인트칠을 했다. 그리고 일을 하지 않을 때는 이제 친한 친구가 된 슈라우프와 함께 등반에 나섰다.

　　1995년 크리스마스 이틀 전, 슈라우프와 토마주는 슈라우프의 집에서 함께 일했다. 슈라우프는 산친구들의 도움을 받아 집을 짓고 있었다. 슈라우프

율리안 알프스의 말라 모이스트로브카 북벽 아래의 사각형으로 표시된 지점에서 스타네 벨라크(슈라우프)와 야스나 브라타니치가 1995년 12월 24일 눈사태로 사망했다. (스타네 발레크 컬렉션)

는 자신의 등반과 점차적으로 복잡하고 어수선해진 개인 생활로 인해 마음이 심란했다. 더구나 그는 늙어가고 있었다. 그는 토마주에게 등반하러 가고 싶으면 집으로 데리러 가겠다고 말했다. 토마주는 마음이 흔들렸지만, 크리스마스이브를 가족과 함께 보내고 싶다며 그 제안을 거절했다. 그들의 대화는 슈라우프가 야스나 브라타니치Jasna Bratanič에게 함께 갈 것을 요청하겠다고 말함으로써 그대로 끝났다. 모두가 관심을 갖는 젊은 여성 클라이머인 그녀는 그의 연인이었다. 슈라우프는 그녀와 악수를 하고 나서 차를 몰았다.

　　다음 날 슈라우프와 야스나는 율리안 알프스의 말라 모이스트로브카Mala Mojstrovka[18] 북벽에서 눈사태로 죽었다. 그들의 시신은 6개월 동안의 수색 끝에 발견됐다. 그들 위에 쌓인 수천 톤의 눈사태 잔해가 햇볕에 녹고 나서야 비로소 발견된 것이다. 그들의 죽음은 네이츠 자플로트니크 이후 첫 사고여서 산악계는 충격에 빠졌다. 어떻게 슈라우프가 죽지? 강인함과 힘의 마지막 불꽃이었던 그는 불멸의 존재였다. 그는 전설이었다. 그는 신중하고 기술이 좋고 전략적인 산악인이었다. 충격이 가시자 모두가 의아해했다. 눈사태의 위험이 상당히 높았고, 슈라우프는 다른 사람들보다도 그런 상태를 더 잘 파악할 수 있었기 때문이다. 생각할 수도, 변명할 수도 없는 일이었다.

장례식은 슬로베니아의 대통령 밀란 쿠찬과 수백 명의 산악인들이 성당을 가득 메운 가운데 성대하게 치러졌다. 토마주는 긴밀한 산악계의 다른 많은 사람들과 마찬가지로 슬픔을 주체하지 못했다.

그러면 슈라우프의 가족은? 이제 그가 없는 그의 가족은 어떻게 하나? 그는 가족과 함께 많은 시간을 보내지 못했다. 그는 계획이 넘쳐났고 언제나 동분서주했다. 매일이 너무나 짧았고, 매주가 흐릿했다. "월요일이면 그는 피곤해했습니다. 화요일에 등산 관련 회의, 수요일에 산악회 이사회, 목요일에 다른 산악회 회의, 금요일에 산으로 달려가 주말을 산에서 보내기 일쑤였기 때문에 월요일에 그가 피곤해하는 건 어찌 보면 당연한 일이었습니다."라고 그의 아내 요지차가 훗날 웃으며 말했다. "그는 원정등반 계획을 세우고, 원정등반을 직접 가고, 보고서도 썼습니다." 더불어 그는 가족을 부양하고, 집을 짓고, 가이드를 하고, 등반과 스키를 지도하고, 구조작업도 해야 했다. 그는 변신을 시도하려 했다고 그녀가 설명했다. 그는 원정등반을 그만두고 트레킹을 하는 사람들을 이끌거나 집에서 부업으로 가이드를 하려 했다는 것이다. 생활이 안정되면 더 건전해지고 더 안전해진다. 그러나 그는 그렇지 못했다. 당시 마흔아홉 살이었던 요지차는 반쯤 지어진 집, 학교에 다니는 아이들과 함께 세상에 남겨졌다. 더구나 그때는 얼마 전에 부모님이 돌아가신 충격이 채 가시지도 않은 때였다. 그녀는 세상의 모든 짐을 짊어졌다는 느낌을 받았다.

토마주는 친구이자 멘토를 잃은 상실감에 빠졌다. 하지만 그는 이미 히말라야로 가는 다음 계획을 세우고 있었다. 그로부터 몇 달 후인 1996년 그와 반야 푸르란은 에베레스트에서 그리 멀지 않은 곳에 있는 우아하고 날렵한 6,812미터의 아마다블람 북서벽에 어려운 신루트를 개척했다. 그 등반으로 그들은 유명한 황금피켈상의 수상자가 되었다. 그러나 반야는 불행하게도 그 자리에 갈 수 없었다. 원정등반에서 돌아온 지 3개월 후 율리안 알프스에서 추락해 사망했기 때문이다. 그 상으로 토마주는 알파인 등반의 재능을 인정받았지만 대가도 따랐다. "아마다블람은 내게 히말라야 산악인이 되는 기회를 주었습니다. 하지만 그 대가가 내 가족이었습니다. 그게 카드에서의 패였는데 난 그걸 미처 알지 못했습니다." 토마주가 아마다블람에 있을 때 세르게야는 둘째인 토마주 주니오르Tomaž Junior를 낳았다. 출산은 순탄치 않았다. 그 고통스러운 기간을 혼자 견딘 그녀는 토마주가 자신을 버린 것을 결코 잊지 않았다.

∧

1990년대는 슬로베니아 알피니스트들에게 잔인한 시기였다. 네이츠와 슈라우프, 반야가 죽은 것이다. 그리고 반야가 죽은 1996년을 전후로 죽음의 행진이 이어졌다.

1958년에 태어난 슬라브코 스베티치치는 진지한 표정과 헝클어진 갈색 머리, 갸름한 얼굴에 오뚝 선 콧날, 부드러운 미소를 간직한 사나이였다. 그는 마치 무용수처럼 날렵하고 우아하게 움직였다. 그에게는 자신은 물론이고 자신을 둘러싼 세계도 부정하는 어떤 것이 있었다. 그의 내성적 성격은 특히 단독등반같이 산에서의 냉혹한 도전과는 맞지 않았다. 그는 또한 밤새 파티를 즐기고도 곧장 등반에 나서는 것으로도 유명했다. 그의 등정 목록을 보면 깜짝 놀라지 않을 수 없다. 1,200개가 넘는 등반 중 무려 460개가 초등이기 때문이다. 그는 단독등반을 할 때조차 자신의 기술적 한계를 한껏 밀어붙였다. 그는 아이거 북벽의 디레티시마 루트 동계 재등으로 — 알프스, 안데스, 율리안 알프스, 뉴질랜드 그리고 안나푸르나 남벽과 서벽에서의 그 유명한 단독등반 시도와 함께 — 동료들로부터 무한한 찬사를 받았다.

유고슬라비아 연방 내의 다른 공화국들과 슬로베니아의 전쟁에도 불구하고, 슬라브코는 1991년 안나푸르나로 떠났다. 다르코 베르랴크Darko Berljak가 두 명으로 조직된 그 팀을 이끌기로 되어 있었지만, 무장 충돌이 크로아티아 전역으로 번지자 그의 참가가 불가능하게 되었고, 따라서 슬라브코는 혼자

갈 수밖에 없었다. 그는 10월 말에 2,600미터의 안나푸르나 서벽을 신루트로 단독등반해 정상으로 이어지는 완만한 지형 300미터 아래까지 올라갔다. 그러나 허리케인과 손가락 동상으로 그는 할 수 없이 북벽으로 횡단해 그곳에서 노멀 루트를 통해 11월 3일 베이스캠프로 내려왔다. 하지만 그를 도와주던 사람들이 그가 산에서 죽었다고 생각하고 짐을 꾸려 산을 떠나버린 바람에 그곳에는 아무도 없었다. 슬라브코는 그곳을 혼자서 걸어 나왔다.

2년 후, 그는 프랑스의 슈퍼스타 피에르 베긴과 장 크리스토프 라파이유 Jean-Christophe Lafaille가 시도했던 남벽의 루트를 끝내고자 프란체크, 마리야 크네즈Marija Knez와 함께 다시 안나푸르나로 돌아왔다. 그러나 프란체크가 몸이 좋지 않아, 슬라브코는 단독등반을 시도하기로 결심했다. 그는 10월 3일 등반을 시작했지만, 6,800미터에서 비박한 후 눈사태의 위험으로 하산했다. 그는 10월 8일 다시 시도했는데, 이번에는 눈사태에 휘말려 100미터를 굴러 떨어지고 말았다. 결국 그 루트는 2013년 스위스 알피니스트 율리 스텍이 왕복 28시간 만에 단독으로 등반하는 새로운 고소등반 기록으로 완성되었다. 하지만 슬라브코는 20년이나 먼저 그 루트를 시도한 사람이었다.

1995년 슬라브코는 가셔브룸4봉 서벽의 단독등반에 시선을 고정했다. 가셔브룸의 6개 봉우리 중 4번째로 높은 4봉은 가장 어려운 봉우리이기도 하다. 그리고 슬라브코는 전 세계에서 그곳의 서벽을 오를 수 있는 몇 안 되는 알피니스트 중 하나였다. 1958년 이탈리아의 발터 보나티와 카를로 마우리에 의해 이루어진 그 산의 초등은 화제를 불러일으켰었는데, 서벽의 초등 역시 마찬가지였다. 1985년 그 빛나는 벽을 오른 오스트리아인 로베르트 샤우어Robert Schauer[19]와 폴란드인 보이테크 쿠르티카Voytek Kurtyka는 산악계를 깜짝 놀라게 했다. 그들은 6일 동안 벽에 매달려 처절한 등반을 했지만, 정상 부근에서 폭풍설에 휘말려 3일 동안 꼼짝도 하지 못했다. 마침내 폭풍이 물러갔다. 그러나 식량도 연료도 남지 않았고 시간도 없었다. 그들은 능선으로 하산을 시작했다. 비록 그들이 정상을 밟지는 못했지만 그들의 등반은 히말라야의 등반역사에 길이 남았다.

가셔브룸4봉의 서벽은 수많은 지형으로 복잡하게 얽혀 있다. 하지만 슬라브코는 적어도 그 벽에는 흥미 있는 등반선이 하나쯤은 있을 것으로 확신했다. 그 벽의 오른쪽을 주시한 그는 혼자 오를 작정으로 3명의 동료들과 함께 그해 5월 그곳에 도착했다. 그들은 자신들과 마찬가지로 서벽을 오르려는 한국 팀* 옆에 베이스캠프를 쳤다. 6월 14일로 예정된 등반에 나서기 전 슬라브코는 2주 동안 고소적응 훈련을 했다.

네이츠는 단독등반의 유혹을 누구보다 잘 이해했다. 그는 트리글라브 벽밑에서 느낀 기대와 신경과민, 공포를 다음과 같이 묘사했다.

이것은 아마 지금까지의 단독등반 중 가장 어려운 시험무대가 될 것이다. 그리고 저녁이 길어질수록 편안하게 느끼는 행복도 그만큼 많이 사라질 것이다. 나는 조용히 구석에 앉아, 입에 파이프 담배를 물고 불가리아인들이 기타를 치며 부르는 노랫소리를 듣는다. 그때 이상하고 우울한 감정이 불쑥 나를 뒤덮는다. … 나는 나를 들어 올릴 대단하고 아름다운 어떤 것을 기다리고 기대한다. 그러나 동시에 생존에 대한 동물적인 불안감이 내 안에서 꿈틀거린다. … 나에게 등반은 단순한 스포츠가 아니다. 나에게 등반은 생활이다. … 단독등반은 알피니즘의 가장 고차원적인 형태다. 생사의 경계선을 넘나들면 진정으로 살아 있다는 것이 어떤 의미인지 깨닫게 된다.

슬라브코는 베이스캠프와 규칙적으로 무전을 교신하며 벽을 빠르게 올라갔다. 한국인들은 망원경으로 그의 등반 모습을 지켜보았다. 6월 16일 6,300미터에서 비박한 그는 다음 날 7,100미터에서 가장 어려운 등반을 끝냈다고 무전으로 보고했다. 이제 그의 앞에는 정상 능선으로 이어지는 가파른 설원만

───
* 1995년의 한국산악회 가셔브룸4봉 원정대 [역주]

슬로베니아에서 재능이 가장 많은 알피니스트이자 단독 등반가인 슬라브코 스베티치치. 그는 1995년 가셔브룸4봉 서벽을 단독등반하던 중 정상 근처에서 사망했다. (슬라브코 스베티치치 컬렉션. 시다르타 출판사 제공)

남아 있었다.

그러나 10년 전 로베르트 샤우어와 보이테크 쿠르티카에게 그랬던 것처럼 날씨가 변하기 시작했다. 심술궂은 폭풍이 불어와 벽을 완전히 지워버렸다. 그의 모습은 보이지 않았지만 베이스캠프와 슬라브코 간의 무전교신은 계속됐다. 그때 갑자기 무언가 조용히 잘못되고 있었다. 6월 20일 베이스캠프는 내려오라는 강력한 요구와 함께 슬라브코에게 무전을 시도했다. 그러나 응답이 없었다. 그다음 3일 동안 슬라브코의 흔적이 보이지 않았다. 폭풍은 계속 날뛰었다. 6월 23일 한국인들이 그에게 다가가고 있다고 무전을 보냈지만 벽은 침묵이 지배했다.

6월 25일 한국의 KBS가 빌린 헬기가 슬라브코를 찾기 위해 베이스캠프로 날아왔다. 그러나 거친 바람으로 헬기는 다시 돌아가야 했다. 그 헬기는 다음 날 다시 돌아왔지만, 그 벽을 좌우로 살피며 6,000미터까지밖에 올라가지 못했다. 그들은 생명의 흔적을 찾았다. 그러나 보이는 것이 아무것도 없었다.

기적이 일어나기를 10일 동안 기다린 두 팀은 베이스캠프에서 슬라브코를 위한 추모제를 지냈다.

2년 동안, 슬라브코에 대해서는 그의 위치라든가, 어떤 일이 일어났는지 등에 대한 소식이 전혀 없었다. 그의 죽음은 비밀에 싸였다. 그러나 1997년 또 다른 한국 팀*이 서벽에 도착했다. 그들은 정상에서 내려오다 7,100미터 지점에서 슬라브코의 시신을 발견했다. 그는 쿨르와르 밑에서 편안하게 엎드려 있었다. 그의 옆에는 배낭과 7밀리미터짜리 로프 30미터가 놓여 있었다. 그의 안전벨트는 고정로프에 매달려 있지 않았다. 그러나 한국의 유학재 부대장은 슬라브코가 하산을 준비하고 있었던 것으로 추측했다. 왜냐하면 로프가 사용하려고 한 것처럼 벽에 고정되어 있었기 때문이다. 그의 옷과 시신은 온전했다. 치명적으로 추락한 흔적은 없었다. 그는 마치 다시 깨어나지 않고 영원히 쉬기 위해 누워 있는 것처럼 보였다.

보얀 포치카르Bojan Počkar와 지가 페트리치Žiga Petrič라는 두 명의 슬로베니아 산악인이 네팔 동부에 있는 카브루Kabru에서 사망함+에 따라 죽음의 행진이 계속 이어졌다. 슬로베니아 최고의 알피니스트 몇 명이 한두 해 사이에 모두 사라진 것이다.

---

* 한국산악회 가셔브룸4봉 2차 원정대 [역주]

+ 1970년 일본산악회 동해지부의 다나카 겐田中元과 오자키 유이치尾崎祐一가 남동릉을 초등해 제2등을 달성했다. [역주]

16

전쟁과 고통

슬로베니아 알피니스트들이 산에서 죽어가는 동안 유고슬라비아 전체를 휩쓴 악몽 속에 훨씬 더 큰 비극이 일어났다. 비록 슬로베니아는 (슬로보단 밀로세비치의 전략적인 묵인 아래) 1991년 '10일 전쟁'으로 연방에서 탈퇴했지만, 다른 유고슬라비아 공화국들은 운이 그렇게 좋지 못했다.

슬로베니아와 인접한 크로아티아는 중부 유럽과 발칸국가들, 지중해와 대륙 사이에 낀 경계선상의 국가다. 길게 아치를 이룬 크로아티아의 취약한 국경선을 1991년 세르비아인들이 침략했다. 크로아티아는 독립을 열망했지만, 세르비아는 과거 자신들의 땅이었던 크로아티아 영토를 되찾겠다고 단단히 벼르고 있었다. 위장복을 입은 군인들이 자동화기와 칼과 수류탄을 들고 산속을 돌아다녔다. 크로아티아의 산악인이자 저널리스트인 스티페 보지치도 그 속에 있었다.

과거에 파시스트였던 스티페는 전쟁을 겪고 나서 사람이 변했다. "전쟁에서 어느 정도 희열을 느꼈습니다. 내가 세상을 바꿀 수 있다고 생각한 거죠." 스티페는 산악 경계지역을 잘 알고 있어서, 사라예보 출신의 미친 정신병자 라도반 카라지치Radovan Karadžić[20] 손에 들어간 유고슬라비아 연방군과 맞부딪쳐 싸워야 하는 크로아티아 병사들을 안내했다. 스티페는 보스니아의 세르

위: 크로아티아의 클라이머이자 저널리스트인 스티폐 보지치가 1991년 동료 군인들과 함께 크로아티아-세르비아 국경선에서 포즈를 취하고 있다. (스티폐 보지치 컬렉션)

아래: 1993년 세르비아와의 전투에서 동계 위장복을 입고 있는 크로아티아 군인들 (스티폐 보지치 컬렉션)

위: 세르비아와의 전투 중 포즈를 취한 젊은 크로아티아 군인 스티페 보지치 (스티페 보지치 컬렉션)

아래: 무자비한 대량학살을 저질러 후에 전범으로 기소된 보스니아의 세르비아계 반군 총사령관 라트코 믈라디치가 스티페 보지치의 인터뷰에 응하고 있다. (스티페 보지치 컬렉션)

비아계 반군 총사령관 라트코 플라디치Ratko Mladić와* 인터뷰를 하기도 했는데, 그는 결국 전쟁범죄와 집단학살 그리고 반인륜 범죄에 대한 혐의로 기소됐다.

1991년 겨울, 스티페는 눈 덮인 황량한 고산의 국경지역에서 부비트랩이 설치된 오두막에 들어가려다, 폭약이 터져 동료 병사와 함께 부상을 당했는데, 주위를 경계하던 세르비아 군에게 들켜 총격을 당했다. 그 둘은 부상을 입기는 했지만 아군에 의해 무사히 구출됐다.

스플리트로 돌아간 스티페는 부상을 치료했다. 하지만 그런 와중에도 그 도시는 매일처럼 포격을 당했다. 그와 그의 가족은 사방에서 터지는 폭발로 공포에 떨며 아파트 안에 웅크리고 있었다. 비키는 그에게 전화를 걸어 가족과 함께 슬로베니아로 피신하라고 강력하게 권고했다. 지금은 그래야 안전하고 자유로울 수 있다는 것이었다. 스티페는 거절했다. "난 우리가 만약 스플리트를 떠나면 항복하는 거나 마찬가지라고 그에게 말했습니다." 결국 스티페는 그 아파트에 머물렀다. 그리고 그다음 해 여름 비키는 스티페를 안나푸르나 남벽 원정등반에 초청했다. "고민을 많이 했지만 전쟁을 벗어날 수 있는 티켓이라고 생각했습니다."라고 그는 말했다. "안나푸르나가 전쟁보다는 더 안전하니까요."

사실 전쟁은 점점 더 잔인하게 진행됐다. 크로아티아의 대부분 지역을 대세르비아로 흡수한다는 밀로셰비치의 음모를 고려하지 않아도, 크로아티아인들이 세르비아인들을 증오하기는 쉬웠다. 제2차 세계대전에 대한 기억이 여전히 생생했기 때문이다. 크로아티아의 우스타셰Ustaše(히틀러가 조종한 나치의 전위대) 정권은 유태인과 집시, 세르비아인 등 수많은 사람들을 학살해 국제적인 악명을 얻었다. 많은 사람들이 자그레브에서 멀지 않은 야세노바츠Jasenovac 집단수용소에서 죽임을 당했다. 우스타셰는 고문과 살인을 더 정교

---

* 슬로보단 밀로셰비치, 라도반 카라지치, 라트코 플라디치는 보스니아 대학살 3인방으로 불린다. [역주]

하게 할 수 있도록 자신들의 기술자들을 보냈는데, 세르비아인들은 그것을 결코 잊지 않았다. 40년 후, 수천 명의 추가 사망자와 실종자가 나오자 UN이 마침내 중재에 나섰다. 그러나 곧 크로아티아 내륙은 처참한 황무지로 변했고, 나라의 3분의 1이 점령당했다.

인종청소는 시간이 걸렸다. 세르비아와 크로아티아는 서로의 목을 겨누고 있었지만, 그들은 공통의 관심사를 찾아냈다. 그들은 보스니아에 관심이 있었다. 1992년 4월 1일 세르비아가 보스니아의 비엘리나Bijeljina라는 도시를 공격하자, 곧바로 전쟁으로 이어졌다. 그다음 3년여 동안 산이 많은 그 나라는 조직적이고 잔인하게 파괴됐다. 4개의 집단수용소 중 가장 유명한 보스니아 북부의 오마르스카Omarska에서는 곧 눈엣가시 같은 보스니아인들과 크로아티아인들에 대한 '처리'가 진행됐다. 수용자들은 벼룩이 득실거리는 기름진 누더기를 입고 있었다. 유령 같은 그들은 맨발에 볼이 쏙 들어가 있었다. 그들의 얼굴은 창백했고, 그들의 야윈 손은 그들의 영혼과 마찬가지로 축 늘어졌다. 오마르스카의 경비병들은 주로 인근 마을의 젊은이들이었다. 그러나 몇 주 후에 특별한 사람들이 도착했다. 그 남자들은 팔다리를 부러뜨리고 머리를 박살내고 내장을 파내는 데 숙달된 사람들이었다. 비록 사망자 수가 나치 독일의 그것을 넘지는 않았지만 잔인함은 훨씬 더했다. 일단 고문실의 문이 열리면 전혀 다른 세계가 모습을 드러냈다. 가학적 쾌감의 세계라고나 할까. 가해자들이 제3세계가 자신들의 범죄를 알지 못할 것이라고 어떻게 상상했는지는 미스터리다. 레자크 후카노비치Rezak Hukanović는『지옥의 열 바퀴The Tenth Circle of Hell』라는 책에 이렇게 썼다. "그들은 우리 모두를 없앨 수 없다. … 늑대들은 언제 어디서 무엇을 뜯어먹든 핏자국을 남기게 마련이다."

이어 크로아티아인들도 보스니아 무슬림들도 죽이기 시작했다. 1992년 여름 세르비아의 통치를 받는 보스니아의 가장 큰 도시 반야 루카Banja Luka의 무슬림들은 50년 전 베를린의 유태인들만큼 위험했다. 보스니아를 떠날 수 있는 무슬림들은 누구나 재산과 소유물을 모두 세르비아인들에게 넘겨주고 자신들의 삶의 터전을 떠났다. 그들은 행여나 세계의 다른 곳에서 그럴 듯한 일자리라도 얻을까 하고 졸업증명서 하나만은 챙겼다. 전쟁이 계속되면서 보스니아에 대한 서방의 무기 제공이 줄어들자 보스니아인들의 불행이 이어져, 그들은 스스로의 방어능력에 대한 자신감을 완전히 잃고 말았다. 유엔군이 지구에서 가장 위험한 그 나라에 '안전지대'를 설정하고 방어하기 위해 도착했다. 그러나 1994년 2월 세르비아의 박격포탄이 사라예보의 시장에 떨어지자, 그 참상을 담은 텔레비전 영상이 마침내 국제적 분노를 불러일으켰고, 나토가 대규모 공습에 나서자 학살이 늦추어졌다.

유고슬라비아의 전쟁은 국제사회의 잘못이 아니다. 서방세계가 이해부족으로 상황을 악화시키면서 개입하기를 꺼리기는 했지만, 파열의 원인은 유고슬라비아 안에서 나왔다. 그것도 보통의 시민들로부터 나온 것이 아니라, 그 나라를 살인의 전리품처럼 찢고 나눔으로써 모든 것을 착취한 일부 사람들로부터 나온 것이었다. 유고슬라비아는 자연사하지 않았다. 그 죽음은 고의적이었고 체계적이었으며 냉혹했다.

슬로베니아는 비교적 상처를 덜 입었다. 따라서 추악한 전쟁을 운 좋게 피한 사람들도 있었고, 스스로 살아남아서 일을 하고, 개인 재산을 만들고, 투표를 하고, 세금을 내고, 여행을 하는 자유를 누린 사람들도 있었다.

⌃

유고슬라비아 전쟁 기간 동안 그리고 그 후에 야네즈 예글리치와 토마주 휴마르는 신체적 정점에 있었다. 그들은 비록 친한 친구 사이가 아니었지만, 1997년 함께 팀을 이루어 눕체의 서쪽 두 번째 봉우리 W2(7,742m)* 남벽에 신루트를 내려고 했다. 그곳에서 2킬로미터 떨어진 곳에 20명으로 구성된 슬로베니아의 에베레스트 원정대가 있었기 때문에 그들은 고향에서 이웃을 만난 것이

─── Nuptse Nup II [역주]

나 다름없다고 농담했다.

이레나 예글리치는 남편이 원정등반에 나가 있는 것에 익숙했다. 그가 군인들에게 등반을 가르치지 않을 때는 그것이 그의 생활이었기 때문이다. 그들은 집에 있을 때도 그의 등반에 대해서는 거의 입에 올리지 않았다. 그러나 그는 집을 떠나 있으면 언제나 길고 장황한 편지를 써 보냈다. 이레나는 그런 편지를 좋아했다. 그녀는 그가 자신을 생각하고 있다는 것을 알았다. 그리고 그녀는 그런 편지를 통해 산에서의 그의 생활을 이해할 수 있었다. 그러나 그녀는 순진하지 않았다. 그녀는 그런 편지들이 모든 것이 잘되고 있다거나 잘 끝나는 것을 보장하지 않는다는 사실을 알고 있었다. 그것은 자신을 사랑하는 한 남자가 보낸 단순한 편지에 불과했다. 그녀는 남편의 눕체 여행이 이전의 다른 것들과 비슷하기를 희망했다. 야네즈가 얼마 동안 꿈을 꿔온 등반 그리고 또 하나의 도전.

눕체 팀은 야네즈와 토마주, 6명의 슬로베니아인들, 멕시코의 고산 등반가 카를로스 카르솔리오로 구성됐다. 그들은 인근의 봉우리에서 고소적응 훈련을 했다. 그러나 정작 눕체를 오를 때가 되자 오직 3명만이 관심도 있고 몸도 좋았다. 토마주와 야네즈와 마리얀 코바치Marjan Kovač가 그 셋이었다. 그런데 그들이 폭풍이 물러가기를 7일 동안이나 기다리는 동안 마리얀의 몸이 좋지 않았다. 따라서 이제는 토마주와 야네즈만 남게 되었다.

이레나는 눕체에서 더 이상 편지를 받지 못했지만, 위성전화로 베이스캠프의 야네즈와 대화를 나누었다. 그녀는 그것을 잘 기억하고 있었다. 통화는 마음에 들지 않았다. 루트가 등반되든 안 되든 날짜가 되면 야네즈가 집으로 돌아오기로 그들은 사전에 약속했었다. 날씨가 나빠져 그가 늦어지고 있는 것은 사실이었지만, 약속은 약속이었다. 그러나 이제 그는 자신의 약속을 어기고 있었다. 그는 더 머물고 싶어 했지만, 그녀는 남편이 돌아오기를 바랐다. 그들은 다투었고, 그는 더 머물렀다. 그녀는 화가 나고 실망했다. 그러나 이렇게 말했다. "조심해, 야네즈!"

누체로 출발하기 전의 야네즈 예글리치와 토마주 휴마르 (야네즈 예글리치 컬렉션. 마리얀 코바치 제공)

10월 25일 날씨가 맑아지자, 이틀 후 야네즈와 토마주는 벽으로 발걸음을 옮겼다. 그들은 로프를 가지고 가지 않았다. 단독등반이 더 빨라서 더 안전할 것이기 때문이었다. 그들은 비상상황에 대비해 5밀리미터의 케블라 스태틱 로프만 가지고 갔다. 야네즈와 토마주는 벽 밑의 복잡한 크레바스를 뚫고, 자신들이 '오리엔트 특급'이라고 부른, 가파른 얼음 쿨르와르로 다가갔다. 뛰듯이 올라가던 그들이 멈추어서 얼핏 보니 그들 위로 언제 무너질지 모르는 세락이 흔들리고 있었다. 그들은 5,900미터에서 첫 비박지로 안전한 곳을 찾았다. 제정신이 아닌 활동을 멈추자 어둠이 산을 감쌌다.

그날 밤, 짙은 안개가 울적하게 밀려들었다. 다음 날 그들은 어둠과 안개 속에 겨우 4시간 동안 등반해 400미터의 고도를 확보했다. 마치 눈을 가리고 등반하는 것 같았다. 그들은 6,300미터에서 오버행 크레바스 안으로 기어들어가 두 번째 비박을 했다. 다음 날도 미사일 같은 돌멩이들과 얼음조각들이 규칙적으로 요란한 소리를 내며 그들 옆을 스쳐지나가 별반 나을 것이 없었다. 눈으로는 그것들을 볼 수 없었지만 소리는 들렸다. 극도의 공포를 불어넣는 끔찍한 소리였다.

그다음 비박은 불편하기도 하고 불안하기도 했다. 가파른 얼음 사면을 파내 만든 비좁고 갑갑한 자리는 잔해들이 떨어져 내리는 길목에 그대로 노출됐다. 그러나 손이 얼기 시작해 그들은 작업을 멈추고 작은 텐트를 아이스스크루로 벽에 고정시켜 안전을 확보할 수밖에 없었다. 바람은 그들의 가련한 거처 위로 눈을 날리며 밤새 날뛰었다. 눈에 서서히 숨이 막히자 그들은 머리가 지끈거리기 시작했다. 그들은 상황을 알아차리고 쌓이는 눈을 파고 나와, 텐트 밖으로 몸을 내민 채 나머지 밤을 뜬눈으로 지새우다시피 했다.

다음 날 그들은 먹고 마시고 그다음 1,000미터를 올라갈 생각에 겁도 먹으며 하루를 쉬었다. 그날 밤 야네즈는 이렇게 말했다. "만약 우리가 여길 등반하면, 우린 인생의 나머지를 행복하게 만들 거야. 그러나 만약 그러지 못하면, 우린 슬로베니아의 반을 행복하게 만들 거야." 그의 전망은 정확했을지도 모른다. 그것이 알피니즘의 세계이며, 그런 것을 거의 알아차리지 못하는 경쟁의 세계이기 때문이다.

10월 31일 새벽 4시 그 둘은 등반에 나섰다. 영하 30도의 날씨에 비명을 내지르는 바람으로 그들은 불편하기 짝이 없었다. 대략 7,000미터에서 그들은 약간의 차와 초콜릿으로 체력을 보충했다. 오전 11시 30분 그들은 베이스캠프의 마리얀을 무전으로 불러 자신들이 어려운 곳을 넘어섰으며, 대략 7,500미터에 위치해 있다고 보고했다. 마리얀은 그의 시야에 들어오는 것을 그들에게 알려주었다. 사악하게 보이는 렌즈구름이 에베레스트 정상 위로 피어오르고 있었다. 그들은 오후 2시까지 등반을 계속한 후 위치가 어디든 간에 돌아서기로 결정했다. 2시의 법칙인 그것은 안전한 도박처럼 보였다.

그들은 여전히 각자 등반하며 피켈을 규칙적으로 휘둘렀다. 야네즈가 앞에 있었다. 오후 2시 토마주가 위를 쳐다보자 야네즈가 피켈을 힘차게 휘두르고 있었다. 그는 정상 가까이에 있는 것이 틀림없어 보였다. 등반이 거의 끝났다는 생각에 마음을 놓은 토마주는 손을 흔들었다. 15분 후 그가 정상 능선에 올라서자 바람이 미친 듯이 불어댔다. 그의 눈에 눕체의 위성봉인 서쪽 첫 번째 봉우리 W1으로 이어진 야네즈의 발자국이 보였다. 토마주는 그 발자국을 따라갔지만 헷갈렸다. 목표한 정상으로 가는 것이 맞나? 왜 계속 이어지지?

이 강풍 속에서 헤매는 것보다는 내려가는 것이 더 안전하지 않을까? 그는 능선 위에서 이리저리 방황하다 발밑을 다시 내려다보았다. 그런데 발자국이 더이상 보이지 않았다. 그는 두 사람의 발자국을 찾아 발길을 돌렸다. 그러나 자신의 발자국만 보일 뿐 야네즈의 발자국이 끊겨 있었다. 그가 마지막 발자국으로 돌아와 보니 눈 위에 야네즈의 무전기가 있었다. 그것은 교신을 하기 위해 꺼내놓은 것처럼 탁 트인 곳에 있었다. 그러나 야네즈는 없었다.

토마주는 능선 위에서 야네즈를 볼 수 있을지도 모른다고 잠시 생각했다. 그때 그가 강풍에 날려 넘어졌다. 그는 야네즈의 이름을 소리쳐 불렀다. 하지만 여러 번 고함을 쳤음에도 대답이 없었다. 그는 무전기를 잡고 마리얀을 불렀다.

"베이스캠프, 나와라. 베이스… 마리얀, 무슨 일이 일어난 거야? 마리얀!"

"왜 그래? 토미, 지금 위치가 어디야?"

"요한! 요한이 사라졌다!"(요한은 야네즈의 별명이었다)

"뭐라고? 사라졌다고? 어디로 갔단 말이야?"

처음에는 좋았다. 토마주가 아찔하게 노출된 능선을 출발하자 바람의 속도가 떨어졌다. 그는 짙어가는 어둠 속에 재빨리 클라이밍 다운을 했다. 그러다 고글을 잃어버렸다. 그가 7,900미터로 내려오자 완전히 어두워졌다. 그의 헤드램프가 나갔다. 그는 방향감각을 잃지 않고 루트를 기억하려 애쓰며 사면을 조금씩 내려왔다. 그는 때때로 피켈에 기대어 쉬었지만 하산을 재촉하는 마리얀의 목소리에 피곤한 선잠에서 가까스로 깨어났다. 그는 꾸준히 내려왔다. 그날 밤 토마주를 살려준 것은 두 가지였다. 마리얀의 목소리와 이대로 죽을 수는 없다는 각오.

마리얀은 토마주가 잠들지 않도록 무전기에 대고 음악을 틀어주기 시작했다. 자정쯤 토마주는 작은 텐트를 보았다고 생각했다. 그러나 그는 달이 없는 밤이 칠흑같이 깜깜해 확신하지 못했다. 그 순간 그는 집중력이 떨어져 넘어졌고 한쪽으로 기울어 얼음의 사면에서 미끄러졌다. 천만다행으로 그는 텐트 바로 근처에 있는 얼음 덩어리들에 걸려 멈추었다. 그는 텐트로 기어가 문을 열고 그 안에 쓰러졌다.

그러자 거의 곧바로 환각이 시작됐다. "텐트 안에는 나 말고도 7명이 있었습니다."라고 그는 회상했다. 그가 의식을 되찾았을 때 그는 마리얀을 부른 다음 스토브를 켜려 했다. 그는 헤드램프가 죽어 양초에 불을 붙였다. 스토브가 말을 듣지 않자 좌절한 그는 쓰러져 환각의 세계를 다시 떠돌았다. 그때 텐트가 확 폭발했다. 토마주가 깜빡하고 스토브의 밸브를 잠그지 않아 텐트 안에서 연료가 샌 것이다. 그 연료는 양초의 불꽃과 합세해 묘기를 부렸다. 그는 스토브를 텐트 문 밖으로 집어던졌지만, 텐트는 이미 누더기였다. 그는 불에 그슬린 침낭 위에 쓰러져 한 번 더 의식을 잃었다. 눈은 야금야금 들어오고, 그의 마음은 위험한 지형을 방황했다. 세르게야가 손짓하는 하얀 터널. 그러더니 아이들인 우르샤와 토미에 이어 마침내 부모님까지. 가족, 온기와 사랑. 7명의 친구들이 돌아왔다. 오른쪽에 있는 턱수염의 사나이가 그를 격려했다. "걱정 마. 우리가 널 돌볼 거야." 토마주는 터널 안으로 들어가지 않고 힘이 되살아날 때까지 텐트의 잔해 안에서 그냥 쉬기로 했다.

다음 날 오전 11시 30분, 그는 마리얀의 미친 듯한 무전에 눈을 떴다. 1시간 후 그는 텐트 밖으로 기어 나와 '오리엔트 특급'을 통해 아래로 내려갔다. 그가 바닥에 거의 다 다다랐을 때 귀를 먹먹하게 하는 굉음이 그를 뒤덮었다. 무엇이 떨어져 내려오는지 위를 올려다볼 필요도 없었다. 그는 벽으로 몸을 던져 피켈을 힘껏 때려 박고 기다렸다. 그는 그 깔때기 안의 쉬운 먹잇감이어서 분명 바닥 아래로 내동댕이쳐질 것이었다. 굉음이 커지더니 얼음의 쓰레기들이 쿨르와르와 그의 옆을 스쳐 떨어져 내렸다. 그러나 상황이 종료되자 그는 피켈에 매달린 채 여전히 그곳에 있었다.

오후가 끝나갈 무렵 토마주는 크레바스가 널린 지역의 가장자리에 도착했다. 그는 걸음을 멈출 때마다 의식이 오락가락했다. 자정쯤 마리얀이 올라와 동상에 걸린 발로 절뚝거리는 그를 데리고 베이스캠프로 내려갔다.

슬로베니아에서는 이레나 예글리치가 셋째를 임신 중이었다. 친구와 밖에 나 갔다가 집으로 돌아온 그녀는 친척들이 거실에 모여 있는 것을 보고 깜짝 놀 랐다. 그들은 불안하고 공포에 질린 눈으로 입을 다물고 있었다.

"무슨 일이에요?" 이레나가 물었다. "야네즈에게 안 좋은 일이 있어요?"

그들은 자신들의 손만 내려다보았다.

"뭔데요?" 그녀가 재촉했다. 그리고 마침내 이렇게 물었다. "야네즈가 죽 었어요?"

그들이 고개를 끄덕였다.

그녀는 그 말을 믿지 못했다. 신앙심이 강한 그녀는 함께 기도를 올리자 고 말했다. 후에 사고 소식이 미디어를 도배했을 때조차도 이레나는 그 이야 기가 사실이 아니기를 바라며 계속 기도했다. 그녀는 토마주가 그의 무전기를 정상 능선에서 발견했다는 사실을 알게 되었다. 그렇다고 그것이 그가 죽었다 는 증거일까? 그녀는 야네즈와의 마지막 대화를 기억하고 있었다. 어려운 통

예글리치 가족사진. 야네즈, 미르얌, 이레나와 그녀의 무릎에 앉은 아나Ana. 필립Filip은 야네즈가 눕체 에서 죽은 지 얼마 안 돼 태어났다. (야네즈 예글리치 컬렉션)

화였었다. 그는 더 머물기를 원하고, 그녀는 그가 집으로 돌아오기를 원했으니까. 왜 더 강력하게 밀어붙여 그를 집으로 돌아오도록 설득하지 못했을까?

야네즈는 산악계에서 인기가 좋았다. 그는 가장 안전하고 믿을 만한 사람 중 하나였다. 그는 토마주보다도 더 가까운 친구들이 많았다. 비록 그 둘의 등반은 믿을 수 없는 성취라고 칭송되었지만 사람들은 그 사고에 대해 토마주를 비난했다. 그는 모든 생존자들이 직면하는 죄의식과 대답하기 쉽지 않은 질문에 곤혹스러워했다. 왜 한 사람은 살고 한 사람은 죽었을까? 결정은 누가 내렸을까? 그는 그들이 이상한 징후를 무시하는 것이 아닐까 하는 생각이 들었다. 그들이 지나치게 몰아붙인 것이었을까? 그의 마음은 결코 편하지 않았다. 그는 결국 잘못된 사람이 눈체에서 돌아왔다고 느끼기까지 했다.

토마주가 이레나를 방문했을 때 그는 그녀가 생활 보조금을 받기 위해서는 사망확인서가 필요하다는 사실을 알게 됐다. 슬로베니아 정부는 산악인들의 미망인들에게 생활 보조금을 제공하고 있었다. 그녀는 돈이 절대적으로 필요했다. 두 명의 어린 자식과 배 속의 아이때문이었다. 야네즈의 사망에 대한 결정적 증거가 없어서 토마주는 법정에서 그 사실을 증언해야 했다. 사망확인서가 발급됐고, 이레나의 경제적 스트레스가 완화됐다. 친구들이 전화를 하고 산악인들이 집으로 찾아왔다. 이레나는 완전히 녹초가 되었다. 그녀는 남편의 죽음에 대해 누군가를 비난하고 싶은 유혹에 빠졌지만, 자신의 고통이 손가락질로 치유되지 않는다는 사실을 알았다. 다른 사람들과 다르게 그녀는 토마주를 결코 비난하지 않았다.

감정적으로 육체적으로 난파선이 된 토마주는 산에서 있었던 일이 잘 기억나지 않는 일시적 기억상실증을 경험했다. 그는 단단한 껍질 속으로 기어들어가 가족을 제외한 타인과의 접촉을 피했다. 그의 부인 세르게야는 어려웠던 그 시기를 이렇게 회상했다. "그는 자신의 고통으로 갉아 먹혔습니다. 그리고 그걸 어떻게 다루어야 할지 알지 못했습니다. 혼수상태에 빠진 누군가와 사는 느낌이었습니다. 난 난생처음 내가 그걸 견딜 수 있는 능력이 있는지 의구심이 들었습니다." 세르게야는 강인했지만, 그의 문제를 해결해줄 시간과 힘이 부족했다. 그가 점점 더 부재중의 남편이 되어감에 따라, 그녀와 아이들은 그로부터 서서히 멀어져갔다. 그리하여 이제는 대화도 거의 나누지 않게 되었다. 상심에 빠진 토마주는 외톨이로 남았다.

이레나도 마찬가지였다. 그녀는 자신들의 잃어버린 미래를 생각했다. 그들은 그의 경력을 놓고 많은 대화를 했었다. 어떻게 될까? 얼마나 위험할까? 과연 헤쳐 나갈 수는 있을까? 그는 국제 가이드 훈련을 거의 끝내가고 있었다. 그리고 늘어나는 가족을 위해 집을 짓고 있었다. 그것은 많은 사진과 책이 있고, 따뜻한 빵 냄새가 나는 그런 집이었다. 야네즈는 변화를 준비하고 있었다.

오래전에 네이츠도 똑같은 감정을 느꼈다.

높은 봉우리들에 더 이상 끌리지 않는다. 끔찍할 정도로 나를 밀어붙인 힘도 이제 더 이상 없다. 지금까지는 결코 의구심을 느끼지 않았는데⋯. 왜 이럴까? 나도 모르겠다. 에베레스트는 아마 백조의 노래였는지도 모른다. ⋯ 너무 많은 것을 바치려 했던 것은 아닐까? 이제 나는 꿈을 꾸고 갈망을 품는 방법을 더 이상 알지 못한다. 산뿐만 아니라 낮은 지대에서도 실현이 되는 꿈은 평화롭고 조용한 삶에 대한 비전의 깨달음일 것이다. 그러나 그 비전이 산산조각 나고 있다. ⋯ 나는 더 이상 어떤 것도, 전혀 어떤 것도 알지 못한다. 나는 내 존재의 사실, 점점 더 현실적이고, 고통스럽고, 외로운 내 존재만을 알 뿐이다. 나를 그토록 좋아했던 사람들이 나에게서 아득히 멀어져간다.

⋀

야네즈가 죽고 16년이 지난 후, 이레나는 야네즈가 지은 집의 식당 테이블에 김이 나는 커피 잔을 손으로 받쳐 들고 딸 미르얌과 함께 앉아 있었다. "고마운 사람이었습니다."라고 그녀는 웃으며 말했다. "어렵지 않고 편했습니다. 제가 만들어주는 건 무엇이든 먹었으니까요." 그러더니 그녀는 진지한 어조로 이렇게 말했다. "그는 믿을 수 있었습니다. 신을 사랑했고…." 사람들이 그의 정신 상태를 이해하는 것은 이레나에게 중요했다. "야네즈가 원정등반을 나가 있을 때 우린 매일 같은 시간에 기도를 올렸습니다." 기도는 그들이 지구의 반대편에 있을 때도 서로를 가깝게 이어주는 하나의 도구였다.

슬퍼 보이는 눈에 엷은 미소를 띤 아름다운 어머니가 자신의 이야기를 들려주고 있을 때 미르얌은 보호하듯 지켜보았다. 그녀는 아버지에 대한 기억을 더듬었다. 그러나 기억이 거의 떠오르지 않았다. 기억의 하나는 현관에서 아버지에게 가지 말라고 매달렸던 것이었다. 또 하나는 아버지가 탄 은빛의 커다란 새가 공항에서 하늘로 날아오르는 모습을 바라본 것이었다.

이레나는 딸의 이야기를 듣고 나서 야네즈와 신, 그리고 그와 함께 살 수 있었던 것에 대해 감사하게 생각한다고 덧붙였다. 그들의 결혼생활은 즐거웠다. 그러나 너무 짧았다. 꿈과 사랑이 넘쳤기 때문에 그만큼 슬픔도 컸다. 어머니와 딸의 눈에는 눈물이 고였지만, 그들은 자신들을 남겨두고 떠난 한 사람에 대한 존경과 그가 떠난 후 헤쳐온 꿋꿋한 삶에 대한 이야기를 나누었다.

17

실시간 다울라기리

눕체에서 토마주가 야네즈 예글리치와 비극적인 등반을 한 후 2년이 흘렀다. 그 사고는 토마주에 대한 슬로베니아 산악계의 광범위한 불신을 야기했다. 그를 나쁘게 이야기하는 사람은 없었다. 하지만 그는 '촉망받는 젊은 알피니스트'가 아니었다. 너무나 성급하고 자신을 내세우는 그는 분명 '순수주의자'도 아니었다. 그럼에도 그는 여전히 알피니스트였다. 그리고 매우 훌륭했다. 야네즈의 죽음 이후 느꼈던 절망감에서 벗어난 토마주는 훈련을 재개하며 1999년 봄에 있을 일생의 등반을 준비했다. 그것은 슈라우프와 불가피하게 연결될 수밖에 없는 등반이었다.

다울라기리는 슈라우프의 마음속에 오랫동안 자리 잡은 산이었다. 그곳의 크랙과 레지와 낙석은 그를 다시 돌아오도록 꾸준히 유혹했다. 생명이 다할 때까지 남벽과 다른 곳을 오르도록. 토마주 휴마르에게 영감을 준 사람이 바로 슈라우프였다. 슈라우프에 대한 모든 것은 토마주에게 공명을 불러일으켰다. 언어와 성격과 열정 그리고 산의 선택까지도. 남벽은 아주 가팔라 결코 만만치 않았다. 슈라우프는 남벽을 오르기는 했지만 정상은 그를 받아주지 않았다.

토마주는 자신을 현재의 슈라우프로 상상했다. 가네쉬5봉에서의 첫 등반부터 토마주는 그와 같이, 때로는 그를 넘어서려고 노력했다. 그는 '슈라우피

다울라기리 남벽의 루트 개념도. (왼쪽에서 오른쪽으로) 메스너, 폴란드, 휴마르, 슈라우프 루트 (토마주 휴마르 컬렉션)

즘ŠRaufism'을 새로운 수준으로 끌어올렸다. 고해상도의 서라운드 음향으로. 따라서 1999년 토마주가 다울라기리 남벽에 도전장을 내밀기로 한 것은 어찌 보면 당연한 일이었다. 그것은 슈라우프의 프로젝트였다. 그에 더해 토마주는 그 프로젝트의 수준을 벽의 중앙을 혼자서 곧장 치고 올라가는 것으로 한 단계 더 높이고자 했다. 그는 다울라기리 남벽에 가능하면 다이렉트 루트를 뚫고 싶었다. 밑에서 정상으로 쏘아 올리는 화살. 그것은 속도가 친구가 되어야 가능한 등반인데, 속도는 혼자 등반할 때 결과가 가장 좋은 법이었다.

토마주는 점성술과 다른 영적인 방법 같은 것들을 믿었다. 그래서 그는 자신의 등반을 선택해야 하는 순간이 오면 고차원적인 힘에 의존했다. 그러나 그는 점성술에 의존하는 만큼 자신의 결정에 도움이 되는 과거의 등반 경험에도 의존했다. 이제 그때가 되었다. 10월 25일 보름달이 환하게 떠오른 한밤중. 달빛은 야간등반을 할 수 있을 만큼 밝았고, 차가운 기온은 낙석과 낙빙으로 악명 높은 그 벽에 안전의 마지노선을 만들어주었다.

슈라우프처럼 토마주는 그 등반이 일방통행 티켓이라는 사실을 알고 있었다. 어느 지점에서는 하산이나 다른 곳으로 넘어가는 것이 불가능할 터였다. 그러나 그는 슈라우프와 달리 그 사실을 널리 알렸다. 그는 자신의 성공 확률이 20퍼센트에 지나지 않는다고 선언했다. 성공은 살아남는 것을 의미했다. 아마 그는 분명하지만 멜로드라마 같은 자신의 선언이 다른 사람들의 심기를 불편하게 할 것이라고 생각했을지도 모른다.

팀을 꾸리는 것은 만만치 않았다. 왜냐하면 80퍼센트의 실패 확률이 있는 게임에 흥미 있어 하는 사람이 거의 없었기 때문이다. 비키 그로셀도 손사래를 친 사람 중 하나였다. 그러나 스티페 보지치는 긍정적인 대답과 함께 등반 촬영까지도 동의했다. 그것은 만약 그의 주장에 이의를 제기 받을 경우 토모 체센과 같은 문제를 해결할 수 있는 방법이기도 했다. 토마주는 팀 닥터로 안다 페르단Anda Perdan과 성공할 가망성이 별로 없는 산악인들을 초청했는데, 그들은 모두 가까운 친구들이었다. 토마주에게 친구들은 중요했다. 그의 에너지가 끝이 없는 것처럼 보일지 몰라도, 사실 그 에너지의 대부분은 그를 격려해주거나 단순히 그를 좋아하는 친구들로부터 나왔기 때문이다. 다울라기리를 위해 그는 6명의 친구들을 불렀다. 그리고 등산연합의 지원이 감질날 정도로 줄어들자 토마주는 대규모 통신회사인 모비텔Mobitel을 설득해 지원을 얻어냈다. 이제 그는 6명의 친구들과 스폰서를 확보했다. 그는 또한 그때까지 이룬 성취를 넘어설 비전을 가지고 있었다.

토마주는 다양한 종류의 미디어를 껴안았다. 인터넷 세대인 그는 대중의 속성을 꿰뚫고 있었다. 인터넷이든 전화든 영상이든 음성이든 그는 커뮤니케이션, 특히 실시간 커뮤니케이션의 유혹을 받아들였다. 그는 스티페의 초청과 더불어, 훌륭한 작품을 찍은 경험이 있는 영상제작자도 확보했다. 토마주는 베이스캠프와 슬로베니아 간 실시간 인터넷 중계를 계획했다. 그가 베이스캠프와 꾸준히 연락을 취하면, 그의 팀은 밖의 세계와 소통할 작정이었다. 리얼리티 텔레비전Reality Television.

그 팀은 토마주가 노멀 루트에서 고소적응 훈련을 할 수 있도록 우선 그 산의 북쪽으로 갔다. 그러나 나쁜 뉴스들뿐이었다. 일기예보는 형편없었고, 산은 위험했으며, 많은 팀들이 와 있었다. 멕시코인들, 스위스인들, 일본인들 등. 그러나 그들은 하나둘 산을 떠났다. 그들은 남벽을 단독등반한다는 토마주의 계획을 알고 기겁을 했다.

그것은 좋은 상태에서도 위험스러울 뿐만 아니라 믿을 수 없을 정도로 복잡한 등반이었다. 고소적응을 끝낸 토마주와 스티페는 헬기를 타고 남쪽으로 이동했다. 나머지 사람들은 프랑스 고개French Pass를 넘어 칼리 간다키 계곡에서 토마주의 하산을 지원할 준비에 들어갔다. 모든 사람들은 수시로 무전 교신이 필요했다.

남쪽에서 토마주와 스티페는 지형지물을 기억하고, 낙석과 낙빙의 움직임을 추적하고 예측하려고 노력했다. 토마주는 외로운 모험을 위해 배낭을 단출하게 꾸렸다. 식량, 스토브 하나, 연료, 피톤, 카라비너, 침낭, 5밀리미터에 50미터짜리 로프 하나, 몇 개의 슬링 그리고 행운의 부적으로 아들의 신발 한 짝. 그와 스티페는 출발 날짜에 이견을 보였다. 토마주는 보름달이 자신의 친구라고 확신했다. 스티페는 그날을 이렇게 기억했다. "그의 등반 능력을 굳게 믿고 있었지만 산의 상태가 걱정이었다. … 나는 도움이 안 된다고 느꼈는데, 그것은 신경이 몹시 쓰이는 일이었다."

10월 25일 오후 5시 토마주는 등반을 시작했다. 그러자 거의 동시에 중앙 쿨르와르에서 거대한 눈사태가 아래로 떨어져 내렸다. 슈라우프 때와 변한 것이 하나도 없었다. 남벽은 여전히 불안정한 바위와 얼음, 눈 천지였다. 굉음이 잦아들자 토마주는 등반을 이어가 그날 밤 늦게 평편한 턱에 도착했다. 그러나 그곳은 문제가 많았다. 그는 밤새 그곳을 벗어나려 했지만 소용이 없었다. 새벽 5시 그는 스티페에게 무전해 자신이 꼼짝달싹하지 못하게 되었다고 알렸다. 날이 밝아오자 산이 잔해들을 떨어뜨리면서 상황이 더 안 좋아졌다. 토마주는 오후 5시에 출발하려 했지만, 곧 흘러내리는 물과 걸쭉한 죽 같은 눈에 흠뻑 젖고 말았다. 저녁 7시 그는 다시 시도했다. 그러나 결과는 똑같았다. 밤 10시 그는 마침내 조금 진도를 나갔다. 결국 그는 하루를 몽땅 까먹고 말았다.

다음 날 아침 그는 로프를 이용해 30킬로그램의 짐을 끌어올리며 단독등반에 나섰는데, 날씨가 더 따뜻해져 위험하고 힘든 작업이 되었다. 벽을 타고 흘러내리는 묽은 눈에 거의 질식할 뻔한 그는 공포와 직관적인 자신감 사이를 오락가락했다. 그의 침착함은 어디서 온 것일까? 아마 그는 자신에게 산과 직접적인 대화를 할 수 있는 힘이 있다고 믿었는지도 모른다. 그 교감은 그에게 지혜와 위안과 도움을 주었다.

그러나 그는 자신의 대화 상대를 다울라기리로 제한하지 않았다. 그와 스티페는 수시로 무전을 주고받았다. 토마주는 자신의 진도를 보고했고, 스티페는 전 세계의 지지자들로부터 오는 메시지를 그에게 읽어주었다. 그리하여 쌍방 간의 대화는 위로와 지원의 힘이 되었다. 토마주는 다울라기리 남벽에 혼자 있었지만, 인간과의 접촉은 그가 갈망한 것이었다. 처음에는 인터넷 실험에 회의적이었던 스티페조차도 이제는 그 장점을 인정했다. "자신을 뒤따르는 사람들이 있다는 것을 안 토마주는 커다란 위안을 받았다."라고 스티페는 말했다. "그는 그들의 목소리를 들었고, 그 사람들에 대한 책임감을 느꼈다. 그는 살아서 돌아와야 했다."

그런 사랑에도 불구하고 벽에서의 생활은 점점 더 나빠져 갔다. 토마주가 앵커에 매달려 밤을 보내는 동안 그의 주위로 벽에서 벗겨진 수많은 눈이 쏟아져 내렸다. 그러다가 눈사태의 활동이 잠깐 소강상태를 이루자 그에게 기회가 찾아왔다. 그것은 마지막 기회였을지도 모른다. 그는 너비가 25미터나 되는 얼음을 종종걸음으로 건넜다. 그 순간 그는 어떤 보호도 받지 못했다. 그는 1,000미터의 허공을 크램폰의 발톱 사이로 내려다보며 발레 같은 그 동작을 혼자서 해내야 했다. 그가 크램폰 발톱을 얼음에 찍으며 사선으로 횡단하자 죽음의 냄새가 코끝에 진동했다. 그 동작은 너무나 아찔해서 두 번 다시 반복할 수 없는 것이었다. 몇 분 후 횡단이 끝났다. 그리고 잠시 후 얼음에 난 크램폰 발톱의

다울라기리 남벽의 5,700미터쯤에서 찍은 토마주 휴마르의 자화상 (토마주 휴마르 컬렉션)

작은 자국을 눈사태가 지워버렸다. 산이 그에게 횡단의 정확한 순간을 알려준 것은 아닐까? 그는 그랬다고 확신했다.

10월 29일 토마주는 날씨가 좋아지기 시작한 산의 높은 곳에 있었다. 기온이 떨어지자 얼음과 눈이 바위에 단단히 달라붙어 토마주 역시 벽에 쉽게 달라붙을 수 있었다. 그러나 그는 피로를 보이기 시작했다. 자잘한 부상, 허기, 치통과 피곤. 아직 처져서는 안 되는 시간이었고 위치였다. 이제는 햇빛이 비치는 시간이 중요하게 작용해 산이 안정되면서 그는 혼합지형 구간을 무난히 올라갔다. 그는 그곳의 난이도를 M7+, 5.9로 평가했다.

그때 역사가 반복되기 시작했다. 토마주는 1981년의 슈라우프보다 벽의 중앙에 더 가깝게 있었지만, 그 역시 똑같은 난국에 빠졌다. 30일이 끝나갈 무렵, 토마주는 그 벽을 더 이상 곧장 치고 올라갈 수 없었다. 어떻게 하지? 왼쪽의 폴란드 루트로 가, 아니면 오른쪽의 일본 루트로 가? 슈라우프는 어떻게 했지? 슈라우프는 오른쪽으로 갔고, 토마주 역시 그렇게 했다. 슬로베니아 산악인들은 슈라우프와 아주 비슷하게 벽에서 탈출한 그의 등반을 비웃었다. 차이점이 뭐야? 그들이 물었다. 토마주의 등반이 특별하지도 않잖아? 그것은 기본적으로 그의 멘토의 등반을 답습한 것이나 다름없었다.

안도한 그는 정상 등정을 자신하며 그날 밤을 능선에서 보냈다. 또다시 슈라우프처럼. 그러나 그는 능선에서 바람에 무방비 상태로 노출됐다. 바람은 그를 능선에서 집어던질 듯한 기세였다. 눕체에서 바람에 날려간 야네즈의 기억이 생생한 토마주는 자신의 다울라기리 이야기를 슈라우프의 그것과는 다르게 써내려갔다. 남벽으로 되돌아가기로 결심한 것이다. 벽에서 살아남았다는 안도감이 든 지도 얼마 지나지 않아, 다시 원래의 위치로 되돌아가기로 한 결심이 얼마나 고통스러운 것인지 누가 상상이나 할 수 있을까? 그러나 그는 7,700미터 위에 있는 가파르고 헐거운 바위에서 드라이 툴링dry-tooling을 해 그곳으로 되돌아갔다. 그의 피부의 말단조직에 동상이 스며들기 시작했다. 이제 그는 7,900미터에서 등반을 멈추고 노출된 곳에서 스토브도 텐트도 없이 비박에 들어갔다. 벽에서 8일째를 맞는 날이었다.

그날 밤 토마주는 거의 죽음을 감지했다. 힘이 남아 있지 않은 그에게 탈진과 고소와 부상이 누적됐다. 그러나 그는 자신을 구할 수 있는 완벽한 기술을 가지고 있었다. 체계적이고 의식적인 방법으로 그는 맥박을 낮추고 중요한 부분과 머리에 피의 흐름이 집중되도록 했다. 그는 두 가지에 집중했다. 심장과 심박동. 이 진보된 형태의 명상을 적용함으로써 그는 부상과 고통, 갈증과 허기를 이겨낼 수 있었다. 그는 그 기술을 이렇게 설명했다. "컴퓨터를 초기화해서 사용하는 거죠. 아무것도 중요치 않습니다. 오직 자기 자신뿐… 그 순간 그건 받는 만큼만 소음을 냅니다. 그러면서 비명을 지르기 시작하죠. … 침묵의 소음이라고나 할까. 아무것도 보거나 듣지 못합니다. 그 자리에 없으니까 존재하지도 않습니다. 벽은 자신의 영혼을 가지고 있습니다. 그래서 그 피부 속으로 살짝 들어가 벽의 일부가 되어야 합니다. 오직 벽과 하나가 되었을 때만 자신이 벽이 됩니다. 그러면 자기 자신을 받아들일 수 있습니다. 그런 순간들에 내가 등반을 하고 내가 등반을 당합니다. 나는 바위를 쓰다듬으며 벽으로부터 온기를 받아들입니다."

네이츠는 산이 무생물이라는 것을 알고 있었지만, 감정적이거나 정신적으로 교감을 하고자 하는 산악인들의 욕망도 이해했다.

산 그 자체는 자신에 대해 생각하지 않는다. 보기와는 다르다. 밤, 별, 달, 하늘, 주위를 둘러싼 바위벽, 그 아래의 푸른 계곡과 함께 산은 완전한 모습을 이루지만, 단지 인간만이 산을 괴롭힐 뿐이다. 그의 갈망은 그로 하여금 바위벽에 생명을 불어넣도록 몰아붙이고, 그 벽이 자신에게 봉사하도록 강요하며, 자신에게 크랙과 레지를 제공해 정상에 다다를 수 있도록 요구한다. 그는 야망이 넘치는 자신의 인생에 돌계단을 놓아주는 산을 사랑한다. 그러나 만약 산이 오버행이나 반질반질한 바위, 또는 폭풍설로 그를 거부하거나, 혹은 낙석으로 그를 때리면 그는 산을 싫어하기 시작해 그로부터 도망친다. 그러면 그는 자기 자신을 그 비인간적인 환경을 지킨 영웅으로 간주한다. 그리고 그는 살아남는다.

7,900미터에서의 밤을 견디며 살아난 토마주는 능선으로 돌아왔다. 슈라우프처럼 그도 정상을 향해 계속 올라가는 것은 죽음을 의미한다는 것을 알고 있었다. 그러나 그의 하산은 슈라우프의 그것만큼 잔인하지는 않았다. 그는 동료들을 만나 그들의 도움을 받으며 산을 벗어날 수 있었다.

그가 슬로베니아로 돌아오자 인생이 바뀌기 시작했다. 라인홀드 메스너가 그를 축하해주기 위해 공항에서 기다리고 있었다. 메스너는 토마주의 등반이 '동시대 극한 등반에 새로운 이정표'를 세웠다고 추켜세웠다. 그러나 토마주를 미디어의 성층권으로 띄워 올린 것은 메스너의 칭찬만이 아니었다. 다른 고소 등반가들과 엘리자베스 홀리*(모든 히말라야 등정의 공식적인 카트만두 '문지기')의 지지 그리고 웹사이트의 전례 없는 추종자들의 숫자가 그의 명성을 더욱 높였다. 비록 정상에 가지는 못했지만, 그런 심각하고 위험한 루트에서 보인 — 그것도 단독으로 — 그의 대담한 등반은 어떤 특별한 것으로 간주됐다.

그러나 산악계는 고립된 세계라서 면밀히 조사하고 날카롭게 판단하며 지극히 경쟁적이다. 일부 알피니스트들은 그의 뻔뻔스러운 자기홍보에 아연실색했다. 그리고 자신의 등반에 대한 실시간 보도 역시 불쾌하게 생각했다. 마리야 슈트렘펠은 이렇게 말했다. "그는 등반의 불문율을 깼다. … 산악인은 홍보 없이 등반해야 한다." 다른 사람들은 그가 벽에서 보낸 자신의 시간을 낙석과 부상과 고통으로 과도하게 포장했다고 느꼈다. 슬로베니아 알피니스트들은 1981년의 슈라우프 등반이 다울라기리 남벽의 '실제적인' 초등이었다고 주장했다. 토마주의 등반은 모방이었다. 그들은 슈라우프의 등반을 철저히 무시한 메스너가 토마주의 다울라기리 등반을 축하하기 위해 공항에 나타난 이

이 책의 저자인 버나데트 맥도널드가 쓴 그녀의 책 『엘리자베스 홀리—히말라야의 영원한 등반 기록가』(송은희 옮김)도 2016년 하루재클럽에서 발간됐다. [역주]

다울라기리 남벽 등반 후 류블랴나의 공항에서 환영받는 토마주 휴마르. (왼쪽에서 오른쪽으로) 비키 그로셀(살짝 보인다), 스티페 보지치, 라인홀드 메스너와 토마주 휴마르. 이 사진은 슬로베니아의 동시대인들을 화나게 만들었다. (스티페 보지치 컬렉션)

유가 무엇인지 의문을 품었다. 어떤 사람들은 슈라우프가 메스너의 라이벌이었다는 사실을 암시했다. 등반 경력이 끝난 그가 자신의 왜건에 현재의 스타, 즉 토마주를 태우려 했던 것은 아닐까?

미국 알피니스트 마크 트와잇은 『아웃사이드Outside』 잡지에 기고한 글에서 토마주가 등반의 정신적 한계를 확장시켰다고 주장했다. 혁명적인 한 발자국을 내디뎠다는 것이다. 다른 사람들은 토마주의 주장에 의문을 표시하며 그의 난이도를 문제 삼았다. 인정을 하지 않으려는 소용돌이가 몰아쳤다. 그러나 그 모든 것은 어느 정도 쓸데없는 짓이었다. 왜냐하면 실제로 그곳을 올라본 사람이 아무도 없었기 때문이다. 아마 가장 간결하고 정확한 평가는 실보카로로부터 나온 것일지도 모른다. 그는 그 등반이 훌륭하기는 했지만 끝내지 못한 것이 문제라고 말했다.

슬로베니아 산악계의 선배 중 하나인 보얀 폴라크는 상황이 전개되는 것을 지켜보고 나서 그것은 질투가 불붙인 통상의 언쟁이라고 결론지었다. 그러

다울라기리 남벽에서 슬로베니아로 의기양양하게 돌아온 토마주 휴마르 (스티페 보지치 컬렉션)

나 그것은 질투 그 이상이었을지도 모른다. 토마주와 다른 슬로베니아 산악인들의 차이는 사뭇 극적이다. 토마주는 굳이 말하자면 연예인이었다. 그는 홍보를 구애했다. 그는 홍보의 힘과 그것이 자신의 경력, 특히 그 당시 슬로베니아에서는 비교적 신개념이었던 후원을 받는 산악인으로서의 경력에 어떤 도움이 되는지 이해했다. 반면 그의 비판자들은 대부분 홍보 따위에는 신경을 쓰지 않고 자신들의 주요 자금줄인 등산연합의 보호를 받는 울타리 안에 남고 싶은 욕망에 더 이끌린 사람들이었다. 그 당시 활발하게 활동한 많은 슬로베니아 산악인들은 정부로부터 부분적인 지원을 받았는데, 그 형태는 등산연합을 통해 직접 받거나, 아니면 경찰이나 군과 함께 일하는 방식이었다. 사회주의 정부가 내민 자선의 팔이 그들의 친구였다. 하지만 이전의 토모 체센처럼 토마주는 색다른 방법을 찾아냈다. 그것은 후원이었고, 경력과 자기홍보가 필요했다. 그는 사업가였다. 전략도 나쁘지 않았다. 그들은 단순히 달랐을 뿐이다.

산악계의 격노에도 불구하고 토마주의 경력은 다른 산악인들의 그것을 뛰어넘었다. 그는 국가적 영웅이었다. 슬로베니아 시민들은 그를 미친 듯이 따랐고, 마침내 그를 추앙하기까지 했다. 그의 인생은 기자회견과 강연, 여행, 파티 그리고 관심의 회오리바람이었다. 그는 "한잔 더 합시다."라고 말하곤 했다. "알아요? 이게 액체 산소입니다." 소년같이 웃는 그의 얼굴이 도처에 있었고, 모든 사람은 그의 이야기를 입에 올렸다. 그것은 일반 시민들에게 기쁨과 자긍심을 가져다주었다. "잘 돌아왔습니다!" 사람들이 길거리나 식료품가게에서 그를 보면 이렇게 외쳤다. 그들은 그에게 술과 식사를 대접했다. 어떤 사람은 늘 계산을 대신했다. 슬로베니아 대통령은 그를 친구로 삼고 나서, 그에게 그 나라 최고의 영예인 명에 자유문장을 수여했다.

토마주는 천성이 사교적인 사람이었지만, 자신의 우선순위에 대한 관점을 잃어버리기 시작했다. 그리고 결국 그는 자제력을 잃었다. 세르게야는 그 상황을 이렇게 묘사했다. "우리의 결혼생활이 미쳐갔다."

아침과 더불어 압력이 다가왔다. 그의 등반처럼 그의 명성은 일방통행 티켓이었다. 그는 정상적이고 조용하고 개인적인 생활, 또는 정상적이고 조용하고 개인적인 등반으로 돌아올 수 없었다. 알피니스트로서 그는 과거의 모습을 잃어버렸다. 그의 다울라기리 등반은 그때까지 중 가장 미래지향적인 것이었지만, 그것은 앞으로 더 크고 더 훌륭하고 더 엄청난 것을 해야 한다는 의미를 내포하고 있었다. 토마주만이 아니라 다른 고소 등반가들까지도, 특히 슬로베니아 내에서는. 훗날 마르코 프레젤은 이렇게 회상했다. "나는 토마주 휴마르가 알피니즘에서 또 다른 카타르시스의 순간을 만들어냈다고 생각하진 않습니다. 그는 날아갈 수밖에 없는 풍선에 바람을 불어넣었습니다. … 그를 따라갈 수 없어서 한 세대가 거의 다 전멸하다시피 했습니다."

⌃

토마주의 풍선은 그가 건축 중이던 집의 마루 들보에서 지하로 떨어진 2000

년 10월 말에 터졌다. 오랫동안 위험한 히말라야의 벽들을 등반하고, 외로운 비박과 눈사태와 낙석과 부상에서 살아난 슬로베니아의 뛰어난 알피니스트를 잡아 끌어내린 것은 다름 아닌 집을 건축하는 프로젝트였다. 의식을 되찾고 나서 그가 처음으로 느낀 기분은 안도감이었다. 마침내 그는 뛰고 말하고 협상하고 논쟁하고 사람들과 어울리는 것을 그만둘 수 있었다. 오래전의 네이츠처럼 그도 아이들로부터 낯선 사람이 되는 신세를 모면할 수 있었다. 사실 그는 가정생활을 거의 포기하다시피 했다. 슬로베니아의 자긍심이 히말라야의 벽을 다시 만지려면 시간이 걸릴 터였다. 그러나 회복을 하는 시간 동안 그는『길』의 도움으로 자기 자신을 되찾았다.

서두르지 않고 천천히 걸었더니 얼마나 편안하고 기쁜지 나는 놀랐다. 위험에 노출되지는 않을까 하는 불안감도 없고, 시간의 궤도를 끊임없이 따라갈 필요도 없다는 사실을 알고 나는 놀랐다. 길이 완만하고 그림자가 차갑고 산딸기가 달콤하고 개울물이 차갑다는 것을 나는 알았다. 그리고 놀라움 중의 놀라움은 새들이 노래를 부르고 있다는 사실이었다. 새들은 나뭇가지 사이를 여유롭게 날아다니며 하루 종일 노래를 부르고 있었다. 나는 어디에 피톤을 박았는지, 어느 홀드를 잡고 안 잡았는지, 루트가 어떻게 생겼는지, 시간이 얼마나 걸렸는지에 대해 아무에게도 말할 필요가 없었다. 우리는 우리 모두가 본 것과 내 아이들이 나에게 보여준 것들 중 내가 알아차린 것들만 이야기했다. … 그것들은 길을, 산장을 향해 나 있는 길이 아니라, 영원한 우화에 이르는 길을, 아무도 모르는 산장에 이르는 길을, 아무도 모르는 집에 이르는 길을, 내 내면의 세계에 이르는 길을 그리고 그 내면의 자아를 통해 사람으로 돌아가는 길을 걸어가는 한 사람을 내 안에 천천히 일깨워주었다. … 내 아이들을 만든 것은 내가 아니라는 사실을 나는 깨달았다. 내 아이들이 나를 만들었다. 나는 그들이야말로 내가 이전에 인식하지 못했거나 알기를 거부했던 가치를 나에게 가

저다주었다는 사실을 깨달았다. 길은 수많은 형태로 지금처럼 남아 있을 것이다. 그 길은 경사를 완만하게 하지도 않을 것이며, 산의 정상을 낮추지도 않을 것이다. 그 길은 협곡을 건너는 다리를 만들지 않고, 이전처럼 굽이굽이 돌아나갈 것이다. 그리하여 길을 따라가는 이미지만이 더욱 풍부해지고 더욱 분명해질 것이다. 내 아이들이 그 길을 나에게 돌려주었다. 그들은 나에게 아주 작은 것으로 기쁨을 가져다주었다. 그들은 경쟁의 소음으로 약해진 시력과 청력을 나에게 돌려주었다.

18

캐나다 모험

마르코 프레젤은 아이스액스로 얼어붙은 돌을 깨, 밤을 보내기 위한 좁은 비박 레지를 만들었다. 그의 파트너 스티브 하우스Steve House는 그래봐야 엉덩이 3개를 붙일 정도밖에 되지 않겠다고 생각했다. 훌륭하지는 않았지만 그 정도면 충분했다. 그들은 레지에 매트리스를 깔고 밤을 보낼 준비를 했다. 스티브는 양말을 말리고 싶었다. 그렇게 해야 2004년 4월의 캐나다에서 맞이하는 영하의 날씨에 발을 따뜻하게 할 수 있을 터였다. 그는 부츠를 벗었다. 그러고 나서 부츠를 확보물에 걸어둘까 하고 아주 잠깐 동안 고민했다. 바로 그럴 목적으로 부츠 뒤에 이미 가는 슬링을 달아놓았기 때문에 그것은 쉬운 일이었다. 그러나 그는 부츠를 자신과 벽 사이의 안전한 곳에 놓아두었다.

마르코는 스토브를 조립하는 데 몰두하고 있었다.

스티브는 땀에 젖은 양말을 벗고 배낭에서 마른 것을 꺼내 갈아 신었다. 그는 발가락을 따뜻하게 하려고 이리저리 움직였다. 그리고 부츠 내피의 끈을 느슨하게 한 다음 그 안에 뽀송뽀송하게 마른 발을 집어넣었다. 그는 뒤로 손을 뻗어 가는 슬링 구멍에 손가락을 끼우고 부츠의 외피를 잡아당긴 다음 발가락을 집어넣으려 했다. 그러다 한 순간 그는 집중력을 잃고 말았다. "부츠가 삐끗하더니 순간적으로 내 헤드램프 불빛 안으로 떠올랐다가 어둠 속으로 사라졌다. 내 눈에는 조금 전에 부츠가 있었던 공간을 비추는 희미한 빛줄기만 보였다. 부츠가 영원히 사라진 것이다."

　캐나다 로키의 노스 트윈North Twin²¹ 북벽 높은 곳에서 부츠를 되찾는 것은 불가능에 가까웠다. 올라온 루트로 벽을 내려갈 수 있는 장비도 없었다. 게다가 부츠가 떨어진 곳을 알 방법도 없었다. 상황이 매우 심각했다. 부츠가 없으면 크램폰을 찰 수 없고, 크램폰이 없으면 등반을 할 수가 없다. 부츠가 없으면 스키를 타고 내려갈 수도 없다. 빙원과 몇 개의 빙하와 가파른 벽들을 수없이 넘어 30킬로미터 이상을 가야 가장 가까운 도로가 있었다.

　슬로베니아의 스타 클라이머 중 한 사람인 마르코 프레젤과 워싱턴주 북쪽의 작은 마을 출신으로 마르코만큼 유명한 미국의 클라이머 스티브 하우스(어떤 사람들은 그를 보고 시골 소년 같다고 한다)는 로프 파트너로서는 어울리지 않았을지도 모른다. 그러나 그들의 궤적은 운명적으로 겹칠 수밖에 없었다. 그리고 지금 여기 앨버타의 노스 트윈에서 그들은 끝내 위험에 처하고 말았다.

　스티브는 교환학생으로 1988년 슬로베니아에 처음 갔다. 그의 짐은 아주 단출했다. 청바지 3벌, 티셔츠 7개, 속옷 몇 벌, 아주 큰 땅콩버터 통 4개. 슬로베니아 제2의 도시 마리보르Maribor에 있는 고등학교에 큰 흥미를 느끼지 못한 그가 지역 산악회를 찾아갔을 때 그의 기분은 하늘을 나는 듯했다. "나는 새로운 학교를 하나 찾았다. 그 학교의 언어 중 내가 언뜻 이해한 것은 '슬로베니아 등산학교'라는 것이었다."

　마르코는 알래스카를 등반하다 스티브를 처음 만났다. 그들은 스티브가 마리보르에 있을 때 배운 슬로베니아어를 포함해 공통점이 많았다. 하지만 영감을 받은 그들의 파트너십은 비슷한 정신세계와 더 관련이 깊었다. 마르코는 이렇게 말했다. "산에 있으면서 순간을 공유하고 즐기고 자신의 한계를 시험하고 도전하는 마음이 서로 같았습니다." 비록 오랫동안 같이한 파트너는 아니었지만, 그들은 산악계에서 긴밀한 관계를 구축했다.

　2004년 4월 초, 스티브가 캐나다 로키에서 함께 등반하자며 마르코를 초청했을 때 그는 조금도 망설이지 않았다. 마침 미국에서 강연 계획이 있었던 터라 그는 캐나다에 며칠 머무는 것으로 일정을 조정했다. 그들은 앨버타의 캔모어Canmore에 있는 로컬 클라이머 배리 블란샤드Barry Blanchard의 집에 머물기로 했다.

"생각이 하나 있습니다." 스티브가 마르코에게 말했다.

"뭔데?" 마르코가 물었다.

"노스 트윈"

등반을 준비하는 두 사람을 지켜보던 배리는 특히 마르코에게 깊은 인상을 받았다. 강인한 사각형 얼굴에 V자형으로 머리를 깔끔하게 가른 그는 마치 잘 차려입은 F1 자동차 경주 선수 같았다. 그들은 날씨 예보를 놓고 머리를 맞댔다. 날씨는 좋을 것 같았다. 날씨 예보 사이트에 노란 동그라미 5개가 나란히 표시돼 있었기 때문이다. 스티브는 등반이 3~4일 걸릴 것으로 생각했는데, 마르코가 5일 후에 콜로라도의 볼더에서 강연을 하기로 되어 있어 시간이 빠듯했다. 스티브는 만약 자신들이 그 루트를 등반하면, 강연 기획자인 마크 트와잇이 마르코가 늦더라도 봐줄 것이라고 그를 안심시켰다.

그때서야 마르코는 그것이 스티브에게 매우 중요한 등반이라는 사실을 깨달았다. 얼마나 재미있고 대단할까? 그것은 알 수 없었다. 그는 그 산에 대해 아는 것이 하나도 없었다. 그는 그 산에 대한 역사도 명성도 알지 못했고, 심지어는 어디에 있는지조차도 알지 못했다. 돌이켜보니, 스티브는 노스 트윈을 줄곧 마음속에 품고 있었던 것 같았다. 마르코는 마침 배리의 집 벽에 걸린 산 사진 하나를 보고, 그의 트레이드마크인 단도직입적 스타일로 이렇게 말했다. "좋아 보이는데, 어디 있는 거예요?"

그 매혹적인 봉우리에 대해서는 몇몇 클라이머들이 남긴 글이 있었다. 1966년도 『아메리칸 알파인 저널』에 헨리 L. 애브런스Henry L. Abrons는 그 산을 이렇게 묘사했다. "캐나다 로키라고 불리는 북극 근처에 울창한 숲이 있고, 아주 먼 계곡에 있어 바라보는 사람의 마음에 강력한 마약처럼 작용하는 산에 벽이 하나 있다. 노스 트윈의 북벽은 마치 악몽처럼 너무나 어두침침하고

캐나다 로키의 노스트윈 북벽. 이 사진은 마운트 앨버타의 남쪽 끝에서 찍은 것이다.
(라파엘 슬라빈스키Raphael Slawinski 컬렉션)

가파르고 우중충해서 나는 그만 할 말을 잃고 말았다." 그로부터 10년 후 크리스 존스Chris Jones는 그 산이 미래 세대에게 어떤 의미가 있을 것 같은데, 그 의미가 정확히 어떤 것인지는 자신도 장담하지 못한다고 언급했다.

3,731미터의 노스 트윈은 앨버타의 컬럼비아 빙원 북동쪽 구석에 위치한 산군을 형성하는 두 개의 봉우리 중 하나다. 높이보다도 훨씬 더 중요한 것이 접근을 불허하는 거무칙칙한 피라미드 형태의 북벽이다. 그 북벽에는 상단부에만, 그것도 이른 아침에만 미약한 햇빛이 1시간 정도 비칠 뿐이다. 유럽 산악계에는 잘 알려져 있지 않았지만 그 명성은 대단했다. 그 산은 미국의 전설적인 클라이머 조지 로우George Lowe와 크리스 존스Chris Jones에 의해 1974년 초등됐는데, 등산 역사학자들은 그 등반이 세계에서 가장 어려운 알파인 등반이었다고 평가했다. 재등은 그로부터 11년 후에야 이루어졌다. 초등 때보다 훨씬 더 깔끔하게 이루어낸 루트였다. 남아프리카의 클라이머 데이비드 치스먼드David Cheesmond와 캐나다의 배리 블란샤드가 그 북벽의 한가운데로 곧장 치솟은 거대한 필라에 신루트를 개척한 것이다. 이제 초등으로부터는 30년, 재등으로부터는 19년이라는 세월이 흘렀다. 따라서 스티브 하우스가 긴장하는 것도 놀랄 일은 아니었다.

마르코와 스티브는 장비와 연료, 4일분의 식량을 챙겼다. 그들은 서쪽의 레이크 루이스Lake Louise로 간 다음, 아이스필즈 파크웨이Icefields Parkway를 따라 선왑터 리버Sunwapta River까지 올라갔다. 거기서 그들은 차를 도로 변에 세워놓고, 강바닥을 가로지르고 강물을 헤쳐, 마운트 울리Mount Woolley의 고지대 울리 숄더Woolley Shoulder로 이어지는 좁은 협곡을 서둘러 기어 올라갔다. 마운트 울리는 먼 오지의 하벨 크릭Habel Creek으로 접근할 수 있도록 길을 열어주는 곳이었다.

그 둘은 자신들의 실제 성격에 맞는 무뚝뚝한 의사소통 방식을 만들었다. 목소리가 우렁찬 마르코의 영어 능력은 자신이 말하고자 하는 것을 표현할 수 있을 만큼은 충분했지만 의미 없는 섬세한 것들에 대해서는 부족했다. 그와 스티브는 비록 거칠기는 해도 혹시 모욕이 되지 않을까 하는 두려움 없이 농담을 주고받을 수는 있을 정도였다. 그들은 서로의 기술과 판단을 신뢰했다. 그래서 루트 파인딩에 대한 의견이 일치하지 않아도 솔직한 대화로 문제를 풀어나갔다. 그들은 산에서 힘든 날들을 견딘 사람들이었다. "마르코와 나는 일종의 약속이 있었습니다. 젠체하는 것을 싫어하고 산의 고결함을 존경하는 타고난 공유라고 할까요."라고 스티브가 말했다. "우린 등반하러 가기로 결정하면 그냥 갑니다. 우리가 진지해지면 출발할 때처럼 웃지 않습니다. 우린 원할 때가 아니라 꼭 쉬어야 할 때 쉽니다. 우린 일을 시작하면 그 일이 끝날 때까지 하거나, 아니면 어쩔 수 없이 실패를 인정할 때까지 합니다."

마르코는 일단 눈앞의 일에 집중하면 집안일 따위는 잊어버린다. 속임수같이 보이는 그 균형 잡힌 행위에 대해 질문하자 그는 이렇게 대답했다. "우린 등반에 대해 이야기하지 않습니다. 그냥 인생에 대해 이야기하죠. 그래야 가족으로부터 신뢰를 받습니다. … 가족은 내가 돌아올 확률이 20퍼센트밖에 되지 않는다고 이야기할 만큼 우둔하지 않다는 걸 압니다. 그건 가족에 대한 커다란 부담이니까요. 난 '꼭' 돌아온다는 말도 하지 않습니다. 그렇게 말하면 이미 경계선을 넘은 것이나 마찬가지입니다." 마르코에게 가족은 가족이고 등반은 등반이다.

노스 트윈으로 접근하는 동안 마르코는 스티브에게서 다른 분위기를 감지했다. 약간의 긴장감이라고나 할까. 그들이 울리 숄더 꼭대기에 도착했을 때 마르코는 그 산의 북쪽을 처음 보았다. 그는 실망하지 않았다. "우린 이제 (내가) 정말 좋아하는 곳으로 들어갈 수 있었습니다."라고 그가 말했다. 그들은 숄더의 반대편으로 스키를 타고 내려갔는데, 무거운 등반용 배낭이 그들을 마치 술 취한 인형처럼 뒤뚱거리게 만들었다. 하지만 배낭 안에는 꼭 필요한 것만 들어 있었다. 둘이 함께 쓸 침낭 하나, 매트리스 두 개, 타프, 스토브, 연료, 에너지 바 몇 개, 초콜릿 바 하나, 동결 건조식품 몇 개, 인스턴트 커피 몇 봉지 그리고 여벌의 옷 조금. 그것은 분명 호화스러운 캠핑과는 거리가 멀었다.

그들은 등반이 끝나면 회수할 요량으로 스키를 숨겨두었다. 그리고 첫 번째 사면을 각자 올라 비박지점까지 갔다. 그것이 오지에 있는 경탄스러운 벽을 등반하려는 두 친구의 하루였다. 그들은 다음 날이 더 힘들 것이라는 데 의견의 일치를 보았다. 일찍 출발하려면 오전 6시에 일어나는 것이 더 좋을 것 같았다. 마르코가 알람을 맞춰놓고 나서 그들은 잠을 청했다.

하지만 그들은 예정보다 2시간이 늦은 오전 8시에 일어났다. 스티브는 화가 났는지 마르코에게 소리를 지르기 시작했다.

마르코는 스티브의 행동을 애써 무시하고 "봐, 그냥 등반일 뿐이야."라고 강조했다.

그러나 스트레스를 받은 스티브는 늦잠으로 인해 어쩔 수 없이 등반과 타협을 해야 한다고 확신했다.

다시, 마르코는 침착하게 대꾸했다. "늦지 않았어. 이봐, 천천히 해." 몇 년 후 그는 그날 오전을 이렇게 회상했다. "그런 일이 잠깐 동안 있었는데… 난 그 이유를 미처 알지 못했습니다." 훗날 그는 산의 불길한 악명과 그 산을 오르고자 하는 강렬한 욕망으로 인해 스티브의 신경이 활처럼 팽팽해졌다고 생각했다.

그들은 재빨리 아침을 먹고 나서 위로 향했다. 드라이 툴링에 좋은 크랙들, 눈 덮인 얼음들, 깊고 검은 침니들, 문제를 풀어야 하는 많은 곳들, 그리고 아찔한 고도감. 그들은 벽에서 스쳐 날 듯 등반을 해나갔다. 들리는 것이라고는 오직 아이스액스에서 떨어져 내리는 얼음조각 소리뿐이었다. 그들의 등반은 순탄했다. 확보지점에서 만나면 그들은 농담을 주고받았다. 오전의 긴장이 이제는 사라졌다. 하루 종일이 걸린 등반을 끝내고 나서 맞이한 그들의 두 번째 비박은 별 다른 사건이 없었다.

그다음 날 아침에는 마르코가 선등으로 나섰고, 스티브는 배낭을 메고 그 뒤를 따랐다. 그들은 선등을 서로 바꾸어가며 올라갔다. 눈이 덮인 미묘한 홀드와 올라갈수록 더 가늘어지는 듯한 크랙 위에서 그들은 춤을 추듯 등반했다. 희미한 겨울 햇빛이 저녁노을 속으로 사그라지자, 그들은 등반을 멈추고 작고 불편한 레지 위에서 세 번째 비박에 들어갔다. 마르코는 동결 건조감자로 저녁식사거리를 만들기 위해 스토브를 조립하면서 사뭇 흥분했다. 그는 위를 계속 쳐다보았다. 벽을 벗어나는 등반선이 보이는 듯했다. 이제 모든 것이 좋아 보였다.

바로 그때 스티브가 부츠를 떨어뜨린 것이다. 그는 공포의 신음과 욕지거리를 쏟아냈다. "씨팔! 씨팔! 씨팔! 씨팔!" 그래도 변하는 것은 아무것도 없었다. 부츠는 여전히 사라지고 없었다. 그는 마르코의 반응을 두려워하며 고개를 돌려 그를 쳐다보았다. 마르코는 아무 말 없이 앉아서 스티브를 빤히 응시했다.

그러더니 냉랭한 목소리로 나직이 물었다. "무슨 일인데?"

스티브가 끊어진 슬링을 들어올렸다. 그들은 더 이상 아무 말도 하지 않았다.

마르코는 심장이 뛰었다. "우리가 곤란에 빠졌다는 사실을 알았습니다." 라고 그는 그 순간을 회상했다. "스티브는 눈이 동그래지더니 심한 욕을 내뱉었습니다. 우리가 얼마나 높이 올라왔는지 나는 아래를 내려다보았습니다. 부츠 한 짝이 없이는 내려갈 수 없었습니다." 마르코는 먹을 것을 계속 만들면서 냉정하게 그리고 분석적으로 생각하며 마음을 가다듬으려고 노력했다. 해결책은 분명 있을 터였다. 그러나 상황이 결코 녹록지 않았다. 동계에 영하의 날씨, 8리터의 물을 끓일 수 있는 연료 340그램, 건조감자 90그램, 버터 반 스틱, 에너지 젤 6개, 에너지 바 4개 그리고 약간의 커피. 그들에게는 무전기도 전화기도 없었다. 더구나 그들의 캐나다 공원구조대 서비스는 3일 후면 끝나게 되어 있었다.

유일한 해결책은 위로 올라가는 것이었다.

부츠 사고 이후 그들은 말을 많이 하지 않았다. 그러나 등반의 역동성은 물론이고 등반 시간을 위한 파트너십이 바뀌었다. 마르코는 이제 자신이 구조

임무를 떠맡게 되었다는 생각 때문에 심한 압박감을 느꼈고, 스티브의 모든 집중력은 과연 어떻게 효율적으로 따라갈 것이냐로 향했다. 성공적인 등반 파트너십의 복잡한 심리는 신뢰에 달려 있다. 그리고 이런 점에서 스티브와 마르코는 완벽한 일심동체라는 것이 드러났다. "난 등반을 판정하는 데 큰 관심이 없습니다. 그러나 진정한 모험의 관점에서 보면, 그게 내 인생에서 가장 큰 모험이었다고 말할 수 있습니다."라고 마르코는 후에 말했다. "이런 생각만 들었습니다. 우리가 얼마나 깊이 들어왔지? 무슨 일이 있었지? 이런 모험과 고립만이 내 마음속으로 파고들었습니다. 난 점점 더 작아지고 있었습니다." 마르코는 아무 생각 없이 따라나선 것뿐이었다. 그는 그 장소의 역사에 대해 아무것도 모르고 있었다. 그에게는 그냥 즐거운 게임일 뿐이었다. 스티브와 등반할 수 있는 또 한 번의 기회. 스티브와는 다르게 마르코는 마음이 편안했다. 그러나 스티브는 그 산의 역사를 곱씹고 있었다. 성공하지 못한 시도, 어려움 그리고 멀리 떨어진 오지. 그는 첫 걸음부터 불안을 느꼈었다.

아침이 되자 많은 눈이 내렸다. 스티브는 내피 겉에 비닐봉지 세 개와 커다란 지퍼 백 하나를 테이프로 붙였다. 그것은 이제 유일한 탈출로인 벽의 남은 피치들과 컬럼비아 빙원Columbia Icefield을 가로지른 다음, 아사바스카 빙하 Athabasca Glacier를 따라 내려가는 길고 힘든 트레킹을 위한 것이었다. 그는 임시변통한 덮개가 마모를 견디거나 방수가 되는지 알지 못했다.

마르코는 수직의 지형을 게걸스럽게 먹어치우는 지칠 줄 모르는 리듬으로 하루 종일 선등에 나섰다. 그들은 열네 피치를 등반한 후 빙원으로 빠져나와 터벅터벅 그곳을 가로질렀다. 화이트아웃 상태인 그곳에서는 스티브가 GPS로 방향을 찾으며 앞장섰다. 그의 한 쪽 발에는 크램폰이, 다른 쪽 발에는 여전히 비닐로 감싼 내피가 있었다. 무거운 발걸음으로 오랫동안 고생한 그들은 아사바스카 빙하의 거대한 세 층계를 내려가고 있다고 느꼈는데, 그곳만 지나면 길은 스노돔Snow Dome과 마운트 안드로메다Mount Andromeda 사이로 빠져나가게 되어 있었다. 바닥에 거의 다 다다랐을 때 그들의 눈에 스키 등산을 하려는 한 무리의 사람들이 올라오고 있는 모습이 보였다. 후에 스티브는 자신의 책『산의 저편Beyond the Mountain』에 그때의 유머러스한 대화를 이렇게 정리했다.

"어디서 오나요?" 어느 정도 의심에 찬 어조다.

"노스 트윈" 마르코가 대꾸를 하고 나서 가던 길을 재촉한다.

"어디라고요?"

"노스 트윈" 방해를 받은 마르코의 목소리가 조금 짜증스럽다.

"스키는 어디 있나요?"

"스키를 두고… 우린 북벽을 등반했습니다." 마르코는 걸음을 멈추지 않고, 그들 옆을 지나쳐 스키 자국 안으로 들어간다. 내가 다가가자 그들은 고개를 돌려 마르코를 바라본다.

설명을 좀 해줄 필요가 있어 내가 걸음을 늦춘다. "노스 트윈 북벽을 등반해서 우린 빙원을 가로질러야 했습니다. 오늘이 닷새째입니다."라고 내가 말한다. "우린 하루 종일 아무것도 못 해, 어둡기 전에 도로까지 가야 합니다."

그들은 서로 옹송그린 채 아무 말도 하지 않는다. 내가 걸음의 속도를 올리자 그중 한 사람이 큰 소리로 말한다. "노스 트윈 북벽이라고요?" 그는 잠시 뜸을 들이더니, 나를 향해 몸을 돌린다. "도대체 당신들은 누구요?"

"아무것도 아닙니다." 내가 말한다. "그냥 두 사람이지요."

그 두 사람이 그 등반을 해냈다. 스티브는 자신들이 해낸 등반의 의미를 알았고, 곧 다른 사람들도 알게 되었다. 마르코는 그 등반의 중요성을 뒤늦게 알았는데, 알고 보니 훨씬 더 소중한 것이었다. "내게 그 등반은 가장 순수한 기쁨이었습니다. 다른 사람들이 그렇게 생각한다는 걸 전혀 알지 못했으니까요."라고 그가 말했다. "그냥 행복했습니다. 기술적인 난이도로 봐도 한계에 가까웠고, 문제를 잘 풀어나갔으며, 우정도 좋았기 때문에 즐거운 등반이었습니다." 트랑고 타워에서의 프란체크 크네즈처럼 그도 그 등반을 '아주 잘한 것'으로 평가했다.

∧

마르코의 그다음 몇 년 동안은 '미국 시대'라고 표현할 수 있을 것 같다. 그와 스티브는 페루의 코르디에라 블랑카에 있는 5,719미터의 카에시Cayesh 서벽에 열여섯 피치짜리 신루트를 개척했다. 그는 파타고니아의 거대한 돌기둥 세로 토레와 세로 스탄다르트Cerro Standhart에서 인상적인 루트를 개척하기 위해 스티븐 코흐Stephen Koch[22], 딘 포터Dean Potter[23]와 함께 팀을 이루었다. 그리고 2007년 그는 6,858미터의 K7 서봉을 초등하기 위해 스티브, 빈스 앤더슨Vince Anderson[24]과 힘을 합쳤다. 그것은 카라코람의 보석 같은 곳에서 거둔 멋진 성취였다. 「얼음, 무질서와 정신 나간 추구Ice, Anarchy and the Pursuit of Madness」라는 이름의 짧은 등반 영상은 이렇게 간단한 자막으로 시작된다. "2개의 침낭, 3명의 산사나이, 5개의 스크루, 6개의 너트 그리고 K7." 썩은 얼음으로 채워진 일련의 걸리, 까마득하게 치솟은 화강암 벽들, 장관을 이룬 세로 홈통과 커니스가 있는 능선, 흘러내리기 쉬운 불안한 눈, 의지를 시험하는 가짜 정상, 출발 지점부터 곧바로 시작되는 가파른 등반은 바로 마르코가 열망하던 것들이었다. 그다음 해인 2008년 그들 셋은 다시 히말라야로 돌아와, 8,485미터의 마칼루 서벽에 도전했다. 그들은 그 등반에 실패했지만, 마르코와 빈스는 7,678미터의 캉충체 서벽에 최초로 신루트를 개척했다. 그들은 마칼루 서벽을 몇 번 더 시도했으나 정상에 오르는 데는 끝내 실패하고 말았다. 그러나 그들은 항상 다치지 않고 돌아왔다.

　마르코가 슬로베니아 국경선 너머 여러 곳에서 활약하기는 했어도, 그의 로프 끝에 있는 사람은 거의 언제나 스티브였다. 그들은 가치관이 약간 달랐지만 비슷한 정신세계를 가졌다. 그들은 산에서 서로의 결정에 대해 절대적으로 신뢰했다. 스티브는 그 신뢰의 수준을 이렇게 설명했다. "내가 피치 끝에 거의 다다르면, 가끔 마르코는 자신의 확보를 풀고 내가 미처 준비도 하기 전에 등반을 시작했습니다. 그건 로프 등반의 기준을 깨는 것으로 일반적으로는 용인되지 않는 행위입니다. 그러나 그는 내가 곧 확보를 본다는 사실을 알고 우리 둘을 위험에 빠뜨리지 않을 거라는 자신감으로 안전하게 움직입니다. 그가 그렇게 하는 게 맞았습니다. 나는 그가 나가떨어져 잠정적으로 날 죽이지 않을 것이라고 그를 신뢰하며, 그의 결정이 우리의 등반 속도를 높여 실질적으로는 전체적인 안전을 높인다고 믿습니다."

그러나 고정관념에 사로잡히지 않는 마르코는 자신의 경력에서 한 사람만 파트너로 삼지는 않았다. "모든 사람이 그림의 구성원이었습니다."라고 그는 말했다. "작은 구성원이라 할지라도 그를 빼내면 빈 공간이 생깁니다. 나는 구성원의 경중을 따지지 않습니다. 계속 진화하는 게 그림이니까요."

마르코는 특히 상황이 심각해질 때 말을 많이 하지 않는 것을 포함해 파트너로부터 많은 것을 기대한다. "까다로운 문제를 대놓고 의논하면, 의논의 질이 떨어지게 됩니다."라고 그는 딱 잘라 말했다. "만약 상황을 바꿀 수 없다면 그대로 놔둬야 합니다. 입을 다물고 그냥 대처해야 합니다."

마르코와 스티브는 각자의 고국에서 등반 지도자로 변신했다. 그들은 여전히 함께 등반하지만, 새로운 가족에 대한 책임, 인생의 동반자와 직업이 바뀌는 등 생활 리듬이 달라지기 시작했다. 미디어를 대하는 자세 역시 갈라지기 시작했는데, 자신의 등반을 거의 드러내지 않는 마르코는 더욱 개인주의적인 입장을 취했다. "젊었을 때 그랬던 것처럼 나의 등반을 일반대중과 함께 공유하고 싶다는 생각이 들지 않습니다."라고 그는 설명했다. "난 더 개인주의자가 되려고 노력합니다. 스티브는 반대죠. 그는 페이스북이나 트위터 같은 활동을 합니다." 마르코는 사이버 세상에 대해 좌절을 넘어 분노를 표출했다. 그의 말은 『길』에 있는 구절들을 떠올리게 했는데, 네이츠는 움츠러드는 자신의 감정을 보듬으려고 애썼다.

늦가을, 벽에 붙어 있는 샤모아를 보았다. 샤모아는 나이가 들면 험한 벽에서 물러나 천천히 죽어간다. … 나는 왜 머리가 희끗희끗해지기도 훨씬 전에 사람들에게서 물러나기 시작했을까?

낙엽송이 잎사귀를 떨군다. 눈이 레지 위에 쌓이고 바위가 차갑지만 조금만이라도 더 서성이고 싶은 마음이 굴뚝같다. … 계곡을 천천히 내려오며 내 시간을 갖고 … 서두를 필요가 없다고 나 자신을 설득하며. 50년이 지나면, 자기 자신을 찾고 세계를 찾았던 이 가련하고 혼란스러운 사람을 아는 사람들은 아무도 없으리라. 그런데도 왜 서두르는 것일까? 그런데도 왜 계속 애쓰려는 것일까? 나 자신에 대한 만족을 느끼기 위해, 정상에서 손을 흔들 수 있는 능력을 느끼기 위해 … 만면에 웃음을 짓고 힘찬 모습으로 계곡으로 돌아오기 위해, 나는 비명을 지르고 싶고, 인간들이 분주히 움직이는 도시의 거리를 맹목적으로 방황하는 사람들의 눈을 억지로라도 뜨게 하고 싶을 때 나는 그들과 함께 웃으며 살고 싶다.

알피니즘의 이 시기는 나에게 무엇을 가져다주었나? 우표나 성냥갑을 수집하는 사람들과 별반 다르지 않게 이루어진 봉우리 수집. 그것은 아름다웠고 어려웠다. 나는 둘 다라고 할 수 있다. 그러나 어떻게 아름다웠을까? 무엇이 아름다웠을까? 왜 아름다웠을까? 나는 그것을 알지 못한다. 바라볼 시간이 없었기 때문에. 어디가 어려웠을까? 왜 어려웠을까? 나는 그것도 알지 못한다. 이미 모두 잊어버렸기 때문에. 그러나 이제, 바로 이 순간 나는 햇빛이 드는 이 정상에 앉아 있을 것이다. … 그리고 나는 근처의 루트를 여전히 등반하는 친구들을 기다릴 것이다. 누군가를 향해 미소를 짓고 그들 역시 밝게 미소 짓는 모습을 보기 위해. 그러면 내 인생에 새로운 신념이 생길 것이다.

19

산에서의 죽음

산을 넘는 달리기는 계속되었지만, 산은 활기가 넘칠 시간이 되면 여지없이 그렇게 변했다. 산은 비가 오는 시간이면 여전히 비명을 내질렀다. 그리고 어떻게 들어야 하는지 아는 사람에게 산은 여전히 자신의 이야기를 들려주었다. 그러나 나는 이제 더 이상 어떻게 들어야 하는지 아는 사람이 아니었다. … 산과 함께 울고 웃는 사람도 더 이상 아니었다. … 나는 운동선수였다. … 나는 알피니스트였다. 나는 벽과 오버행에 대해 말했다. 나는 달리고 훈련하고 내가 오른 봉우리들의 숫자를 세었다. 나는 점수를 더하고, 자신을 다른 사람과 비교하는 부류의 어리석은 피해자라고 느꼈다. 그러면서 나는 점점 더 가난해졌다. 나는 얄팍하고 우둔한 기술자로 변해갔다. 내 눈에 보이는 것은 숫자와 정상의 높이와 벽의 규모와 난이도에 대한 추측뿐이었다. 그리고 로마와 아라비아 숫자, 콤마와 플러스와 마이너스에 대한 기호뿐이었다. 내 손과 발은 멈출 수 없도록 강했지만 내 머리는 비어갔고, 내 마음은 아름다움이 넘쳐나도 더 이상 두근거리지 않았다. 다만 신체적인 노력을 했을 때만 심장이 빨라졌을 뿐. 내 성공의 곡선이 여전히 위를 향하는데도 내 길은 빠르게 아래로 향했다. 등반은 이제 비슷비슷해져 갔다. 나는 누군가가 멈추지 않으면 계속해서 헛되이 돌아가는, 기름이 잘 쳐진 기계처럼 작동했다. 그리하여 내 기계의 바퀴가 아무런 목적도 없이 빨리 더 빨리 돌아갔다. 그 순간 내 아이들이 숲에서는 여전히 새들이 노래하고 있다고 나에게 알려주었다.

— 네이츠 자플로트니크, 『길』

건축 중이던 지하로 떨어진 2000년 이후, 알피니스트로서 토마주의 경력은 끝난 것처럼 보였다. 휠체어(그는 '빨간색 페라리'라고 불렀다)와 거실의 긴 의자에 갇힌 토마주는 과거를 돌아볼 시간이 많았다. 그는 자신이 좋아하는 것으로 돌아가, 모서리를 접어가며 『길』을 수없이 읽었다. 비록 그것이 문제를 해결해주지는 않았지만, 네이츠의 글은 그에게 위안이 되었다.

그러나 토마주는 자신의 열정을 완전히 포기하고, 집 안에서 나뒹굴며 『길』만 읽지는 않았다. 그는 다리와 뒤꿈치의 복합수술을 위해 독일로 갔고, 몇 달간의 물리치료를 견뎌냈다. 그는 휠체어에서 벗어나 실내 자전거를 탔고, 목발을 짚고 절뚝절뚝 걸었다. 그리고 마침내 등반을 다시 시작한 그는 레이저처럼 날카로운 석회암 절벽을 춤추듯 올라가 비틀거리며 내려왔다. 네이츠처럼 그도 수평의 표면보다는 수직의 지형에 더 잘 어울렸다.

네이츠는 『길』에 이렇게 썼다. "헬멧을 쓰고 슬링과 피톤 몇 개를 안전벨트에 걸고 난 다음, 바위를 손으로 만지면 포근한 마음이 든다. 나는 댄서들이 붐비는 홀에서 멀리 떨어져, 구경꾼들이 없는 곳에서 파트너와 단 둘이서만 우아한 왈츠를 추고 싶다. 음악이 있지만 그 음악이 어디서 흘러나오는지 알 수 없는 곳에서."

그러나 토마주의 마음은 바위에 있지 않고 높은 산에 있었다. 2002년 그는 러시아의 시샤팡마 원정대에 합류했는데, 철심을 박아 약간 짧아진 그의 다리는 큰 문제가 없는 것처럼 보였다. 이어서 그는 남미의 최고봉인 아르헨티나 아콩카과 남벽을 신루트로 올랐고, 네팔에 있는 자누의 동벽을 신루트 단독등반으로 도전했으며, 촐라체 북동벽을 일부 신루트로 올랐다. 사람들은 그가 스타일을 바꾼 데 주목했다. 다울라기리는 처음부터 끝날 때까지 대중적인 등반이었다. 하지만 사고 후의 등반은 조금 더 개인주의적으로 변한 것 같았다. 그는 이렇게 지적했다. "미디어를 언제 이용할지는 내가 결정합니다. 난 스위치를 켜고 끄는 사람입니다."

토마주는 커다란 프로젝트를 마음속에 품고 있었다. 그는 처음에는 스위치를 끄려고 했다. 그러나 자기 마음대로 안 되는 것이 세상일이다. 결혼생활이 파탄 나고, 스폰서가 떨어져 나갔다. 그래서 토마주는 검증된 방식으로 후퇴했다. 미디어를 파트너로 삼은 것이다. 신문과 텔레비전으로부터 후원을 받으면, 파키스탄 제2의 고봉인 낭가파르바트의 루팔 벽을 신루트로 단독등반한다는 꿈을 실현하면서 비용을 충당할 수 있을 것 같았다.

2005년 7월 그는 그 산에 도착한 다음, 폭풍이 불어 을씨년스러운 날씨 속에 메스너 루트에서 고소적응 훈련을 했다. 폭풍이 거세지자 그는 불안하고 초조한 마음으로 베이스캠프에서 기다렸다. 미디어에 대한 그의 일일 리포트는 나쁜 날씨에 대한 것 빼고는 흥미로울 만한 것이 없었다. 그해 여름 다른 팀에게도 허가서가 발급됐다는 사실을 안 그는 더욱 초조해졌다. 마르코 프레젤과 친한 스티브 하우스와 빈스 앤더슨이 곧 도착할 예정이었다.

마침내 3일 동안 날씨가 조금 좋아진다는 예보가 나왔다. 그러나 산은 눈으로 덮여 있었다. 불안정한 수천 톤의 눈. 그 눈들을 햇볕이 벗겨내려면 며칠이 걸릴 터였다. 그러나 토마주는 더 기다릴 시간도 여유도 없었다. 그래서 그는 위로 올라가기 시작했다. 그는 이틀 동안 잘해나갔지만, 굳지 않는 눈이 덮인 가파른 바위의 6,350미터쯤에서 걸음을 멈추었다. 그때 날씨가 나빠졌다. 그는 약간 움푹진 곳에 구덩이를 파고 들어가, 쭈그려 앉아서 폭풍이 지나가기를 기다렸다. 눈과 비에 이어 끊임없는 눈사태가 쏟아지는 날이 하루 이틀 지나갔다. 그는 위로 올라갈 수 없었다. 그는 옆으로도 이동할 수 없었다. 그리고 아래로도 분명 내려갈 수 없었다. 얼음의 관에서 4일을 보내 식량도 연료도 떨어진 그는 도저히 생각할 수도 없는 것을 해야만 했다. 바로 구조를 요

낭가파르바트의 루팔 벽에서 헬기로 구조된
후 베이스캠프로 돌아와 고통스러운 표정을
짓고 있는 토마주 휴마르 (토마주 휴마르 컬렉션)

청한 것이다.

진지한 알피니스트라면 그가 누
구든 구조요청이 어렵다는 것을, 아
니 창피하다는 것을 인정한다. 많은
사람들이 그 덕분에 목숨을 건졌다.
그러나 그것은 마지막 수단이다. 낭
가파르바트의 루팔 벽 6,000미터 위
에서 그의 웹사이트를 통해 전 세계
가 지켜보고 있는 가운데 구조를 요
청하는 것은 상상 이상으로 어렵다.

전 세계의 산악인들은 토마주와 분명 매스미디어의 이득을 노리는 그 '서커스'
를 비난했다.

구조는 극적으로 이루어졌다. 토마주의 옛 친구인 비키 그로셀 덕분에 슬
로베니아로부터 협조를 받은 6일간의 노력은 스위스와 파키스탄의 구조 전문
가는 물론이고 슬로베니아와 파키스탄 대통령까지 개입시켰다. 이틀 동안 출
발 날짜를 제대로 잡지 못하고 우왕좌왕하는 상황에 대해 무샤라프Musharraf
대통령이 구조작업을 제대로 하라고 호통치자, 두 명의 파키스탄 헬기 조종사
인 라시드 울라흐 바이그Rashid Ullah Baig와 칼리드 아미르 라나Khalid Amir Rana
가 그때까지 시도된 최고 수준의 기술적 구조를 감행한 것이다.

불가능한 일을 해낸 그들의 대담한 도전은 영웅적인 행동으로 찬양받았
다. 반면 토마주는 등반 저널리스트들과 동료들로부터 비난을 받았다. 영예스
러운 알파인 규정은 죽음인데, 그가 그런 규정을 어겼다는 것이다. 하지만 슬
로베니아 시민들은 저녁 뉴스로 그의 곤경을 지켜보며 다르게 반응했다. 그가
루팔 벽에서 구조되자 그들은 기뻐했다. 심지어 그들은 토마주에게 대통령 선
거에 출마하라고까지 했다.

구조작업 몇 주 후, 스티브 하우스와 빈스 앤더슨은 나무랄 데 없는 스타

일로 루팔 벽에 신루트를 개척했다. 그 등반이 끝난 지 얼마 지나지 않아 슬로베니아에 온 스티브는 기자들에게 추적당해, 결국 인터뷰까지 했다. 토마주는 미디어를 피하고 반대자들을 무시하며 움츠러들었다. 그는 상처 입은 동물이었다. 그의 굴욕은 끝이 없었다. 한 번 더 그는 『길』에 의지했다.

사람들이 나를 점점 더 두려워했다. 그들은 나를 어떻게 분류해야 할지, 나를 어느 위치에 앉혀야 할지, 나를 어느 주제 또는 부제 밑에 묘사해야 할지 몰라, 내 옆에 있으면 당황스러워하고 혼란스러워했다. 이제 더이상 어느 곳에도 소속되지 않은 나는 점점 더 외톨이가 되어갔다. 어떤 사람들은 나를 따르기 시작했다. 반면 다른 사람들은 나를 피하기 시작했다. 그러나 내 옆에 선 사람들은 내 눈에 자신들의 영혼이 반사되는 것을 보고 만족했다. 비록 아주 소수이기는 했지만…. 배낭을 꾸려 어깨에 짊어지고 집으로, 내가 따뜻함과 즐거움을 느끼는 그 장소로 돌아가는 것 외에 나는 이제 더 바라는 것이 없다. 그럼에도 나는 그렇게 하는 것을 거절한다. 나 자신과 나의 여행에 내가 진정으로 남아 있을 수 있다면 얼마나 좋을까.

토마주는 자신의 여행에 진정으로 남고 싶어 했지만, 결국 그것은 비극적으로 짧은 것이 되고 말았다. 그의 생활은 거의 정상 상태로 돌아왔다. 하지만 그 표면 밑에는 큰 문제가 있었다. 결혼생활이 파탄 난 것이다. 그는 마치 다 타버린 혜성 같았다. 그는 동료들로부터 존경을 잃었고, 그는 그들에 대한 신뢰를 잃었다. 그는 점차 의심이 많아졌다. "그 사람들은 나의 영혼을 갉아먹으려 했습니다."라고 그가 말했다. 친구들, 의사들 그리고 마침내 가장 가까운 친구들에게까지 생긴 그의 불신은 편집증 양상을 띠었다. 스티페는 그 마지막 몇 년 동안 토마주가 매우 외로워했다며 슬프게 이야기했다. "아마 내가 그의 마지막 친구였을 겁니다."라고 그는 말했다.

네이츠가 『길』에 이렇게 쓴 것처럼.

나는 더 이상 내 파트너들도 나 자신도 믿지 않았다. 나에게 긍정적인 것은 아무것도 없었다. 나는 등반에 대한 치열한 열정을 잃어버렸다. 바위는 멀리 있고 접근이 금지되어 있는 것 같았다. 나는 나 자신을 다그쳤다. 나는 멋진 루트를 몇 개 등반했다. 그러나 어려움만 있었고, 우아함이나 열정이 없었다. … 나는 이제야 그것이 무엇인지 깨닫는다. 공포. 죽음의 공포. 피의 공포 … 이상한 감성이 나를 휘감았다. … 내 인생은 모래시계 속에서 흘러내리는 모래처럼 내 손을 빠져나갔다. 소중한 모든 시간이, 활기 넘치는 모든 힘이 작은 구멍을 통해 아래로 사라져버렸다. … 나는 절망적인 사랑에 빠졌고, 사랑하는 여인과 함께 살 수 없다는 두려움으로 좌절했다. 나는 점점 더 빈정대는 유머 뒤에 숨었다. 나는 이상한 불꽃에 타올랐는데, 그것은 따뜻하거나 빛을 주는 불꽃이 아니라 파괴적인 방화의 불꽃이었다. 나는 알코올로 그 불꽃을 끄려 했으나 그것은 오히려 휘발유로 타오르는 것 같았다. 산은 더 이상 환하게 빛나지 않았다. 산은 나에게 힘과 에너지를 주지 않았다. 산은 내 안에서 거칠게 날뛰는 폭풍처럼 점점 더 어두워져 갔다.

토마주는 등반을 계속했지만, 미디어의 스위치는 '꺼짐' 위치에서 꼼짝도 하지 않았다.

2007년 10월 말, 그는 안나푸르나1봉 동벽을 단독등반해 정상까지 올라갔다. 물론 보도되지 않고 알려지지 않은 다른 등반들도 있었다. 그는 어떤 큰 것, 역사에 자신의 이름을 새길 큰 것을 준비하고 있었다. 그런 것 중 하나가 2009년 11월 초 네팔 북부에 있는 7,227미터의 랑탕 리룽 남벽이었다.

그러나 그 벽 어디에선가 문제가 발생했다. 그는 위성전화를 몇 번 했는데, 먼저 여자 친구에게 작별인사를 하고, 이어서 베이스캠프에 있는 네팔인

쿡을 불렀다. "이제 거의 끝장났어."라고 그는 말했다. 스위스의 구조 에이스 브루노 젤크Bruno Jelk에 의해 구조작업이 펼쳐졌지만, 생명이 끊긴 그의 시신은 첫 번째 위성전화 이후 5일 동안에도 발견되지 않았다. 이 복잡하고 열정적이며 모순된 사람은 수년 전에 자신이 스스로 죽음을 유혹하는 것은 아닌지 질문을 받자 이렇게 일갈했었다. "내가 내 아이를 얼마나 사랑하는지 압니까? 나는 할아버지가 되고 싶다고요!" 많은 사람들은, 특히 그의 가족은 그것이 사실이기를 바랐다. 그러나 그보다 앞에 있던 사람들(네이츠, 슈라우프, 야네즈, 슬라브코)처럼, 토마주는 위험의 경계선 너무 가까이에서 걸었고, 끝내 그 경계선을 넘고 말았다.

∧

토마주는 단독등반을 좋아하는 작은 무리 중 하나였다. 그들은 단독등반으로 속도를 올려 안전을 확보하는 것에 가치를 두었다. 토모 체센은 유고슬라비아인들이 1981년 로체 남벽에서 몇 주 동안이나 극도의 위험에 노출됐다는 사실을 알고 대경실색했다. 토모는 최고의 집중력은 단독등반을 할 때 얻을 수 있다고 믿었다. "집중력이 아주 높아지면 신체의 반응이 다릅니다. … 그리고 거의 모든 사람이 자신이 할 수 있다고 생각하는 것보다 더 많은 것을 할 수 있습니다." 그는 비슷한 예로 낭가파르바트의 메스너와 안나푸르나의 율리 스텍을 들었다. "그러나 그런 상황에 처해야 합니다."라고 그는 설명했다. "그러면 더 많은 걸 할 수 있다고 깨닫게 됩니다." 토모의 실행에는 준비와 훈련이 열쇠였다. 토모는 동시대의 사람들이 자신보다 등반을 더 잘했다고 주장하지만, 그는 전성기에 자신의 스포츠클럽으로부터 많은 지지를 받은 것을 영광스럽게 생각했다. 그는 프로 클라이머였다. 그는 매일, 하루 종일 훈련했다. 결국 그를 따라잡은 사람은 거의 없었다.

토모 체센과 슬라브코 스베티치치는 주로 단독등반가였다. 그들 사이에는 평행선이 있었지만, 그들의 접근 방법은 근본적으로 달랐다. 토모는 자신의 등반을 이성적이고, 체계적이고, 계획적이고, 스포츠맨답게 접근한 반면, 슬라브코는 훨씬 더 충동적이었다. 그의 영감은 때로 그를 보통의 능력 이상으로 단독등반하도록 몰아붙였다. 그러나 토모는 자신의 최고 난이도 아래에서 단독등반을 무난히 해냈다.

비록 토마주가 단독등반 스페셜리스트이기는 했지만, 그는 자신이 등반하는 산과 가공적인 파트너십을 형성하면서 교감할 수 있다고 믿었다. 이런 믿음은 다울라기리 남벽에서, 눕체에서 하산할 때, 그리고 1996년 보바예 Bobaye[25]를 단독등반할 때 분명한 도움이 되었다. 그러나 랑탕 리룽 남벽에서는 그것이 별 위안이 되지 못했다. 그날 그는 기본적으로 그리고 최종적으로 혼자였다.

스위스의 슈퍼스타(그리고 단독등반가) 율리 스텍*은 이렇게 말했다. "이런 종류의 단독등반을 멈추지 않으면… 죽게 된다. 의심할 여지가 없다." 슬라브코 스베티치치의 경우, 토마주에 대한 것과 마찬가지로 율리의 말은 정확했다. 슬라브코가 해낸 1,200개의 등반 중에서 많은 숫자가 단독등반이었다. 프랑스 알프스에서의 어려운 루트들, 율리안 알프스에서의 더 어려운 루트들, 인공등반, 자유등반, 동계등반. 그는 남미와 뉴질랜드에서 단독등반을 한 뒤 돌로미테로 가서 가장 어려운 단독등반을 해냈다. 슬라브코는 빠르게 등반했다. 그러나 가셔브룸4봉에서는 그의 속도도 그를 살리지 못했다.

알피니스트의 너무 이른 죽음은 — 놀라운 일이 절대 아니며 오히려 예상되는 일이라는 논리적인 추론에도 불구하고 — 결코 쉽게 받아들여지지 않는다. 산악인들은 너무나 일시적이고, 강렬하고, 위험스럽게 살기 때문에 나이에 대한 고민과 위험에 대한 능력을 조화시키는 것이 어렵다. 레베카 웨스트 Rebecca West[26]는 1941년 자신의 유고슬라비아 여행기인 『검은 양과 회색 송

---

* '스위스 머신'이라 불린 율리 스텍은 2017년 눕체에서 고소적응 등반을 하던 중 웨스턴 쿰으로 1,000미터를 추락해 사망했다. [역주]

골매『Black Lamb and Grey Falcon』에 이렇게 썼다. "오직 우리의 일부만이 제정신이다. 오직 우리의 일부만이 즐거움과 행복의 더 긴 날들을 사랑하고, 우리가 지은 집에서, 우리 이후에 오는 사람들에게 안식처를 제공할 바로 그 집에서 아흔까지 살아 평화롭게 죽기를 원한다. 우리의 반은 거의 미쳐 있다. 그들은 동의할 수 있는 것에 동의하지 않는 것을 더 좋아하고, 고통과 어두운 밤을 사랑하며, 생명을 원점으로 돌려놓는 재앙 속에서 죽기를 원하고, 그 어두운 기초를 구한답시고 우리의 집에 아무것도 남겨놓지 않는다."

산에서의 죽음은, 특히 혼자서는 소름이 끼친다. 상상할 수 없는 외로움과 절망감. 그러나 파트너의 죽음은 더 가혹하다. 스티페는 끝까지 토마주 편에 섰다. 아마도 그 자신이 산에서의 비극에 노출되었기 때문일 것이다. 1979년 에베레스트에서의 앙 푸, 다시 1989년 에베레스트. 그러나 스티페에게 가슴이 가장 아팠던 것은 1993년 K2에서였다. 스티페는 그 산을 등정하고 나서 텐트 동료인 보시티얀 케케츠Boštjan Kekec가 괴로워하는 것을 목격했다. 그는 이상하게 늘어 보였고 입가에 거품을 흘리고 있었다. "나는 생각했죠. 오, 맙소사. 고산병이네."라고 스티페가 말했다. 그는 보시티얀을 일으켜 데리고 내려가려 했다. 그러나 의식이 혼미한 그는 반응하지 않았다. 스티페와 두 명의 동료는 보시티얀을 소생시켜 다음 날 데리고 내려가려고 그날 밤을 꼬박 새우며 노력했다.

아침에 그들은 그를 텐트 밖으로 끄집어내 침낭으로 감싼 후 로프에 묶었다. 그들은 그를 300미터 정도 끌고 내려갔지만, 이제 1미터도 더 움직일 수 없었다. 스티페는 베이스캠프를 불러 조언을 구했다. 베이스캠프는 스티페에게 알아서 하라고 지시했다. "하지만 난 어떻게 해야 할지 몰랐습니다."라고 스티페는 주장했다. "난 결정을 내려야 했습니다. 그와 함께 있으면서 같이 죽어야 하나? 그냥 죽게 내버려두고 우리만 살아남아야 하나?" 그때 스티페는 자신의 인생에서 가장 극심한 심리적 갈등을 겪었다. 그는 그날 오후 1시까지 결정을 내리지 못했다.

K2를 등반하던 중 그 산의 높은 곳에서 파트너인 보시티얀 케케츠를 잃고 베이스캠프로 돌아온 스티페 보지치 (스티페 보지치 컬렉션)

오후 1시 그들은 다시 하산을 시작했다. 보시티얀은 사면에서도 여전히 움직임이 없었다. "그런데 얼핏 보니 조금 움직이는 것 같았습니다. 난 깜짝 놀랐죠."라고 스티페가 말했다. 그들은 돌아서서 보시티얀을 다시 끌고 내려 가려 애썼지만 1시간 동안 별 진전을 이루지 못했다. 그들은 보시티얀을 자세히 들여다보았다. 그는 이미 죽어 있었다. "그럼으로써 그는 우리의 생명을 구했습니다."라고 스티페는 착 가라앉아 아무런 감정도 없는 것 같은 목소리로 말했다. 그 기억을 더듬는 그의 눈동자는 어두웠다.

K2의 스물아홉 번째 희생자가 된 보시티얀은 그 산에 영원히 잠든 슬로베니아 산악인들의 목록에 이름을 하나 더 추가했다. 그들은 등산이 필연적으로 땅에 뿌리를 박는 활동이라는 사실을 잊었다. 그들은 너무 높이 날았다. 프랑스 알피니스트 리오넬 테레이는 이렇게 말했다. "나는 하늘의 문 앞에서 놀면서 내가 땅 위의 사람이라는 것을 잊고 있었다."*

―― 『무상의 정복자』 김영도 옮김(하루재클럽, 2016) '4장 라슈날과 만나다'의 127쪽 참조 [역주]

20

유산

히말라야의 등반역사는 세계 대여행과 같다. 1950년대에는 8천 미터급 고봉 5개를 초등한 오스트리아인들이 이끌었다. 낭가파르바트, 초오유, 가셔브룸2봉, 브로드피크, 다울라기리. 1960년대와 1970년대에는 일본인들이 몰려들었고, 영국인들은 어려운 벽과 능선이라는 새로운 접근방식을 들고 나왔으며, 1980년대에는 폴란드인들이 신루트와 동계등반 그리고 과감한 알파인 등반으로 히말라야를 지배했다. 그다음에는 러시아인들이 상상을 뛰어넘는 대담한 등반으로 그 무대에 들어왔다. 그리고 유고슬라비아인들 역시 난이도의 수준을 한껏 끌어올리며 그곳에 있었다.

　　유고슬라비아와 슬로베니아의 등반이 특별한 것은, 비록 그들이 8천 미터급 고봉의 초등이라는 히말라야 등반의 황금기에는 빠져 있었지만, 1970년대와 1980년대에 거대한 벽과 능선에서 그것을 만회했다는 것이다. 그때가 그들에게는 황금기였다. 그들의 성취는 히말라야 등반의 최고로 자리 잡았다. 마칼루 남벽, 에베레스트 서릉, 초오유 북벽, 칸첸중가 남쪽 필라, 자누 북벽, 멜룽체, 아마다블람 북서벽, 눕체 서벽, 바기라티3봉 서벽, 시샤팡마 남서벽, 아피 남동벽, 보바예 북서벽, 남파Nampa 남벽, 갸충캉Gyachung Kang 북벽과 다울라기리 남벽. 라인홀드 메스너의 책『더 빅 월스The Big Walls』에서 몇 줄을 뽑아보면 이렇다. "확실히, 현대 등산은 영국인의 것이고, 또한 중부 유럽의 것이다. 창조력에 있어서 마침내 그 모든 것을 한 단계 더 발전시킨 사람들이 바로 슬로베니아 산악인들이었다."

세계 산악계에 유고슬라비아 산악인들의 존재를 처음으로 알린 것은 1972년과 1975년의 마칼루 남벽 원정등반이었다. 거의 알려지지 않은 그들이 성공할 뻔했던 1972년의 등반은 뛰어난 기술과 굳건한 결심 그리고 영감이 넘치는 알레시 쿠나베르의 리더십을 잘 보여주었다. 따라서 1975년의 그들의 성공은 피할 수 없는 결론이었다. 크리스 보닝턴의 에베레스트 남서벽 원정대처럼 그들도 루트에서 많은 시간을 보냈다. 결국 그 위업을 해낸 사람은 슈라우프와 '이름 없는 영웅unsung hero' 마리얀 만프레다였다. 슈라우프에게는 놀랄 만한 야망과 힘이 있었고, 마리얀에게는 확고한 결단력과 관대함이 있었다. 발가락에 심한 동상을 입고도 이루어낸 마리얀의 무산소 등정은 슬로베니아의 등반역사에서 영광스러운 한 순간이 되었다.

유고슬라비아인들은 미등의 에베레스트 서릉 다이렉트에 도전하기 위해 1979년 히말라야로 돌아왔는데, 그들은 영감과 미래지향적인 생각에 차 있었다. 그들은 두 번 다시 실패하고 싶지 않았다. 하지만 정찰과 준비, 기계적인 도움에도 불구하고 그들은 그 산의 위쪽에서 등반이 어떻게 전개될지 전혀 알 수 없었다. 1963년 톰 혼바인과 윌리 언솔드는 루트를 잘 관찰한 다음 현명하게도 왼쪽으로 횡단해 '혼바인 쿨르와르'로 올라갔다. 한 번 더, 보힌스카 벨라 출신의 조용한 사람인 마리얀 만프레다가 그 능선을 돌파하는 결정적인 열쇠를 찾은 것은 왼쪽이었다. 그리고 그는 다시 자신의 노력에 대한 대가로 고통을 선물 받았다. 손가락 몇 개를 잃은 것은 물론이고, 정상 등정의 기회까지 날려버린 것이다. 결국 네이츠와 안드레이가 8,000미터 위에서의 기술적인 등반과 결코 쉽지 않은 루트 파인딩을 통해 그 위업을 끝냈다. 에베레스트 서릉 다이렉트 등반은 메스너가 에베레스트에서 행해진 가장 어려운 등반이라고 칭송했지만, 슬로베니아의 외부에는 잘 알려지지 않았다.

슈라우프의 다울라기리에 대한 집착은 그 남벽을 사실상 슬로베니아의 것으로 만들었다. 비록 정상에 오르지는 못했지만, 그의 1981년 루트는 하나의 이정표였다. 1999년 토마주 휴마르의 단독등반은 그곳을 슬로베니아의 벽으로 굳혔다. 그리고 두 번의 등반이 정상에 이르지 못했다는 사실은 그 수직의 세계가 얼마나 가혹한지 확인시켜주었다.

그와 비슷한 이야기가 로체 남벽에서도 있었다. 거의 성공할 뻔한 1981년의 시도는 시대를 훨씬 앞선 것이었다. 그 노력과 희생과 안타까움이란! 만약 그들이 성공했더라면 보상 받았을 모든 대원들의 인생을 생각해보라. 사실, 많은 사람들이 로체 남벽 초등이라는 보상을 움켜쥐려다 죽었다. 만약 정상 등정을 주장하지 않았다면 토모 체센의 인생은 얼마나 달라졌을까? 그는 로체에서의 대실패로 인해 뒤로 물러나는 대신 자신의 히말라야 경력을 계속해서 쌓아나갔을 것이다.

안드레이 슈트렘펠과 마르코 프레젤의 칸첸중가 남봉 신루트 등반은 제1회 황금피켈상을 수상함으로써 새로운 기준을 세웠다. 사실 황금피켈상은 슬로베니아 산악인들로 채워졌다. 많은 사람들이 그 권위 있는 상의 후보자로 올랐으며, 그중 몇몇은 최종 수상자가 되었다.

하지만 슬로베니아의 위대한 산악인들이 모두 그 상을 받은 것은 아니다. 비록 황금피켈상 이전의 일이기는 했지만, 1990년 야네즈 예글리치와 실보 카로의 바기라티3봉 서벽 등반은 난이도와 멋진 스타일에도 불구하고 슬로베니아 내에서는 거의 주목받지 못했다. 그 이유는 아마도 토모 체센의 로체 남벽 등정 주장이 그해 산악계의 화제를 지배했기 때문이었던 것 같다. 마르코와 안드레이의 멜룽체 초등도 주목을 받기는 했지만 그들에게 황금피켈상을 안겨주지는 못했다. 많은 사람들은 토마주와 야네즈의 눕체 등반이 그들의 짧은 인생 중 최고의 등반이었을 것이라고 입을 모았지만, 그들 역시 상을 받지 못했다. 훨씬 더 많은 사람들은 황금피켈상의 심사위원들이 토마주의 다울라기리 단독등반에 고개를 끄덕이지 않은 사실에 놀라워했다. 마르코가 자신의 미국인 파트너들인 스티브 하우스와 빈스 앤더슨과 함께 해낸 K7 서봉 등반은 기술적으로 훌륭한 성취였지만, 그것 역시 황금피켈상을 받지 못했다. 산에서의 성공을 규정하고 수상자를 정하는 일은 까다롭다. 왜냐하면 황금피켈상 심사위원들이라 하더라도 지극히 객관적이어야 하기 때문이다.

슬로베니아 등반의 황금시대를 규정하는 일 역시 어렵다. 젊은 산악인들은 1970년대 중반과 1980년대 초반을 지목한다. 대신, 위에서 언급한 초기의 등반을 이끈 나이 든 세대의 알피니스트들은 1980년대 후반과 1990년대 초반을 언급한다. 그리고 거의 대부분이 1980년대의 산악인 세대에게는 적수가 없었다는 데 동의한다. 그들의 신체적 능력과 정신적 집중력, 그리고 동기와 훈련은 사회주의 덕분에 경제적 현실과 비교적 쉽게 어우러지면서 일단의 슈퍼스타들을 배출했다. 프란체크 크네즈가 그 집단을 이끌었지만 그 혼자만이 아니었다. 실보 카로와 야네즈 예글리치, 파벨 포드고르니크, 토모 체센, 슬라브코 스베티치치가 슬로베니아의 거대한 벽에서 파타고니아와 히말라야에 이르기까지 엘리트 산악인들의 세계에 울려 퍼진 이름이었다. 안드레이 슈트렘펠, 슈라우프, 마리얀 만프레다, 비키 그로셀, 필립 벤스, 크로아티아의 스티페 보지치 등 약간 나이가 많기는 해도 원정등반 경험이 아주 많은 사람들을 비롯해 슬로베니아 알피니스트들은 세계 최강으로 평가받았다. 영국인들과 폴란드인들과 러시아인들처럼, 등반의 황금기를 장식한 대부분의 경우에서와 마찬가지로 그 대가는 대단히 혹독했다. 크리스천 벡위스Christian Beckwith는 1997년 『아메리칸 알파인 저널』 사설의 대부분을 슬로베니아 산악인들로 채우며 이렇게 논평했다.

불행하게도, 그들의 놀랄 만큼 아름다운 성공은 ─ 아마 지난 10년 동안 가장 중요한 등반일 텐데 ─ 그에 상당하는 죽음을 연이어 초래했다. 1995년을 기점으로 여섯 명의 뛰어난 알피니스트들이 산에서 죽었다. 슬라브코 스베티치치는 가셔브룸4봉 서벽을 단독등반하다 죽었고, 스타네 벨라크(슈라우프)와 야스나 브라타니치는 율리안 알프스에서 눈사태로 사망했으며, 반야 푸르란(그해 가장 인상적인 등반이었던 아마다블람 북서벽 초등에 대한 그의 글은 이 책의 앞부분에 실려 있다)은 그의 고향 근처에 있는 벨리카 모이스트로브카Velika Mojstrovka 북벽의 어렵지 않은 루트에서 죽었다. 그리고 보얀 포치카르와 지가 페트리치는 미등의 자누 동벽을 시도하기 위해 고소적응 훈련을 하던 중 운명을 달리했다.

크리스천은 1996년 에베레스트에서의 대재앙*과 달리 이렇게 덧붙였다. "그 사고는 등반의 신체적·정신적 진화를 가져오지는 않았다. 그러나 슬로베니아 등반의 성취는 분명 중요한 등반으로부터 기인했다." 비록 가장 위대한 등반의 대가를 얻으려 생명을 잃은 사람들의 가족이나 친구들에게는, 또는 고산에서의 알파인 등반이 얼마나 위험한지 이제는 분명하게 드러난 차세대 알피니스트들에게는 상당히 불편할지 모르지만, 그것은 납득할 만한 사실이었다. 황금시대는 그 다음 세대가 한계를 더 밀어붙이기 위해서는 보다 창의적이 되어야 할 만큼 기준이 높았다. 그리고 네이츠가 이미 간파한 것처럼, 그들은 훨씬 더 높은 위험 수준을 받아들일 필요가 있었다.

나는 점점 더 간절히 정상을 원한다. 나는 여전히 그것을 위해 살아가고 있다. … 사람들은 추도사를 통해 유명한 알피니스트들의 과욕을 알게 된다. 그러나 그것들은 따뜻한 사무실에 있는 저널리스트들에 의해, 슬리퍼를 벗어본 적도 없는 사람들에 의해 쓰여진다. 영광 때문이 아니다. 태초 이래 사람들은 자신들을 조용한 일상생활에 가두는 테두리 밖으로 끄집어내는 숨겨진 내면의 힘을 발견하고자 하는 벅찬 욕망으로 인해 죽었다. … 이 욕망은 사람들로 하여금 위험을 경험하면서 스스로의 마음과 능력으로 극복하도록 계속해서 내몬다. 그리고 그 순간 사람들은 고개를 높이 들고 감히 벽에서의 위험을 찾는다.

─── 1996년 5월 에베레스트에서 모두 8명이 사망한 사고 [역주]

알피니즘의 황금시대에 살아남은 사람들은 어디에 있을까? 그들 중 일부는 대중의 페르소나persona에 편승해 미디어와 함께 자신의 등반 이야기를 들려주고 있다. 스티페가 스플리트의 거리를 지나가면 낯선 사람들이 다가와 사인을 요구하거나, 그냥 밝게 웃으며 인사를 건넨다. 스티페는 그들의 히말라야 영웅이다. 역시 대중적인 인물인 비키는 슬로베니아의 작가와 텔레비전 출연자로 누구나 쉽게 알아본다. 그 둘은 사진과 글, 강연과 영상을 통해 다른 사람들과 산에서의 경험을 공유해왔다.

반면, 프란체크 크네즈는 최근 훨씬 더 고독하게 살고 있다. 그는 가족과 함께 지내면서도 차도 면허증도 없다. 5,000번이 넘는 등반과 그중 800번의 초등, 그리고 척추가 부러졌어도 살아남은 그는 남들이 알지 못하는 곳에서 여전히 신루트를 개척한다. 그는 미디어의 관심을 추구한 적도, 자기 자신을 내세운 적도 없다. 대신, 슬로베니아 현대 등반의 정신적 지주로 일컬어지는 이 조용하고 겸손한 사나이는 등반에서 믿을 수 없을 정도의 역사를 써가면서도 공장에서 정규직으로 일하고 있다. 그는 그 수많은 등반을 어떻게 해냈을까? 차를 얻어 타거나 버스를 타고 다니면서. 수년 전 자신의 경험을 담은 영상 「오자르에니 카멘Ožarjeni kamen」이 류블랴나에서 열린 산악영화제에 출품되자 수백 명의 사람들이 그를 보기 위해 몰려들었다.

유일하게 빠진 사람이 프란체크다. 그는 현재 또 하나의 책을 집필 중이

자누 동벽 등반을 영상에 담고 있는 스티페 보지치 (토마주 휴마르 컬렉션)

다. 그 책은 등반 이야기라기보다는 인생에 접근해가는 자신만의 독특한 방법이 중심을 이루고 있다. 그리고 그는 등반을 하지 않거나 글을 쓰지 않을 때는 나무로 정교한 조각 작품을 만든다.

프란체크의 가장 친한 파트너였던 실보 카로는 여전히 등반을 하는데, 가장 자주 가는 오스프의 절벽 인근에서 클라이머들을 위한 호스텔을 운영하고 있다. 시간이 나면 그는 국제적으로 명성을 얻은 산악영화제를 지휘하기도 한다. 실보는 거의 2,000개에 달하는 자신의 등반에 대해 들려줄 이야기가 많다. 그는 초등을 170개나 해냈고, 원정등반만 24번을 다녀왔다. 그는 자신의 경험을 책으로 쓰고 있다고 하는데, 우리는 그것을 기다릴 것이다.*

안타깝게도 2015년 자동차 사고로 죽은 마리얀 만프레다는 대중 따위에는 관심이 없었다. 그는 보힌스카 벨라에 살았는데, 아늑한 그의 고향 마을은 자신의 놀이터였던 석회암 기슭에 자리 잡고 있다. 그는 청년시절부터 그곳을 멀리 벗어나지 않았다. 그의 집은 자신이 자라난 곳과 인접해 있었으며, 그는 어머니와 이웃해 살았다. 그는 두 번 결혼했지만 두 번 다 오래 지속하지 못했다. 그가 공개적으로 인정한 바와 같이 그 주된 이유는 등반에 대한 집착 때문이었다. 그는 직업적인 이유에서가 아니라 개인적인 취향으로 가이드가 되었다. 마리얀에게 등반은 항상 순수한 행복을 의미하는 것이었다. 그는 자연에서 보내는 시간, 등반의 운동 능력, 자신의 절대적 한계 체험에 이끌렸다. 그는 스포츠클라이머가 되고자 하는 열망을 품은 적이 없었다. 그는 최고의 등반 수행 능력과 정상에 초점을 맞추었다.

그의 에베레스트 경험을 그토록 잔인하게 만든 것이 바로 그것이었다.

2005년 그는 일단의 슬로베니아 산악인들과 함께 네팔로 돌아왔다. 우선, 그는 환상적일 정도로 차분한 날에 아마다블람을 단독등반했다. "히말라야에서 경험한 가장 아름다운 즐거움 중 하나였습니다."라고 그는 회상했다. 그러나 아마다블람은 단순한 기분전환일 뿐이었다. 그 등반을 끝내고 그는 에

―― 앞서 말한 바와 같이, 이 책이 하루재클럽에서 곧 소개할 『알피니스트』이다. [역주]

베레스트 베이스캠프 인근에 있는 칼라파타르를 걸어 올라갔다. "날 패퇴시켜 지난날 날 사로잡아왔던 그 산을 보기 위해 난 혼자 갔습니다."라고 그는 말했다. "안개가 자욱했는데… 해가 떨어지기 전에 일시적으로 걷혔습니다. 그러자 장엄한 그 산이 모습을 드러냈습니다. 난 깊은 생각에 잠겼고, 마침내 26년 후에야 에베레스트에 대해 마음의 평화를 얻은 나 자신을 발견했습니다." 그는 그곳과 하나가 되었고, 그 산은 그와 하나가 되었다.

마리얀이 그곳에 앉아 있을 때 젊은이 하나가 올라오더니 나무 트럼펫 didgeridoo을 불기 시작했다. "그 소리와 그 산의 모습은 나에게 평화의 순간으로 영원히 남을 겁니다."

그런 고결한 정신 상태를 일찍이 이해한 네이츠는 『길』에 이렇게 썼다. "내가 시인이라 하더라도 이런 초자연적인 풍경과 하나가 되면 나는 할 말을 잃을 것이다. 나는 눈처럼 하얗게 피어나는 로도덴드론rhododendron 나무 그림자 밑에 말없이 누워 있을 것이다. 영원히. 아무리 숭고하다 하더라도, 이런 아름다움은 시조차 이상할 정도로 어색하게 만들지 모른다. 말이 허공으로 사라진다. … 아마 표현도 하지 못할 것이다. 진정한 아름다움이란 주어지는 것이며 느끼는 것이라는 사실을 온전히 깨닫게 되기 때문이다. 그것은 글이나 말로 표현되는 것이 아니다."

비록 마리얀에게는 히말라야의 장엄함과 아름다움이 먼 추억에 불과할지 모르지만, 그에게는 여전히 아드레날린이 필요하다. 그는 날렵하고 근육질이며 강렬하다. 그는 자주 단독등반을 하고, 복수심에 불타 오토바이를 탄다. 그역시 『레데노 손체Ledeno Sonce』라는 책을 썼는데, 그는 그 일이 말도 못할 정도로 어려웠다고 실토한다. 할아버지 역할을 다섯 번이나 끝낸 그는 이제 혼자서 산다. 계곡이 내려다보이는 집의 해먹 안에서 느긋하게 쉬며, 그는 이렇게 말한다. "난 혼자가 좋습니다." 그러나 그는 단언한다. "난 혼자지만 외롭지 않습니다." 그는 마치 자신이 해온 일을 알고, 자신과 함께 있으면 평화로운 그 누군가와 대화를 나누는 듯싶다.

수많은 원정대를 이끌었던 토네 슈카리야는 등산연합에서의 직무를 끝내고 은퇴했지만, 가끔 사무실에 모습을 드러내며 젊은 클라이머들에게도 관심을 내보인다. 그는 할 수 있을 때면 산에 가기도 하지만, 예전보다는 훨씬 더 편안한 걸음으로 등산을 즐긴다.

토모 체센 역시 히말라야에서 물러나기는 했지만 등반에서 완전히 손을 떼지는 않았다. 1995년부터 그는 시합에 나서는 스포츠클라이머들을 지도하기 시작했고, 국제대회를 조직해왔다. 2001년 월드 챔피언이 된 마르티나 추파르Martina Čufar 같은 슬로베니아의 우수한 스포츠클라이머들은 그를 자신들의 지도자로 여긴다. 그 후 그는 등산연합의 기술위원장 직책을 이어받았다. 그의 역할은 이제 프로 가이드의 세계에까지 연결되었고, 이는 그에게 산에 대해 완전히 새로운 관점을 가져다주었다. "산악인이라고 해서 등반만 중요한 게 아닙니다. 그 속에 빠져든다 하더라도, 아마 그럴 겁니다만, 20년 후엔 전혀 다른 그리고 보다 객관적인 시각을 갖게 됩니다. … 지금에 와서 되돌아보니, 가끔 내가 가족에겐 말도 안 되는 미친 짓, 위험한 짓을 했다는 생각이 듭니다." 그는 어느 정도의 자기도취를 인정했다. "산악인들은 일종의 에고이스트들입니다."라고 말한 그는 이런 단순한 사실을 덧붙였다. "가족이 있고 에고

이스트가 아니라면, 가족과 함께 있어야 합니다."

　안드레이와 마리야 슈트렘펠은 자신들의 인생을 하나의 활동으로만 채울 수는 없는 모양이다. 그들의 집은 자식들과 손주들로 왁자지껄하고, 지하에 있는 등반 동굴은 이웃 아이들로 넘쳐나며, 주방 테이블은 사람들의 이야기로 둘러싸인다. 그리고 정원에는 안드레이의 아버지가 키우는 벌들이 날아다니며, 그런 모든 일들을 감시하는 것은 독일산인 커다란 세퍼드 몫이다. 네이츠 하면 떠오르는 그 에너지를 활동성이 넘치는 안드레이의 몸이 어느새 터득한 것은 아닐까? 몇 번의 심한 부상에도 불구하고, 안드레이는 여전히 등반을 즐긴다. 또한 정규 교사직과 알프스 전역으로의 가이드 활동 — 자주 자신의 아내 마리야와 함께 — 에도 불구하고, 그는 등반을 즐긴다. 그리고 가까이 살고 있는 자식들과 손주들을 돌보아야 함에도 불구하고, 그는 등반을 즐긴다. 강의와 황금피켈상 심사위원, 교회에서의 활동에도 불구하고, 그는 등반을 즐긴다. 만약 어느 날 1시간의 시간이 남는다면 — 이것은 루트 하나를 더 등반할 수 있는 가능성이 있는데 — 안드레이는 분명 등반을 할 것이다. 그는 등반을 사랑한다. 그는 스포츠를 열렬히 옹호한다. 그리고 등반을 하러 갈 수 있는 가능성이 조금만 있어도 그는 눈을 반짝거린다.

안드레이 슈트렘펠이 크로아티아의 파클레니차에 있는 아니차 쿠크의 크린 루트를 등반하고 있다.
(안드레이 슈트렘펠 컬렉션)

그는 인생을 가장자리까지 꽉 채운다는 네이츠의 글을 틀림없이 읽었을 것 같다.

그리고 알피니즘은 이렇게 내 운명이 되었다. 그것은 사방으로 뻗쳐 나가도 늘 제자리로 돌아왔다. 나는 어느 날의 경험을 통해 갇히고 닫혀도 한 순간이 역사가 된다는 사실을 알게 되었다. 내 앞에는 밝게 빛나는 작은 조약돌 하나가 놓여 있었다. … 그러나 나는 비생산적이거나 공허한 순간들에 대해서는 후회한다. 나는 등반을 하고 이쪽 끝에서 저쪽 끝까지 달리고 달리며, 다리미질을 하고, 빨래를 하고, 설거지를 하고, 요리를 하고, 요정 이야기를 하고, 가르치고 배우며, 밤새 책을 읽고 글을 쓰곤 했다. 나는 몇 시간 눈을 붙이면 끝없이 일을 해야 한다는 것을 알고 있다. 그렇다 해도 나는 시간이 남으면 싫다. … 그리고 마지막 순간, 나는 에디트 피아프Edith Piaf의 「난 전혀 후회하지 않아Je ne regrette rien」를 들으며 페이지 하나를 넘긴다. 그 노래는 나의 성가였다.

안드레이는 모든 것을 위태롭게 만든 강렬했던 히말라야 등반들을 그리워하기도 한다. "나는 감정의 깊은 바다를 그리워한다. 몇 년을 떨어져 있으니까 히말라야의 무한대가 놀랍도록 달콤하고, 희박한 공기의 매력이 위험스러울 정도였으며, 삶과 죽음 사이의 좁은 경계선이 유혹적으로 다가왔다."라고 그는 회상했다. 하지만 안드레이는 현실적인 사람이어서 그의 마지막 생각은 보다 이성적이다. "살아남아서 히말라야와 바다 건너편을 생각할 수 있다는 것이 기쁘다. 그리고 그런 기회는 반드시 올 것이다. 한 번쯤은…."

그는 늘 긍정적이지만 정치에 대해서만큼은 회의적이다. 안드레이는 슬로베니아가 민주주의를 유지하고 있어도 정치권력의 중심은 변한 것이 전혀 없다고 단언한다. 권력의 겉모습과 정당의 이름이 바뀌어도 권력을 쥐고 있는 사람들은 회전문을 유지하고 있다는 것이다. 토모 체센도 그에 동의한다. "우

안드레이 슈트렘펠이 자신의 등반을 일일이 기록한 노트의 첫 페이지를 펴 보이고 있다. 그는 자신의 주요 등반을 간략하고 정교하게 계속 손으로 써내려갔다. (버나데트 맥도널드 컬렉션)

리가 독립했을 때 난 희망에 부풀었습니다. 그러나 20년이 지난 지금 난 그것이 정말 뭣 같은 것이었다고 생각합니다."라며 그는 이렇게 덧붙였다. "모든 정부는, 좌파든 우파든 중도파든, 자신들을 위해 권력을 행사합니다. 누가 정상에 있건 마찬가지입니다."

수년간 군에서 일한 마르코 프레젤은 이제 프리랜서가 되었다. 그는 멘게시Mengeš를 둘러싼 평야 멘게시코 폴레Mengeško Polje가 내려다보이는 곳에 자리 잡은 유선형의 (그가 직접 디자인한) 현대식 집에서 아내와 두 아들과 함께 살고 있다. 마르코는 달리기를 하고 암벽등반을 하고 빙벽등반을 하는 등 몸을 최상의 상태로 유지하는 데 필요한 것은 무엇이든 한다. 덕분에 그는 슬로베니아 산악계의 젊은이들과 함께 지금도 등반을 한다. 리더십의 횃불은 알레시 쿠나베르와 토네 슈카리야를 거쳐 이제 마르코에게 전달됐다. 전임자들의 그것과 다르게 리더십의 스타일을 바꾼 그는 젊은 알피니스트들에게 장비와 훈련, 객관적인 위험, 그리고 원정대를 조직하는 방법과 산악 관료주의의 복잡한 미로를 뚫고 나가는 방법을 충고해주고 있다.

마르코는 그 일에 적임자였다. 덕분에 슬로베니아인들 중 몇몇은 지구상에서 가장 훌륭한 알피니스트가 되었다. 열정적인 사람으로서 마르코의 명성은 결코 시들지 않았다. 그리고 그의 기준 역시 마찬가지다. "내 기준을 맞춰가면서 살긴 쉽지 않습니다."라고 그는 인정한다. "난 처음으로 내 일을 내려다볼 수 있었습니다. '완벽주의자'는 사람들이 나에게 붙여준 별명이었는데,

그다음엔 '엘리트주의자', 마지막으론 '완고한 사람'이 되었습니다. 난 언제나 이 셋 다였지요."라고 말하며 그는 웃는다. 그러나 황금피켈상에 대해서는 조금 누그러진 것 같다. 2015년 그는 슬로베니아의 젊은 클라이머 알레시 체센 Aleš Česen*, 루카 린디치Luka Lindič와 함께 그 상을 받기 위해 세 번째 만에 샤모니로 돌아왔다.

알피니즘에 대한 열정만큼이나 그가 고집을 꺾지 않는 데는 그만한 이유가 있다. 자연과학자인 장남 팀Tim과 뮤지션인 둘째 보르Bor에 대한 이야기가 나오자, 그의 얼굴은 둘로 갈라질 정도로 미소가 가득했다.

∧

도전과 영감, 위대함을 좇아 아주 높이 올라간 사람들의 가족은 어찌 되었을까? 누구의 야망이 그들의 능력을 앞질렀을까? 한창시절에 고통을 받은 그들은 누구였을까? 나이를 먹지 않고 주름살이 지지 않고 뚱뚱해지지 않는 사람이 누가 있을까?

두시차 쿠나베르는 남편에 대한 추억과 그가 이끈 모든 세대의 산악인들을 소중하게 여기는 사람이다. 그녀는 역사에서 자신들의 위치를 이해하고, 세계가 잊지 않도록 그들의 유산에 자양분을 공급하기로 굳게 마음먹었다. 뛰어난 알피니스트며 패러글라이더인 그들의 딸 블라스타 쿠나베르Vlasta Kunaver는 1987년 트리술 정상에서 하늘로 날아올라 1960년의 첫 원정등반을 기념했다. 블라스타는 아버지와 집에 자주 들른 산악인들을 무한히 존경하지만, 그들이 보통사람들과 다른 능력의 소유자일 것이라는 인식은 경계한다. 그녀는 맵시 있는 미소를 지으며 이렇게 말했다. "그분들은 성인이 아니라 산악인이었습니다."

슈라우프의 미망인 요지차 벨라크Jožica Belak는 조용한 힘의 화신이다. 단

———
토모 체센의 첫째 아들 [역주]

알레시 쿠나베르의 딸로 알피니스트이자 패러글라이더인 블라스타 쿠나베르가 1987년 트리술 정상에서 날아오를 준비를 하고 있다. (알레시 쿠나베르 컬렉션)

슬로베니아의 위대한 알피니스트 스타네 벨라크의 영원한 안식처 (스타네 벨라크 컬렉션)

단하고 바른 여성인 요지차가 남편이 말라 모이스트로브카 북벽 밑에서 눈사태로 죽었을 때 물려받은 것은 다 짓지 못한 집과 어린 자녀들, 돈 문제와 감정적인 혼란이었다. 그녀는 남편의 등반과 인생 파트너였지만, 이제 그는 떠나버렸다. 그녀는 산악계와 친구들과 정부로부터 생활 보조금을 받았다. 그녀는 재혼하지 않고 과거에 연연하지 않으며, 자식들과 텃밭에 의존해 살고 있다. 인생이 이제야 요지차의 뜻대로 흘러가고 있는 것 같다.

비록 다른 방식이기는 해도, 이레나 예글리치의 인생은 예전이나 다름없다. 그녀는 재혼해서 새롭게 일어선 다음, 다른 일에 집중하고 있다. 자식들과 교회와 등반을 하지 않는 남편은 그녀에게 새로운 인생을 안겨주었다. 물론 야네즈는 과거의 그와 똑같이 중요한 부분으로 남아 있다. 그녀는 산악계와 가깝게 지내지만 이미 그 세계를 뛰어넘었다.

세르게야 휴마르는 2009년 토마주가 랑탕 리룽에서 죽었을 때 그와 이혼한 상태였다. 그러나 그녀는 그의 추억을 간직하고 있는 세 자녀의 어머니다. "우르샤와 주니오르는 이제 다 컸어요. 그 녀석들은 놀랍도록 총명합니다."라며 그녀는 이렇게 덧붙였다. "토마주는 자긍심을 가질 거예요." 그녀는 결국 자신들이 사랑했던 캄니크 알프스 인근의 시골에 가족을 위해 함께 마련한 집으로 내려갔다.

1983년 네이츠 자플로트니크가 마나슬루에서 눈사태로 질식사했을 때 그의 부인 모이차는 스물아홉 살에 불과했는데, 그녀는 어린 자식들인 네이츠와 루카, 야카를 책임져야 했다. 그때 겨우 열 살이었던 루카는 그 당시를 생생하게 기억하고 있다. 잡다한 장비더미들과 집에 북적거리는 산악인들, 그리고 이야기를 들려주는 아버지. "저녁이면 두 분이 시간 가는 줄 모르고 담소를 나누던 모습이 기억납니다. 유리문이 있어서 그분들이 담배를 피우며 담소를 나누는 모습을 볼 수 있었지만, 담배연기 때문에 자세히 볼 순 없었습니다. 아빠는 늘 담배를 피웠습니다." 슈라우프는 다소 혼란스러운 존재였지만, 루카는 질서 있던 가정생활과 여기저기 흩어져 있는 통들을 기억하고 있다. 그 통들은 원정등반을 대변했고, 원정등반은 그의 아버지의 죽음을 의미했다. 루카는 그것을 당연하게 받아들였다.

마나슬루에서 비보가 처음 날아들었을 때 그의 가족은 슬픔과 절망으로 갈가리 찢어졌다. 그러나 루카에게 일상은 곧 익숙한 패턴이 되었다. 왜냐하면 아버지는 살아계실 때조차 1년에 최소한 몇 달씩 집을 비웠기 때문이다. "난 아버지가 안 계셔도 곧 아무렇지 않게 되리라고 생각했습니다."라고 그는 인정했다.

그때 두 번째 비극이 일어났다.

"사실 과거를 되돌아보면, 오랫동안 징후가 있었는데도 우리가 그걸 알아차리지 못했습니다."라고 루카는 동생 야카를 언급했다. "그는 아버지처럼 조금 철학적이었습니다. 그리고 총명했죠. 하지만 그는 너무 조용해서 옆에 있어도 어딘가 다른 곳에 있는 것처럼 눈에 띄지 않았습니다. 결국 그는 2주일이나 병원 신세를 져야 했습니다. … 그러나 퇴원 후에는 그가 약을 먹지 않은 것 같습니다. 그는 그러지 말았어야 했습니다." 야카는 정신분열증 진단을 받았다. 약을 끊자 그는 끔찍한 환각에 시달렸다. "그는 다리에서 뛰어내렸습니다."라고 말하는 루카의 눈에는 고통이 묻어났다. 야카 자플로트니크는 2006년 2월 6일 사망했다. 네이츠에 이어 야카까지. "어머니는 강인한 분이십니다. 하지만 간신히 참아냈습니다."라고 루카는 말했다. "1년이 지나자 어머닌 10년이나 더 늙어 보였습니다."

네이츠가 자신의 미완성 책인 『페테르 심센Peter Simsen』(성을 거꾸로 읽으면 슬로베니아어로 '의미 없음'이라는 말이 된다)에 쓴 글들과 야카가 어떤 유사성이 있다는 것을 부정하기는 쉽지 않다. 그가 마나슬루 베이스캠프에서 쓴 이 시적이고 인상적인 글은 단순한 서술이 아니다. 그것은 자화상이고 개인적인 선언문이다. 선생과 학생으로 변신하는 주인공은 분명 네이츠의 변형된 자아이며, 뼈대가 굵고 넓적한 얼굴에 이를 드러내고 웃는다는 묘사를 보면 영락없는 그 자신이다. 그는 이유 없이 떠나는 여행자이며, 때때로 비명으로 바뀌는 내면의 목소리를 들을 수 있는 사람이다.

모이차는 새로운 인생에 만족하지만, 네이츠가 죽고 나서 그가 남긴 선물이 생활에 도움이 되었던 어려운 초기 시절을 잊지 못한다. 그는 『길』을 그녀에게 남겼다. "돈이 필요할 때면 언제나 다시 인쇄가 됐습니다."라며 모이차는 미소를 지었다. "그런 식으로 네이츠는 여전히 살아 있죠. … 그 책도… 여전히 살아 있고요. 사람들이 그 책을 읽습니다. 그리고 그것이 가장 중요합니다. 그 책은 우리의 삶을 진술하게 표현했습니다."

『길』에는 이런 글이 있다.

비록 내가 벽과 심연을 흠모하고, 여전히 내 몸과 마음을 극한의 노력을 위해 준비하지만, 알피니스트들 사이에 있으면 나는 더 이상 알피니스트가 아니라는 느낌이 든다. 등반은 이제 중요하지 않다. 벽이 내 뒤에 있는 한…. 젊고 개방적인 사고방식을 유지하고자 하고, 여전히 더 젊어지고자 하고, 소년으로 돌아가고자 할 때 느끼는 만족과 기쁨이 남아 있는 모든 것이다. 그리고 수많은 시간을 빼앗기기는 했지만 신뢰도 남아 있고, 수없이 거짓말을 하기도 했지만 믿음 역시 여전히 남아 있다. 나는 시간과 거리와 높이를 재는 것을 잊었다. 나는 심지어 날짜와 연도를 세는 것도 잊었다. 그리하여 시간이 사라져버렸다.

지금의 슬로베니아 산악인들은 깊이 생각한다. 그것 중 일부는 부담에 대한 것이고, 또 일부는 유산에 대한 것이며, 대부분은 기대감에 대한 것이다. "우리 산악계는 서로를 잘 알고 있습니다."라고 토모 체센은 말한다. "그리고 우린 다른 사람은 알지 못하지만 우리가 입에 올리고 싶어 하지 않는 일까지도 알고 있습니다." 슬로베니아의 인구에 비하면 산악계는 소우주에 불과하다. 그들의 역사는 짓밟히고, 폭력과 슬픔으로 얼룩졌다. 그리하여 그 유산의 무게가 매우 심각하다. 슬로베니아는 유럽에서 가장 높은 자살률을 기록하고 있으며, 정치적 내분이 알피니즘은 물론이고, 학문에서 경제와 예술까지 슬로베니아의 모든 일상에 스며들어 있다.

산이 슬로베니아인들의 본질을 상징하기는 하지만, 그렇다고 해서 그들이 진정으로 하나가 될 힘이 있는 것은 아니다. 그 나라에는 가파른 산과 깊은 계곡이 많다. 계곡과 교회와 문중과 마을에 대한 뿌리 깊은 충성심은 완고하다. 그러나 그런 충성심은 열린 마음과 협동 그리고 '다른' 방식의 수용을 방해한다. 미래지향적인 출발과 눈부신 성취를 생각하면, 산악계에 존재하는 편협한 감정은 놀랍기 그지없다. 이방인들이 슬로베니아의 등반역사를 잘 모르고 있다는 사실에 직면하면 그들은 대개 이렇게 대답한다. "알 게 뭐죠? 그들의 문제일 뿐입니다!" 자신들의 이야기가 입에 오르내리는 상황에 맞닥뜨리면 많은 산악인들은 그들에게 복수할 요량으로 오래된 유감을 꺼내들며 불신으로 대응한다. 그들은 유명한 사람들이 거짓말을 한 것은 아닌지, 혹은 밝혀지지 않은 진실을 구실로 삼지는 않는지 의심한다. 무엇보다도 그들은 생존자들의 기억이 꾸며지고 조작되고 편집된 것은 아닌지 의심의 눈초리를 보낸다.

비록 옛날 같지는 않지만, 슬로베니아 산악인들은 아직도 정부의 지원을 받는다. 평가 시스템이 여전히 존재해, 일부 산악인들은 군인이나 경찰과 함께 등반하고 가르치며 돈을 번다. 그러나 젊은 알피니스트들은 선배들이 단지 시동을 걸었을 뿐이라고 주장한다. 거대한 산군에 있는 목표물을 현대적으로 등반하는 극한의 어려움은 운동선수와 같은 훈련이 필요하다. 그리고 훈련은 시간과 자기절제, 지도, 정신적 준비, 식이요법과 과학을 필요로 한다. 네이츠가 등반을 시작했을 때와 지금의 세계는 사뭇 다르다.

토네와 내가 (초프 필라를) 등반했을 때 우리에게는 카라비너와 몇 개의 피톤, 사다리를 만들어 쓰곤 했던 여분의 로프뿐, 별다른 장비가 없었다. 내 등산화는 너무 닳아빠져 루크냐Luknja 아래의 스크리 지대에서는 바닥 창 주위로 모래가 들락거렸다. 바닥 창은 나사못 두 개로 등산화에 달라붙어 있었지만, 우리는 그런 것에 신경 쓰지 않았다. 우리는 장비가 부족하다고 느끼지 않았다. 등반만 할 수 있다면 우리는 마냥 기뻐했다. … 우리에게는 뜨거운 열정이 있었다. 우리는 살아 있다는 것에 환호했는데, 우리 안에는 힘이 숨어 있었다. 물론 벽의 꼭대기쯤에서 우리의 손은 경련을 일으켰지만, 그래서 어떻다는 것인가? 며칠 후면 나아질 것이고, 그러면 우리는 또 하나의 루트를 등반할 수 있는데. 나이 든 사람은 극복할 수 없을 것처럼 보이는 이 의미 없는 장애물로 자신의 길을 방해받지 않고 젊음을 유지한다는 것은 얼마나 아름다운가! 그리고 그런 젊음을 평생 유지할 수 있다면 그 또한 얼마나 아름다운가!

이런 도전에도 불구하고, 오늘날의 슬로베니아 알피니스트들은 뛰어난 등반 유산의 혜택을 받고 있다. 알레시 쿠나베르 세대의 유산과 기준이 영감을 주고 있는 것이다. 그들은 집단적인 노력과 개인적인 성취를 추구했다.

네이츠는 자신의 등반으로 영감을 주었을 뿐만 아니라, 산악인들이 산에서 경험하는 의미, 즉 발견하기 어려운 어떤 세세한 것을 더 깊이 깨닫도록 이끌어주었다. 어떤 면에서, 그는 그들을 위해 스스로 솔선수범했다.

슈라우프의 강한 개성은 그를 스승과 아이디어 창출자라는 롤 모델로 만들었다. 그는 타고난 지도자였는데, 그의 불굴의 정신과 고집은 가능성의 한계를 산산이 부서버렸다. 그리고 그의 야망은 자신의 성공을 주위 사람들과 함께 나누려는 마음과 균형을 이루었다. 무엇보다도, 슈라우프는 너그러운 사람이었다. 마르코는 이렇게 회상했다. "그의 '드라마' 중 하나에서 역할을 맡은 행운을 가진 우리 모두에게 그는 자기 자신 중 아주 작은 부분과 무한한 에너지를 남겨주었다. 그와 함께한 나날들이 얼마나 '대단한'지는 말로 다 표현할 수 없다."

　비록 1979년의 에베레스트는 공격에 나선 군대처럼 기능을 한 대규모 팀의 노력이었지만, 끝내 성공을 가져온 것은 미지의 세계에 발을 들여놓은 두 명의 개인이었다. 안드레이와 네이츠가 마리얀이 설치해놓은 마지막 고정 로프를 떠나 위로 올라갔을 때 그들은 팀을 위해 모든 것을 걸었다. 지식과 경험과 생명까지도. "대원 각자의 노력 없이 원정대가 목표에 도달할 수 없는 것처럼, 원정대의 지원을 받지 못하는 대원은 돌아올 수 없다."라고 안드레이는 회상했다. "그 당시에는 그것이 우리들의 방식이었다. 나에게 에베레스트는 그런 결속이 가장 빛난 곳이었다."

　그런 결속이 이제는 끝났다. 슬로베니아 독립에 이어진 10년의 기간과 슬로베니아 알피니즘의 극심한 변동은 몇 번의 원정등반에서 성공의 가능성을 희박하게 만들었다. 어떤 사람들은 토모와 로체 스캔들을 비난했고, 또 어떤 사람들은 토마주의 공공연한 대중적 스타일을 비난했다. 이유는 아마 덜 극적일지 모르고, 어쩌면 두 사람만 콕 집어 말하는 것이 불가능할지도 모른다. 독립 국가의 경제적 상황으로 인해 산악인들은 재정적 지원을 많이 받지 못했다. "우린 충격에 빠졌습니다." 실보가 그 시절에 대해 이야기했다. "우린 자유를 더 많이 얻었지만, 과거보다 부담감이 훨씬 더 커졌습니다." 자유가 찾아오자 개인적인 야망도 커졌다. "최고의 산악인들이 자신들의 산악회를 빛냈습니다."라고 안드레이가 설명하자 실보가 이렇게 덧붙였다. "한 사람만 앞에 나서는 밴드 같았습니다." 등산연합의 힘과 영향력이 약해져 내부적인 논란이 곪아터지자 각자는 스스로의 길을 찾아 나섰다.

　그때 변화의 조짐이 나타났다. 지식의 다리를 제공하는 황금 세대의 몇몇으로부터 가르침을 받은 슬로베니아의 젊은 클라이머들이 그들의 세계를 다시 구축하고 나선 것이다. 그 젊은이들은 재능이 있었다. 그들의 도전은 선배들의 지혜를 받아들이면서도 그 짐을 던져버리는 것이었다. 그러나 그들 역시 더 큰 집단, 높이 솟아오른 산과 어려운 대상지, 비슷한 가치관, 그리고 인터넷을 사랑한다는 공감대를 가진 지구의 고소 등반가 집단의 일원이었다.

세상의 어느 누구도 상상조차 하지 못한 마칼루 남벽을 용기 있게 도전한 알레시와 마리얀과 다른 사람들처럼, 슬로베니아 산악인들의 그다음 파동은 깨뜨려야 할 새로운 영역을 만들었다. 초창기 산의 전사들처럼, 오늘날의 클라이머들도 자신들의 삶을 걸작으로 만들 수 있다. 네이츠처럼, 그들도 거친 대자연의 경이로움을 발견하고, 아찔한 암벽과 희미하게 빛나는 파란 빙벽의 힘을 느끼고, 하늘을 향해 올라가는 등반의 유혹에 굴복할 것이며, 자신 안에 있는 야생을 껴안고, 산에서 우정의 선물이라는 보석을 발견할 수 있을 것이다.

이런 아름다움을 경험하기 위해 진정한 노력을 기울여야만 한다면 세상이 얼마나 아름다울까. 알피니즘은 예술이다. 사람들은 자신의 작품에 온 힘과 영혼을 쏟는다. 그러면 모든 것을 잊고 오직 자신 앞에 있는 몇 미터를 위해 산다. 그리고 지친 몸으로 산의 정상에 서서 빛나는 태양을 바라보면, 형언할 수 없는 아름다움을 몸 안에서 느낀다. 세상을 느끼고, 지구와 태양과 바람을 느낀다. 모든 것이 함께 숨쉬기 때문에 흥분에 빠지고, 옆에 있는 친구조차도 침묵을 지킨다. 움푹 들어간 뺨 위의 두 눈동자만 빛날 뿐…. 그러면 그에게 굳이 묻지 않아도 그 역시 똑같은 경험을 하고 있다는 것을 안다. 그것이 바로 그가 사는 인생이다.

네이츠처럼, 알피니스트의 길이 갖는 외로움에 대비해야 한다. "나는 자유를 선고받았다. 그래서 나는 나를 사랑하는 사람들 사이에서도, 나를 상관하지 않는 사람들 사이에서도 자유를 느낀다. 나는 계속 혼자이고 싶다. 내 희망과 꿈과 욕망과 함께. 그리하여 나는 나의 끝없는 길을 혼자서 갈 것이다." 네이츠처럼, 알피니스트들은 폭풍 속에서도 고고하게 살 준비를 해야 한다. "인생이란 삶 그 자체와 마찬가지로 질문이나 대답 없이 치열하게 살고자 하는 의지다."

후주

1 파크레니차Paklenica

아드리아 해를 따라 길게 뻗은 달마치아Dalmacija 해변 북쪽에 있는 국립공원. 450개 정도의 다양한 루트가 있는 유명한 암벽 등반지이다. 매년 4월 말과 5월 초 사이에 '거벽 속도등반대회Competition in Big Wall Speed Climb'가 열리고 있다.

2 아니차 쿠크Anića Kuk

북한산국립공원의 인수봉 같은 바위가 수직으로 병풍암처럼 펼쳐진 곳으로, 가장 유명한 암벽등반 대상지이다.

3 세르보크로아티아어Serbo-Croatian language

남슬라브족 언어로 세르비아어, 크로아티아어, 보스니아 헤르체고비나어, 마케도니아어가 이에 속한다. 2011년을 기준으로 대략 2,100만 명 정도가 이 언어를 쓰고 있다.

4 톰 롱스태프Tom Longstaff(1875~1964)

초창기 카라코람과 인도 히말라야를 탐험하고 등반한 영국산악회원. 1947년부터 1949년까지 회장을 역임했다. 그는 난다데비(7,816m)에 대한 권위자였고, 1907년 트리술(7,120m)을 초등함으로써 그때까지 중 인류가 오른 최고고도 기록을 세웠다.

5 율리안 알프스Julian Alps

알프스산맥에서 '동부 중앙 알프스'는 주로 오스트리아에 위치해 '오스트리아 알프스'라고도 불리는데 이 오스트리아 알프스 밑, 즉 이탈리아와 슬로베니아 북동쪽에 위치한 산맥이 율리안 알프스이다. 이곳의 최고봉은 2,864미터의 트리글라브이며, '율리안'이라는 이름은 이 산맥 밑에 자치도시를 세운 줄리어스 시저로부터 나왔다.

6 추축국樞軸國, Axis Powers

제2차 세계대전 당시 연합국과 싸운 나라들이 형성한 국제동맹. 독일, 이탈리아, 일본이 중심이었고, 후에 헝가리, 루마니아, 슬로바키아, 불가리아가 합류했다. 일명 '로마-베를린-도쿄 축'이라고도 불리는 이 동맹은 1936년 독일과 이탈리아의 조약이 시초가 되었다.

7 레 드루아트 Les Droites

몽블랑 산군의 프랑스-이탈리아 국경에 있는 봉우리로 아르장티에르Argentiére 빙하 위로 높이 1,600미터, 평균경사 60도로 치솟은 이곳 북벽은 유럽에서도 손꼽히는 빙벽등반 대상지이다.

8 브렌바 스퍼 Brenva Spur

몽블랑 남쪽에는 브렌바 빙하가 있다. 그 왼쪽에서 몽블랑 정상으로 이어지는 것이 유명한 '푸트레이 리지'이며, 오른쪽 리지 끝에 있는 것이 브렌바이다. 이곳의 정상은 에드워드 윔퍼가 알프스에서 활약하던 1865년 영국의 무어Moore 일행이 가이드 멜히오르·야코프 안데렉 형제와 함께 초등했다. 브렌바 스퍼는 몽블랑 알프스에 있는 고전 루트 중 하나이다.

9 마하 칼리 Maha Kali

힌두교 신화에 나오는 죽음과 파괴의 여신. 하지만 아름답고 고고하며 자애로운 양면성을 가진 신이기도 하다.

10 그린토베츠 Grintovec

해발고도 2,558미터로 캄니스 알프스에서 가장 높은 봉우리이다. 1759년 식물학자 지오반니 안토니오 스코폴리Giovanni Antonio Scopoli가 초등했다.

11 닉 클린치 Nick Clinch(1930~2016)

미국의 산악인이고 변호사이며 작가이다. 미국산악회 회장(1968~1979), 시에라클럽 관리이사 및 전무이사(1970~1981), 환경법연구소 소장(1980~1986)을 지냈다. 남극에 그의 이름을 딴 클린치피크Clinch Peak가 있다. 저서로는 『하늘 속 산책A Walk in the Sky』과 『극한의 지대를 통해Through a Land of Extremes』가 있다.

12 노샤크 Noshaq

티리치미르Tirich Mir(7,690m)에 이은 힌두쿠시산맥 제2의 고봉. 1960년 일본의 사카이 도시아키酒井敏明와 이와츠보 고로岩坪五郞가 남릉으로 초등했다. 1973년 폴란드 원정대가 7천 미터급 고봉으로는 최초로 동계등반에 성공한 곳이다.

13 이반 스탐볼리치 Ivan Stambolić(1936~2000)

1980년대에 세르비아공화국 공산당 서기장과 대통령을 역임한 세르비아 정치가. 슬로보단 밀로셰비치의 멘토이자 친한 친구였던 그는 1988년 밀로셰비치로부터 숙청당한 후 2000년 8월 25일 암살되었다. 밀로셰비치는 그를 "훌륭한 하인이었으나 못된 주인"이라고 평했다.

14 피에르 베긴Pierre Béghin(1951~1992)

특수수학 전문가로 유체역학의 전공을 살려 눈사태를 연구한 프랑스 산악인. 1972년부터 알프스의 여러 곳을 초등했고, 1981년 마나슬루, 1983년 칸첸중가 단독등정, 1984년 다울라기리 남벽 등반, 1987년 자누 북벽 등반, 1989년 마칼루, 1991년 K2를 등정했으며, 1992년 안나푸르나 남벽에서 추락 사망했다.

15 이바노 기라르디니Ivano Ghirardini(1953~)

알프스 3대 북벽인 그랑드조라스(1975년)와 마터호른(1977년), 아이거(1978년)를 최초로 모두 단독등반한 프랑스 산악인. 그는 1979년 K2에 도전했지만 두 차례나 악천후로 물러서야 했는데, 8,300미터에서 보조산소 없이 비박을 감행하기도 했다. 1980년에는 카라코람의 미트레피크Mitre Peak를 단독등정했고, 1981년 1월에는 아콩카과 남벽을 4일 만에 단독등반했다.

16 카를로스 카르솔리오Carlos Carsolio(1962~)

멕시코 산악인. 그는 8천 미터급 고봉 14개를 네 번째(비유럽인으로는 최초)로 완등했는데, 모두(1988년 마나슬루 등정 후 하산을 제외하고) 무산소 등정이었다. 예지 쿠쿠츠카는 그의 큰 덩치를 빗대 '히말라야의 멕시코 황소'라는 별명을 지어주었다. 1992년 반다 루트키에비츠가 칸첸중가를 시도하다 죽음을 맞이했을 때 그 현장에 있었다.

17 멜룽체Melungtse

중국-네팔 국경에 있는 로왈링히말Rowaling Himal의 최고봉. 그 남쪽에 있는 가우리상카르Gauri Shankar(7,134m)가 조금 낮기는 해도 네팔 쪽에서 잘 보여 더 유명하다. 멜룽체는 고도에 비해 벽이 아주 가파르다.

18 말라 모이스트로브카Mala Mojstrovka

율리안 알프스에 있는 해발고도 2,332미터의 산. 19세기 초에 군사적 목적으로 건설돼 이후 교역로로 이용된 1,611미터의 브리시치 고개Vršič Pass를 넘으면 비교적 쉽게 접근할 수 있다.

19 로베르트 샤우어Robert Schauer(1953~)

오스트리아의 산악인이며 영화제작자. 1978년 에베레스트 등정 이후 영화감독으로 변신했다. 그는 1986년 국제 산악 및 모험영화제 '그라츠Graz'를 창립하고, 1987년 '로베르트 샤우어 영화제작사'를 설립해 수많은 산악영화를 만들었다.

20 라도반 카라지치Radovan Karadžić(1942~)

보스니아 세르비아의 정치가. 대세르비아를 주창한 그는 보스니아 내전 당시 스릅스카 공화국의 초대 대통령(1992~1996)으로 전쟁범죄를 저질렀다. '보스니아의 도살자'로 불린 그는 2008년 체포되어 집단학살, 전쟁범죄 등 반인륜 범죄crimes against humanity 혐의로 헤이그 국제유고전범재판소에서 결국 종신형을 선고받았다.

21 노스 트윈North Twin

캐나다 앨버타주의 재스퍼국립공원 내 컬럼비아 빙원 북동쪽에 위치한 트윈스 산군Twins Massif의 북봉(3,731m). 남봉인 사우스 트윈은 3,566미터이다. 캐나다 로키산맥에서 롭슨산Mount Robson(3,954m), 컬럼비아산Mount Columbia(3,747m)에 이어 세 번째로 높고, 이곳의 북벽은 지금까지 네 번만 등반되었을 정도로 악명이 자자하다.

22 스티븐 코흐Stephen Koch(1968~)

미국의 모험가이자 산악인이며 극한 스노보더. 자신이 만들어낸 용어인 '스노보드 등산'의 선구자인 그는 7대륙 최고봉 정상에서 스노보드를 타고 내려온 최초의 기록을 세웠다.

23 딘 포터Dean Potter(1972~2015)

미국의 자유등반가, 알피니스트, BASE 점퍼, 하이라이너. 그는 요세미티와 파타고니아에서 어려운 초등, 프리솔로 등반, 스피드 등반, 속도등반, 연결등반으로 이름을 떨쳤다. 2015년 5월 16일 요세미티의 태프트 포인트Taft Point에서 동료 그레이엄 헌트Graham Hunt와 함께 비행을 시도했으나 낙하산이 펴지지 않는 바람에 그와 마찬가지로 벽에 부딪쳐 사망했다.

24 빈스 앤더슨Vince Anderson(1970~)

미국의 프로 산악인으로 작가이며 가이드 회사 매니저. 그는 스티브 하우스와 함께 2005년 9월 1일부터 8일까지 낭가파르바트 루팔 벽의 중앙 필라를 알파인 스타일로 초등했으며, 이듬해인 2006년 이 등반으로 황금피켈상을 받았다.

25 보바예Bobaye

네팔 히말라야의 북서쪽에 있는 해발고도 6,808미터의 봉우리.

26 레베카 웨스트Rebecca West(1892~1983)

영국의 여류작가, 저널리스트, 문학 비평가, 여행 작가. 그녀는 다양한 장르의 글을 썼으며,『더 타임스The Times』『뉴욕헤럴드트리뷴New York Herald Tribune』『선데이 텔레그래프 Sunday Telegraph』『더 뉴리퍼블릭The New Republic』에 서평을 썼다.

참고 문헌

=== 서문

1 Nejc Zaplotnik, *Pot*, trans.
  Mimi Marinsek (Ljubljana, Slovenia: Libricon, 2009).
  Author's Note: All quotations from Slovenian and Croatian publications are
  referenced, but because the English versions presented here are oral translations
  (performed by Mimi Marinsek on Skype) and have not been published, I do not
  provide page references.
2 Ibid.
3 Ibid.

=== 1장 대담한 꿈

4 Nejc Zaplotnik, *Pot*, trans.
  Mimi Marinsek (Ljubljana, Slovenia: Libricon, 2009).
5 Ibid.
6 Aleš Kunaver and Friends, *Trisul: Varuh Boginje,* trans.
  Mimi Marinsek (Ljubljana, Slovenia: Dušica Kunaver, 2006).
7 Ibid.

=== 2장 동계 트리글라브

8 Stane Belak, *Veliki dnevi*, trans.
  Mimi Marinsek (Ljubljana, Slovenia: SIDARTA, 1997).
9 Ibid.
10 Ibid.

=== 3장 인내의 교훈

11 Nejc Zaplotnik, *Pot*, trans.
   Mimi Marinsek (Ljubljana, Slovenia: Libricon, 2009).

12 Urban Golob and Peter Mikša, *Zgodovina Slovenskega Alpinisma*, trans.
   Mimi Marinsek (Ljubljana, Slovenia: FRIKO, 2013).

13 Aleš Kunaver and Friends, *Makalu*, trans.
   Mimi Marinsek (Ljubljana, Slovenia: Dušica Kunaver, 2006).

14 Ibid.

15 Ibid.

16 Ibid.

17 Ibid.

18 Zaplotnik, *Pot.*

19 Ibid.

20 Ibid.

21 Ibid.

22 Ibid.

23 Ibid.

24 Ibid.

25 Ibid.

26 Ibid.

27 Ibid.

28 Ibid.

29 Ibid.

30 Ibid.

31 Ibid.

32 Ibid.

33 Ibid.

34 Ibid.

4장 진정한 친구들

35 Aleš Kunaver and Friends, *Makalu*, trans.
   Mimi Marinsek (Ljubljana, Slovenia: Dušica Kunaver, 2006).

36 Ibid.

37 Ibid.

38 Ibid.

39 Stane Belak, *Veliki dnevi*, trans.
   Mimi Marinsek (Ljubljana, Slovenia: SIDARTA, 1997).

40 Ibid.

41 Kunaver and Friends, *Makalu*.

42 Belak, *Veliki dnevi.*

43 Kunaver and Friends, *Makalu.*

44 Ibid.

45 Ibid.

46 Belak, *Veliki dnevi.*

47 Ibid.

48 Kunaver and Friends, *Makalu.*

49 Ibid.

50 Ibid.

51 Ibid.

52 Dušica Kunaver, *Aleš Kunaver*, trans.
    Mimi Marinsek (Maribor, Slovenia: Založba Obzorja Maribor, 1988).

53 Nejc Zaplotnik, *Pot*, trans.
    Mimi Marinsek (Ljubljana, Slovenia: Libricon, 2009).

5장 첫 희생자

54 Nejc Zaplotnik, *Pot*, trans.
    Mimi Marinsek (Ljubljana, Slovenia: Libricon, 2009).

55 Ibid.

56 Ibid.

57 Ibid.

58 Ibid.

59 Ibid.

60 Ibid.

61 Ibid.

62 Ibid.

63 Ibid.

6장 에베레스트 서릉

64 Nejc Zaplotnik, *Pot*, trans.
    Mimi Marinsek (Ljubljana, Slovenia: Libricon, 2009).

65 Tone Škarja, *Po Svoji Sledi*, trans.
    Mimi Marinsek (Ljubljana, Slovenia: Planinska zveza Slovenije, 2011).

66 Zaplotnik, *Pot.*

67 Ibid.

68 Ibid.

69 Ibid.

70 Ibid.

71 The UIAA grading system was originally intended to begin at I(easiest) and finish at VI(hardest), and for many years VI was the grade that described the most difficult routes. Eventually a⁺ was added to VI to differentiate the level of difficulty, but improvements in climbing standards have now led to the system being open-ended.

72 Zaplotnik, *Pot.*

73 Ibid.

74 Ibid.

75 The unreferenced dialogue between Andrej and Nejc in this chapter comes from my interview with Andrej Štremfelj.

76 Zaplotnik, *Pot.*

77 Ibid.

78 Ibid.

79 I queried Andrej several times about the level of difficulty in the chimney and the rock steps along the ridge; the answers kept getting easier: "Maybe French 6a...I'm sure it wasn't harder than 5c."

80 Zaplotnik, *Pot.*

81 Ibid.

82 Stane Belak, *Veliki dnevi*, trans. Mimi Marinsek (Ljubljana, Slovenia: SIDARTA, 1997).

83 Zaplotnik, *Pot.*

84 Belak, *Veliki dnevi.*

85 Ibid.

86 Franček Knez, *Ožarjeni Kamen*, trans. Mimi Marinsek (Ljubljana, Slovenia: Založba Sanje d.o.o., 2009).

87 Ibid.

88 Škarja, *Po Svoji Sledi.*

89 Zaplotnik, *Pot.*

90 Laura Silber and Allan Little, *The Death of Yugoslavia* (London: Penguin Books, 1995).

7장 최고의 상

91 Franček Knez, *Ožarjeni Kamen*, trans. Mimi Marinsek (Ljubljana, Slovenia: Založba Sanje d.o.o., 2009).

92 Ibid.

93 Ibid.

94 Aleš Kunaver and Friends, *Lhotse: Južna Stena*, trans.
Mimi Marinsek (Ljubljana, Slovenia: Dušica Kunaver, 2008).

95 Ibid.

96 Ibid.

97 Ibid.

98 Ibid.

99 Ibid.

100 Ibid.

101 Ibid.

102 Ibid.

103 Ibid.

104 Knez, *Ožarjeni Kamen.*

105 Kunaver and Friends, *Lhotse.*

106 Ibid.

107 Ibid.

108 Knez, *Ožarjeni Kamen.*

109 Kunaver and Friends, *Lhotse.*

110 Knez, *Ožarjeni Kamen.*

111 Kunaver and Friends, *Lhotse.*

8장 다울라기리에 대한 집착

112 Nejc Zaplotnik, *Pot*, trans.
Mimi Marinsek (Ljubljana, Slovenia: Libricon, 2009).

113 Stane Belak, *Veliki dnevi*, trans.
Mimi Marinsek (Ljubljana, Slovenia: SIDARTA, 1997).

114 Ibid.

115 Ibid.

116 Ibid.

117 Zaplotnik, *Pot.*

9장 떨어지는 별들

118 Nejc Zaplotnik, *Pot*, trans.
Mimi Marinsek (Ljubljana, Slovenia: Libricon, 2009).

119 Ibid.

120 Viki Grošelj, *Velikani Himalaje*, trans.
Mimi Marinsek (Ljubljana, Slovenia: Planinska zveza Sloveniji, 2013).

121 Dušica Kunaver, *Aleš Kunaver*, trans.
Mimi Marinsek (Maribor, Slovenia: Založba Obzorja Maribor, 1988).

122 Grošelj, *Velikani Himalaje*.

123 Nejc Zaplotnik, *Pot*.

124 Dušica Kunaver, *Aleš Kunaver*.

10장 혼자 행동하는 사람

125 Nicholas O'Connell, *Beyond Risk* (Seattle: The Mountaineers, 1993), 289.

126 Ibid., 290.

127 Franček Knez, *Ožarjeni Kamen*, trans.
Mimi Marinsek (Ljubljana, Slovenia: Založba Sanje d.o.o., 2009).

128 Viki Grošelj, *Velikani Himalaje*, trans.
Mimi Marinsek (Ljubljana, Slovenia: Planinska zveza Sloveniji, 2013).

11장 새로운 물결

129 Nejc Zaplotnik, *Pot*, trans.
Mimi Marinsek (Ljubljana, Slovenia: Libricon, 2009).

130 Ibid.

131 Quoted in John Corsellis and Marcus Ferrar, *Slovenia 1945: Memories of Death and Survival after World War II* (London: I.B. Tauris, 2010). Corsellis and Ferrar note: "Quoted by Drago Jančar in *The Dark Side of the Moon*, (English version), kataložni zapis o publikaciji, Narodna in univerzitetna knijižnica, Ljubljana, 1988."

12장 지각변동

132 Mark Twight, *Kiss or Kill* (Seattle: The Mountaineers Books, 2001), 65.

133 Tomo Česen, "Kumbhakarna — My Way," *American Alpine Journal* 32, no. 64 (1990): 8.

134 Ibid., 12.

135 Ibid., 13.

136 Tomo Česen, "A Look into the Future: Lhotse's South Face," *American Alpine Journal* 33, no. 65 (1991): 8.

137 Ibid., 5.

138 Ibid.

139 The photo is included in the third photo section of this volume. *Vertical* 28 (July/August 1990): 58-65.

140 Tone Škarja, *Po Svoji Sledi*, trans.
     Mimi Marinsek (Ljubljana, Slovenia: Planinska zveza Slovenije, 2011).

141 Ibid.

142 Greg Child, *Postcards from the Ledge* (Seattle: The Mountaineers Books, 1998),
     164.

143 Škarja, *Po Svoji Sledi*.

144 Ibid.

145 Ibid.

146 Nejc Zaplotnik, *Pot*, trans.
     Mimi Marinsek (Ljubljana, Slovenia: Libricon, 2009).

147 Ibid.

13장 너무나 아름다운 정상

148 Marko Prezelj and Tone Škarja, "Slovene Kangchenjunga Expedition," *American
     Alpine Journal* 34, no. 66 (1992): 8.

149 Ibid.

150 Ibid.

151 Ibid., 7.

152 Andrej Štremfelj, "1979: Everest West Ridge Direct," *Alpinist* 27 (2009): 38.

153 Nejc Zaplotnik, *Pot*, trans.
     Mimi Marinsek (Ljubljana, Slovenia: Libricon, 2009).

154 Ibid.

155 See http://www.markoprezelj.com/.

156 Urban Golob and Peter Mikša, *Zgodovina Slovenskega Alpinisma* (Ljubljana,
     Slovenia: FRIKO, 2013).

14장 삼총사

157 Franček Knez, *Ožarjeni Kamen*, trans.
     Mimi Marinsek (Ljubljana, Slovenia: Založba Sanje d.o.o., 2009).

158 Ibid.

159 Ibid.

160 Ibid.

161 Nejc Zaplotnik, *Pot*, trans.
     Mimi Marinsek (Ljubljana, Slovenia: Libricon, 2009).

162 Knez, *Ožarjeni Kamen*.

163 Ibid.

164 Zaplotnik, *Pot*.

165 Knez, *Ožarjeni Kamen.*

166 Silvo Karo, "Bhagirathi III," *American Alpine Journal* 33, no. 65 (1991): 45.

167 Zaplotnik, Pot.

15장 단독등반

168 Nejc Zaplotnik, *Pot*, trans.
Mimi Marinsek (Ljubljana, Slovenia: Libricon, 2009).

169 Ibid.

170 Bernadette McDonald, *Tomaž Humar* (London: Hutchinson, 2008), 60.

171 Zaplotnik, *Pot.*

16장 전쟁과 고통

172 Rezak Hukanović, *The Tenth Circle of Hell* (Oslo: Sypress Forlag, 1993), 49.

173 Bernadette McDonald, *Tomaž Humar* (London: Hutchinson, 2008), 109.

174 Nejc Zaplotnik, *Pot*, trans.
Mimi Marinsek (Ljubljana, Slovenia: Libricon, 2009).

17장 실시간 다울라기리

175 Bernadette McDonald, *Tomaž Humar* (London: Hutchinson, 2008), 139.

176 Ibid., 149.

177 M ratings refer to mixed-ice climbing grades, with M7+ representing extreme difficulty. 5.9 is a North American rock climbing grade that is moderate at sea level but not so at this elevation.

178 McDonald, *Tomaž Humar*, 142.

179 Nejc Zaplotnik, *Pot*, trans.
Mimi Marinsek (Ljubljana, Slovenia: Libricon, 2009).

180 McDonald, *Tomaž Humar*, 144.

181 Ibid., 146.

182 Ibid., 149.

183 Zaplotnik, Pot.

18장 캐나다 모험

184 Steve House, *Beyond the Mountain* (Ventura, Calif.: Patagonia Books, 2009), 200.

185 Ibid., 34.

186 Henry L. Abrons, "Northwest Ridge of North Twin," *American Alpine Journal* 15, no. 40 (1966): 30.

187 House, *Beyond the Mountain*, 207.

188 Nejc Zaplotnik, *Pot*, trans.
Mimi Marinsek (Ljubljana, Slovenia: Libricon, 2009).

19장 산에서의 죽음

189 Nejc Zaplotnik, *Pot*, trans.
Mimi Marinsek (Ljubljana, Slovenia: Libricon, 2009).

190 Ibid.

191 Ibid.

192 Ibid.

193 Freddie Wilkinson, "A Short Climb with Ueli Steck," in *Rock, Paper, Fire: The Best of Mountain and Wilderness Writing*, edited by Marni Jackson and Tony Whittome (Banff, Alta.: Banff Centre Press, 2013), 231.

194 Rebecca West, *Black Lamb and Grey Falcon* (New York: Viking, 1941), 1102.

195 Lionel Terray, *Conquistadors of the Useless* (London: Baton Wicks, 2011), 104.

20장 유산

196 Reinhold Messner, *The Big Walls* (Seattle: The Mountaineers Books, 2001), 87.

197 Christian Beckwith, "Preface," *American Alpine Journal* 39, no. 71(1997): 3.

198 Ibid.

199 Nejc Zaplotnik, *Pot*, trans.
Mimi Marinsek (Ljubljana, Slovenia: Libricon, 2009).

200 Ibid.

201 Ibid.

202 Andrej Štremfelj, "1979: Everest West Ridge Direct," *Alpinist* 27 (Summer 2009): 38.

203 Zaplotnik, *Pot*.

204 Ibid.

205 Stane Belak, *Veliki dnevi*, trans.
Mimi Marinsek (Ljubljana, Slovenia: SIDARTA, 1997).

206 Štremfelj, "1979: Everest West Ridge Direct," 38.

207 Zaplotnik, *Pot*.

208 Ibid.

209 Ibid.

참고 문헌 및 자료 정선 목록

Much of the quoted material in this book comes from my extensive interviews with Slovenian alpinists, their families, and others. Following is a selection of the most important written sources. As noted previously, translations by Mimi Marinsek are oral translations performed during our Skype sessions.

Abrons, Henry L. "Northwest Ridge on North Twin," *American Alpine Journal* 15, no. 40 (1966).

Ajlec, Kornelija, and Peter Mikša. *Slovensko Planinstvo / Slovene Mountaineering*. Translated by Mimi Marinsek. Ljubljana, Slovenia: Planinska zveza Slovenije, 2011.

Almond, Mark. *Europe's Backyard War*. London: William Heinemann, Ltd., 1994.

Andrić, Ivo. *The Bridge on the Drina*. Chicago: University of Chicago Press, 1977.

Beckwith, Christian. "Prafece." *American Alpine Journal* 39, no. 71 (1997): 3.

Belak, Stane. *Veliki dnevi*. Translated by Mimi Marinsek. Ljubljana, Slovenia: SIDARTA, 1997.

Božić, Stipe. *Put Na Vrh Svijeta*. Translated by Mimi Marinsek. Split, Croatia: Slobodna Dalmacija, 1990.

___. *Sedam Urhova*. Translated by Mimi Marinsek. Zagreb, Croatia: Profil International, 2003.

___. *Himalaja*. Translated by Mimi Marinsek. Split, Croatia: Etnografski Muzej Split, 2013.

___. *K2 Trijumf I Tragedija*. Translated by Mimi Marinsek. Zagreb, Croatia: v.b.z. d.o.o., 2014.

Česen, Tomo. "Kumbhakarna — My Way." *American Alpine Journal* 32, no. 64 (1990).

____. "A Look into the Future: Lhotse's South Face." *American Alpine Journal* 33, no. 65 (1991).

Child, Greg. *Postcards from the Ledge.* Seattle: The Mountaineers Books, 1998.

Corsellis, John, and Marcus Ferrar. *Slovenia 1945.* London: I.B. Tauris, 2010.

Čuvalo, Ante. *Croatia and the Croatians.* Zagreb, Croatia: Northern Tribune Publishing, 1991.

Davies, Norman. Europe: *A History.* London: The Bodley Head, 2014.

Debeljak, Erica Johnson. *Forbidden Bread.* Berkeley Cal.: North Atlantic Books, 2009.

Donia, Robert J., and John V.A. Fine Jr. *Bosnia and Hercegovina: A Tradition Betrayed.* New York: Columbia University Press, 1994.

Drakulić, Slavenka. *Café Europa: Life after Communism.* New York: W.W. Norton & Company, 1996.

Galloway, Steven. *The Cellist of Sarajevo.* Toronto: Random House, 2009.

Golob, Urban, and Peter Mikša. *Zgodovina Slovenskega Alpinisma.* Translated by Mimi Marinsek. Ljubljana, Slovenia: FRIKO, 2013.

Grošelj, Viki. *Velikani Himalaje.* Translated by Mimi Marinsek. Ljubljana, Slovenia: Planinska zveza Sloveniji, 2013.

House, Steve. *Beyond the Mountain.* Ventura, Cal.: Patagonia Books, 2009.

Hukanović, Rezak. *The Tenth Circle of Hell.* Oslo: Sypress Forlag, 1993.

Humar, Tomaž. *No Impossible Ways.* Ljubljana, Slovenia: Mobitel d.d., 2001.

Karo, Silvo. "Bhagirathi III." American *Alpine Journal* 33, no. 65 (1991).

Knez, Franček. *Ožarjeni Kamen.* Translated by Mimi Marinsek. Ljubljana, Slovenia: Založba Sanje d.o.o., 2009.

Kozinc, Želiko. *Nejca Zaplotnika na Himalaja.* Translated by Mimi Marinsek. Ljubljana, Slovenia: Kmečki glas, 1998.

Kranjc, Gregor Joseph. *To Walk with the Devil.* Toronto: University of Toronto Press, 2013.

Kunaver, Aleš. *Dežela Šerp 1962.* Translated by Mimi Marinsek. Ljubljana, Slovenia: Dušica Kunaver, 2007.

Kunaver, Aleš, and Friends. *Makalu.* Translated by Mimi Marinsek. Ljubljana, Slovenia: Dušica Kunaver, 2006.

___. *Trisul — Varuh Boginje*. Translated by Mimi Marinsek. Ljubljana, Slovenia: Dušica Kunaver, 2006.

___. *Lhotse*: *Južna Stena*. Translated by Mimi Marinsek. Ljubljana, Slovenia: Dušica Kunaver, 2008.

Kunaver, Dušica. *Aleš Kunaver*. Translated by Mimi Marinsek. Maribor, Slovenia: Založba Obzorja Maribor, 1988.

Kunaver, Dušica, and Brigita Lipovšek. *The Lime — Slovenian Sacred Tree*. *Slovenia in Folk Tales* series. Ljubljana, Slovenia: Dušica Kunaver, 2012.

___. *Zlatorog*. Ljubljana, Slovenia: Dušica Kunaver, 2012.

___. *Slovenija — Dežela Legend*. *Slovenia in Folk Tales* series. Ljubljana, Slovenia: Dušica Kunaver, 2013.

Maas, Peter. *Love Thy Neighbor*. New York: Alfred A. Knopf, 1996.

Malcolm, Noel. *Bosnia: A Short History*. New York: New York University Press, 1994.

___. *Kosovo: A Short History*. New York: New York University Press, 1998.

McDonald, Bernadette. *Tomaž Humar*. London: Hutchinson, 2008.

Messner, Reinhold. *The Big Walls*. Seattle, Wash.: The Mountaineers Books, 2001.

O'Connell, Nicholas. *Beyond Risk*. Seattle, Wash.: The Mountaineers Books, 1993.

Off, Carol. *The Lion, the Fox and the Eagle*. Toronto: Vintage, 2001.

___. *The Ghosts of Medak Pocket*. Toronto: Random House, 2004.

Prezelj, Marko and Tone Škarja. "Slovene Kangchenjunga Expedition," *American Alpine Journal* 34, no. 66 (1992).

Silber, Laura, and Allan Little. *The Death of Yugoslavia*. London: Penguin, 1995.

Škarja, Tone. *Po Svoji Sledi*. Translated by Mimi Marinsek. Ljubljana, Slovenia: Planinska zveza Slovenije, 2011.

Štremfelj, Andrej. "1979: Everest West Ridge Direct," *Alpinist* 27 (2009).

Tanner, Marcus. *Croatia*: *A Nation Forged in War*. New Heaven and London: Yale University Press, 1997.

Terray, Lionel. *Conquistadors of the Useless*. London: Baton Wicks, 2011.

Thompson, Mark. *A Paper House*. New York: Pantheon, 1992.

Twight, Mark. *Kiss or Kill*. Seattle: The Mountaineers Books, 2001.

Ugrešić, Dubravka. *The Ministry of Pain*. New York: HarperCollins, 2006.

West, Rebecca. *Black Lamb and Grey Falcon*. New York: Viking, 1941.

Wilkinson, Freddie. "A Short Climb with Ueli Steck," *In Rock, Paper, Fire: The Best of Mountain and Wilderness Writing*, edited by Marni Jackson and Tony Whittome. Banff, Alta: Banff Centre Press, 2013.

Zaplotnik, Nejc. *Pot*. Translated by Mimi Marinsek. Ljubljana, Slovenia: Libricon, 2009.

━━ 잡지

Alpinist, volumes: 1, 5, 8, 14, 16, 19, 20, 21, 23, 27.

American Alpine Journal, years: 1972-1976, 1981-1987, 1989-1999.

━━ 영화

Čopov Steber ― Prvič Pozimi 1968. Aleš Kunaver.

Dežela Šerp 1962. Aleš Kunaver.

Lhotse 1981 ― Južna Stena. Aleš Kunaver.

Makalu ― Prvič Prvi V Himalaji. Aleš Kunaver.

Mount Everest. Viki Grošelj.

━━ 웹사이트

http://himalaja.pzs.si/

http://www.himalayandatabase.com

http://www.8000ers.com/cms/

찾아보기

감사의 말씀

이 책의 씨앗은 슬로베니아에서 내가 토마주 휴마르의 자서전 내용을 조사하던 7년 전에 뿌려졌다. 슬로베니아 산악인들의 이야기를 듣고, 나는 그들의 깊고 풍부한 세계에 점점 빠져들었다. 그리고 그들의 이야기와 그 알피니스트들이 슬로베니아 밖으로는 거의 알려지지 않았다는 데 나는 다시 놀랐다. 물론 토모 체센이나 마르코 프레젤, 실보 카로, 안드레이 슈트렘펠 같은 세계적인 스타들도 있고, 그들 나라 밖으로 알려진 존경받을 만한 산악인들도 있다. 그러나 슬로베니아에는 훌륭한 등반을 하고 인상적인 삶을 살았음에도 실제적으로는 거의 알려지지 않은 사람들이 아주 많이 있었다.

광범위한 인터뷰와 산악인들은 물론이고 가족들과의 이메일을 통한 대화와는 별도로, 내 조사의 가장 큰 기반은 슬로베니아어와 세르보크로아티아어로 발간된 산악문학이었다. 두 언어 모두에 나는 희망이 없었다. 이 프로젝트 초기에 요나 센크Jona Senk와 에바 안토니예비츠Eva Antonijevic의 번역 지원, 그리고 몇 시간씩 큰 소리로 번역해주며 여름의 대부분을 나와 함께 스카이프Skype에서 보낸 미미 마린셰크의 지칠 줄 모르는 노력에 감사의 말을 전하고 싶다. 미미가 없었더라면 나는 이 책을 쓸 수 없었을 것이다.

그러나 얼굴을 맞대고 나눈 대화가 결정적이었다. 나는 나에게 바쁜 시간을 내준 모든 사람에게 감사한다. 우리는 때때로 길을 걸으며 대화를 나누었고, 가끔은 함께 등반했으며, 주방 테이블에서 수많은 시간을 보냈는데, 와인을 함께 마시기도 했다. 요지차 벨라크, 스티페 보지치, 토모 체센, 티나 디 바티스타Tina Di Batista, 우르반 골로브Urban Golob, 비키 그로셀, 세르게야 휴마르,

이레나 엘리치, 미르얌 엘리치, 실보 카로, 프란체크 크네즈, 두시차 쿠나베르, 블라스타 쿠나베르, 마리얀 만프레다, 젠카 미헬리치Dzenka Mihelič, 마르코 프레젤, 토모 슈카리야Tomo Škarja, 이네스 스코크Ines Skok, 안드레이 슈트렘펠, 마리야 슈트렘펠 그리고 루카 자플로트니크에게 감사의 말을 전한다. 이 역사적인 시기에 대해 많은 사람이 인용과 의견을 제시해주었는데, 이 또한 고맙기 그지없다. 그들은 배리 블란샤드, 카를로스 카르솔리오, 롤란도 가리보티, 스티브 하우스, 호돌프 포피에르Rodolphe Popier와 스티브 스벤손Steve Swenson 이다.

슬로베니아 등산연합과 젠카 미헬리치의 협조와 지원도 큰 힘이 되었는데, 특히 그들은 내가 슬로베니아 주요 등반의 공식 카탈로그를 열람할 수 있도록 허락해주었다. 엘리자베스 홀리의 원정대 자료들과 8000ers.com 그리고 에베하르트 유르갈스키Eberhard Jurgalski의 독창적인 생각과 사랑스러운 노동 등 나는 히말라얀 데이터베이스로부터도 큰 도움을 받았다. 또한 원고의 오류를 지적해준 린제이 그리핀Lindsay Griffin에게도 고마움을 표한다. 그러나 아마도 내가 가장 고마워해야 할 사람은 꼼꼼하게 조사해준 밥 A. 셀프하우트 오베르틴Bob A. Schelfhout Aubertijn일 것이다. 히말라야의 등반역사에 대한 그의 지식과 세부사항에 대한 열정은 어느 누구에게도 뒤지지 않는다.

나는 멋진 사진들을 많이 제공받았다. 특히 중요한 역사적 사진 수백 장을 디지털 이미지로 제공해준 두시차 쿠나베르와 슬로베니아 국립 현대사박물관에 고마움을 표하고 싶다. 아량을 베풀어준 사람들도 많다. 요지차 벨라크와 벨라크 컬렉션, 스티페 보지치, 우르반 골로브, 비키 그로셀, 토마주 휴마르 주니오르Tomaž Humar Junior, 이레나 엘리치, 실보 카로, 토네 슈카리야, 야네즈 스코크Janez Skok, 라파엘 슬라빈스키Raphael Slawinski, 안드레이 슈트렘펠, 루카 자플로트니크와 자플로트니크 컬렉션. 이들 모두에게 고마움을 전하고 싶다.

이 원고에 대해 공식·비공식적으로 받은 모든 피드백도 고맙기 그지없다.

카롤리나 보른Karolina Born, 세실 라플레우Cécile Lafleur, 보이테크 쿠르티카와 밥 A. 셸프하우트 오베르틴.

마르니 잭슨Marni Jackson과 제니퍼 글로소프Jennifer Glossop의 대단한 편집 기술과 만난 것은 나에게 행운이었다.

그리고 돈 고먼Don Gorman과 로키마운틴북스의 팀원인 칠라 카디날Chyla Cardinal, 프랜시스 헌터Frances Hunter, 미건 크레이븐Meaghan Craven, 릭 우드Rick Wood, 조 윌더슨Joe Wilderson은 나를 믿고 이 프로젝트를 지원해주었다.

이 책이 유고슬라비아나 슬로베니아의 등반역사를 완벽하게 다룬 것이 아니라는 점을 분명히 하지 않는다면, 그것은 나의 태만일 것이다. 그 이야기는 이 책에 쓰인 90,000개의 단어로는 턱없이 부족하다. 중요한 등정이나 슬로베니아와 크로아티아, 보스니아의 훌륭한 알피니스트들도 많이 빠졌다. 만약 불편을 느꼈다면, 그가 누구든 나는 사과하고 싶다. 더불어 그들의 세계와 그들의 이야기에 내가 들어가도록 허락해준 데 대해 나는 그들에게 감사의 마음을 표하고 싶다.

내가 원정등반의 세계, 슬로베니아 산의 신화, 발칸전쟁 속으로 사라져도 내 옆을 인내심 있게 지켜준 나의 남편 앨런Alan에게도 나는 너무나 고맙다.

그리고 마지막으로, 네이츠 자플로트니크! 당신의 언어들은 너무나 인상적이었습니다. 그 언어들이야말로 나의 파트너로서 이 여행을 이끌어주었습니다.

옮긴이의 글

1914년 6월 28일. 사라예보의 라틴 다리 위에서 울린 두 발의 총성은 전 세계 34개국이 연합군과 동맹군으로 나뉘어 4년간 치열한 전투를 벌임으로써 천만 명에 가까운 희생자를 낸 제1차 세계대전의 도화선이 되었다. '발칸'은 우리에게 유럽의 화약고, 라틴 다리의 총성, 유고연방과 1990년대의 인종청소, 집단학살 등의 이미지로 남아 있다.

저자 버나데트 맥도널드가 이 책의 플롯 소재로 사용하는 것 중 하나가 발칸의 역사다. 특히 이 책의 등장인물들은 1990년대의 피비린내 나는 내전(보스니아 내전, 크로아티아 내전, 코소보 내전)을 겪은 사람들이다. 유고슬라비아 연방을 이루어 하나의 국가로 살아가던 그들은 왜 서로를 그토록 잔인하게 죽였을까?

문제의 발단은 로마제국이 동서로 나뉘는 서기 330년의 콘스탄티노플 천도로부터 시작된다. 발칸반도의 끝자락인 지금의 이스탄불로 옮긴 동로마제국(비잔틴제국)에 의해 기독교 교리의 원리원칙을 중요시하는 정교회가 태어난다. 서로마제국이 볼 때는 그곳이 동쪽에 있어 그 종교가 동방정교회(또는 그리스에 있어 그리스정교회)가 되고, 그것이 러시아로 가서 러시아정교회, 세르비아로 가서 세르비아정교회, 루마니아로 가서 루마니아정교회가 된다. 그리고 6세기 경 러시아와 우크라이나 일대에 거주하며 이 정교회를 믿는 슬라브족이 발칸반도로 대거 이동한다. 유고슬라비아에서 '유고'는 남쪽을 의미한다. 다시 말하면 '남슬라브족'이라는 뜻이다. 이제 발칸반도가 오스만제국의 지배하에 놓이게 되고, 비잔틴제국이 멸망하면서(1453년) 그곳에 이슬람이 유입된다. 그리하여 발칸반도는 다문화(동·서 문화와 이슬람문화), 다종교(가톨릭·정교회·이슬람. 슬로베니아와 크로아티아: 가톨릭 / 세르비아, 몬테네그로, 루마니아, 불가리아: 정교회 / 알바니아: 이슬람), 다인종 사회의 복잡한 모자이크가 된다. 그리고 양차 세계대전을 거치며, 같은 남슬라브족이지만 문화와 역사, 언어, 종교, 가치관이 달라지는 이민족이 된다.

남슬라브족은 제1차 세계대전 후 통일을 이루고 1929년 국명을 '유고슬라비아 왕국'으로 개정한다. 그리고 제2차 세계대전 후에는 6개 공화국(슬로베니아, 크로아티아, 세르비아, 보스니아 헤르체고비나, 몬테네그로, 마케도니아)과 2개의 자치지역(코소보와 보이보디나)으로 구성된 '유고슬라비아 사회주의 연방공화국'이 된다. 이것이 우리가 흔히 말하는 '유고'다.

유고슬라비아의 인구 2,300만 명 중 슬로베니아의 인구는 고작 200만 명에 불과하다. 그런데 그들이 어떻게 '산의 전사들'이 되었을까? 그것은 바로 천혜의 자연환경 덕분이다. 슬로베니아의 북서쪽에는 율리안 알프스가 있으며, 북동쪽으로 오스트리아와의 국경에는 카라반케 알프스와 캄니크 알프스가 있다. 그리고 남쪽으로, 슬로베니아의 이스트리아 지역이 아드리아해와 맞닿은 해안선 인근에 기가 막힌 암장들이 많다. 더욱이 그 인근의 크로아티아에는 등반 천국 파크레니차가 있다. 바로 이런 환경 덕분에 슬로베니아가 히말라야는 물론이고 암벽등반과 스포츠클라이밍 무대에서 세계 최강자가 된 것이다.

저자는 알레시 쿠나베르(1935~1984)부터 토마주 휴마르(1969~2009)까지 두 세대의 주요 산악인 18명을 중심으로 슬로베니아의 등반역사를 조명한다. 그녀는 이렇게 말한다. "나는 이 책에 발칸의 역사, 유고슬라비아의 붕괴 그리고 그 지역의 산악인들과 그들이 세계의 무대에 등장하는 모습 등 보다 광범위한 이야기를 쓸 작정으로 슬로베니아로 돌아갔다." 그들은 히말라야의 마칼루 남벽과 로체 남벽, 에베레스트 서릉(다이렉트)과 다울라기리에서 뛰어난 업적을 거두었다. 그리고 그들은 이미 1962년에 로체 남벽을 오르고 싶다는 꿈을 꾼 '산의 전사들'이었다.

슬로베니아인들은 같은 남슬라브족이기는 하지만, 서기 745년에 카르파티아산맥을 넘어 알프스의 남쪽 끝자락에 자리 잡았기 때문에 발칸 남부에 정착한 남슬라브족들과는 교류가 적었다. 그리고 그들은 바바리아인들과 같이 프랑크왕국에 정복당해 그 일부가 되면서 가톨릭으로 개종했다. 이런 지리적·종교적 배경과 현명한 지도자 덕분에 그들은 소련이 붕괴되고 유고슬라비아가 해체되는 과정에서 일어난 1990년대의 참화를 비껴갈 수 있었다.

보스니아 헤르체고비나는 여러 제국의 통치를 받아 종교와 민족이 복잡하게 얽힌 곳이다. 유고슬라비아의 해체 과정에서 그곳에서 사는 보스니아계(48%·이슬람)와 크로아티아계(14%·가톨릭)가 분리·독립을 선언하자 세르비아계(37%·정교회)가 민족주의라는 슬로건을 내세운 세르비아공화국의 지원을 받아 1992년부터 1995년까지 3년 동안 벌인 전쟁이 바로 '보스니아 내전'이다. 그 과정에서 20만 명의 희생자와 200만 명의 난민이 발생했다. '크로아티아 내전'은 제2차 세계대전 중 크로아티아의 우스타셰Ustaše(히틀러가 조종한 나치의 전위대) 정권이 그곳에 사는 50만 명의 세르비아인들을 학살한 보복으로 세르비아공화국이 벌인 전쟁이다. 물론 그 이면에는 발칸의 맹주를 자청한 세르비아인들의 민족주의라는 슬로건과 정치꾼들의 탐욕이 있었다. 1998년부터 1999년까지 벌어진 '코소보 내전'은 코소보 자치지역 주민의 90퍼센트를 차지하는 알바니아계(이슬람)가 분리·독립을 주장하자 세르비아공화국이 개입해 무차별 학살을 자행한 사건이다. 물론 그 이면에도 라도반 카라지치, 라트코 믈라디치와 함께 보스니아 대학살 3인방으로 불린 '발칸의 학살자' 슬로보단 밀로셰비치의 야욕이 자리 잡고 있었고, 그곳이 중세 세르비아 왕국의 발원지로 정교회의 성지라는 역사적 배경이 있었다.

이 책에는 20세기의 가장 잔혹한 전쟁을 직접 경험하거나(스티페 보지치와 토마주 휴마르) 가까이서 지켜본 슬로베니아의 주요 산악인들이 등장한다. 그 중 슬로베니아 산악계에 비전을 제시한 알레시 쿠나베르, 서재가 무척 인상적이라는 비키 그로셀, 장례식에 대통령까지 참석한 스타네 벨라크(슈라우프), 자누 북벽과 로체 남벽 등반 주장으로 논란을 불러일으킨 토모 체센, 히말라야의 자이언트에서 뛰어난 등반도 하고 1990년 부부 최초의 에베레스트 등정 기록도 세운 안드레이 슈트렘펠, 안드레이의 등반 파트너였으면서도 황금피켈상에 대해서는 정반대의 견해를 보인 마르코 프레젤이 특히 흥미를 끌었다.

하지만, 가장 흥미를 끈 인물은 이채로운 캐릭터를 가진 토마주 휴마르였다. 그는 복잡하고 열정적이며 모순된 사람이었다. 1980년대 말 세르비아가 코소보 자치지역에서 코소보 알바니아인들을 대상으로 저지른 끔찍한 집단강간, 불임계획, 학살과 고문을 직접 목격한 그는 "나는 인간의 더러운 밑바닥을 보았습니다."라며 절규했다. 그리하여 고향으로 돌아온 그는 산으로 탈출해 동굴 속에서 지냈다. 그는 왜 히말라야로 갔을까? 그는 히말라야에서 무엇을 추구했을까? 그는 실시간 인터넷 중계를 통한 다울라기리 남벽과 낭가파르바트 루팔 벽에서의 등반으로 유명인이 되려고 했을까? 아니면, 그것은 일부의 혹평처럼 매스미디어의 이득을 노린 서커스였을까? 그의 죽음은 갑자기, 아무 말도 하지 못하고, 영원히 사라진다는 알피니스트들의 전형적인 사례와는 달랐다. "알피니스트들은 이 세상에서 가장 고독하게 죽는 사람들이다."라는 메스너의 말처럼 그는 대단히 고독하게 죽어갔다. 2009년 11월 초 네팔 북부에 있는 7,227미터의 랑탕 리룽 남벽을 단독 등반하던 그는 위성전화로 마지막 작별인사를 남겼다. "이제 거의 끝장났어." 그 높은 곳에서 외롭게 죽음을 앞둔 그 절대적 고독의 순간에 마흔 살의 그는 과연 무슨 생각을 했을까? 독특한 캐릭터와 이력을 가진 토마주 휴마르라는 인간에게 나는 흥미를 느꼈다. 그리고 2019년 11월 밴프국제산악영화제에서 이 책의 저자 버나데트 맥도널드가 쓴『Tomaž Humar』(2008) 한 권을 그녀로부터 넘겨받았다. 나는 나 자신이 고독해지거나, 또는 고독해지지 않기 위해 그의 책을 읽어보고 싶었다.

네이츠 자플로트니크의 『길Pot』 역시 대단히 흥미로웠다. 아니, 이런 책이 있었나? 그런데 왜 여태껏 번역판이 없는 거지? 슬로베니아의 거의 모든 산악인들에게 깊은 영감을 준 그와 그의 책은 저자의 말처럼 이 책의 여행에서 그녀의 파트너였다. 이 책에서 『길』은 감성을 한껏 더해주었다.

버나데트 맥도널드는 세계 산악문학계에 보배 같은 존재다. 그녀는 『엘리자베스 홀리—히말라야의 영원한 등반 기록가』와 『Freedom Climbers』로 우리와도 친숙하다. 이 책에 이어, 폴란드 산악인 보이테크 쿠르티카의 삶과 등반을 그린 『Art of Freedom』으로 그녀는 우리와 다시 만날 것이다. 밴프에서 그녀는 이렇게 말했다. "이제 캐나다 산악계와 한국 산악계가 가까워지고 있다는 느낌이 드네." 그녀는 현재 히말라야 8천 미터급 고봉 14개의 동계등반을 그린 『Art of Suffering: 8,000Meters in Winter』(가제)의 집필을 거의 다 끝냈다. 캐나다 로키산맥의 심장부인 밴프에 사는 그녀는 일흔에 가까운 나이에도 아직도 암벽등반을 하고 스키를 탄다.

번역작업에는 『발칸의 음모』 신병두 지음(용오름, 3013), 『낭만의 길 야만의 길—발칸 동유럽 역사기행』 이종헌 지음(소울메이트, 2012), 『발칸유럽 역사산책』 이기성 지음(북랩, 2014), 『발칸유럽 민족문제의 이해』 김철민 지음(한국외국어대학교 출판부, 2010)을 참고했으며, 이곳 '옮긴이의 글'에는 일부를 그대로 인용하기도 했다. 아울러, 우리말 표기는 국립국어원의 지침을 따랐다.

전쟁과 고통을 이겨내고 산으로 간 슬로베니아 산악인들은 진정한 '산의 전사들'이었다.

2019년 12월
김동수

세로 토레

메스너, 수수께끼를 풀다

파타고니아의 얼음 벌판 위에 우뚝 치솟은 세로 토레. 돌로미테의 거미로
불리던 유능한 등반가 체사레 마에스트리는 1959년 처음으로 그 산에 올랐
다고 했다. 그러나 함께 등반한 토니 에거는 눈사태로 실종되었고 어디에도
초등의 증거는 없었다. 이후 토레를 향한 도전은 계속되었고, 마에스트리의
등정 의혹은 커져만 갔다. 1970년 마에스트리는 엉뚱한 방법으로 다시 토
레를 오른다. 그러나 결국 자신의 주장이 거짓이었음을 증명하고 만다.

라인홀드 메스너 지음 | 김영도 옮김 | 26,000원

Fallen Giants

히말라야 도전의 역사

에드먼드 힐러리 경과 셰르파 텐징 노르가이의 1953년 에베레스트 초등은
잘 알려진 이야기다. 하지만 이 두 사람 말고도 높고 위험한 히말라야의 여
러 산에서 기술과 담력을 시험하려 했던 모험가들이 있었다. 이 책에서 역
사가 모리스 이서먼과 스튜어트 위버는 생생하고 풍부한 삽화, 사진과 함께
50년 만에 최초로 히말라야 도전의 방대한 역사를 모두 다루었다. 이들은
1980년대 이후에 이루어진 주요 등반에 대해 체계적이면서도 자세하게 설
명했으며, 특히 그 시대의 사회적·문화적인 배경에 비추어 가면서 이야기를
풀어냈다.

모리스 이서먼, 스튜어트 위버 지음 | 조금희, 김동수 옮김 | 62,000원

FREEDOM CLIMBERS

자유를 찾아 등반에 나서는 폴란드 산악인들의 놀라운 여정

제2차 세계대전과 그에 이은 억압적 정치상황을 뚫고 나와, 히말라야 등반
을 주도한 아주 특별한 폴란드 산악인들. 비록 전쟁의 상흔 속에서 희망도
없이 살았지만, 목표의식과 호기심 그리고 숙련된 기술을 가진 이들은 공산
정권에 맞서 스스로 자유경제시장을 만들고, 해방을 위한 길을 찾아 등반에
나섰다. 불행한 폴란드인들이 철의 장막에 갇혀 있을 때 이 겁 없는 산악인
들은 극한의 모험을 찾아 알래스카와 남미, 유럽에 있는 높고 인상적인 산
들을 찾았다. 결국 이들은 아프가니스탄과 인도, 파키스탄과 네팔을 제2의
고향으로 만들면서, 세계에서 가장 강인한 히말라야 산악인들로 거듭났다.

버나데트 맥도널드 지음 | 신종호 옮김 | 43,000원

중국 등산사

중국 등산의 기원과 발전 과정에 대한 철저한 기록

중국 등산사는 기존 역사서와 다르다. 일반적인 민족사나 통사도 아니며 등산백과사전과도 거리가 있다. 이 책은 중국 등산의 기원과 발전 과정, 변천, 역사를 정리하는 데 중점을 두되 중국인들이 행하는 등산의 발전 상황과 대중의 삶에 미친 영향, 중국 등산의 국제적 지위 및 역할 등을 반영하고 있다. 중국 등산사는 고대, 근대, 현대를 아우르는 자료를 최대한으로 수집하고 정리해서 다음 세대를 위한 역사적 근거와 간접 경험을 제공하고자 국가 차원에서 기획하여 만들어진 세세하고 철저한 등산 역사서이다.

장차이젠 지음 | 최유정 옮김 | 47,000원

일본 여성 등산사

후지산에서 에베레스트까지 일본 여성 산악인들의 등산 역사 총망라

산이 신앙의 대상이었던 시절의 여인금제와 차별의식, 사회적·경제적 약자의 입장, 체력적인 열세 등 일본 여성이 산에 오르는 데는 치명적인 장애가 많았다. 이 책은 일본 여성 산악인들이 이러한 어려움을 극복해가는 위대한 발걸음의 궤적이며 그렇기에 단순한 스포츠 사료 이상의 의미가 있다. 부조리한 관습에 대한 소극적 저항이 아닌 여성해방에 대한 적극적 의지로 이루어낸 근대 알피니즘의 여명기까지를 중심으로 현대 해외 등산에 이르기까지 이 책은 7년에 걸쳐 방대한 자료를 수집하고 정리하여 완성한 최초의 일본 여성 등산사이다.

사카쿠라 도키코, 우메노 도시코 지음 | 최원봉 옮김 | 31,000원

더 타워

세로 토레 초등을 둘러싼 논란과 등반기록

광활한 빙원과 끝없이 펼쳐진 대초원 사이에 얼음을 뒤집어쓴 3,128미터 높이의 타워, 세로 토레! 1959년 이탈리아 클라이머 체사레 마에스트리의 초등 주장 이래 세로 토레를 둘러싼 논란은 끊임없이 이어져왔다. 그의 파트너는 하강 도중 죽었고, 세계 정상급 클라이머들이 세대를 이어가며 마에스트리의 등반선을 따라가 보려 했지만 발견한 것은 오직 마에스트리의 거짓말뿐이었다. 자만심과 영웅주의, 원칙과 고생스러운 원정등반이 뒤범벅된 이 책은 인간의 조건을 내밀하게 들여다보게 하며, 표면적으로만 보면 아무 가치가 없는 극한의 노력을 추구하는 사람들이 왜 존재하는지 그 이유를 적나라하게 파고든다.

켈리 코르데스 지음 | 권오웅 옮김 | 46,000원

에베레스트 정복

등반기 記 시리즈 1

에베레스트 전설적인 초등 당시의 오리지널 사진집
〈흑백사진 101점 + 컬러사진 62점〉

1953년 5월 29일 에드먼드 힐러리와 텐징 노르가이는 인류 최초로 세
최고봉 에베레스트 정상에 올라섰다. 이 책은 에베레스트 등반에서 핵심
인 역할을 하면서 사진까지 찍었던 조지 로우가, 세계에서 가장 장엄한
에서 거둔 승리의 순간들을 찍은 뛰어난 독점 사진들과 개인 소장의 사진
을 모아 에베레스트 초등 60주년을 기념하기 위해 펴냈다.

조지 로우, 휴 루이스 존스 지음 | 조금희 옮김 | 59,000원

꽃의 계곡

등반기 記 시리즈 2

아름다운 난다데비 산군에서의 등산과 식물 탐사의 기록

뛰어난 등산가이자 식물학자이며 저술가였던 프랭크 스마이드. 등산사에
빛나는 뛰어난 성취를 이룬 산악인답게 의무로서의 등반과 즐거움으로서의
등반의 차이를 명확하게 알고 있었고, 등반과 휴식과 사색을 한가지로 놓
줄 아는 철학적 안목을 가졌던 그가 세상에서 가장 아름다운 인도 난다데비
산군에서 등산과 식물 탐사를 하며 행복하게 지냈던 넉 달간의 이야기가 펼
쳐진다.

프랭크 스마이드 지음 | 김무제 옮김 | 43,000원

캠프 식스

등반기 記 시리즈 3

에베레스트 원정기의 고전

에베레스트 초등이 이루어지기 20년 전인 1933년 프랭크 스마이드는 이
전에 어느 누구도 도달하지 못한 에베레스트 최고점을 혼자서 올랐다. 로
프도, 산소도 없이 악천후를 뚫고 이루어낸 그의 등반은 에베레스트 등반역
사에서 가장 위대한 시도 중 하나였다. 이 책은 당시 스마이드와 함께했던
1933년 에베레스트 원정대에 대한 따뜻한 기록이다. 산악인이자 훌륭한 작
가인 스마이드는 마지막 캠프까지 가져가서 썼던 일기를 토대로, 이 책에
등반의 극적인 상황과 산의 풍경에 대한 생생한 묘사를 담았다.

프랭크 스마이드 지음 | 김무제 옮김 | 33,000원

하늘에서 추락하다

마터호른 초등에 얽힌 소설 같은 이야기

1865년 에드워드 윔퍼가 이룬 마터호른 초등은 비극으로 얼룩졌다. 하산 도중 자일이 끊어지면서 일행 중 4명이 1,200미터 아래로 추락해 사망했기 때문이다. 이로써 등산이라는 스포츠가 처음으로 사회적인 관심과 비난의 대상이 된다. 윔퍼가 체르마트에서 마터호른으로 출발한 지 며칠 후, 브로일 출신의 가이드인 장 앙투안 카렐도 이탈리아 쪽에서 정상으로 향한다. 동반자이면서 동시에 경쟁자였던 장 앙투안 카렐과 에드워드 윔퍼를 주인공으로 하여, 세계적인 산악인 라인홀드 메스너가 마터호른 초등에 얽힌 이야기를 소설처럼 재미있고 생생하게 들려준다.

라인홀드 메스너 지음 | 김영도 옮김 | 40,000원

무상의 정복자

위대한 등반가 리오넬 테레이의 불꽃 같은 삶과 등반 이야기

고산과의 싸움은 자신을 위한 것일 뿐 결코 보상을 바라지 않는다는 것으로 일관했던 리오넬 테레이. 알프스의 그랑드조라스 워커릉, 아이거 북벽에 이어 안나푸르나, 마칼루, 파타고니아 피츠로이, 페루 안데스, 히말라야 자누, 북미 헌팅턴까지 위대한 등반을 해낸 그의 삶과 등반 이야기가 감동적으로 펼쳐진다.

리오넬 테레이 지음 | 김영도 옮김 | 46,000원

나의 인생 나의 철학

세기의 철인 라인홀드 메스너의 인생과 철학

라인홀드 메스너는 수많은 원정을 통해 사람이 어떻게 살아남을 수 있는지를 실험해왔다. 이제 칠순을 맞은 그가 일찍이 극한의 자연에서 겪은 체험과 산에서 죽음과 맞서 싸웠던 일들을 이 책에서 돌아보고 있다. 그는 이 책에서 용기와 정열, 책임과 양심, 수치 같은 개념들을 깊이 있게 다룬다. 자만심이 얼마나 위험한가를 그리고 산에서의 우정과 고독을 이야기하며, 히말라야와 뉴기니 등 자신에게 진한 인상을 남긴 지구의 오지에 사는 사람들의 모습도 그리고 있다. 메스너는 악몽과 비박, 새로운 출발에 대해 진솔하게 풀이했고, 자기의 예술관과 산악박물관에 대한 이야기도 털어놓았다. 그리고 마지막에 이르러서는 해방감에 대해 이야기한다.

라인홀드 메스너 지음 | 김영도 옮김 | 41,000원

히말라야의 영원한 등반 기록가

불굴의 여성 엘리자베스 홀리의 생애와 업적은 지난 40년간 히말라야 등반의 역사 속에 고스란히 담겨 있다. 엘리자베스 홀리의 생애를 세심하게 연구한 버나데트 맥도널드는 흡입력 있는 글과 능수능란한 세부묘사로 네팔 왕국에서 비범한 삶을 산 홀리의 이야기와 세계 최고 산악인들의 삶을 생생하게 복원시킨다. 에드먼드 힐러리와 텐징 노르가이의 에베레스트 초등부터 현재에 이르기까지 히말라야 등반의 방대한 역사를 알고 있는 엘리자베스 홀리는 모든 유명 산악인들과의 만남을 토대로 정보로 이루어진 거대한 산을 만들었다.

버나데트 맥도널드 지음 | 송은희 옮김 | 38,000원

등반의 역사를 새로 쓴 리카르도 캐신의 50년 등반 인생

전설의 이탈리아 등반가 리카르도 캐신은 세계에서 가장 위대한 산악인 중한 명이다. 그의 이름은 곧 전설이며, 등반의 역사에서 중요한 초등 몇 개는 그의 이름과 동의어다. 최고 수준의 알피니즘과 원정등반을 통한 캐신의 반세기 활동은 세계 등반사를 이끈 놀라운 기록이다. 초창기의 그리냐와 돌로미테 등반에서 시작해 피츠 바딜레, 워커 스퍼와 데날리 초등을 상세히 다루고 풍성한 사진 자료들을 보여주는 이 책은 많은 산악인들에게 대담하고 군건하고 오직 한마음으로 추구한 알피니즘의 매니페스토로서 끝없이 영감을 불러일으킬 것이다.

리카르도 캐신 지음 | 김영도 옮김 | 36,000원

알렉스 매킨타이어와 경량·속공 등반의 탄생

알렉스 매킨타이어에게 벽은 야망이었고 스타일은 집착이었다. 그는 다울라기리와 창가방 같은 히말라야의 거벽에서 어려운 신루트를 개척했고, 알프스와 안데스에서도 많은 초등을 이룩했다. 그러나 그가 무엇을 올랐느냐보다 어떻게 올랐는지가 훨씬 중요하다. 그는 보이텍 쿠르티카를 비롯한 몇몇 동시대 클라이머들과 세계의 최고봉들에서 가장 순수한 형태의 알피니즘을 공유한, 산악계의 예언자였다. 존 포터는 이 책에서 알렉스와 동시대 클라이머들의 이야기를 통해 유머와 지각이 있는 등반을 다루면서도 삶의 본질을 치열하게 파헤쳐 들려준다.

존 포터 지음 | 전종주 옮김 | 45,000원

마터호른의 그림자

등반가 家 시리즈 6

마터호른 초등자 에드워드 윔퍼의 일생

겨우 스물다섯 살의 나이에 에드워드 윔퍼는 마터호른을 초등하여 혜성 같
은 등반 기록을 세웠다. 하지만 하산 중에 일어난 비극적인 사고로 그에게
남은 것은 씻을 수 없는 오명과 가늠할 수 없는 슬픔이었다. 윔퍼는 그 후로 관
심을 북극으로 돌려 북서부 그린란드로 두 차례 모험적인 원정을 감행했다.
에콰도르 원정은 찬란한 성공이었다. 그곳에서 윔퍼는 안데스 고봉들을 오
르고 활화산 테두리에서 야영을 하면서 원정등반에 대한 기준을 확립했다.
이 책은 걸출한 판각공이자 뛰어난 저술가이며 세계 등반사에 굵직한 획을
그은 에드워드 윔퍼의 업적에 대한 새로운 평가와 더불어 그가 소년 시절에
가졌던 젊은 혈기가 어떻게 야망으로 펼쳐져 탐험가가 되는지 보여준다.

이언 스미스 지음 | 전정순 옮김 | 52,000원

ASCENT

등반가 家 시리즈 7

알피니즘의 살아 있는 전설 크리스 보닝턴의 등반과 삶

영국의 위대한 산악인 크리스 보닝턴은 세계에서 가장 높고 거친 산들을 오
르며 일생을 보냈다. 1962년 영국인 최초로 아이거 북벽을 올라 유명인사
가 된 그는 히말라야로 눈을 돌려 안나푸르나2봉과 눕체를 오르고, 안나푸
르나 남벽(1970년)과 에베레스트 남서벽(1975년) 원정대를 성공적으로 이끌
어 등반역사를 새롭게 썼다. 이 책은 가족에 대한 사랑과 더불어 사선을 넘
나들며 불굴의 정신으로 등반에 바쳐온 보닝턴의 삶과 놀라운 모험 이야기
가 파노라마처럼 펼쳐진다.

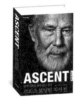

크리스 보닝턴 지음 | 오세인 옮김 | 51,000원

프리솔로

등반가 家 시리즈 8

엘 캐피탄을 장비 없이 홀로 오른 알렉스 호놀드의 등반과 삶

한 세대에 한 번 나올까 말까 한 클라이밍 천재 알렉스 호놀드는 극한의 모
험 등반을 추구한다. 그는 2017년 6월 3일 914미터에 이르는, 요세미티의
거벽 엘 캐피탄을 프리솔로(free solo)로 올랐다. 프리솔로 등반은 안전도구
인 로프나 파트너 또는 어떤 장비(피톤, 너트, 캠 등)도 없이 맨몸으로 기어오
르는 행위이다. 암벽 등반 세계에서 오랫동안 불가능한 것으로 여겨져 왔던
이 프리솔로 업적으로 호놀드는 역사상 최고의 암벽등반가 지위를 획득하
게 되었다. 호놀드의 등반경력 중 가장 놀라운 일곱 가지 성과와 소박한 일
상생활을 담은 이 책은 엄청난 추진력과 자제력, 진솔한 열정과 자기 성찰,
겸손에 대해 영감을 준다.

알렉스 호놀드, 데이비드 로버츠 지음 | 조승빈 옮김 | 37,000원

8000미터의 카메라맨 쿠르트 딤베르거와 알피니즘

산 너머 저쪽 하늘의 정기에 끌려 반세기를 등산과 탐험으로 일관한 쿠르트 딤베르거! 그는 역사상 8천 미터급 고봉 두 개(다울라기리와 브로드피크)를 초등한 유일한 생존자이며, 세계 최고의 고산 전문 감독으로 '8000미터의 카메라맨'이라는 별칭을 가지고 있다. 에베레스트 정상은 물론이고 라플란드에서 아마존까지, 그리고 애틀랜타에서 샥스감까지 폭넓은 그의 등반과 여행 이야기가 흥미진진하게 펼쳐지는 이 책에는 쿠르트 딤베르거만의 독특한 감성과 그가 추구한 순수한 알피니즘이 고스란히 녹아 있다.

쿠르트 딤베르거 지음 | 김영도 옮김 | 45,000원

2020년
발행 예정 도서

Rock Queen
저자 **Catherine Destivelle**
역자 김동수
• First published as Ascensions 2012

太陽のかけら (가제_태양의 한 조각)
저자 **大石 明弘**(오이시 아키히로)
역자 김영도
• 황금피켈상 수상자 다니구치 케이(谷口けい)의 자서전

Art of Freedom (가제_등반의 자유를 찾아서)
저자 **Bernadette McDonald**
역자 김영도
• 보이테크 쿠르티카(Voytek Kurtyka) 자서전

PUSHING THE LIMITS
저자 **Chic Scott**
역자 장재현
• The Story of Canadian Mountaineering

Unjustifiable Risk?
저자 **Simon Thompson**
역자 오세인
• The Story of British Climbing

イラスト · クライミング 増補改訂新版 (가제_일러스트 클라이밍)
저자 **阿部亮樹**(あべ.りょうしゅ), 岳人(監修)
역자 강진구

비극적 역사를 딛고 이룬 슬로베니아 산악인들의 위대한 성취

산의 전사들 ALPINE WARRIORS

초판 1쇄 2020년 2월 12일

지은이   버나데트 맥도널드Bernadette McDonald
옮긴이   김동수

펴낸이   변기태
펴낸곳   하루재 클럽
주소   (우) 06524 서울특별시 서초구 나루터로 15길 6(잠원동) 신사 제2빌딩 702호
전화   02-521-0067
팩스   02-565-3586
이메일   haroojaeclub@naver.com
출판등록 제2011-000120호(2011년 4월 11일)

편집   유난영
디자인   장선숙

ISBN   979-11-90644-00-6 03900

＊ 책값은 뒤표지에 있습니다.

이 책의 서평

서사시적으로 흐르는 획기적인 슬로베니아 등반역사

케이티 이브스KATIE IVES, 『알피니스트』 편집장

『산의 전사들』은 옛 유고슬라비아의 비극적인 역사와
불가피하게 연결되어 있는 영웅적인 산악인 집단에 대한 이야기다.
이 책의 내용은 세계 알피니즘에 대한 단순한 역사가 아니라, 그 세계 자체다.
이 책은 누구나 꼭 읽어야 한다.

이반 브라운IAN BROWN, 『달에 사는 소년The Boy in the Moon』 저자

슬로베니아 산악계의 문화와 숭배와 모순에 뛰어든 버나데트 맥도널드는
정신적 지주와 프로 운동선수와 암벽등반의 스타라는 지위를 즐기는
그들의 초상을 낱낱이 보여준다.
이 책은 그녀의 최고 작품이다.

그렉 차일드GREG CHILD, 알피니스트, 『경계를 넘어서Over the Edge』 저자

여기에 묘사된 이야기는 영웅적인 부분들도 있지만,
더 중요한 것은 산악인들의 일반적인 역사에서
중요하지만 잘 알려지지 않은 일화를 조명했다는 점이다.
이 책은 모든 산악인들이 영감을 받을 수 있도록
슬로베니아의 알피니즘을 잘 요약했다.

스티브 하우스STEVE HOUSE, 알피니스트, 『산의 저편Beyond the Mountain』 저자